Indo-Pacific Strategies
Navigating Geopolitics
at the Dawn of a New Age
Brendon J. Cannon & Kei Hakata, Eds.

インド太平洋戦略

大国間競争の地政学

ブレンドン・J・キャノン／墓田 桂【編著】
墓田 桂【監訳】

中央公論新社

故安倍晋三氏に謹んで本書を捧げます

オーストラリア、インド、アメリカの首脳は、日本の安倍晋三元首相の悲劇的な暗殺に衝撃を受けている。安倍首相は、日本にとって、そして日本と我々の国との関係にとって、変革をもたらす指導者だった。彼はまた、クアッド協力の創設において形成的な役割を果たし、自由で開かれたインド太平洋という共通のビジョンを前に進めるためにたゆみなく取り組んだ。この悲しみの瞬間に、我々の心は日本国民、そして岸田首相と共にある。我々は、平和で繁栄した地域への取り組みを強化することで、安倍首相の記憶を讃えたい。

ジョー・バイデン大統領、アンソニー・アルバニージー首相、
ナレンドラ・モディ首相による安倍晋三元首相を悼む共同声明
（二〇二二年七月八日、墓田訳）

自由で開かれたインド太平洋構想について
――日本語版読者へのメッセージ

安倍 晋三
元内閣総理大臣、衆議院議員

ロシアによるウクライナ侵攻によって世界の安全保障環境が激変したと同時に、我が国の安全保障政策は重大な課題を突き付けられることになった。

独立国であるウクライナへの侵攻は明確な国際法違反であり、断じて容認できない。当初、米国の軍事問題のシンクタンクなど専門家の中には、数日で首都キーウが陥落すると予想する向きもあったが、ウクライナ政府・国民が断固とした決意で国土を守る戦いを挑み続けた。

大国ロシアに対して一歩も引かなかったウクライナ。「祖国を守り抜く」という基本方針を貫き、さらに西欧諸国が大規模な武器支援、財政支援、そしてロシアに対する経済制裁に踏み切ったことで、戦闘状況に大きな変化をもたらすことになった。

自由と民主主義、法の支配といった基本的な価値観を共有する日本、米国、欧州の有志国連合がウクライナ支援で結束することをロシアのプーチン大統領は予測しただろうか。

ロシアのウクライナ侵攻は、一国の力だけで自国の領土、国民の生命、財産を守ることが極めて困難であることを如実に示すことになったと言えよう。

今回の侵攻は日本を取り巻く安全保障環境と無縁ではない。

第一次安倍政権の平成十九年、インド議会で行った演説「二つの海の交わり」では、「アジア太平洋」という考え方から、インド洋と太平洋を一つの「自由の海」として捉えるという新たな地政学的概念を示した。

軍事大国の道を邁進する中国を念頭に、アジアにおける基本的な価値観を共有する国々、また日米豪印の連携も模索していた。

当初は残念ながら北朝鮮の核開発問題をめぐる六者協議が続き、米国は中国に配慮し慎重な姿勢であり、インドは非同盟という伝統を重視し、積極的ではなかった。その中で豪州のハワード首相に支持していただき、第一次政権では何とか四か国（クアッド）の局長級協議は実現した。

そして第二次安倍政権の平成二十八年、ケニアのナイロビで開かれたアフリカ開発会議（TICAD）で正式に「自由で開かれたインド太平洋」構想を発表した。その後、米国のトランプ大統領が「太平洋軍」の呼称を「インド太平洋軍」と変更し、米国は日本が提唱した戦略を自国の軍事外交戦略に位置付けることになった。

第二次政権でクアッドの外相会談、菅政権で首脳会談が実現し、令和四年五月二十四日には東京で岸田首相、米国のバイデン大統領、豪州のアルバニージー首相、インドのモディ首相による首脳会談が行われた。会談を受けての共同声明で、インド太平洋の地域情勢について次のことが明記された。

我々は、東シナ海及び南シナ海におけるものを含む、ルールに基づく海洋秩序に対する挑戦に対抗するため、国際法（特に国連海洋法条約〔UNCLOS〕に反映されたもの）の遵守並びに航行及び上空飛行の自由の維持を擁護する。我々は、係争のある地形の軍事化、海上保安機関の船舶及び海上民兵の危険な使用、並びに他国の海上資源開発活動を妨害する試みなど、現状を変更し、地域の緊張を高めようとするあらゆる威圧的、挑発的又は一方的な行動に強く反対する。

「二つの海の交わり」以来、粘り強く中国の脅威を訴え続けてきたことが実を結び、英国、フランス、ドイツもインド太平洋に艦艇を派遣するまでになった。まさに「自由で開かれたインド太平洋」構想が世界の安全保障政策の大きな転換点になったと言っても過言ではない。

インド太平洋に位置する台湾。ウクライナ情勢は台湾有事とリンクする。ロシアとウクライナ、そして中国と台湾にはいくつかの共通点がある。第一にロシアと中国は核保有国で、国連の常任理事国でもあるということであり、第二にウクライナと台湾には同盟国がないこと。他方で、ウクライナと台湾には決定的な違いがある。ウクライナは世界から独立国として認められ、国連にも加盟している。だからこそ、ロシアによるウクライナ侵攻は国際法違反と世界中から非難されている。

これに対し台湾は国連に加盟しておらず、国家として承認している国は少ない。中国が台湾進攻に踏み切った場合、「台湾は中国の一部であり、内政問題である。領土の一体性を確保する行動である」と主張することが予想される。

ウクライナ同様、各国が台湾支援、中国に対する経済制裁で足並みを揃えることになるかどうか。

バイデン大統領は日本での記者会見で、台湾防衛のために軍事的に関与することを明確にした。これまで米国は台湾防衛を意図的に明確にしない「曖昧戦略」を取ってきたが、私は米国がコミットすることを明示することによって、中国の武力による台湾進攻を思い留まらせる、つまり強力な抑止のメッセージになると考えていた。その意味でバイデン大統領の発言を評価する。

中国は巨大な経済力を背景に、各地域に勢力を拡大すると同時に軍事的な拠点を構築している。

「自由で開かれたインド太平洋」構想において日米豪印は極めて重要な枠組みであるが、欧州各国を含め価値観を共有する諸国と一層連携を深めていくことが重要である。

日本が果たすべき役割は大きい。日本の防衛力を強化し、日米同盟をさらに深化させ、「自由で開かれたインド太平洋」構想を実現するために中心的なリード役を担わなければならない。

令和四年六月十日

地政学的地図

地図１　インド太平洋地域
地図２　ユーラシア地域（および隣接地域）
地図３　太平洋地域（島嶼国および諸島を中心に）
地図４　東インド洋地域
地図５　西インド洋地域
地図６　南シナ海における中国の膨張
地図７　日本政府が唱えた「自由と繁栄の弧」（以下、本文中に掲載）
地図８　安倍晋三氏が唱えた「民主主義の安全保障ダイヤモンド」
地図９　インド太平洋軍（ＩＮＤＯＰＡＣＯＭ）の担当地域
地図10　オーストラリアが理解するアジア太平洋とインド太平洋の中核

注１：地図内の表記は編者、著者およびその他の文章提供者の見解を必ずしも反映しない。
注２：英語原書の地図を再録した地図１、３、４、５、８、10に加えて、日本語版では新たに地図２、６、７、９を掲載した。地図作成はLovell Johns社とダブリュ・オフィス社に依頼した。Lovell Johns社は本書の地図１、３、４、５を、ダブリュ・オフィス社は本書の地図２、６、７、８、９、10をそれぞれ手掛けた。原書の地図への日本語の記入はダブリュ・オフィス社にて行った。

地図１　インド太平洋地域

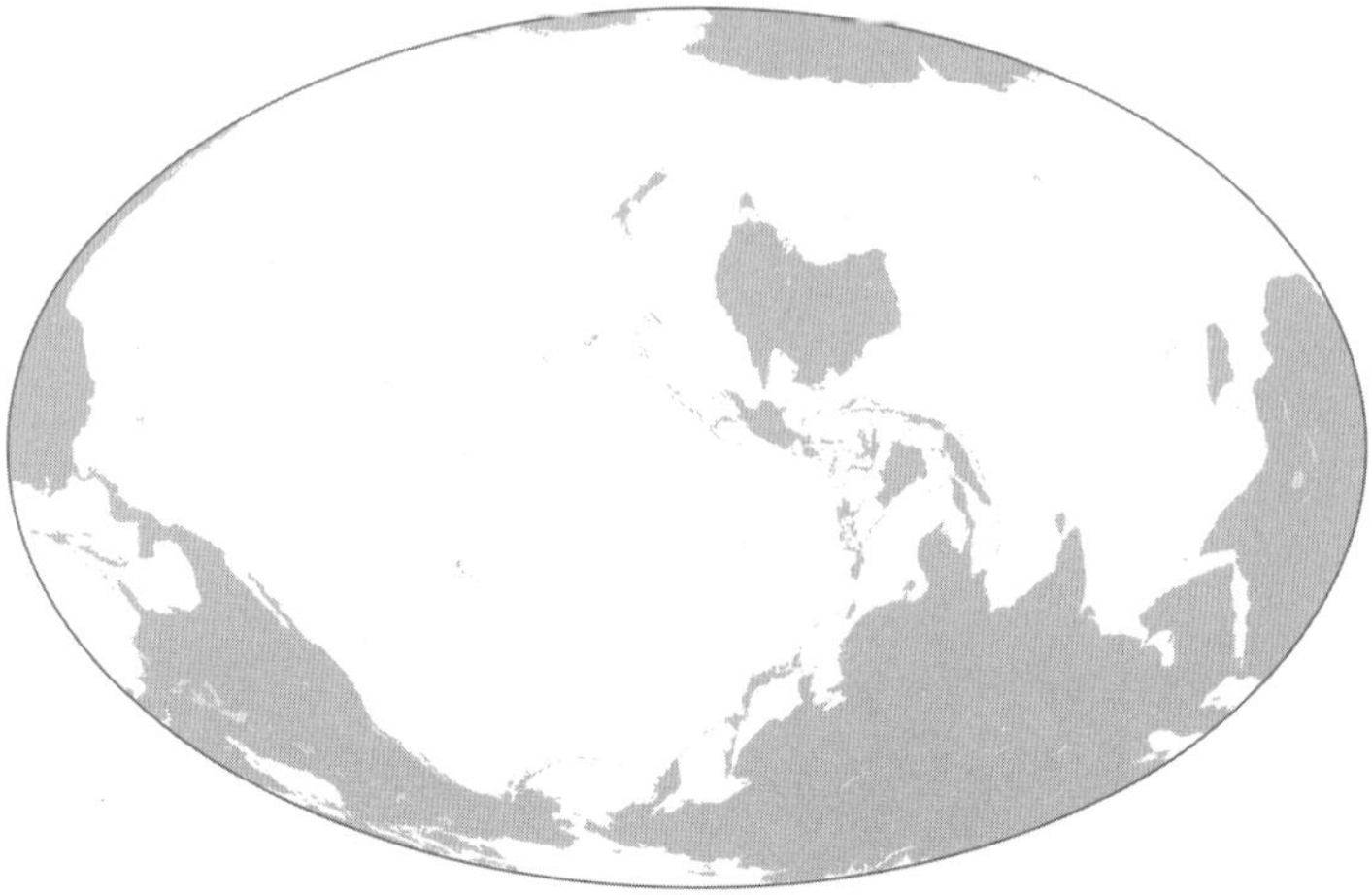

地図２　ユーラシア地域（および隣接地域）

© Kei Hakata & Brendon J. Cannon 2022

注：東経105度を地図投影の中心軸としつつ、ユーラシア地域を海洋、特に大洋間、さらには大陸間の視点で描いた。北極の海氷はアメリカ航空宇宙局（NASA）が観察した2021年9月時点のもの。

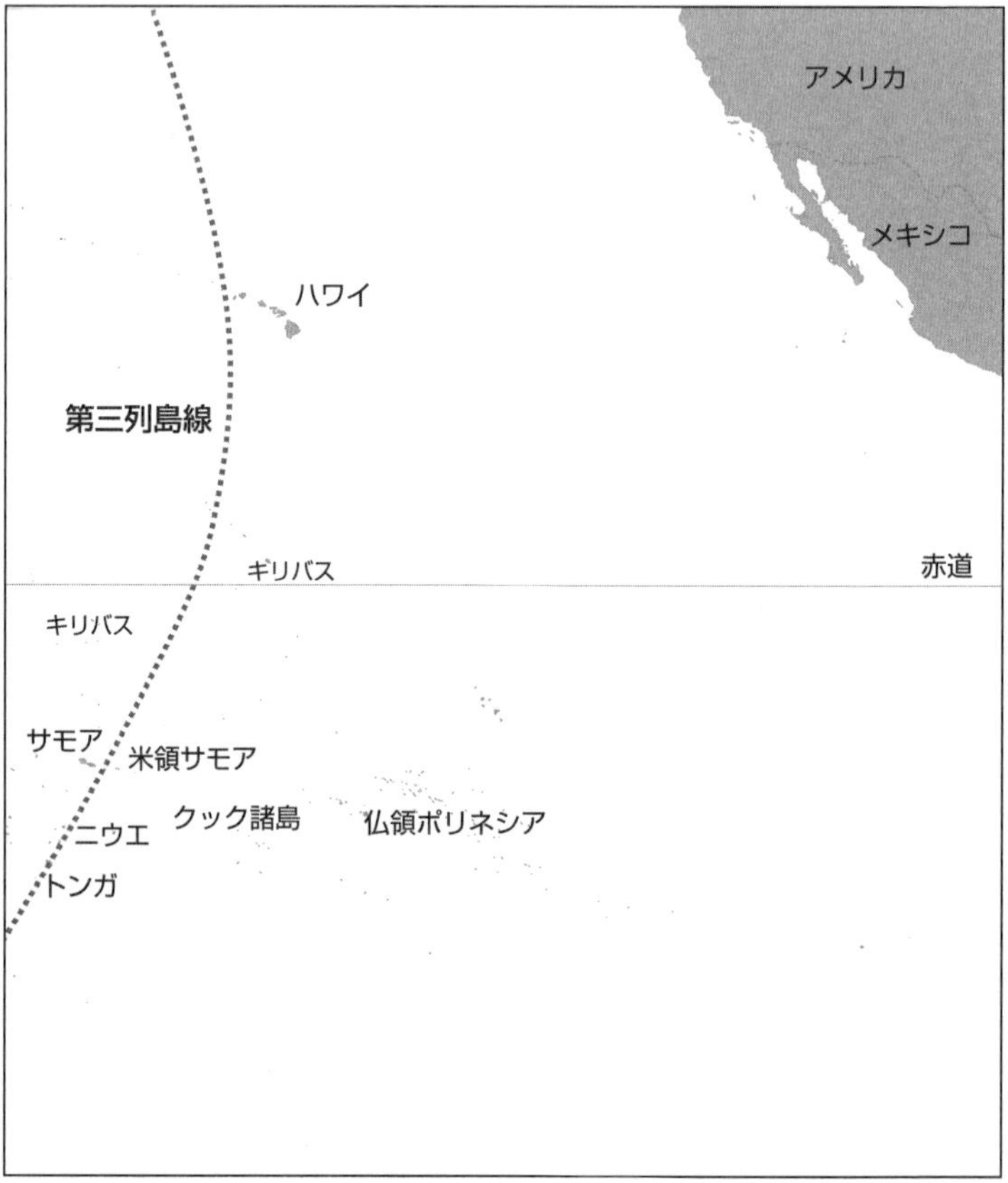
アメリカ
メキシコ
ハワイ
第三列島線
ギリバス
赤道
キリバス
サモア
米領サモア
クック諸島
仏領ポリネシア
ニウエ
トンガ

地図３　太平洋地域（島嶼国および諸島を中心に）

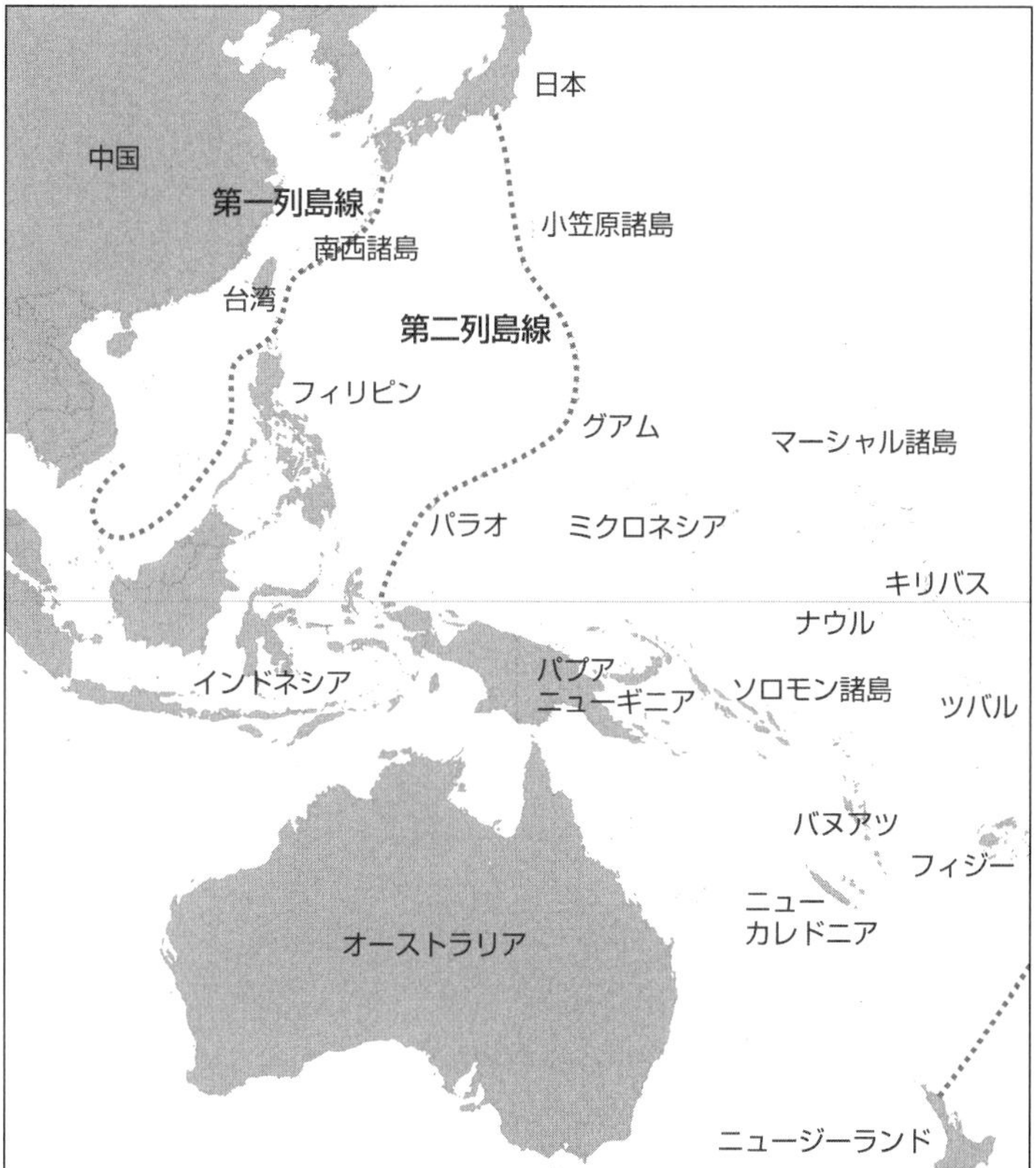

注：一部の島は拡大して表示した。中国が用いているとされる列島線の位置は、各種地図での一般的な描写に基づく。

地図４　東インド洋地域

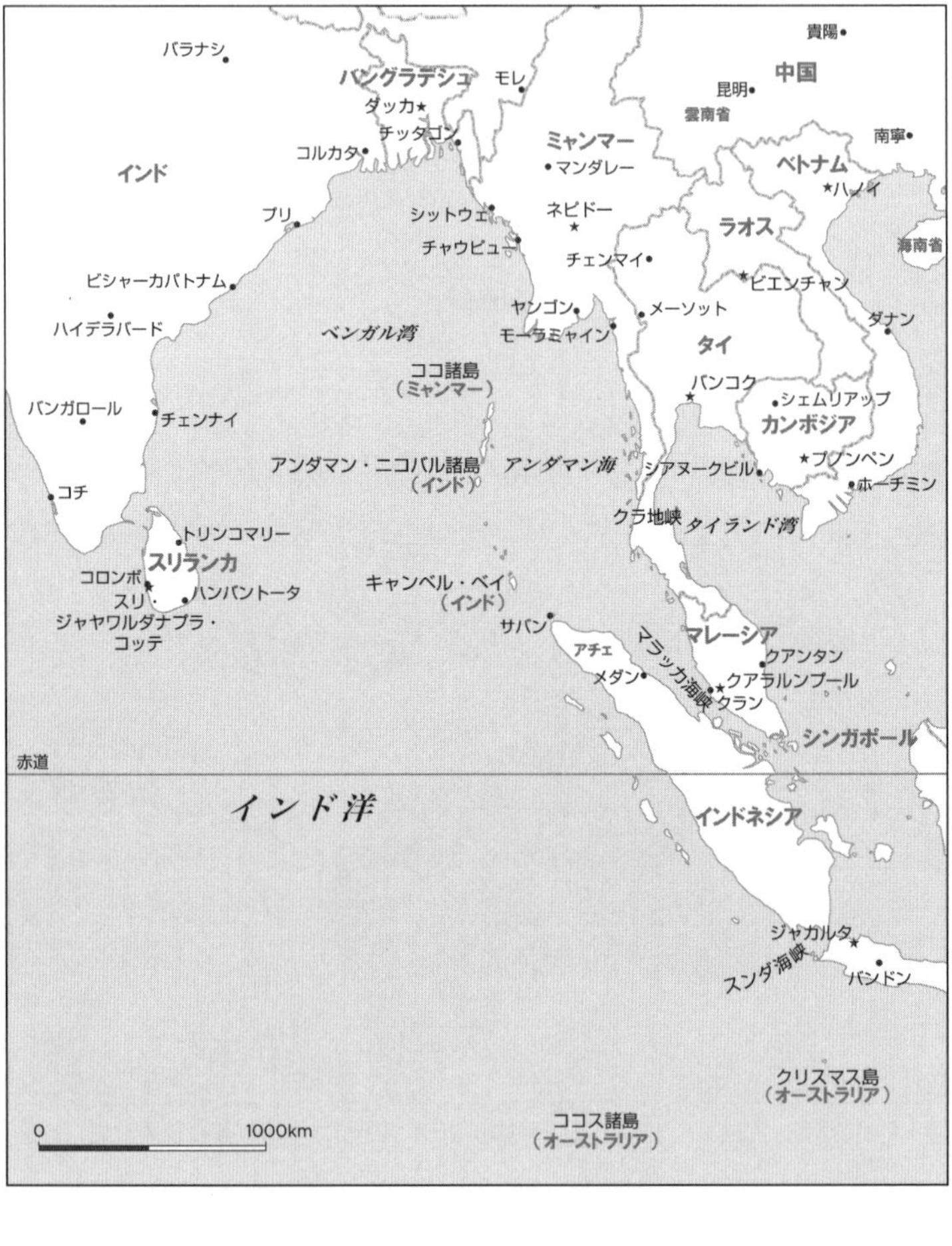
貴陽
中国
昆明
雲南省
南寧
バラナシ
バングラデシュ
モレ
ダッカ
チッタゴン
コルカタ
インド
ミャンマー
マンダレー
ベトナム
ハノイ
プリ
シットウェ
ネピドー
ラオス
チャウピュー
チェンマイ
海南省
ビエンチャン
ビシャーカパトナム
ハイデラバード
ヤンゴン
メーソット
ダナン
ベンガル湾
モーラミャイン
タイ
ココ諸島
（ミャンマー）
バンコク
バンガロール
チェンナイ
シェムリアップ
カンボジア
プノンペン
アンダマン・ニコバル諸島
（インド）
アンダマン海
シアヌークビル
ホーチミン
コチ
クラ地峡
タイランド湾
トリンコマリー
スリランカ
コロンボ
ハンバントータ
スリ・
ジャヤワルダナプラ・
コッテ
キャンベル・ベイ
（インド）
サバン
マレーシア
アチェ
マラッカ海峡
クアンタン
メダン
クアラルンプール
クラン
シンガポール
赤道
インド洋
インドネシア
ジャカルタ
スンダ海峡
バンドン
クリスマス島
（オーストラリア）
ココス諸島
（オーストラリア）
0
1000km

地図５　西インド洋地域

スエズ運河
イスラエル
ヨルダン
イラク
イラン
アフガニスタン
カイロ
クウェート
ホルムズ海峡
パキスタン
ネパール
シャルム・エル・シェイク
バーレーン
ニューデリー
エジプト
ダンマーム
ペルシャ湾
ドバイ
チャバハール
カラチ
インド
カタール
メディナ
リヤド
アブダビ
グワダル
アラブ首長国連邦
マスカット
アーメダバード
ジェッダ
メッカ
紅海
サウジアラビア
オマーン
ポート・スーダン
ドゥクム
ムンバイ
ハイデラバード
スーダン
サラーラ
エリトリア
イエメン
ハルツーム
アスマラ
サナア
アラビア海
チェンナイ
バブ・エル・マンデブ海峡
ジブチ
バンガロール
ベルベラ
アジス
アベバ
ソマリランド
ハルゲイサ
コチ
スリランカ
南スーダン
エチオピア
コロンボ
スリ・ジャヤワルダナプラ・コッテ
ジュバ
ソマリア
モルディブ
ハンバントータ
ウガンダ
モガディシュ
カンパラ
ケニア
赤道
ナイロビ
キスマヨ
インド洋
コンゴ民主共和国
ルワンダ
ブルンジ
ラム
モンバサ
セーシェル
タンガ
ドドマ
バガモヨ
タンザニア
ダルエスサラーム
ディエゴガルシア島
（イギリス）
コモロ
マヨット島
（フランス）
マラウイ
リロングウェ
ザンビア
ナカラ
トロムラン島
（フランス）
ルサカ
ハラレ
モザンビーク
トゥアマシナ
ジンバブエ
アンタナナリボ
マダガスカル
モーリシャス
ボツワナ
レユニオン島
（フランス）
プレトリア
マプト
ヨハネスブルグ
エスワティニ
ブルームフォンテーン
レソト
南アフリカ
0
2000km

地図6　南シナ海における中国の膨張

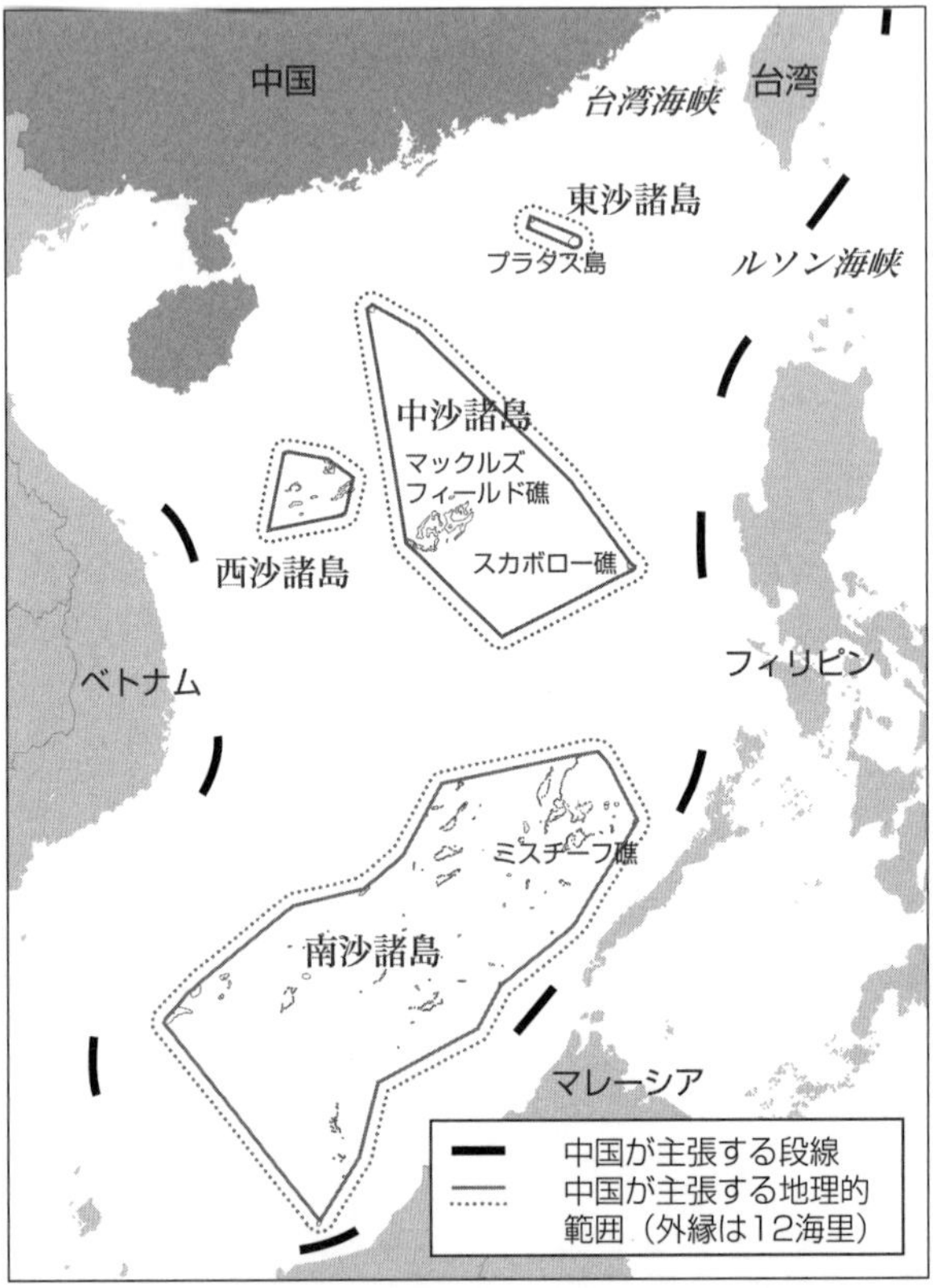

注１：中国が主張する段線（dashed line）および地理的範囲は下記の文献に依拠した。*Limits in the Seas, No. 150*, US Department of State, January 2022, p. 12. なお、西沙諸島に対する中国の主張の法的基盤が異なるため、上記文献は異なる線を用いている。

注２：南沙諸島はスプラトリー諸島、西沙諸島はパラセル諸島とも呼ばれる。

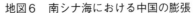

インド太平洋戦略――大国間競争の地政学

目次

I　地政学的文脈

第1章　インド太平洋の誕生

Ⅱ 基軸としての日米豪印

装幀　中央公論新社デザイン室
地図製作　ダブリュ・オフィス

インド太平洋戦略——大国間競争の地政学

一読者として感謝したい――序文にかえて

安倍晋三
日本国前内閣総理大臣、衆議院議員

二〇〇七年の夏、デリーを訪れた私は、インド上下両院議員たちを前に未来の海図を語りました。日本が位置する東アジア一円は、その当時まで「アジア太平洋」と呼び慣わされていました。そこは、インド洋とは別の、政治・経済圏だと思われていたのです。

この両者にダイナミックな結合が生じ、インド洋と太平洋は、今や一体化しつつある。今後はますますそうなるだろうと確信した私は、自分のスピーチに、インドの古典からふさわしい題名を借用して「二つの海の交わり」と名付けました。

このとき私は、奉じる価値の共通性が結び合うインドと日本の、強い絆を語りました。それとともに、図らずも、「インド太平洋」という新たな地理概念を世に出し、それまで存在しなかった海洋アイデンティティを造形することとなったのです。

いま「新たな」と言いました。けれどもインド洋と太平洋の結合は、太古以来本来の姿です。なにも新しいものではありません。"huti"というタンザニアの言葉は、オーストロネシア語の"punti"が語源だといいます。どちらも、バナナのことです。太平洋からアフリカ東海岸へと、バナナは渡りました。運んだのは、今日の沿岸国や島嶼国の父祖たちで、インド太平洋は、伸びようとする意欲に満ちた商人や航海者たちに、古来、自由な活動の機会を与えてきたのです。

「自由で開かれたインド太平洋（ＦＯＩＰ）」と耳にするとき、私の脳裏に甦えるのは、そんな広々としたシースケープです。思えば戦後日本に飛躍的成長をもたらしたものも、どこまでも自由で、開かれたインド太平洋の波の連なりでした。日本はその恩恵を、人一倍知る国です。だからこそ、その保全に努める義務が、日本にはある。ＦＯＩＰの四文字は私にとって、日本が果たすべき責任を教え続けてくれます。

ＦＯＩＰをもたらすことは、その空間的広がりを踏まえるならば、世界と人類にとって最も大切な公共財を守り、育てることを意味します。反対に、インド太平洋を、不自由で、閉じられた場にしようとする営みは、誰にとっても有害無益です。許されてはなりません。

日頃から自由を重んじ、法の支配を尊んで、開かれた政体をもつ民主主義の国々が、力を合わせなくてはならない理由が、ここにあります。公共財の守り手とは、そのような国々でなければならないのは自明だからです。

私が最初の一滴を投じた流れは、大海の力強い海流となって、ＦＯＩＰは、磁力の強いコンセプトとなりました。ここに十一人の叡智が結集し、ＦＯＩＰを眺める多角的な見方が提示されたことを、私は、このうえなく時宜を得た試みと考えます。編者と執筆者のみなさんの貴重な知的貢献に、一読者として、感謝を捧げたいと思います。

二〇二一年三月

I 地政学的文脈

第1章

インド太平洋の誕生
――「戦略の地理」が意味するもの

墓田 桂（成蹊大学）
ブレンドン・J・キャノン（ハリファ大学）

はじめに

二〇二〇年十月六日、東京。オーストラリア、インド、日本、アメリカ合衆国の外務大臣が外務省の飯倉公館に集まった（肩書は当時。以下同）。新型コロナウイルスの世界的大流行が続くなか、マリズ・ペイン、スブラマニヤム・ジャイシャンカル、茂木敏充、マイク・ポンペオの各氏が一堂に会し、いくつもの課題や対応について意見を交わした。プレスリリースによると、四人の大臣は『自由で開かれたインド太平洋』は地域の平和と繁栄に向けたビジョン」であるとし、「その実現に向け、より多くの国々へ連携を広げていくことの重要性」を確認している(1)。新型コロナの危機と大国間競争（great power competition）が進行するかたわらで、対面の話し合いが行われた。金屛風の前での写真撮影では社会的距離をとっていたものの、外相たちは国同士の強い絆を示した。新型コロナに関連した渡航制限にもかかわらず、わざわざ開かれた会合そのものが四か国の協力関係の不断の性質を表していた。実際、このような歴史的背景の下で開催された東京会合の意義は、一見すると異質に思える四つの国の地政戦略的な衝動をよく物語っている。[2]

アメリカと中華人民共和国の間の激しい競争は当然の前提として受け止められており、この戦略的競争がインド太平洋（the Indo-Pacific）（地図1参照）を舞台に展開しているのは衆目の一致するところだろう。インド太平洋は太平洋世界とインド洋世界にまたがる広大な海域である。陸地の世界とは異なり、簡単に支配できるものではない。中国やアメリカなどの大国が影響力を広げようとしたり、その逆に自らの影響力の低下に直面したりしているのがまさにこの空間である。世界の多くの国がルールに基づく国際秩序（rules-based international order）を支持し続けている一方で、インド太平洋地域を顕著な例として、特に中国による秩序の破壊と修正の試みが秩序の持続可能性に疑問を投げかけている。

しかし、インド太平洋は活気に溢《あふ》れている。そこには世界で最も人口の多い中国とインドの二つの国が位置するとともに、アメリカ、中国、日本、インドなどの経済大国をはじめ、世界経済を牽引する国々が鎮座し、富を集中させている。インド太平洋がアフリカの東海岸と中東を含んでいるという地理的な特徴も、地域の戦略的重要性を高める要素である。さらに、インド洋と南シナ海には主要な海上交通路（ＳＬＯＣ）が存在し、石油や天然ガスのタンカーを含め、世界の船舶が日々行き交う。

このようにインド太平洋地域は政治的・経済的に世界の中軸となる場所であり、その位置付けは今後も続くと考えられる。将来、エネルギーと産業の転換が起こるとしても、この地域の重要度が下がることはおそらくないだろう。それどころか、この地域の新旧さまざまなアクターは、かつて中国とインドが世界の富のほぼ半分を支配していた歴史的構図の再来を目撃するかもしれない。

とはいうものの、地政戦略的な挑戦は今も変わらず増え続けている。ミドルパワー諸国をはじめ多くの国がリスクを回避しようと努めるなか、地政戦略的観念としてのインド太平洋は国際政治の場で重要度を増している。勢力分布が大きく変わろうとしている現在、インド太平洋は現状変更を迫る中国の継続的な修正主義に対し、リスクを低減させるとともに地政学的現状を維持するための手段と見なされているのである。アメリカ一極時代が遠ざかるなかで、インド太平洋の言説は、既存の国際秩序の痕跡、つまりアメリカの覇権が残したものを維持したいと願う人々の掛け声ともなっている。概念としてのインド太平洋と、実施される政策としてのインド太平洋は、弱り衰えるパクス・アメリカーナを「パクス・インドパシフィカ（*Pax Indo-Pacifica*）[3]」と呼びうるものに再生する可能性を持つ。

序章にあたる本章では、新たに出現した「戦略の地理（geography of strategies）」としてのインド太平洋を概観する。まず、インド太平洋が「原則に基づく地域主義（principled regionalism）」への序奏であることを論じる。次に、インド太平洋諸国の戦略的な好機と課題について検証し、続いて、インド太平洋の観点からユーラシアに関する論点を概観する。海洋を中心とするインド太平洋の議論はユーラシアの大陸部を後景化しがちだが、ユーラシアの位置付けが概念上の大きな課題であることに変わりはない。最後に、本書の構成を示しながら、各章の内容と執筆者の学術的貢献を紹介する。

1　「原則に基づく地域主義」への序奏

「インド太平洋」[4]はすでに確立されている「アジア太平洋」と同じく社会的に構成された概念である。文脈は異なるが、オーストラリアと日本がアジア太平洋の地域主義を発展させたのと同じように、インド太平洋の観念は進行中の現実に適応するものとして育まれた。[5]インド太平洋という言葉自体は以前から存在していたが、インド太平洋が「地域とアイディアの双方」[6]として急速に浮上したのは、新しい「理念的な力」[7]と政治的な引力のためだった。「インド太平洋」は、顕在化する地理、つまり「地理化された政治的現実（geographized political reality）」に授けられた名称であるとともに、この概念の背後にある雄弁で意識的な思想を暗に伝えるものにほかならない。

二十一世紀初頭には、やがて「インド太平洋」と呼ばれることになる地域に関する政治的な展開が加速した。二〇〇四年十二月に発生したインド洋津波災害に対する国際的な救援活動に加え、二〇〇五年十二月にはマレーシアのクアラルンプールにおいて史上初の東アジア首脳会議（ＥＡＳ）が開催された。他の戦略家たちが拡大した海洋地理を検討し始めた頃に、二〇〇七年八月、日本の安倍晋三首相が「二つの海の交わり」[8]（本書の序文および末尾の資料参照）の考えを表明した。こうした動きがすでにあったものの、二〇一〇年代に入ってからはオーストラリア、インド、日本、アメリカ[9]における外交政策の議論で「インド太平洋」への言及が圧倒的に増え、各国間の利害の収《しゅう》斂《れん》が見られるようになった。[10]とりわけ重要なのは、二〇一六年八月に安倍首相が「自由で開かれたインド太平洋（ＦＯＩＰ）」という概念を提示し（第3章参照）、これが後にアメリカのドナルド・

トランプ政権によって取り入れられたことだろう。かくして強力な指標となる概念が現れた。地政学的観念としてのインド太平洋と、外交政策ツールとしてのFOIPは、志を同じくする（like-minded）国々に刺激を与え、多少の懐疑的な見方はあったものの、原則に基づく地域主義といううねりを生み出した。確かに、二つの海の統合を強化することがインド太平洋構想の主目的の一つだとされることが多い。広大な海洋空間が集合的に繁栄をもたらすという見方自体は間違ってはいないが、インド太平洋概念の論理はこれに留まらない。

豪印日米の戦略的利害の収斂が、インド太平洋という概念を地政学的議論の最前線にもたらしたのは事実だろう。発生源を中国・武漢とする新型コロナウイルスの危機とその後の中国政府による「戦狼」外交は、この傾向をさらに後押しした。二〇一〇年代を通じてインド太平洋は、利害関係国の地政学的地平を拓きながら、それぞれの願望を表す「戦略の地理」となった。同じ時期、マイケル・オースリンの指摘する「中国の新しいルール」[11]によって国際的な規範が広範囲で破られ無視されていた。インド太平洋を提唱した豪印日米の四か国――本書では、この四つの国を「基軸パートナー（lynchpin partners）」または「基軸国（lynchpins）」[12]と呼ぶ――は、強硬姿勢を強める台頭著しい中国に対し、さまざまな機会を見つけては世界的なパワーバランスを維持しようとしてきた。

志を同じくする四か国は、インド太平洋を「戦略空間」[13]と見なし、地政戦略的思考に裏打ちされた政策を作り出している。その顕著な例がアメリカである。同国では二〇二一年一月、下野直前のトランプ政権が二〇一七年十二月の「国家安全保障戦略（NSS）」に関する内部文書を機密解除したが、「インド太平洋のための米国の戦略的枠組み（U.S. Strategic Framework for the Indo-Pacific）」と題されたこの文書は、「インド太平洋地域におけるアメリカの戦略的優位を維持するとともに、自由主義的な経済秩序を推進して中国に反自由主義的な新しい勢力圏を確立させないため」の課題に言及する。[14] 特筆すべきことに、同文書は「インド、日本、オーストラリア、アメリカを主要な中核（principal hubs）として四国間の安全保障の枠組みを作る」〔傍点は引用者〕という目標を詳しく述べている。

強硬で対決姿勢を強める中国（第7章参照）を前にして、共通の利益という感覚が確かに存在する。[15] これこそが対外的な協力を相互に深める好機を生み出した。ルールに基づくインド太平洋、すなわち国際法の諸原則を尊重するインド太平洋を堅持したいと願う四か国が手を組んだことで、海洋安全保障や経済協力に関する多種多様な取り組みが生まれている。グローバルな視点で見ると、中国は国際連合の安全保障理事会で拒否権を有する常任理事国だが、その中国がルールに基づく既存の秩序を脅かしても、安保理は国連憲章に明記される強制的な措置を講じることはできない。それゆえ、脅威に晒《さら》された秩序を守るためには、代わりのアーキテクチャー（構造）[16] が必要となる。[17] インド太平洋を「攻撃的な概念」と見なす者がいるが、実際のところは、規範と価値を守るための優れて防御的な概念なのである。

事実、中国が帝国主義的な野心とともにインド太平洋地域で軍事的な膨張に邁進していることを考えれば、新たなアイディアと体制が必要となる。戦略国際問題研究所（CSIS）の「アジア海洋透明性イニシアティブ（AMTI）」など、多くの報告や研究が詳細に記すように、二〇一六年七月に常設仲裁裁判所（PCA）が中国の主張を無効とする裁定を下したにもかかわらず、中国は南シナ海（地図6参照）で人工的に増強された島に軍事施設を建設し、南シナ海と東シナ海で危険な瀬戸際外交を続けている。さらに、中国がインド洋地域に進出したことで同地域の現状も急速に変化した。このような背景のなか、インド太平洋をめぐる政策と戦略が展開しているのは、少なくとも提唱した四か国にとっては中国の好戦的な姿勢に対する反応なのである。もしも諸国家が勢力分布の大きな変化と、歴史的出来事に伴う不確実性に反応しないとしたら、それこそ不自然というものだろう。

勢力均衡のための対抗行動

インド太平洋もFOIPも、中国の活動や構想に代わる、あるいはそれに対抗する枠組みだと理解されることが多い。広く報告されているように、中国の「一帯一路」構想は、受け入れ国で戦略的な懸念と深刻な問題を生み出しており、さまざまな文献が習近平国家主席の看板政策に関する欠陥や懸念を指摘している。インド太平洋の枠組みが中国政府の影響力を弱めるか、あるいは、代わりとなる協力体制が一帯一路の腐食的な（corrosive）性質を際立たせることになれば、ルールに基づく国際秩序を守りたいと願う自由民主主義諸国にとって有利な形で均衡を変えることができるかもしれない。そのような文脈のなかでインド太平洋は、四つの基軸国――加えてイギリスやフランス、台湾などパートナーとなる可能性のある諸国――が中国に対する対抗行動を追求できる実践的な枠組みになっている。

インド太平洋構想は、間違いなく大戦略（grand strategy）を鼓舞し、政治・外交の手段を柔軟に動かすのに役立っている。協力のためのさまざまな取り組みに加え、インド太平洋に呼応するミニラテラル（小規模な複数国間）(18)のプラットフォームが今では数を増やしている。安倍晋三によって提唱された、一般に四国間安全保障対話（Quadrilateral Security Dialogue）または「クアッド（Quad）」として知られている非公式な四国間協議は、二〇〇七年五月にインド太平洋の海洋民主主義諸国によって開始された[19]。このミニラテラルの場は、いったん中断した後、二〇一七年十一月に再開された。現在の言わば「クアッド2・0」は、インド太平洋地域で起きている戦略的展開の頂点にある。二〇一九年九月には、国連総会の機会を利用して四か国の外相会合が開かれた。本章の冒頭でも触れたが、二〇二〇年十月に東京で開催された外相会合では、四か国によるグルーピングの勢いを示すかのように、協議を定例化することで一致した。確かにクアッドは「より深刻な脅威が認識されたときに完全なアーキテクチャーになる[20]」だけのものであって、現時点では曖昧な協商（entente）にすぎない。だが、クアッドの存在そのものが、強硬な中国が進める修正主義のあらゆる試みに対して強力な抑止的メッセージを送っている。

クアッドを含む国々が参加するミニラテラルの場や海軍演習は、数や規模を大きくしている。その典型的な例が、一九九二年にインドとアメリカの間で始まったマラバール演習である。日本は二〇一五年十月から正式なメンバーとしてこの演習に参加しており、かつて参加していたオーストラリアは二〇二〇年に再び参加した[21]。マラバールはクアッドそのものとは必ずしも関係はないが、インド太平洋のミニラテラリズムを推進し、「インド太平洋沿岸地域における海洋勢力の均衡を維持するためのより広い集団的な努力[22]」を体現している。これとは別の四国間の海軍演習に、フランスの主導するラ・ペルーズ演習があるが、フランスのほかにオーストラリア、日本、アメリカが参加して、二〇一九年五月にインド洋で初めて実施された。さらに、アメリカ主導の海上演習パシフィック・ヴァンガードが、アメリカ、オーストラリア、大韓民国の各国海軍および日本の海上自衛隊が参加して、二〇一九年十一月に初めて行われ、さらに二〇二〇年九月にも実施された。以上に加え、インド太平洋地域では比較的調整しやすい三国間（trilateral）の取り組みも行われており、国益の収斂を示すさらなる証となっている。[23] 例えば、日本、イギリス、アメリカの三か国は二〇一八年十二月に日本近海で共同演習を実施した。ちなみに、イギリスの参加はインド太平洋が包摂的な空間であることに加え、イギリス政府が「スエズ以東」の地域に再び関心を抱いていることを示唆しながら、地政戦略的な可能性が新たな段階に入ったことを知らせている。

政策の包括性という点で見れば、インド太平洋は軍事的要素のみならず連結性（connectivity）[24]と関係する経済的要素も組み込むことのできる汎用性のある概念である。例えば、質の高いインフラの提供は国際的に認められた基準に従って進められており、インド太平洋における協力事業にとって不可欠なものになっている。政策ブランディングや基軸国の間での機運のずれには改善の余地があるとしても、インド太平洋の基軸国による質の高いインフラ提供によって中国の一帯一路、特に二十一世紀海上シルクロードに代わる異なる種類の経済協力が推進できる。その一例が、二〇一八年十一月にオーストラリア、日本、ニュージーランド、アメリカの四か国によってインド太平洋の名で発表された、パプアニューギニア（PNG）での発電所建設プロジェクトである。持続可能な援助プロジェクトと位置付けられており、受益国に過度な財政負担を強いることなく喫緊のニーズを満たすことが想定されている。さらに、アメリカがオーストラリアと日本とともに二〇一九年末に立ち上げたブルー・ドット・ネットワーク（BDN）は、質の高いインフラを認可する地道な取り組みで、これも中国の一帯一路に代わるモデルを示すものとなるかもしれない。[25] アメリカや日本がFOIPの実現のため進める多くの連結性プロジェクトも同様の事例である。また、二〇一九年十二月に日本とインドの民間部門の間で締結された「アジア・アフリカ地域における日印ビジネス協力プラットフォーム」は、ＦＯＩＰの下でのビジネス協力促進に貢献するものと期待されている。

インド太平洋概念の発展と相俟って、グローバルな舞台でインドの存在感が高まっていることは地域全体の民主主義諸国にとって歓迎すべき展開である。これらの国々は、強力なパートナーたるインドが、かつての非同盟主義を捨てて表舞台に現れてくるのを目撃している。インド政府は今も戦略的自律（strategic autonomy）に敏感だが、その外交方針は以前に比べれば連携を選ぶ方向に傾いている。地政戦略的な観点から言えば、インドが存在感を高めることは必然的により広い地域において中国の存在感を弱める助けになるだろう。もしインドが自国を国力上昇中の大国と考えているなら、インド政府の思惑とは無関係にインドと中国との力の均衡（power equation）を望む声が自然と湧いてくるだろう。インドがより顕著な多極化世界を望み、その考えが他のクアッド諸国の意向と必ずしも合致しないとしても、インドがインド太平洋の重要なプレイヤーであることに変わりはない。

2　戦略上の課題

インド太平洋の基軸国は、戦略の具体化において成功している一方で、課題にも直面している。インド太平洋に関する取り組みを進めるなかで、これをいかに第三国に広げ、支持を取り付けるかはきわめて重要な問題である。第三国、とりわけ東アジアと東南アジアの国々の側にとっては好機であり、課題でもある。東南アジア諸国連合（ＡＳＥＡＮ）は現在、地政学的なチェスボードとなっており、インド太平洋という概念を支持するべきか否かのジレンマに直面している。インド太平洋という枠組みに関心を抱き、あるいは影響を受ける他の国々にも、程度の差はあれ、こうしたジレンマが当てはまる。

インド太平洋の観念は重なり合う関心事を取り込んでおり、否定できないことに、不鮮明な概念的輪郭を露呈している。提唱した国々でさえ、同じ用語を使っていても、戦略上の関心や地理的範囲は同じではない。ブレンドン・J・キャノンとアッシュ・ロシターが「インド太平洋は人によって意味するところが違っているし、それは今後も変わらないだろう」と指摘するとおりである。[26] 意図する地理的範囲が違っているだけでなく、取り組み方にも明らかに微妙な違いがあるが、その違いは「インド太平洋」に付けられる形容詞に表れることが多い。トランプ政権およびジョー・バイデン政権下のアメリカとならんで、安倍政権と菅義偉政権下の日本は「自由で開かれた（free and open）」インド太平洋を支持しているのに対し、ナレンドラ・モディ政権下のインドは「包摂的な（inclusive）」インド太平洋を強調する傾向がある。[27] スコット・モリソン首相のオーストラリアは、この中間に位置しているように映る。

ただ、インド太平洋を提唱する国々が統一的な政策を打ち出せないからと言って、この概念の価値が損なわれるわけではない。インド太平洋概念が混乱して見えるとしたら、それは民主主義諸国が多様なビジョンを統合して作ったものだからである。そしてこれは必然的に活発な議論を招く。画一的なビジョンを示すことのできる権威主義国家が推進するのが一帯一路であるのに対し、インド太平洋はそれ自体が自由で開かれた概念なのである。そのため当然ながら権威的な裏付けのある解釈は存在しない。

現時点では、この地域的枠組みは初期の段階にあり、安全保障のアーキテクチャーはそれよりさらに前の萌芽的な段階にあるにすぎない。アメリカ政府の高官がクアッドの役割を拡大させたいと考えたとしても[28]、中国と対抗するために北大西洋条約機構（ＮＡＴＯ）の安全保障アーキテクチャーに似た「インド太平洋同盟（Indo-Pacific alliance）」を形成することはほぼ不可能だろう。というのも、中国政府を過度に刺激したり、断固たる対抗措置を講じたりすることへの懸念は、クアッド諸国の政策立案者たちの間に広く見られるからである。インド太平洋地域の他の国々、特に東南アジアの国々についても、この概念に対する理解は国ごとに異なる。さらに言えば、中国は一帯一路という事実上のインド太平洋戦略を持っているものの、クアッド諸国が説くインド太平洋概念は「太平洋とインド洋に浮かぶ海の泡[29]」にすぎないと言って、これには強硬に反対している。すでに広く受け入れられている「アジア太平洋」とは異なり、「インド太平洋」は今も疑いなく地域内でのコンセンサスを欠く。

インド政府が表明しているように、「包摂的な」インド太平洋の主張は微妙なニュアンスを帯びており（第６章参照）、インド太平洋はどの程度まで包摂的であるべきかという疑問を投げかける。インド太平洋の基軸国が唱えるその地域主義は、中国を明確に排除してはいないとはいえ、基本的価値を重視するものであり、そのため条件をつけて参加国を選抜する傾向がある。この要素は自由で開かれたインド太平洋、さらに言えば威圧と略奪（coercion and predation）の恐怖から解放されたインド太平洋を実現させるものとなる。これこそがパクス・インドパシフィカ、すなわちインド太平洋秩序にほかならない。この点では、例えばイギリスとフランスを参加させたことは、ルールと原則に基づく地域主義にとって付加価値となる。それでも、包摂的なインド太平洋がなぜインドのモディ首相の言う「この地理的範囲にあるすべての国（all nations in this geography）[30]」を受け入れることができないのかという疑問は残るし、さらにこの問いは必然的に将来的に中国を含める可能性についての問題を惹起することになる。

地域的な協調的安全保障のアーキテクチャーとともに、無条件の地域秩序を形作るということは、実質的には既存の東アジア首脳会議（EAS）を拡張させることと同義である。EASはクアッド諸国と中国を含んでおり、事実上のインド太平洋フォーラムとして機能しているからだ。中国の覇権主義的な行動が変わると期待するのは尚早だが、具体的な地域フォーラムを通じて対話の場を設け、中国に責任ある利害関係国として行動するよう促せるかもしれないと仮定するのは、理論的には可能だろう。しかしながら、クアッドと中国の双方を含む地域的な枠組みは、戦略上の観点から検討はして良いとしても、中国を突き動かすというインド太平洋の地政戦略的な特徴を弱めてしまいかねない。それは現段階では望ましくない。留意すべきは、EASも、中国も参加しているASEAN地域フォーラム（ARF）が、中国政府に拡張主義を断念させることに成功していない点である。「どの国も排除しない」と言うのは聞こえが良いが、ひとたび中国の参加を認めれば、中国はインド太平洋秩序を支配し、「パクス・シニカ（*Pax Sinica*）」、つまり中国の覇権を築く新たな手段に変えてしまいかねない。

それにもかかわらず、問題はインド太平洋を提唱する国々自身、それも主としてアメリカの側にある。例えば、中国に対して同様の懸念を抱いている他の国々の参加を妨げそうな点の一つに、そうした国々に対して西側諸国がガバナンスと法の支配の問題について講釈を垂れて要求を突きつけがちなことが挙げられる。ブレンドン・J・キャノンは、インド太平洋という観念を伝えるのに「自由主義的な（liberal）」国際秩序を強調するのは、中国が影響力を強めていることを考えると逆効果かもしれないと指摘しつつ、深刻なジレンマが生じる可能性のあることを論じている。[31] 大胆な言説とともに勃興しつつある中国主導の国際秩序は、権威主義的な諸政府の目にはより魅力的に映るかもしれない。これらの政府は、中国をアメリカに代わる「健全な」あるいは「寛大な」存在と見なしがちだからだ。

実際のところ、インド太平洋を提唱する国々が、特に海洋面に関して既存の国際秩序の自由主義的な（つまり、ルールに基づく）性格を放棄することは難しいだろう。ただ、海洋公共財や航行の自由を堅持する絶対的な必要を強調することは、人権や民主主義と本質的に関係があるわけではない。むしろ海洋法は、オランダの法学者フーゴー・グロティウスが『自由海論（*Mare Liberum*）』を書いた十七世紀にまでさかのぼる、古い先例を持つ思想である。もしアメリカなどインド太平洋の基軸国が自由主義的な（つまり人権について自由主義的な）価値をあまりにも強く主張すれば、それは海洋ガバナンスについて大切なメッセージを弱めるばかりでなく、多くの政府から苛立ちをもって受け取られるだろう。基本的人権が重要であるとしても、こうした価値を声高に主張し続けることは、インド太平洋の地域秩序の形成への支持を集めるのにはかえって逆効果になりうる。そればかりか、既存の国際秩序そのものの持続可能性も狭めることになりかねない。

支持は広がるか——連合を構築する難しさ

インド太平洋構想には残された課題も多い。観念的にまとまっておらず、論争を生むものであるといった批判的な見方や、連合構築（coalition building）の取り組みが難しいものになるとの悲観的な見方もありえよう。中国に対する対決と協調の二つの姿勢の対立は、当然ながらインド太平洋が意味するものについての理解にそのまま反映されている。中国による修正主義的な行動が続くなか、インド太平洋に関する政策論議は、異なるアイディアの主導権と支持獲得を争う「知的チェスボード」ともなりつつある。アジア太平洋の形成過程ではすべての利害関係国が自らの居場所を見つけていたが、インド太平洋の概念化はそうした結束を明らかに欠いている。クアッドの枠組みを拡大する「クアッド・プラス」[32]の議論を含め、連合構築を支持するいかなる議論も、この現実を考慮に入れなければならない。

理論的に言えば、ASEAN諸国はインド太平洋という地域的枠組みから利益を得る機会が最も多い。インド太平洋の枠組みは二つの大洋の連結性を促進するものであり、そこで中心的な役割を演じうるのがASEAN諸国だからである。さらに、クアッド主導のインド太平洋の地域主義はルールに基づく海洋秩序の擁護に確実に貢献するもので、まさにインドネシア、マレーシア、フィリピン、ベトナムといったASEANの海洋国家がその恩恵を受けることになる。しかし、東南アジア諸国はこれまでインド太平洋の観念には一致した支持を示しておらず、支持する場合も、気乗りのしない条件付きの黙認という態度しか見せていない。この地域の経済全体が中国と結びついているため、東南アジア諸国一〇か国で構成するASEANは、対立する二大国の板挟みという難しい状況に陥っている。

ASEAN共同体が存在し、ASEANを中核に据える中心性（centrality）[33]の基本理念が謳《うた》われるにもかかわらず、ASEANは脆弱で内部対立を抱えた組織のままである。ASEAN加盟国のなかには領土が中国からの明らかな脅威に晒されている国もあるが、その脅威をASEANは食い止められずにいる（第8章参照）。加えて、中国の影響力は「海のASEAN」よりも「陸のASE

AN」のほうで強い。例えば、カンボジア、ラオス、ミャンマー、タイ、ベトナムで構成される大メコン圏は、生まれつつあるパクス・シニカに飲み込まれようとしている。確かに、南シナ海で領有権問題に直面するベトナムは中国の覇権に抵抗しているが、その姿勢には微妙なニュアンスがある。ベトナム政府は、二〇一九年の「国防白書」で明らかにしているように、インド太平洋の議論に参加する用意があることを示しつつも、中国政府から不必要な反感を買うのは避けようとしている[34]。米中対立が深まり、中国の存在感が増すなかで、ASEAN諸国はどちらか一方を選ぶのを回避する傾向がある。中国に完全に追随する国はまだごく少数に限られているものの、他の国々は、はっきりとアメリカ側に立つのではなく、中立的な立場をとることを選んできた。東南アジアの意図的な中立政策は、当然ながら、インド太平洋の問題に対する姿勢にも反映されている。例えば「インド太平洋に関するASEANアウトルック(AOIP)[35]」は、ASEANの曖昧な態度を映し出している。積極的なインド太平洋政策を表明できなかっただけでなく、FOIPの影響をある程度まで「無力化」する内容となっていた[36]。

同じアジアでもより北に位置する中華民国(台湾)は、インド太平洋の観念を支持し、「アメリカのインド太平洋戦略との連携を強化する[37]」意志を持っている。台湾が直面している中国からの差し迫った脅威は看過できない規模である。厳しい安全保障環境もさることながら、強力かつ強靭で、高度に工業化された中国語圏の民主主義国である台湾が、さまざまなインド太平洋戦略で果たしうる役割を過小評価してはならない。

それとは対照的に、韓国はインド太平洋の概念には困惑しているように映る。事実、韓国政府は、インド太平洋の議論に関しては等距離外交を試みている。しかし、中国とアメリカのあいだで不安定なバランス外交を進めた結果、韓国は不幸な罠に落ちてしまった。確かに、韓国とアメリカが共同で発表した「ファクトシート」には、両国が韓国の新南方政策とアメリカのインド太平洋戦略との間で協力を推進すべく、ともに取り組んでいることが示されている[38]。だが、中国と北朝鮮に迎合しようという動きなど、左派のムン・ジェイン（文在寅）大統領の政権がとってきた一連の行動のため、アメリカおよび地域内のアメリカの同盟国との関係が冷え込んでいる。韓国の不安定な地政学的現実と韓国の二面的な外交は、インド太平洋戦略の推進において韓国がアメリカと実りある連携を進める妨げとなっているに思われる。防衛態勢とインテリジェンスの共有についての懸念も、韓国に対してクアッドが慎重な態度をとる理由になっている。

　西太平洋も東アジアに劣らず連合構築が難しい地域である。中国はこの海洋地域で影響力を徐々に増しながら、中国の考える列島線（地図3参照）を強化し、アメリカの影響力と軍事的優位を一層脅かしている。西太平洋にある小島嶼国《とうしょこく》は中国の海洋進出の最前線に位置しており、その強硬姿勢にも晒されている。こうした小島嶼国はいずれも人口は少ないが、広域な排他的経済水域（ＥＥＺ）を有していて、積極的に関与すれば効果を上げることが可能と見られる（第9章参照）。現に中国の一帯一路と借款に基づくプロジェクトは、拡大を続けるパクス・シニカの勢力圏内に小島嶼国を取り込む手段になっている。ソロモン諸島が北京を支持して二〇一九年九月に台北と外交関係を断ったのはその一例にすぎない[39]。この地域で影響力を拡大させることで、中国は接近阻止・領域拒否（Ａ2／ＡＤ）戦略における領域拒否能力を一層拡張させている。

　難しい地政学的状況に直面するなか、インド太平洋の基軸国が外交面と軍事面の両方で存在感を高め、西太平洋の国々と連合を構築しようとする試みは課題であり続けている。したがってクアッドの四か国にとって、太平洋地域を対象とした既存の協議の場や取り組みを強化することが必須となっている。その一例だが、アメリカは自身のインド太平洋軍（INDOPACOM）を通じて同地域への軍事投資を増やす計画を立てている。また日本は一九九七年以降三年ごとに首脳級の地域協力プラットフォームとして太平洋・島サミット（PALM）を開催しているが、二〇二一年にはその第九回目の会合を開く予定である。(40) このほかにもインド太平洋の基軸国はさまざまな活動を行っているものの、西太平洋での流れを変えるほどの効果を生むか否かは、現時点ではまだ分からない。

連合の構築は多国間外交の場にも関係する問題である。これまでインド太平洋の基軸国は、二国間のみならず、三国間や四国間などミニラテラルの枠組みに力を入れてきた。しかし、その間に中国は、国連をはじめとした多国間外交の場を自国に有利になるように利用しており、クアッド諸国が多国間レベルで協調関係を構築するのを困難にした。中国が国連のさまざまな機関に強い影響力を持ち、自国の戦略的意図を追求するのに国連を利用しているのは周知の事実である。(41) 二〇二一年一月の時点で四人の中国人が国連機関の長を務めており、管理職のトップレベルで中国の意向を強く反映させている。(42) 加えて、世界保健機関（WHO）のエチオピア出身の事務局長など、国連の幹部職員はあからさまに中国政府寄りの姿勢を示す。ほかならぬ国連事務総長アントニオ・グテーレスでさえ、ダボス会議に倣って開催されているボアオ・アジア・フォーラムに出席するため中国を訪問中に「中国はグローバルな開発と協力に積極的に参加する国であり、多国間主義の基幹(backbone)である」と語っている。(43) 組織としての国連は中国の影響下に入ったと言っても過言ではない。

国連安保理の常任理事国である中国は、露骨な軍事的拡張によって南シナ海と東シナ海の地域を不安定化させているにもかかわらず、この件で国連を沈黙させるのに成功している。中国の増大する影響力は、同国が香港や新疆《しんきょう》ウイグル自治区で続ける弾圧についても国連人権理事会を骨抜きにしている。中国政府の一連の行動と企みを是認するのに国連が積極的に利用されているのが現状であり、覇権を握ろうとする中国の野望を支える「基幹」の役割を国連が担っていると言える。中国が国連における状勢を急速に変えるなかで、インド太平洋の基軸諸国が多国間外交の場に再び焦点を当てることは喫緊の課題となっている。現時点では、国連はインド太平洋構想を自らのアジェンダに組み込んでいない。というより、インド太平洋の基軸国が国連にそうさせることに失敗している。

3　ユーラシアをいかに位置付けるか

インド太平洋概念に対応する大陸側の地理的概念でもあるユーラシア（地図2参照）が登場したのはインド太平洋よりはるかに古い。だが、国連に代表されるグローバル・ガバナンスの位置付けが未完であるように、インド太平洋構想におけるユーラシアの位置付けも不明瞭なままである。ユーラシアに関する理論的考察をここで全面的に展開することは無理だとしても、ユーラシアの重要性を無視することの結果も含め、地政学上の意味を考慮するなら、少なくとも概要を示しておく必要がある。

C・ラジャ・モハンが「インド太平洋が海洋概念だとするならば、ユーラシアは大陸概念である」と指摘するように、[44] この二つの概念が形成された背景は対照的であり、その後の歩みもそれぞれに異なる。ハルフォード・J・マッキンダーをはじめとした政治地理学者たちが「ハートランド(Heartland)」と呼んだ地域を擁するユーラシアは、かつては大国同士、特にイギリスとロシアの対立の主戦場であり、現在の「インド太平洋」はその周縁部にすぎなかった。そのため、沿岸地帯であるリムランド（rimland）を強調したニコラス・J・スパイクマンをおそらく例外として、大半の古典地政学の理論はユーラシアの中心部に焦点を当てていた（第2章参照）。しかし、インド太平洋に関する現在の議論は、重心がユーラシアのハートランドからスパイクマンが「周辺の海の公道(circumferential maritime highway)[45]」と呼ぶ空間へと傾斜していることを示唆している。あからさまな封じ込めではなく、二つの大洋から中国を包囲することがインド太平洋の暗黙の了解であると仮定すれば、戦略上の関心は南方へ移ったと理解できる。その意味でインド太平洋戦略は、ユーラシアの「裏口」からではないとしても、大洋の沿岸地帯から実施される、一種のユーラシア戦略と見ることができよう。

地理的には、インド太平洋は「海洋ユーラシア（maritime Eurasia）[46]」と言われる地域と一部が重なっている。しかし、ユーラシアはインド太平洋と地理的にも近接し、戦略的にも関連しているのにもかかわらず、インド太平洋のナラティブからは見事に抜け落ちている。海洋を中心とするインド太平洋の議論は大陸的な視点を棚上げし、世界の「地政学的チェスボード[47]」の戦略的重要性を相対化しているようにも見える。中国の一帯一路が大陸ユーラシアとインド太平洋を一つの概念的枠組みに巧みに統合していることを考えると、その違いは著しい。より正確に言えば、中国は網のようにめぐらされた交通路や回廊とともに、「シルクロード経済ベルト（絲綢之路経済帯）」を通じてユーラシアを大陸部の「帯」に、「二十一世紀海上シルクロード（二十一世紀海上絲綢之路）」を通じて周縁部を海上の「路」に作り変え、その力を多方面に伸ばそうとしている。もちろん、「作り変え」の裏側で、個々のプロジェクトの持続可能性や成功の可否など、懐疑的な見通しが広まっているのは否定できない[48]。

一〇〇近い国々を抱えるユーラシア大陸は、ときに「超大陸（supercontinent）[49]」と呼ばれることもある。かつてしきりに議論された地政学的舞台であるユーラシア大陸だが、現代の地政学の議論においても西欧、ロシア、さらに中国のパワーバランスの観点からの解釈が有効と思われる（第10章参照）。例えば、過去にかつてソビエト連邦に属していた国々は、独立国であるにもかかわらず、モンゴルやアフガニスタンとともに、大国同士が影響力を競い合う主戦場になっている。もっとも、今のユーラシアは、一部のリムランドと欧州連合（ＥＵ）地域の中核部を除いて、ロシアと中国が優位な地位を占める地域となっている。ドイツ主導のＥＵと、インドやアメリカの影響力が残っているとはいえ、中露の影響力と存在感がユーラシア大陸の至る所にあるというのは動かしがたい事実だろう。

とりわけ注視すべきは、パクス・シニカが急速に拡大しているように見える点である。言うなれば「ユーラシアの戦略的展望を作り変えようという大胆な取り組み[50]」を通じて、中国は中央アジアの国々やその他のユーラシア地域の諸国に一帯一路の橋頭堡《きょうとうほ》を築いている。さらに米ドルによる決済システムを侵食しながら、デジタル化を伴った人民元ベースの経済圏が登場しつつある。ロシアも同様に、同国が「近い外国（near abroad）」と呼ぶ旧ソ連諸国の地域を自国の勢力圏として固めようとしており、その主たる例がジョージアとウクライナである。上海協力機構（ＳＣＯ）は中国の視点で安全保障を確保し、ユーラシアの安定を維持することを目的とした多国間協力組織だが、この組織は中国が主導しロシアが支援する新たな地域秩序へと変貌を遂げた。加えて、バルカン半島諸国を含む中東欧地域も、ロシアと中国がEUの統一性を蚕食《さんしょく》しながら影響力を拡大させている舞台である。ヨーロッパ一七か国（中東欧諸国とギリシャ）と中国との協力枠組み「17＋1」はその顕著な例と言えよう[51]。

残された課題としてのユーラシア

もちろん、インド太平洋の地域主義を唱える国々がユーラシアで外交活動を行ってこなかったわけではない。例えば一帯一路が始まるはるか以前、一九九〇年代には日本がユーラシア外交の先頭に立っていた（第3章参照）。アメリカもユーラシアの戦略的重要性を意識しながら、冷戦後のユーラシア外交にかかわってきた。一九九〇年代を通じて国家安全保障戦略（NSS）でヨーロッパとユーラシアは公式に「一貫した地域的アプローチ」の一部と位置付けられていた。なかでもNATOはアメリカがユーラシアに影響力を行使するのにほぼ間違いなく理想的な手段だったが、アメリカ政府の関与は一定でなかった。とりわけNATOを通じたアメリカの影響力拡大の試みは、二〇〇〇年のウラジーミル・プーチンの長期政権の出現後、ロシアによって徹底的に阻止されてきた。例えば、ウクライナの二〇一四年のユーロ・マイダン革命はロシアによるクリミア半島の併合という惨事に終わったが、これもアメリカのユーラシアへの進出を巧みに押し返したプーチンの戦略的行動の一例と言える。

中国、ロシア、アメリカのみならず、インドにとっても大陸ユーラシアは主要な舞台である。特に中央アジアはインドにとって一貫して戦略的に重要な地域だったが、部分的にはパキスタンというプリズムを通して、さらに最近は中国というプリズムを通して地域を認識している。その意味でインドのインド太平洋戦略は、ユーラシアへの戦略的関心を外層から補完するものであると言える。インド以外の他の国々もユーラシア地域で影響力を持とうとしているが、地理的条件に恵まれ、持続的に関心を抱いてきた中国とロシアが優位を占めてきたのは否定できない。

中国など新興の地域覇権国がユーラシアのハートランドで勢力を強めるなか、クアッド諸国のインド太平洋戦略はこうした側面に十分に対応できていない。インド太平洋と対をなすはずのユーラシアに関する政策については空白の状態であり、焦点を再調整することは喫緊の課題と思われる。もちろん全範囲のユーラシア戦略が求められるわけではない。慎重な検討に基づく、費用対効果の高い戦略で対応するのが望ましい。確かに、ユーラシアを除外しておくのは一定の戦略レベルでは理にかなっている。インド太平洋概念は際限のない地政学的空間を描く包括的な概念ではない(52)。その一方で、概念的な限界が示すように、インド太平洋の提唱国が世界的な範囲で勢力均衡を図りたいのなら、ユーラシアとそれ以外の地域について異なる政策を講じていかねばならない。

4　本書の意義

ユーラシアの概念的な重要性を十分に認めながらも、本書はインド太平洋の中核であるアジア、オーストラリア、アフリカ、アメリカ州の沿岸諸国に囲まれた海域から実証的な事例を取り上げ、考察するものである。インド太平洋の概略を明らかにしつつ、急展開する議論に理論面と実証面から貢献していきたい。本章以降、インド太平洋を概念的な出発点として用いながら、新しい戦略的地理をテーマ別の視点、さらには国・地域の視点で分析していく。経済的な側面は本書の主目的からは外し、政治、外交、そして戦略の各側面に焦点を絞った。網羅的な書物からは程遠いが、地政学の舵取りをし、利益を追求する各国の大戦略をその限界とともに明らかにしていきたい。

インド太平洋という概念を扱うにあたり、本書は国際関係論（IR）や古典地政学[53]の関連する理論を必要に応じて参照していく。また、本書に掲載した「地政学的地図」は地政学的な考えに基づき、さまざまな視角を考慮して作成したものである。読者各位が国際政治の地理的特徴を把握するのに参照していただけると幸いである。本書における地政学の定義も記しておきたい。すなわち、地理的特徴と歴史的背景が絶対的かつ決定的な要素ではないにせよ、影響力を持つ要素として考察される政治学の一領域であり、特に地理的および歴史的現実がどのように国家の対外的な姿勢に影響を及ぼすか、またこれがどのような結果をもたらすかを検証するもの、である。

インド太平洋の研究と密接に関係する地政学だが、政策コミュニティや学術の領域では二十一世紀に入る以前から再び関心を向けられるようになっていた。しかし、今世紀にロシアや中国などの修正主義国家が対外政策で地政学を応用していることが、地政学を重視する本書の立場をより説得的なものとしている[54]。分かりやすい視点を提供してくれる地政学は、分析者や研究者たちが競争的な世界環境を理解するのに好んで使うレンズになっている。ただし、ここで強調しておくべきは、現代の国際政治は古典地政学の範囲を超えており、今では細谷雄一の言う「新しい地政学[55]」を応用している点だろう。細谷が主張しているように、現在では従来の陸・海・空の三つに加え、宇宙空間とサイバー空間への注目がますます必要不可欠になっている。さらに、国連などの国際機関をグローバル・ガバナンスの「空間」として考えた場合、地政学は地理的空間以外の場にも広がっていることも理解しなくてはならない[56]。本書の各章は、主として古典的な地政学に焦点を当てているが、インド太平洋を分析する際には、地政学の新たな側面も踏まえて議論を進めている。

現実世界を投射するかのように、本書の説明や分析のなかで編者や執筆者の間での異なる多様な意見が示される場合があるが、編者としてはそうなるよう促してきた。執筆者のそれぞれの論考を通じて明らかなように、本書において多様で包括的な見解を提示できたと自負している。もちろん、本書で記した具体的な分析や説明内容についての責任が、該当する各章の執筆者に帰することは言うまでもない。

本書は四部構成で、それぞれが異なるテーマや地域を扱っている。第Ⅰ部**「地政学的文脈」**は本書の基調を定めるもので、墓田桂とブレンドン・J・キャノン（第1章）が、「戦略の地理」として新たに出現したインド太平洋の概観を説明する。第Ⅰ部の後半を担当するアッシュ・ロシター（第2章）は、第1章で触れた要素のいくつかを再び取り上げ、地政学の理論を通じてインド太平洋の進化する戦略的景観を分析する。

第Ⅱ部**「基軸としての日米豪印」**では、インド太平洋に関する議論の中核に移り、日本、アメリカ、オーストラリア、インドの各々の視点と思考に迫る。どの章も各国独自の姿勢に着目し、政策選択肢を分析するとともに、行動の理由と影響力の推移を解説する。墓田桂（第3章）は日本によるインド太平洋構想の背後に地政戦略的な考えが存在することを明らかにしつつ、「自由で開かれた」インド太平洋の意味を考察する。デイヴィッド・スコット（第4章）はアメリカのインド太平洋における自国の位置付けと戦略上の課題に着目するとともに、政策の連続性と非連続性を考える。

さらにデイヴィッド・ブルースター（第5章）は、オーストラリアの地理的課題に焦点を当て、その課題に対応するために同国がインド太平洋という概念を採用する意味について論じている。またジャガンナート・P・パンダ（第6章）は、インド太平洋という「プリズム」とともに戦略的自律を追求するインド外交の姿を描く。

第Ⅲ部**「震源としての東アジア――中国の覇権主義とその余波」**では、中国と東南アジア諸国の多様な視点を探る。方天賜（第7章）は、中国のアイデンティティの変化と外交政策の転換を考察し、インド太平洋戦略にとっての含意を示す。続いてレナート・クルス・デ・カストロ（第8章）は、全会一致を原則とする政府間組織であるASEANが米中の戦略的競争の真ん中で、大国として台頭した中国にいかに対処しているかを論じる。

第Ⅳ部**「競争の最前線――現れる影響力とパワー」**は、さらなる研究の最先端を提示する。ここでは太平洋とインド洋にある小島嶼国の観点と、ヨーロッパ、ペルシャ湾岸、および東アフリカ諸国の視点を掘り下げることで、インド太平洋の最前線を探っていく。モハン・マリク（第9章）は、インド太平洋の小島嶼国が、中国とインド太平洋の基軸国の狭間で経験することになった苦境と好機に光を当てる。エヴァ・ペイショヴァ（第10章）は、彼女の言うEUの「インド太平洋パズル」とともに、EUが独立した外交政策を模索している現状を考察する。またジャン＝ルー・サマーン（第11章）は、ペルシャ湾岸のアラブ諸国が米中対立から生まれた新たな地政学的現実にどのように対応しているのかを解説する。さらにブレンドン・J・キャノン（第12章）は、インド太平洋の変化する勢力分布を踏まえ、東アフリカ諸国における中国をはじめとした国々の影響力とパワーの推移を分析する。

おわりに

インド太平洋は、中軸となる空間としても、物事を明確にするアイディアとしても、加速度的に現代の地政学的現実を形作っている。疑われることのなかったアメリカの覇権が衰退するなか、インド太平洋の諸相を特徴付けるのが不安定な多極化世界と勢力分布の変化である。もっとも、パクス・アメリカーナが弱り衰えているとしても、パクス・シニカがそれに取って代わるまでには至っていない。全権を握り、自信過剰な政府が中国の経済的・軍事的な拡張主義を主導するが、この拡張主義も大きな構造的弱点を抱えており、台頭する中国の将来にさらなる疑念を投げかけている。少子高齢化など数多くの社会問題を考慮すれば、中国が今後も経済力を振るえるか否かは決して自明のことではない。

とはいえ、現時点では、細分化された多極化世界、言い換えれば絶大な力を持った覇権国の存在しない世界がすでに現実となっている。慣れ親しんだ古いアメリカ中心の秩序は現状変更を迫る修正主義国家から挑戦を受けているが、このような世界においてインド太平洋概念はきわめて重要な戦略的・規範的構想となっている。ルールと原則に基づく地域主義は産声を上げたばかりで、いくつもの課題に直面しているとはいえ、パクス・インドパシフィカを徐々に実現に導いていくだろう。同時に、現代世界の展望を象徴するかのように、分極化がインド太平洋という概念の理解を特徴付けている。政策決定の場での競争も激しいが、そこで競合する諸概念はそれぞれに現実的な課題を提示しており、コロナ後の時代も概念面での主導権争いから逃れられないだろう。

インド太平洋という概念の柔軟性自体も、豪印日米という基軸国にとっては強みと言えよう。この概念は実現要因（enabler）として数多くの政権選択肢を可能にし、条件付きの地域主義を招き入れるものである。四か国からなる現在のクアッドの枠組みと手法は、原則に基づく地域秩序をインド太平洋で実現させる土台となるだろう。それでもなおインド太平洋の提唱国は、この概念を深め、運用可能な戦略を展開しつつ、インド太平洋の持つ説得力のある哲学を地域の利害関係国に訴えていかなくてはならない。ルールに基づく秩序は、その普及方法に改善の余地があるものの、誕生間もないインド太平洋の地域主義における基本思想を提供している。他方で、インド太平洋概念を活用する際には、認識面での落とし穴があることも理解しておく必要がある。インド太平洋が有益な観念的かつ戦略的な地図を提供する一方で、インド太平洋を重視するばかりに、それ以外の戦略的に重要な地域や問題を覆い隠してしまう側面は否定できない。大事なのは、インド太平洋戦略それ自体を論じることよりも、地政学やパワー・ポリティクスを舵取りすることである。優先しなくてはならないのは国家安全保障と国益なのである。

目下の大国間競争では米中の両陣営が言説をめぐって競い合う。どの言説が二十一世紀の世界秩序を描き上げるかという、根本的な競争である。中国が独自の言説を喧伝するかたわらで、アメリカをはじめとしたインド太平洋の基軸国はルールに基づく国際秩序を基礎とする言説を示している。その構図のなかでインド太平洋概念は、諸国家の共同体が依存する本質的価値を堅持していくにあたり、インド太平洋の基軸国の助力となると思われる。四つの基軸国が進めるインド太平洋戦略は、具体化すれば、中国が覇権国となるのを目指す二十一世紀前半において、歴史の流れを良い方向に決定付けられるかもしれない。

もっとも、中国の種々の活動によって現在のグローバル・ガバナンスが徐々に侵食されている状況に鑑みれば、わずかに残るアメリカ主導の秩序が今後も続くかどうかは現時点では明らかではない。すべては、四つの基軸国がこの理念的な地理（ideational geography）を活用し、他の国々に働きかけることができるかどうかにかかっている。本書が示すのは、中国あるいはインド太平洋の基軸国に対する第三国の応答こそが、大国間競争の顛末を決定しうるということである。我々の世界の今後は、現在のインド太平洋に関する議論の展開次第にかかっていると言っても過言ではない。

注

（1）外務省（二〇二〇）。【監訳注】日本語のプレスリリースではcooperationは「連携」と訳されており、ここではそのまま記載した。本書ではcooperationは「協力（関係）」と、alignmentを「連携」とそれぞれ訳した。

（2）【監訳注】本書ではgeostrategyの訳語として、原語に近い「地戦略」ではなく、すでに定着している「地政戦略」を用いた。geostrategyを平易に言えば「戦略の地政学」（秋元千明）となるだろう。またgeopoliticsは「地政学」、geo-economyは「地経学」と訳した。原語への近さという点ではそれぞれ「地政治」「地経済」と訳されるべきだろうが、定着している訳語を優先させた。

（3）Biegun (2020).

（4）【監訳注】古くから海洋学で用いられていたIndo-Pacificの語は、この地域の動植物相に言及するなかで用いられることが多かった。例えば、イセゴイはIndo-Pacific tarponと呼ばれる。漁業の用語としても使われてきた。国連食糧農業機関（FAO）の下部機関として一九四八年にはインド太平洋漁業理事会（Indo-Pacific Fisheries Council）が発足している。

「インド太平洋」を政治の文脈で用いた初期の論者としては、ドイツの政治地理学者カール・ハウスホーファーが挙げられる。さらに第二次世界大戦後の一九六〇年代、オーストラリアやイギリスの政策コミュニティで

「インド太平洋」が俎上に載ったことがある（Medcalf, 2020: 68）。今世紀に入ってこの用語を逸早く使い始めた論者としてよく知られるのは、ジェームズ・A・ブティリエとグルプリート・クラナである。ブティリエは二〇〇四年に、クラナは二〇〇七年にそれぞれ「インド太平洋」を海洋戦略の観点から論じた。ちなみに、当時インドの防衛研究分析研究所（IDSA）に在籍していたクラナは「インド太平洋に関しては、日本国際問題研究所（JIIA）の日本の友人たちに常に恩義を感じている（always indebted）」と述べている（クラナ氏から監訳者への電子メール、二〇二〇年一月七日）。この頃に日本とインドの間で行われていた知的交流（「日印セミナー」）を想起しての発言だが、インド太平洋概念の形成における日本の貢献の傍証と言えるかもしれない。

（5）「太平洋海盆（Pacific Basin）」や「環太平洋（Pacific Rim）」を中心とした地域主義は後に「アジア太平洋」の構築に繋がっていくが、その原動力となったのはオーストラリアと日本の財界人だった。寺田貴の論文（Terada, 2001）によると、一九八〇年の太平洋経済協力会議（PECC）設立、および一九八九年のアジア太平洋経済協力（APEC）設立においてオーストラリアと日本が「中心的役割を担った」ことは広く認められている。

（6）Medcalf (2020: 268).

（7）Hijar-Chiapa (2020).

（8）安倍 (2007).

（9）【監訳注】英語のアルファベット順に並べたもので、時系列的、あるいは政治的な重要性を意味するものではない。ちなみに、日本語では「日米豪印」が定着しているが、英語では「豪印日米」が政治的に中立な順となる。アメリカが最初に来た場合、主導国のニュアンスが生じうる。

（10）例えば、Medcalf (2020); Rossiter & Cannon (2020).

（11）Auslin (2020: 48).

（12）【監訳注】lynchpin は「留め金」を表す英語であり、「基軸」という訳語は決して正解ではないが、原語の趣旨を踏まえて「基軸」と訳した。

（13）神保（2019）.
（14）US National Security Council (2018).
（15）第7章を参照のこと。
（16）【監訳注】アーキテクチャーは安全保障の構造や枠組みといった意味で用いられる概念である。意識的に設計したというニュアンスが強い。
（17）この点は二〇二〇年一月二十一日、成蹊大学においてジャガンナート・P・パンダ氏が講義で示した。
（18）【監訳注】minilateral (ism) は小規模な多国間協調を指す概念。クアッドはその好例である。
（19）指摘されるように、二〇〇四年の「津波コア・グループ」で豪印日米の四か国のグルーピングが生まれたが、これは援助協調メカニズムとして意図されたもので、安全保障に関する対話ではなかった。四国間協議に公式な行政上の名称はなかったものの、後に四か国はQuadrilateral Security Dialogueを事実上の「公式」名として授かった。この名称が四か国で同じように使われているわけではないという事実は、クアッドを推進する静かで合議的な性格をいくらか反映したものだろう。【監訳注】Quadrilateral Security Dialogueはすでに定着している「日米豪印戦略対話」ではなく、原義に近づけて「四国間安全保障対話」と訳した。外務省によるQuadrilateral Security Dialogue（およびその日本語訳）の公式の使用例は確認できない。他方で、二〇一八年十二月に成立したアメリカの「アジア再保証推進法（ＡＲＩＡ）」では第二〇七条のタイトルにQuadrilateral Security Dialogueの文字が見られる。国務省での使用例は確認できないものの、アントニー・ブリンケン国務長官の議会での証言でこの語に言及した事例がある（Opening Remarks by Secretary of State Antony J. Blinken Before the House Committee on Foreign Affairs, March 10, 2021）。なお、クアッドの経緯については、第3章の注19に掲載した安倍晋三元首相の回述も参照されたい。
（20）二〇一九年八月二十九日、ニューデリーで行われたヴィヴェーカーナンダ国際財団（Vivekananda International Foundation）のPrerna Gandhi研究員への墓田桂によるインタビュー。
（21）インドは以前から、海軍共同演習や情報共有についてオーストラリアと接近しすぎることには慎重だった。これはインド政府が、オーストラリア政府がかつて親中派のケヴィン・ラッドが首相を務めていたとき（二〇〇七～二〇一〇年）のように再び中国寄りの姿勢をとり、インドの情報や軍事能力を漏らすのではないかと懸念しているからだと言われている。ブレンドン・J・キャノンが二〇一九年三月二十七日にニューデリーで行った、機微な国家安全保障問題を担当するインド政府高官とのインタビューによる。

（22）Singh (2015).

（23）三か国での取り組みは、必ずしも軍事演習と関連するものではなく、さまざまな種類がある。インド太平洋が提唱される以前の二〇〇二年には、日米豪戦略対話（Trilateral Strategic Dialogue）が始まっている。日豪印の三国間対話は二〇一五年にスタートした。印豪仏による三国間対話は、二〇二〇年九月にオンライン形式で初めて実施された。【監訳注】日米豪戦略対話の第一回閣僚会合は二〇〇六年三月にシドニーで開催された。この枠組みはAJUS（Australia-Japan-US）とも呼ばれる。ちなみに、日米豪戦略対話、Trilateral Strategic Dialogue のいずれも公式名称である。

（24）【監訳注】国や地域を連結させる（connect）行為とその可能性を指す概念。connection がすでに成立した連結を連想させるとすれば、connectivity には物理的な連結が不十分な部分を充実させるといった含意がある。

（25）Panda (2020a).

（26）Cannon & Rossiter (2018: 10).

（27）【監訳注】二〇二二年五月二十二日に行われた総選挙の結果、モリソン首相率いる自由党は敗北し、労働党のアンソニー・アルバニージー新首相の政権が発足した。

（28）Biegun (2020).

（29）Xinhua (2018).【監訳注】王毅外相は中国語で次のように語っている。「就像太平洋和印度洋上的浪花」。

（30）Modi (2018).

（31）キャノン (2019).

（32）Panda (2020b); The Heritage Foundation (n.d.).

（33）【監訳注】ASEANの中心的かつ指導的な役割を指す概念で、二〇〇七年十一月に署名されたASEAN憲章でも原則の一つとして謳われる。

（34）Grossman (2020).
（35）Association of Southeast Asian Nations (2019).
（36）二〇二〇年二月十三日に東京の防衛研究所（ＮＩＤＳ）で開催されたシンポジウム「米中対立とＡＳＥＡＮ」での議論から。
（37）Ministry of Foreign Affairs, Republic of China (Taiwan) (2020).
（38）US Embassy in the Republic of Korea (2019).
（39）【監訳注】その後、中国とソロモン諸島の関係は強化され、二〇二二年四月には二国間の安全保障協定が結ばれた。オーストラリアに近いメラネシアの島嶼国に中国の拠点ができたことで、オーストラリア東海岸の防衛態勢に影響が生じ、西太平洋の地政学も中国に有利に働くことになる。なお、二〇二二年五月、王毅外相はソロモン諸島を含めた太平洋の島嶼国八か国を訪問し、島嶼諸国との関係強化を図った。
（40）【監訳注】第九回太平洋・島サミットは、二〇二一年七月にオンライン形式で開催された。
（41）Huang & Kurlantzick (2020).
（42）【監訳注】国際民間航空機関（ＩＣＡＯ）の柳芳事務局長は二〇二一年七月に退任したので、二〇二二年五月時点では三名である。
（43）People's Daily (2018).
（44）Mohan (2018).
（45）Spykman (1944: 38).【訳注】既訳より訳文引用。
（46）Gresh (2018).
（47）Brzezinski (1997).【訳注】既訳より訳文引用。
（48）さらに強調すべきは、一帯一路が人道危機の続く新疆ウイグル自治区をユーラシアにおける連結性の拠点と位置付けているため、深刻な倫理的問題も引き起こしていることである。今のところ一帯一路に関連する連結性プロジェクトは、事実上、ウイグル人への悪辣な弾圧を覆い隠す役割を果たしている。
（49）Brzezinski (1997).【訳注】既訳より訳文引用。

（50）Brands (2019).
（51）【監訳注】本書の脱稿後、二〇二一年三月にリトアニアが脱退し、ヨーロッパ側の数は一六に戻ったと見られ、さらに参加国の間で対中姿勢に隔たりがあるため、「16＋1」のフォーマットは従来のようには機能していない。
（52）これに関してもう一つ言及すべきは、北極地域と南極地域もインド太平洋戦略の議論で等閑視されていることである。中国が南極大陸を戦略的にしっかりと位置付けていること、さらには北極が今ではロシアと中国の注目の的になっていることを考えると、深刻な見落としとなっている（Brady, 2017）。
（53）【監訳注】古典地政学とは、地理と政治の交わりに着目した政治学の一領域であり、特に国家の対外政策や勢力圏との関連で地理を捉えるものを指す。批判地政学との対比で用いられることが多い。
（54）Mead (2014).
（55）細谷 (2020).
（56）もちろんグローバル・ガバナンスは地政学の主要な舞台ではないが、中国の展開が示すように、無視することのできない付随的な面となっている。したがって、グローバル・ガバナンスを一つの空間として重視することは、地政学的に必要と考えられる。ただ、その場合は、地理以外の要素が地政学の地理的特徴を弱め、地政学を戦略研究に近いものにしてしまうかもしれない。

第2章

地政学が導く大戦略
——理論と政策が交わるとき

アッシュ・ロシター
（ハリファ大学）

はじめに

インド太平洋の大国間競争を取り上げた最近の論評には過ぎ去った時代の残り香がする。外交政策に関する論説は、二十世紀の前半に盛り上がりを見せた後に時代遅れとなり、有害とさえ見なされるようになった見解で満ち溢れている。この種の見解は「地政学」の研究で見られるもので、古き時代の「古典的な」考えが人々の関心を惹きつけてやまない。

今日の地政学は二つの異なる系統に進化した。一つは主として人文地理学から生まれた現代の「批判地政学（critical geopolitics）」で、もう一つは英米の政治地理学の伝統を引き継ぐ「古典地政学（classical geopolitics）」である。古典地政学は創始者とされる三人の知識人によって拓かれた。その三人とは、海軍戦略家のアルフレッド・セイヤー・マハン、地理学者のハルフォード・J・マッキンダー、そして彼らの知的後継者となったオランダ系アメリカ人の政治学者ニコラス・J・スパイクマンである。本章では要点を分かりやすくするため、特に断らないかぎり、修飾語のない「地政学」の語はこれら英米の知識人に由来する古典地政学を指すものとし、現代の批判地政学、あるいは現在は認められていないドイツのゲオポリティーク（Geopolitik）など他のヨーロッパ諸国の伝統を引き継ぐ地政学は意味しないものとする。

古典地政学の隆盛は時代の潮流を反映してのことではあるが、理由はそればかりはない。地政学は、国際関係論（ＩＲ）の現実主義的伝統と理論的前提を共有しつつも、変化し続ける政治的現実に対する優れた適応能力を持つ。地理と進化する技術との相互関係も当然ながら重視する。地政学は競争的な側面に重点を置いており、勢力均衡という概念も備えている。[1] さらに地政学は、主として地理的特徴によって定義される大国の種類を重視する。ランドパワー（大陸国家）、シーパワー（海洋国家）、大陸と海洋のハイブリッド・パワーといったように、である。こうした本質的な特徴ゆえに、地政学は特に競争的な政治的現実を読み解くための格好のレンズを提供する。事実、地政学に特有の地理的要因や行動単位（unit）の種類の違いといった観点は、ＩＲの現実主義では前面に出てこない。地政学のこうした特徴を理解しておくのは、インド太平洋での大国間の対立を分析するうえで大いに意味がある。

本章では、地政学がＩＲ研究者のみならず、インド太平洋（地図1参照）の進化する戦略的景観（strategic landscape）に対処する政策立案者にとって有効な枠組みであるか否かという問題を考える。このテーマに取り組むため、まずは地政学の枝葉を取り払い、その特徴を明らかにしながら、これを現実主義という知的伝統と関連付けて考察する。地理的空間の支配をめぐる大国間の不可避の対立がいかなる状況を招くかを説明する際に「地政学」に言及する事例が増えてきた。ただ、本章がこれから示していくように、こうした還元主義的で単純な解釈は地政学を現実主義と融合させてしまい、世界政治への地政学的アプローチに見られるニュアンスや、処方的価値の多くを奪い取ってしまう。したがってこれらの点を認識したうえで、本章では古典地政学の理論に触れつつ、インド太平洋の主要国（アメリカおよび日本）とならんで、台頭する中国の外交戦略における地政学の影響を検証する。そのうえで、急速な技術の変化、そしてこれがもたらすグローバル経済の変化が、分析枠組みとしての地政学の有効性にいかなる影響を与えるかについて考える。この問いはインド太平洋の進化する情勢を地政学的視点で考えるうえで避けては通れない。

1　地政学は復活したか

研究者の間で地政学に対する関心が再び高まっていることは、地政学が第二次世界大戦後のＩＲ研究で周縁化されていた経緯を考えると注目に値しよう。周縁化が起こった理由はさまざまにあるが、その一つは、地政学がまさに地理的要因を理論のなかに組み込んでいることにある。学術的に言えば、地政学は洞察を提供する説明的（explanatory）な手法よりも、事象の描写に留める記述的（descriptive）な手法を用いていると考えられたからである。これは、二十世紀以降にＩＲの主流となった実証主義的な手法に反するものと見なされた。さらに言えば、ＩＲ研究に属するか否かを問わず、地政学に批判的な者たちからは、地政学は権力や侵略行為と結びついていると思われてしまったからである。全員ではないとしても研究者の多くにとって地政学を研究することは、勢力拡張というナショナリズム的方針を支持することと同義だった。

地政学は一九七〇年代後半から徐々に再評価されてきたが、近年の復活は国際情勢に負うところが大きい。すでに進んでいた地政学の再評価の流れにとって、二〇一四年という年は転換点だったと考えられる。中国がそれまで南シナ海で見せていた拡張主義的な動きに加え、ロシアがウクライナのクリミア半島でとった敵対的な侵略行為は、往年のパワー・ポリティクスの復活を印象付けた。[2]多極化が進み、歴史が後戻りしたかのように大国間の対立が激化する状態は、グローバル化は好影響をもたらすという、リベラル思想の基本的な前提を打ち砕く。[3]グローバル化が進んだ世界は平和的共存の可能性が増し、地理や距離も重要ではなくなるはずだといった希望的な観測は、儚くも消えた。

現在の世界ではナショナリズムの再興に加えて、経済的な保護主義の台頭とそれに伴う多国間貿易への支持減退といった現象が顕著に見られる。国際法を遵守する姿勢が希薄化したり、国境紛争が再燃したりする傾向も強い。実際、地政学はそうした世界を解説するのに使われており、どちらかと言えば悲観的な文脈で用いられることが多い。この種の見方は地政学を価値判断の点で否定的に捉えがちな批判地政学者による積年の解釈とよく馴染む。例えば、コリン・フリントは、地政学とはパワーのみに焦点を当てる政治学の手法と捉える。[4]すなわち、空間や場所の支配、市場や資源へのアクセスの支配をめぐる争いを重視するものと見なすのである。批判的な立場の地理学者たちはこの考えをさらに押し進め、地政学という語を「地理的空間が政治的行為者によって権力を獲得、管理、拡大するという、より大きなプロジェクトの一部として、どのように表現され、表明されるのか」[5]を説くものとして用いている。「地政学」がインド太平洋におけるように激化する大国間競争の文脈で言及されるばかりか、価値判断の文脈で論じられることに意外性はない。そもそも地政学はパワーについての現実主義的な政治理解にすぎないものとして単純化されやすい。しかもそのパワーは資源獲得と競争のゼロサム論理でひときわ強調される。

しかし、地政学をこのように見なして現実主義やレアルポリティークと融合させてしまうと、政策と戦略に対する独自の分析的価値、ひいては処方的価値の多くを地政学から奪いかねない。ＩＲや戦略研究に関する著名な学術雑誌が地政学の主要な思想家を再評価していることを考えると、地政学に対する誤認は不幸なことである。とはいえ、こうした誤認を避けるには、「地政学」の意味をさらに明確にしなければならないし、地政学とそうでないものを峻別して考える必要がある。まず少なくとも言えることは、地政学は現実主義の一つの形態であるが、地理学および技術によって定義される自然環境に特別の注意を払うものということである(6)。なかでも技術という変数は地政学に不可欠な要素だが、これによって地理という要素が否定され、排除されるものでもない。例えば、弾道ミサイルの登場によって地理の重要性が消え失せることはなかった。さらに、ジェフリー・スローンが解釈するように、地政学は「地理学・歴史学・戦略研究という三つの異なる学問分野とその基本的関心事が交わる場での問題を扱う(7)」ものとして、時間と空間に対して幅広い適応能力を持つことも特筆すべきだろう(8)。

２　地政学とインド太平洋戦略

地政学においてなされる説明や予測は、戦略の歴史に見られる地理的パターンに依拠することが多い。[9] その点を考えれば、地政学は思考枠組みとして政策上の目的に役立つはずである。実際、地政学は何が起こるかを予測し、処方する特性を有すると考えられている。そのため、学術研究者よりも各国政府の戦略家たちによって実践されてきた経緯がある。[10] 地政学では国際政治の場で主要な三種の大国として、ランドパワー、シーパワー、陸と海のハイブリッド・パワーの三つを提示するが、[11] 地政学が明らかにするのは、これらの大国のとる一連の行動や技術の変化が地理的現実の戦略的な含意をどう変えるかについての具体的な見方である。[12] マハン、マッキンダー、スパイクマンの三人が築いた地政学は、地理的要素のみならず、勢力均衡の概念と関係する命題も提示するが、これも地政学を特徴付けるものだろう。[13] そしてこの勢力均衡は、行動単位である国家がとりうる選択肢と相互に結びつく。地政学の分析がインド太平洋戦略に寄与するものだとしたら、前記の理由ゆえのことである。地政学の仮定や前提のいくつかは現在もなお重要であると考えられるが、以下、この点について細かく見ていきたい。

海洋での覇権、大陸での勢力均衡

現実主義の主流によると、勢力均衡は安定した国際秩序を生むものとされている。[14] 他方で、マハン、マッキンダー、スパイクマンの地政学的パラダイムでは、勢力均衡には特定の意味が与えられていた。つまり、英米とその同盟国が、大陸の覇権国が出現しない条件を作り出すことで海洋での覇権を打ち立てる戦略と考えられていた。呉征宇によると、「海洋での覇権と、大陸での勢力均衡の分かちがたい繋がりは、マハン、マッキンダー、およびスパイクマンの地政学理論の最優先のテーマをなしている」という。[15] マハン、マッキンダー、スパイクマンの三人にとって、勢力均衡は普遍的に適用できる抽象概念ではなく、特定の場所に関係するものだった。具体的には、マハンとマッキンダーの場合は一九四五年以前のヨーロッパ、スパイクマンの場合は一九四五年以後のヨーロッパと東アジアだった。

マハンは、ナポレオン時代を念頭に、仮にヨーロッパ大陸が単一の大国に支配されたら、当該大国が最終的には、イギリスの得意とする海洋領域で同国を打ち破ることが可能になるだろうと論じている。[16] マハンとともにマッキンダーも陸上の拠点がシーパワーの規模を決めると仮定していた。マッキンダーは海上覇権を握ったイギリスを例に挙げ、肥沃《ひよく》で石炭に富む自国の土地を基盤にしつつ、同国が植民地や保護領からなる帝国を海外に建設したことを指摘している。[17] しかし、イギリスの成果が印象的すぎるために、一般にシーパワーをもってランドパワーに対抗する際の切り札と考える傾向にマッキンダーは警鐘を鳴らした。[18] 島のシーパワーが海での戦略的優位を得たとしても、もしどこか一つの大国がユーラシア・アフリカ大陸を支配すればその優位性は崩れかねないという懸念が彼の議論の根底にあった。

このユーラシア・アフリカ大陸をマッキンダーは「世界島（World-Island）[19]」と呼んだ。マッキンダーの推論によると、あるランドパワーが世界島の中央部分、つまり彼が「ハートランド（Heartland）」と名付けた部分を支配すれば、さらに多くの資源を利用して、島の大国を圧倒するだけの海軍を作ることが可能となる。マッキンダーにとって世界島で最も重要な地域は、ユーラシアのハートランド、すなわちロシア、東欧、カスピ海沿岸地方、中央アジア、チベットを含む内陸部だった。マッキンダーによると、ハートランドに位置する国々には、その位置ゆえに北以外のすべての方向に勢力を拡張する好機があった。人口増加と鉄道の普及によって、この地方から世界帝国の出現する可能性は以前よりはるかに高くなった。イギリスにとってのマッキンダーの政策的な含意は明白だった。他のすべての国を打ち破る手段を持った大国が世界島に出現するのを許してはならなかったのである。

スパイクマンの考えでは、このシナリオは世界最強の海洋大国の座をイギリスから引き継いだアメリカにも当てはまるものだった。それに加えて、東アジアで勢力均衡を維持することもヨーロッパでの均衡維持に劣らず重要と考えていた。スパイクマンは「大西洋や太平洋をまたぐ勢力均衡は、新世界が独立を維持し、米国が勢力面での地位を維持するための前提である。二つの大洋に挟まれた西半球は、近海での防勢では安全は確保できない」と主張している[20]。スパイクマンが「太平洋をまたぐ地域（transpacific zone）」をアメリカの大戦略にとって死活的だと明示したことは、今日において意味を増している。実際、インド太平洋における地政学の中心的な特徴は、海洋大国として支配的な地位にあるアメリカが、アジアでの勢力均衡の維持について直面する選択肢であると定義できるだろう。

大陸への関与の是非

圧倒的なシーパワーさえあれば海洋大国になれるとマハンが主張したのに対し、マッキンダーとスパイクマンは今日の海洋大国は大戦略のなかに大陸への関与を含めるべきと提言した。つまり、勢力均衡を回復させるため、大陸に介入する意志を持つべきだという。マッキンダーの考えがマハンと違っているのは無理もない。二十世紀初頭、シーパワーの大国であるイギリスは、特に通信と輸送の分野で起こった技術進歩のためランドパワーに対して勢力を弱めていた。海洋大国による大陸への関与がなくとも、世界島のハートランド支配は今や起こりうるものとなった[21]。この見方をさらに推し進めたのがスパイクマンで、彼はリムランド理論を提唱した。彼の主張は、南北アメリカ大陸に脅威を与える能力を持つ敵対的な大国の出現を許してはならないというものだ。マッキンダー、スパイクマンのいずれも、ユーラシア大陸における勢力均衡は、自然の成り行きに任せていては成立せず、大陸の状況を慎重に管理することによってしか実現しないと考えていた[22]。

スパイクマンは「周辺のシーパワー（circumferential sea power）」という概念を提案したが、それがどのようにして勢力均衡を維持するか、また海洋大国が他の島のシーパワーとどのように同盟を組むのかに関しては詳細を論じていない。しかし、マッキンダーはすでに一九〇四年の有名な講演「歴史の地理的中軸（The Geographical Pivot of History）」において、中軸地域（pivot area）と内側の大三日月地帯（great inner crescent）の外に位置する「外側の三日月地帯（outer crescent）」の国々――すなわち、イギリス、南アフリカ、オーストラリア、アメリカ、カナダ、日本――に言及している[23]。これは、ユーラシア大陸における覇権主義的な動向に対し、周囲の海洋諸国が密接に協働するという、その後の展開を予測しているかのようでもある。さらに言えば、スパイクマンはある程度、日本とアメリカが勢力均衡を管理するために対抗同盟を結ぶことを予測していた。

興味深いことに、地政学の思考においては大陸への関与と勢力均衡の管理について一致が見られない。この不一致は今日のインド太平洋戦略にとって示唆的である。例えば、アメリカの大戦略については、オフショア・バランシングを主張する者がいる一方で、選択的関与を支持する者がいるといったように見解が分かれる[24]。ただ、日本のような地域大国に、ユーラシアで覇権を狙う国に対するバランサーの役割が果たせるかについては疑問符が付く。同様に、地域の同盟国が勢力均衡を維持するには力不足であることが判明した場合、海洋大国が一九四四年のノルマンディー上陸作戦のように大陸に介入する可能性についても疑念がくすぶる。

「ハートランド」から「リムランド」へ

マッキンダーとスパイクマンでは、ユーラシア大陸（地図2参照）で最も重要な地理的領域についての主張に大きな違いがある。ハートランドとシーパワーの対立がどのように展開するかについても同様である。マッキンダーの地理的な枠組みはハートランド概念である。それはユーラシア大陸という、他より大きな地理的単位の中核部を意味するもので、地理的・人口統計的に他のどの地理的単位よりも優れ、陸の大国に最強の海軍国になるための資源を提供する。[25] スパイクマンはマッキンダーの提唱した地理的カテゴリーを修正した。内側の三日月地帯と沿岸地帯に着目し、これらを「リムランド（rimland）」という単一のカテゴリーにまとめて捉えた。スパイクマンにとってはハートランドではなくリムランドこそが世界政治の主要な動力源だった。それはリムランドが海によってもたらされる高い移動性を活用できるからにほかならない。言うまでもなく、この考えは中国の台頭と最もよく一致する。スパイクマンは一九四二年の時点で「近代化に成功して国力を向上させ、軍備を充実させた四億人の人口を擁する中国は、日本だけではなく豪亜地中海（Asiatic Mediterranean）での欧米列強の立場も危うくする」と記している。[26]

マッキンダーの枠組みでは対立はたった一つ、ハートランドとシーパワーの対立しかない。スパイクマンの説では考えられるシナリオが二つある。一つは、ハートランドとシーパワーの戦争で、この場合、リムランドはハートランドとシーパワーによって分割される。もう一つは、強力なリムランド国家がシーパワーとハートランドの両者と戦うシナリオである。[27] どちらのパターンになるかは、ハートランドと向かい合うリムランド内の勢力分布によって決まる。ハートランドではなくリムランド内に勢力均衡を破る拠点、つまり中国が台頭したことは、スパイクマンの枠組みや、インド太平洋で新たに出現しつつある戦略環境と一致している。しかし、アメリカがハートランドの大国と同盟を組む可能性、さらに言えばロシアが依然として同盟相手としての要件を満たしているかどうかは、よく見積もっても疑わしく思われる。

3　日米中の大戦略と地政学

インド太平洋の決定的な側面の一つに「地理の政治化（politicization of geography）[28]」があるが、これは世界の主要大国の思考において地理が重要になっていることを意味している。事実、インド太平洋は競争の舞台になっており、地域内の国々と指導者たちには、予測不可能な世界を渡っていくという難しい役目が待ち構えている。鍵となる大国がインド太平洋地域に焦点を当てつつ大戦略を練り始めている今、地政学は大国に指針を与える役割を担うことができるのだろうか。確かに、現実主義の主流から分離された地政学は学界において周縁化されているが、地理的現実に基づく具体的な提言をしてきたことで政策や戦略に適応できるものになっている。実際、ヘンリー・キッシンジャーやズビグニュー・ブレジンスキーなど過去の著名な政策立案者たちは、戦略分析の根拠を説明したり、政策提言が正しいことを証明したりするのに、地政学を援用していた。

現実主義と同じく地政学も、主権国家体制における無秩序状態が勢力均衡という結果を招く点について説明を試みる。(29) ただ、現実主義の主流とは異なり、地政学は行動単位の種類に重きを置く。言い換えれば、勢力均衡の概念を理解するには、まず異なる種類の大国が直面する選択肢を慎重に考察しなくてはならない。地域の国々がとるさまざまな態度は、インド太平洋の将来についての各国の見解が千差万別であることを物語る。大国で大戦略を立てる者が別々の将来像に到達するのは、自らが採用する理論と、明示的であれ暗示的であれ、理論的前提を生み出す歴史的な類推によるものである。また、理論には処方的特質があると信じられている。つまり、理論はいかなる状況にも最善の方法で対処できるアイディアを政策立案者に提供し、将来の地政学的な軌道を予測するための経験則的な指標（heuristic guides）(30) として利用しうるということだ。それでは、インド太平洋のさまざまな大国単位の大戦略は、地政学的な見解を実際どこまで取り入れているのだろうか。

支配的な海洋大国アメリカ

二〇一七年十一月、アメリカのドナルド・トランプ大統領は、ベトナムのダナンで開催されたアジア太平洋経済協力（APEC）首脳会議でアメリカの「自由で開かれたインド太平洋」ビジョンを発表した。このスピーチの後に出された政策文書はさらに詳細なもので、これらの文書からは国防を含む国力のあらゆる側面にわたってインド太平洋に関するアメリカの戦略思考を知ることができる。例えば、二〇一九年のアジア安全保障会議（シャングリラ・ダイアローグ）の直前、アメリカの国防総省は「インド太平洋戦略報告（Indo-Pacific Strategy Report）」を発表した。報告書は長期的な平和と安定への関与を請け負う海洋大国の姿を描いていて、その地理的範囲は「（アメリカの）ハリウッドから（インドの）ボリウッドまで」広がるものだった。

アメリカのインド太平洋政策に関する文書や声明を読み解いたとき、ルールに基づく国際秩序の維持という一般的な理由を超えて、大きな理論が政策の根拠をなしているのが分かる。例えば、インド太平洋に関するほぼすべての上級レベルの文書において、経済繁栄と平和の直線的な因果関係が明確に現れる。これは、当該地域で貿易量が増えれば全員の利益が増加し、国家間の衝突や国家内の対立が起こる可能性が低くなるという考えを前提としている。機密解除されたホワイトハウスの内部文書「インド太平洋のためのアメリカの戦略的枠組み（U.S. Strategic Framework for the Indo-Pacific）」は、アメリカの戦略的優位を維持する任務を、地域の平和と繁栄を推進するためのさらなる協力と融合したものと見なす[31]。そこに含まれるのは経済的安定と一層の繁栄が国内や国々の間で広く共有され、平和を促進するという考えである。この点が驚くに当たらないのは、第二次世界大戦終結以降、アメリカの外交政策に強い影響を与えてきた新自由主義の基盤だからである[32]。もっとも、貿易と平和を結びつける主張を支持する実証的な証拠は少ない[33]。

トランプ政権が中国と貿易戦争を行い、報復関税を課したことを考えると、貿易が平和をもたらすというこの大きな主張は、現実というよりも美辞麗句のように聞こえるだろう。実際、国防総省の基本原則を説明する部分では、要点として「自由で開かれたインド太平洋に対する我が国のビジョンは、経済とガバナンスと安全保障の繋がりがこの地域全域の競争的な景観の一部を構成しており、経済安全保障は国家安全保障だと認めている」と記されている[34]。ここで言う「国家」安全保障とはアメリカのみの安全保障であり、インド太平洋全域での国際的または地域的安全保障を推進するという漠然とした考えを意味してはいない。アメリカという海洋大国のインド太平洋地域に対する戦略は、究極的には競争国から自国の経済的利益を保護し、維持することと明確に結びつけられている。したがって、アメリカのインド太平洋戦略においてはグローバル・コモンズでの移動の自由の概念が欠かせない。ここで言う「コモンズ」とは、特定の国に属さない領域であり、地球の大部分へのアクセスを可能とする海洋領域を意味する。コモンズの大部分は言うまでもなくインド洋と太平洋にあるが、その支配は冷戦終結以降、アメリカの大戦略の中心的要素となっている[35]。

公の文書で見るかぎり、アメリカの戦略がより明確な地政学の表現に近寄ったのは、東アジアに覇権国が出現した際の不利な立場に触れたときだ。二〇一九年の国防総省の報告書に記載されているように、「我が国のビジョンは、独立した諸国が国益を守りつつ国際市場で公平に競争できるような地域秩序を切望する。それは、インド太平洋を特定の一国が支配してはならず、また支配すべきでもないと認識するビジョンである[36]」〔傍点は引用者〕。地政学的にこれを分析したときに暗示されるのは、自らが位置するそれぞれの地域で大国が常に覇権国になろうとする姿だが、これは攻撃的現実主義の中核的な考えにも通ずるものだろう[37]。

この地域には（海洋大国からの支援の有無にかかわらず）独自にバランサーとしての役割を担えるほど強力な国家や国家群が存在しない。そのため、マッキンダーとスパイクマンが理解していたように、地政学的な処方は大陸への関与を維持することで中国に対抗するというものになる。現在の東アジアは均衡が大きく崩れており、台頭する中国に効果的に対抗したり競争したりできる大国は存在しない。それでも、アメリカがインド太平洋で目的を達成するための戦略の基盤は、アメリカが地域にある友好国や同盟国との提携関係を発展させることにある。前述の国防総省の戦略も「アメリカは、同盟国とパートナー国が平和と相互運用性のために力を増幅させる存在（force multiplier）であるとともに、どの競争者や敵対者も対抗できない、永続的かつ非対称で比類のない強みを象徴していることを認識している」と述べる[38]。

ただ、同盟国を重視するからといって、アメリカは大陸への関与を放棄しているわけではない。選択的関与を支持する者には残念なことだが、インド太平洋におけるアメリカの戦略は一貫してアメリカの前方プレゼンスを増強するものだった[39]。この意味でアメリカの戦略は、覇権を目指す中国の意図に対抗するにはインド太平洋で軍事アセットを維持すること、つまり、ある種の大陸への関与が最善だという考えを理論的前提として利用している[40]。確かに、アジア太平洋、特に周辺海域でのアメリカのアクセスと機動性を維持するための政策は、大陸での勢力均衡を維持するために軍事力を投射する能力とは少し異なる。とはいえ、通常戦力の増強[41]とエアシーバトル構想――二〇一五年に「グローバル・コモンズにおけるアクセスと機動のための統合構想」という示唆的な名前に改められた――は前方プレゼンスにおいて核兵器以下の通常の抑止的価値を提供している。

「インド太平洋」という語は「アジア太平洋」とは違い、アジア大陸（中国）を省いて、代わりに二つの大洋を入れている。マハンならこの戦略が言外に含む意味を気に入るかもしれない。なぜなら、その意味は中国を囲む二つの海を支配することで中国を封じ込めようというものだからである。インド太平洋における軍事アセットの維持が大陸への関与の含みを持つと見るのも、そうした理由に基づく。ただ、地政学はインド太平洋において海洋大国アメリカが直面する課題を分析するのに役立つとしても、第二次世界大戦のときに地政学が大戦略を導いたとの同じような域にはおそらく達していない。ハートランドの大国（ソ連邦崩壊後のロシア）を利用して中国との均衡を図ることも、さほど明確には考慮されていない。インドが現地のバランサーとして行動するのに必要な影響力を持つ日がいつか来るかもしれないが、その見込みも未来の戦略を立てる際の基盤になるほど確かなものではない。

「外側の三日月地帯」に位置するシーパワー日本

従来、日本の外交政策は、現実主義と（ユートピア主義と言って良いほどの）自由主義を混ぜ合わせた態度によって動かされてきた。例えば、日本の政治指導者や政策立案者は（おそらく左に傾く人々を除いて）全員が日米同盟を日本外交の柱として重視する。これは妥当なことである。日本など外側の三日月地帯に位置するシーパワーにとっては、遠く離れた海洋大国よりも、リムランドで台頭してくる覇権国のほうが大きな脅威となりうる。そのハイブリッドな性質によって、リムランドの覇権国は大陸型の大国であると同時に、近海で海軍力を増強させる大国となる。また日米同盟は日本に拡大抑止を提供しているが、それは日本をアメリカの核の傘の下で心地よく暮らせる国にした。それと同時に、日本は毎年のように国連総会に核不拡散宣言を提案するなど、国連において平和主義的な役割を追求している。「二重人格者」のようではあるが、それでも現実主義とユートピア主義は、日本政府の行動のなかではハイブリッドの状態で共存する。

日本の外交政策は、地政学的な現実とともに、既存の理論に通じた政治指導者や官僚、研究者の考えを前提として動いている。ただし、影響力のある高位の指導者が自身の看板となる外交政策を考案することもあり、総理大臣を務めた吉田茂にちなんで名付けられた「吉田ドクトリン」はその一例と言える。同じように、安倍晋三元首相と切っても切れない関係にあるのが「自由で開かれたインド太平洋」（ＦＯＩＰ）とその背後にある思想である（第３章参照）。おそらくＦＯＩＰは、現在の地政学的思考を掘り下げる試みのなかで、日本の大戦略に影響を与えるものとして最も重要な概念だろう。例えばアダム・リフは、日本で新たに生まれた国家安全保障政策に関する最近の詳細な研究で、ＦＯＩＰ戦略は増長する中国の強硬姿勢に対応すべく策定されたと述べている[42]。さらに、日本の安全保障に関するほぼすべての議論の中心にあるのが中国の台頭、そしてアメリカによる安全保障への関与の二つの問題だが、日本のメディアの解説において「自由で開かれたインド太平洋」は決まってこれらの問題の枠で語られる。

安倍がＦＯＩＰについて本格的なスピーチを初めて行ったのは、二〇一六年八月にナイロビで開催された第六回アフリカ開発会議（ＴＩＣＡＤ）においてであったが、この概念の起源はさらに以前にまでさかのぼることができる[43]。二〇一二年十二月、総理大臣に返り咲く直前に安倍は「アジアの民主的な安全保障ダイヤモンド（Asia's Democratic Security Diamond）」（地図８〔八六頁〕参照）と題する英文の論文を発表した[44]。論文は中国封じ込めの強いトーンを含んでいて、このままでは南シナ海は「北京の湖」になると警告する。二〇一二年十二月に政権の座に戻り、二〇一五年九月には画期的な平和安全法制を可決・成立させた後、安倍はインド太平洋構想を復活させたが、それは規範と価値の普及を強調するとともに地政学的な含意を強く有するものだった。島のシーパワーという日本の地政学的特徴が政策を導いたのである。ＦＯＩＰの発案者の一人である谷口智彦は、安倍政権下で「日本は昔からの海洋国家としてのアイデンティティに立ち戻り、それを強化した」と語っている[45]。

谷《や》内《ち》正《しょう》太郎《たろう》は間違いなく日本政府の外交政策に最も影響力のあった戦略家だが、その著作は地政学的思想がＦＯＩＰ構想を含めた現在の日本の大戦略に入り込んでいるという見解を補強する。第二次安倍内閣で谷内は「黒衣」として安倍を支えた。彼は内閣官房参与を務めた後、国家安全保障会議（NSC）の事務局長である国家安全保障局長となった。安倍政権の外交政策を実際に作っていた人物だとは公表されていないが、谷内の影響はあらゆるところに見られる。(46)二〇一一年に上梓した編著書で彼は日本の地政学的状況について語っているが、そこではマハン、マッキンダー、スパイクマンの著作を明確に参照している。(47)谷内は、ハートランドを支配しようとする国を食い止めるには、リムランドの国々は民主的な体制をもって連携すべきと主張する。リムランドに属する日本がなすべきは、日米同盟を強化すると同時に、海洋民主主義諸国と連携することであると谷内は説く。(48)ここにも、日本の戦略的思考に特有の、現実主義と理想主義のユニークな混合が見られる。

安倍首相の率いる政府がFOIPを通じて公に示したのは、ルールに基づく秩序を維持し、海と島々、そして沿岸諸国からなる広大な領域の連結性を改善することによって日本の経済的繁栄を促そうという一連の構想だった。それでも他の多くの国々は語尾についた「戦略」という言葉に注目し、地域内で高まる地政学的対立という文脈のなかでFOIPを理解していた。日本政府は、FOIPが地域内で強まる中国の影響力に対抗するための戦略的手段だといった意見を必死に抑えようとし、インド太平洋についての政策綱領を少なくとも言葉の上では当たり障りのないものにしようと努めてきた。FOIPの語尾を「戦略」から「ビジョン」に変えたのはその好例だろう。実際、新型コロナウイルス感染症の世界的大流行が始まる以前の二〇一〇年代後半には、日本政府は中国と協力する方向へ傾いており、そのことは二〇一八年初頭に安倍が国会で行った施政方針演説にも表れている。(49)安倍政権は中国政府の一帯一路構想について、厳しい条件を課していたとはいえ、協力する可能性を示唆していた。そうした雰囲気はコロナ後の政治環境で消え去ってしまったが、それでも日本政府は中国政府に対するあからさまに競争的な発言は控えている。国内政治、中国との経済的な結びつき、さらに「平和国家」としての日本の役割についての考えに照らし合わせれば、FOIP戦略（今はビジョン）が北京との競争を目的としたものだと言うのを公式な説明で避けているのは驚くに当たらない。

海洋戦略における経済面の課題は、公海上の交通路に依存する貿易立国にとっては安全保障問題と切り離すことができない。公海は日本にとって経済的繁栄と国家安全保障上の利益とが交差する場だが、航行の自由といった問題がここで関わってくる。日本から見たインド太平洋地域は基本的に、経済的利益と安全保障上の利益が衝突する海上領域である。FOIPなどの外交政策が、航行の自由といった基本原則の支持や、日本の船舶に対する具体的脅威への対抗手段を含め、海洋をめぐる課題を扱おうとしているのは意外ではない。海上交通路（SLOC）の安全確保は日本の輸出主導型発展モデルが成功するのに決定的に重要であり、この点が今後代わる気配は何一つない。しかし、海洋大国がグローバル・コモンズを統治するため継続的に関与しなければ、FOIPは有名無実になってしまう。日本の指導者たちは、アメリカにそうした役割を自動的に担ってもらえるなどという幻想は抱いておらず、アメリカを日本のインド太平洋戦略に参加させるべく、あらゆる努力を払ってきた。地政学者の著作が警告したように、もしも海陸双方ににらみを利かす覇権国がユーラシアのリムランドに登場すれば、海洋大国が見張りの役割を続けるのは難しくなるだろう。

陸海双方の覇権国を目指す中国

中国の共産党政府は壮大な政策を伴うスローガンを発表することが多い。二〇一七年十月の中国共産党第一九回全国代表大会は、二十一世紀半ばまでに「社会主義現代化強国」の実現を目指すという体制のビジョンを公式に承認した大会として記憶されるだろう。中国は大戦略を公式文書で公表しているが、周辺地域内外での中国の戦略的態度における地政学の役割を見極めるには、言葉よりも実際の行動に注目しなければならない。[50]ちなみに、中国にも理論家は存在しており、江沢民・胡錦濤・習近平の政治思想を築いた主要人物の一人、王滬寧《おうこねい》は、中国の大戦略策定を思想面から支援した。[51]ただ、民主主義国の戦略家たちとは異なり、王の最新の見解をすぐに知ることはできない。したがって、ここでは入手可能な情報に着目してみたい。

中国の経済力と軍事力が急速に拡大し続けていることから、他の国々が中国の主要な動きすべてに地政学的な意味付けをするのは不思議ではない。従来は、中国の核心的利益を特定しようとすると意見が分かれることが多かったが、世界金融危機後の世界における中国の地位と野心についてはある程度のコンセンサスができている。[52]二〇〇〇年代には「平和的台頭」（和平崛起《くっき》）を掲げていたものの、二〇一〇年代に入ると中国政府の野望はいよいよ明白に、そして強硬になった（第7章参照）。領有権の主張とそれを実現させるための政治的・軍事的行動において中国指導部が「核心利益」と呼んでいるものに加え、一帯一路が中国の実施する最も重要かつ組織的な外交政策の試みであることに疑問の余地はない。したがって一帯一路の地政学的な基盤を詳しく検討することの価値は大きい。

さまざまな政府機関が関係している一帯一路は、対外投資や余剰インフラと余剰労働者の輸出など、喫緊の内政の要請をいくつも含んでいる。それにもかかわらず、西側の国々や分析者たちは一帯一路を、最終的には世界を支配しようとする中国の隠れた地政学的戦略の一環だと解釈する傾向にある。中国政府の高官たちは一帯一路に地政学的意図は一切なく、参加する国々の経済協力と平和的発展を推進するための構想であると強調し続けている。[53] 公式声明によれば、その目的は、中国が積極的に主張している「人類運命共同体」の理想の実現にあるという。中国人研究者たちは、一帯一路について発展途上国の大半は、より均衡の取れた公平な世界システムを実現するための、世界的規模で連結性や通信、協力を強化する中国の国際協力戦略だと見ている、と主張する。[54] 二〇一五年三月に発表された中国の「白書」[55]には、一帯一路の目標が次のように記されている。

（……）アジア、ヨーロッパ、アフリカの各大陸とその近海の連結性を促進し、一帯一路に沿った国々同士の連携を構築、強化し、全方位的・多層的・複合的な連結性のネットワークを築き、こうした国々において多様かつ独自の均衡が取れた持続可能な発展を実現させる。

有力な中国人研究者の一人は、「それは中国の『影響圏』を拡大させることを目指すものでも、アメリカなど他の国々と地域の覇権を競い合うための地政学的戦略でもない」と述べている。[56] 中国人の解説者たちの観点では、一帯一路の目標は権力や支配の追求ではなく、むしろ全体の発展を推進することにある。しかし、一帯一路プロジェクトの不透明な方向性と実態に加え、中国共産党指導部の覇権主義的な態度から、一帯一路については中国政府が公言する目標とは矛盾する解釈が何通りも生まれている。例えばブルノ・マサエンシュは、中国共産党は、アメリカが創造し、西側諸国が優位に立っている現在の国際秩序に代わる新たな秩序を作り出すため一帯一路を利用していると考える。[57] この解釈によれば、一帯一路は中国の描く世界を形成しようとする地経学的な（geo-economic）大戦略ということになる。[58] 当然の帰結として、多くの研究者は中国の一帯一路を地政学的なレンズを通して分析し始め、特に「マッキンダーの理論に沿って」(59)考察するようになった。マッキンダーが定義した、輸送網によって統合されたハートランドから覇権国が生まれる可能性については、今回その覇権国はロシアではなく中国になる、ということである。この見方では一帯一路は最良の地政学的手段となる。なぜなら、中国の「シルクロード経済ベルト」はマッキンダーのハートランドを作り変えることを目標とし、「二十一世紀海上シルクロード」は海洋に影響力を拡大するものだからだ。二方面または多方面戦略を推進し、歴史上のシルクロードを中国共産党にとって都合よく利用することで、一帯一路は中国のようなハイブリッドな大国が一連の新たな国際関係を築くことを可能にしているように見える。

公式に否定されているものの、多くの点でシルクロード経済ベルトも海上シルクロード構想も、海陸双方での覇権国を目指す中国の地政学的意図と密接に結びつく。日本、欧米、インドの分析者たちは、中国がインド洋に作ろうとしている港湾など海洋施設のネットワーク、いわゆる「真珠の首飾り（String of Pearls）」の危険性を指摘する。一帯一路から資金を受けたこのインフラ網は今では、ジブチからパキスタンのグワダル、スリランカのハンバントータを経て、ミャンマーにまで広がっているが、懸念すべきは、中国がインド洋にハードパワーを投射することで、重要なマラッカ海峡を含むＳＬＯＣを脅かすだけの手段をこのインフラ網から得ることである。中国の一帯一路の持つ意味はハイブリッドな覇権国を目指す国による世界支配の追求である——マッキンダーのみならずマハンとスパイクマンもそう理解するに違いない。

４　地政学はなぜ有効か

　主要国の大戦略がインド太平洋に適用されるなか、地政学的アプローチがこれらの大戦略の諸側面に影響を与え続けている様相を見てきた。ただ、ＩＲの研究や外交の現場で地政学を有効な枠組みとして使うことにはこれまで強い異論があったし、それは今も変わっていない。批判地政学者たちは地政学を復活させるべく、一九四〇年代の帝国主義的・人種差別的・環境決定論的な地政学から距離をとった[60]。この系統の地政学は、価値判断の視点で「古典」地政学に異議を唱え続けている。例えばガロイド・オトゥアトハイル（ジェラルド・トール）は「批判地政学は（……）問題提起型の理論的企てで、権力と知識の既存の構造を疑問視するものである」と説明している[61]。オトゥアトハイルの考えでは、古典地政学は「既存の権力構造を当然と見なし、その枠組みのなかで活動し、外交政策の意思決定者たちのために概念化したり助言を与えたりしようとする」。

　他方で、批判地政学者たちのアジェンダは解放を目指すものであるため、冷戦後の世界を理解するのに必要とされる重要な説明変数を意図的に除外する学問を作り上げた。そのため批判地政学は「現在の世界はどのようなものか」という点に関する診断的有用性を欠いており、少なくとも実践的な政策という観点から見れば「何をすべきか」についての処方的価値をまったく有していない。翻って本書は、現実世界の課題に関する議論や理解を伝えることを意図している。国々や指導者たちがインド太平洋に向けた政策を形成しようと取り組むときに直面するものでもある。これについて批判地政学が寄与できる余地はあまりない。では、古典地政学は変化を続ける世界に対する有益な知見を持ち合わせているだろうか。

この疑問に関連して地政学者が直面する批判は、彼らの重視する地理的変数が特に技術の急激な変化がもたらす発展によって重要度を下げているというものだ。この数十年で地政学に向けられた非難で頻出したのは、権力の追求が経済的繁栄の追求に取って代わられた、つまり、地政学が地経学に取って代わられたという意見だろう。(62) この種の主張から容易に導き出せるのが、経済的繁栄はモノ・アイディア・人の自由な移動を基盤とすることが増え、そのため国境の重要性（と必要性）が減少し、主たる経済単位としての領土の価値さえも下がっているという結論である。しかし、経済活動の多くは陸上で、かつ国家の管轄内で行われている。そのため陸地とその陸地を出入りする権利は、競争して獲得したりあるいは奪取から守ったりしなければならないものとなった。これと同じ原則は領域内の海底とその上の海域の利用にも当てはまる。主権的な領有の象徴性は言うまでもない。現代の国際問題を扱ういかなる公正な観察者にとっても、陸地とならんで戦略的地理の支配が常に重要であるのは明白だろう。

古典地政学へのさらなる批判は、地政学的アプローチが確かに以前は有効だったとしても、今ではエアパワー、情報技術、核兵器などの技術の進歩によって、マハン、マッキンダー、スパイクマンの諸氏の業績は現実に合わなくなったというものである。つまり、大陸間弾道ミサイルが飛ぶ時代に空間的アプローチで世界の問題に取り組むことにどのような意味があるのか。報復としてサイバー攻撃が行われる世界で制海権にどのような意味があるのかといった批判である。この批判は確かに一理あるものの、地政学の還元主義的な理解を根拠にしており、地政学を地理に支配される決定論的なものと見なしている。これは地政学の間違った理解と言わざるをえない。

例えばマッキンダーは、「いつの時点であれ現実の政治的な勢力均衡は、言うまでもなく、一方では経済的、戦略的な地理的条件の結果であり、もう一方では競い合う諸国民の相対的な人数、活力、資質、組織力の結果でもある」と論じている。[63] 地政学にとって技術は無関係なものではなく、不可欠な要素である。しかし、新たな技術が地理的現実に影響を与えるとしても、地理的現実を無意味なものにしたりはしない。[64] 例えば水域は、著名な現実主義者も認めているように、今も軍事力を投射するうえで大きな障害となっている。[65] 地政学的思考に内在する技術と地理の相互関係ゆえに、地政学的な枠組みは静的でなく動的であると明言できる。[66] 別の著名な地政学者が断言したように、「経済力の新たな中心が出現し、通信、輸送、兵器の分野で技術が変化したことで、国家の地政学的計算は確かに変わり、そのため地政学者たちは分析のための枠組みを否定するのではなく、変化した環境に適合させなければならない」のである。[67] 地政学者は変化し続ける環境に自らの分析を適合させなければならないが、適宜変更を加えながら地政学を現代の文脈に更新すれば、ほぼ間違いなく国際政治の変化と継続性を説明できるだろう。では、なぜこのことが大切なのか。

基本的な次元で言えば、理論とは因果関係の説明である。つまり、ある関係が成立している理由を特定し、説明するものである。その点において、背後にある主な要因を特定して正しく理解すれば、将来の結果を予測できるかもしれない。スティーヴン・M・ウォルトが記すように、「出来事を分析し、その原因を説明し、対応を処方し、さまざまな政策の影響を評価するのに、理論は今も不可欠なものである」。[68] 理論に求められるのは、作用している力のイメージを低解像度で提供することだが、言い換えれば、必然的に現実を単純化して説明したものが理論であるということである。確かに「多くの政策論議はつまるところ、競合する理論上のビジョンを根拠としていて、誤ったまたは欠陥のある理論を根拠にしていると、外交政策での大惨事を招きかねない」[69]。しかし、理論は経験則的な道具として使うことができ、そのままでは分かりにくい複雑な世界を明瞭にしてくれる[70]。本章が明らかにしようとしてきたように、また本書の続く各章でも実証されるように、今も地政学は世界を解明するのに用いうる必要不可欠のレンズと言えよう。

おわりに

地政学の主たる関心は、主権国家体制における変化とともに単位としての大国の行動を理解することにある。本章は、世界情勢におけるインド太平洋の重要性の高まりと相俟って、なぜインド太平洋という地理的領域に地政学的アプローチを適用することが求められるのかを明らかにしようとした。インド太平洋が戦略上、新しい地域として出現している現状には、それに伴う多様な側面がある。政治指導者と戦略家たちはインド太平洋を競争の場と考えている。関係国がこの新たな地域の地理的境界をさまざまに異なる形で描いてきたのも事実である。ただ、大国、特にこの地域に重大な利害関係を持つ西側の大国にとって、インド太平洋は単に地理的空間を指すだけの新語ではない。インド太平洋は自由と開放性という決定的に重要な価値を伝える大戦略にとっての求心力のあるテーマとなってきたのである。

インド太平洋における自国の大戦略を策定する者は、理論上のさまざまな前提を利用していくに違いない。むろん、ＩＲ理論と関連する概念の解釈を間違えると政策上の惨事を招くという危険は付いて回る。これまでも数多くの理論的伝統が、前提が実証されないまま政策立案の協力者たちによって採用され、外交方針の決定を正当化するのに利用されたとして非難を浴びてきた。それでも理論は経験則的に政策を導くのに役立っている。地政学的現実と理論的前提から生まれたインド太平洋戦略は、言うなれば、古典地政学に加えて、協調を唱える自由主義、さらにはアイディアや規範を重んじる構成主義が雑然と混じり合ったものだ。インド太平洋の提唱国の一つである日本の外交政策はその点で示唆に富む。それでも、国々が示す言葉と行動は古典地政学へと傾斜している。大戦略についての公式な声明が厳しい対立的な言葉を使うことなどありえないが、現実主義とともに地理的要因が決定的に重要な要素となってきた。地政学的な言語が主流になりつつある。

もちろん、中国や日本、アメリカといった国々は、自らの行動が周辺の世界にいかなる影響を与えるかについてそれぞれ違った考えを持つ。日本の場合、理論は何をすべきかを示す指標というよりは、将来何が起こるかを予測するために使われることが多い。アメリカは、さまざまな理論的な伝統を融合させ、インド太平洋が必然の結果として大国間競争の舞台となるか、それとも経済交流と繁栄の地域となるかについては、やや矛盾した立ち位置を生み出している。今のところアメリカは、前者のようになることに備えつつ、後者を実現させる努力を支援しようとしている。中国の地政学的アジェンダは、公式の声明から見分けるのが難しい。ただ、マッキンダーやスパイクマンなどの地政学者が現代の国際情勢を分析すれば予想したであろう道に、中国は主として一帯一路を通じて向かっていることが強く表れている。

本章が明らかにしたのは、地政学が「現在の世界はどのようなものか」という点に関する診断的な有用性を保ち、技術の急速な変化にもかかわらず、「何をすべきか」についての強い処方的価値を失っていないことである。少なくとも地政学、あるいは地政学的レンズは、さまざまな状況に置かれた政策の実務者たちに、インド太平洋地域で目前に広がる不確実な戦略の海を渡る際の指針を与えることだろう。

注

（1）Wu (2018).
（2）Mead (2014).
（3）Kaplan (2012).
（4）Flint (2011: 39).
（5）Bassin (2004: 621-622).
（6）Gray (2004); Owens (2015); Wu (2018).
（7）Sloan (2017: 7).
（8）Brill (1994: 20) も参照のこと。
（9）Sloan (2017: 2).
（10）Flint (2011: 4).
（11）Owens (2015: 468).
（12）Wu (2018: 792).
（13）Wu (2018: 793).
（14）Levy (2004).
（15）Wu (2018: 794).
（16）Mahan (1890).
（17）Mackinder (1919/1942: 43).
（18）Mackinder (1919/1942: 43).【監訳注】既訳を参照し、部分的に引用した。

（19）Mackinder (1919/1942: 60).

（20）Spykman (1942: 457).【監訳注】既訳より訳文引用。ただし、部分的に表記を修正した。

（21）Mackinder (1919/1942).

（22）Gray (2015: 884).

（23）Mackinder (1904: 436).【監訳注】既訳を参照しつつも、別の訳語を選択した。

（24）Art (2003); Mearsheimer (2001).【監訳注】オフショア・バランシングとは、自国から離れた重要地域における勢力均衡を地域の同盟国や協力国に任せる戦略。「自由主義的な覇権」を目指してきたとされるアメリカの対外政策に代わるものとして提唱された。

（25）Wu (2018: 802–803).

（26）Spykman (1942).【訳注・監訳注】既訳より訳文引用。ちなみに、スパイクマンは南シナ海を含むアジアからオーストラリアにまたがる領域を指して Asiatic Mediterranean と呼んでいる。

（27）Gerace (1991: 351).

（28）Panda (2020).【監訳注】「地理を政治的に利用したり扱ったりすること」を指す。

（29）Waltz (2010: 118–122).

（30）【監訳注】文中にある heuristic は「試行錯誤を伴いながらも正答に近づく手掛かりとなるような」という意味の形容詞である。本文に適した訳語がないので、「経験則的な」と訳出した。

（31）US National Security Council (2018).

（32）Russett (1983).

（33）Barbieri (2002).

（34）US Department of Defense (2019: 4).

（35）Posen (2003).

（36）US Department of Defense (2019: 4).

（37）Snyder (2002).

（38）US Department of Defense (2019: 16).

（39）【監訳注】軍事アセットとは、特定の軍に属する（またはこれに関連する）装備品（武器、航空機、艦船、戦闘車両、器材など）、インフラ、敷地、部隊のすべてまたはその部分を指す。

（40）Gholz et al. (2019).

（41）Zapfe (2017).

（42）Liff (2018: 18).

（43）Aizawa & Rossiter (2020: 40).

（44）Abe(2012).【監訳注】実際には安倍が政権に就任した十二月二十六日の翌日の二十七日のタイミングで論文が刊行されている。

（45）Taniguchi (2019).

（46）Yachi (2013).

（47）谷内（2011: 396-397).

（48）谷内（2011: 397).

（49）安倍（2018).【監訳注】この施政方針演説で安倍は次のように述べている。「太平洋からインド洋に至る広大な海。古来この地域の人々は、広く自由な海を舞台に豊かさと繁栄を享受してきました。航行の自由、法の支配はその礎《いしずえ》であります。この海を将来にわたって、全ての人に分け隔てなく平和と繁栄をもたらす公共財としなければなりません。『自由で開かれたインド太平洋戦略』を推し進めます。／この大きな方向性の下で、中国とも協力して、増大するアジアのインフラ需要に応えていきます。日本と中国は、地域の平和と繁栄に大きな責任を持つ、切っても切れない関係にあります。大局的な観点から、安定的に友好関係を発展させることで、国際社会の期待に応えてまいります」〔傍点は引用者〕（安倍、2018）。ちなみに、相澤輝昭が指摘するように、中国との協力が無条件に行われるものではないことは傍点の文言にも示されている（相澤輝昭「外務省ＨＰから読み解く『自由で開かれたインド太平洋戦略（ＦＯＩＰ）』の理念と実践」笹川平和財団）。

（50）Wang (2011).

（51）Wang (2017).
（52）Zeng et al. (2015).
（53）よく知られているように、一帯一路の正式な英訳名が政府機関によって二〇一五年に決定されたとき、「strategy（戦略）」という語が避けられ、代わりに「initiative（構想）」という語が採用された。これは厳命されたため、中国国営の新華社通信は二〇一七年にすべての報道機関に「BRI strategy」という表現の使用を禁ずる通達を出さなくてはならなかった。
（54）例えば、Zhang (2018) を参照。
（55）Government of the People's Republic of China (2015).
（56）Zhang (2018: 332).
（57）Maçães (2018).
（58）Harper (2019).
（59）Harper (2019).
（60）Haverluk et al. (2014).
（61）Ó Tuathail (1999: 107).
（62）Blackwill & Harris (2016).
（63）Mackinder (1904: 437).
（64）Grygiel (2011: 22).
（65）Mearsheimer (2001).
（66）Bradford (2011).
（67）Wu (2018: 816).
（68）Walt (2005: 23).
（69）Walt (2005: 23).
（70）Jervis (1997: 98).

II　基軸としての日米豪印

第3章 日本
――「自由で開かれた」の価値

墓田 桂
（成蹊大学）

はじめに

二〇一九年五月一日、日本では徳仁親王が天皇に即位して新しい「令和」の時代が始まった。一つ前の平成時代は冷戦後の時代と重なっていたが、令和時代は流動的な国際環境の時期と一致する。不確実な時を歩んでいるという点では他のどの国も同じだが、日本は現在、特に厳しい局面にある。アメリカと中国が戦略的競争を繰り広げ、中国の強硬姿勢が高まり続けるなか、日本は、苦労して手にした平和と繁栄を維持するため、難しい地政学的状況のなかで慎重な舵取りをしていかなくてはならない。

冷戦後の時代、日本は広い地域を舞台にして外交活動の強化に努めた。二十一世紀初頭には、世界でおそらく最も躍動的とされる地域を形成しようとも試みた。この地域を指す「インド太平洋」

の概念を日本は取り入れ、外交のアイディアとして積極的に用いてきた。二〇一六年に日本政府が発表した「自由で開かれたインド太平洋（FOIP）」はその好例だが、一九九〇年代以降の創造的外交のなかでも最も本格的な取り組みと言える。この新たな概念は海洋国家という日本のアイデンティティと符合するもので、二〇一〇年代に不確実性が高まるなか、日本の積極外交に円滑に伴走してきた。今やFOIPは日本政府内で「日本外交の最重要のアセット」[1]と考えられている。不確実なこの時代に外交の舵取りをし、インド太平洋構想など数多くの偉業を遂げた功労者は、二〇二〇年九月に総理大臣を辞任した安倍晋三にほかならない。その政権は、ときに「安倍ドクトリン」とも呼ばれる、大胆ながら入念に策定された外交政策を展開し、成果を上げてきた。

活気に満ちた国民と魅力的な文化が存在する日本は、人口の高齢化など数々の課題を抱えながらも、経済的に豊かで強力な国であり続けてきた。新型コロナウイルス感染症によって経済と社会が影響を受けているものの、日本は活力を失ってはいない。その一方で、日本を取り巻く安全保障環境は著しく悪化しており、とりわけ中国の覇権主義的行動は、日本の主権に対する直接の脅威となっている。中国が日本の尖閣諸島周辺の領海および接続水域に絶えず侵入しているのはその一端である。[2]中国が新たに制定する海警法は、軍事衝突の可能性を高め、海上保安庁の船艇を危険に晒すことになりかねない。しかも、米中間の激しい戦略的競争とともに、日本と中国との経済的な結びつきは、安全保障上のパズルのような問題を日本にもたらした。日本が直面する脅威は中国に限らない。北朝鮮の核・ミサイル開発計画や、ロシアが日本の北方領土周辺でとる拡張主義的行動も緊張を高めている。韓国も対応の難しい厄介な隣国である。[3]

日本の周辺地域の戦略的環境は、日本が「既存の枠にとらわれない（outside the box）」考え方をして、これまでの地域地図の外に目を向けなくてはならないことを意味している。この点において、日本外交の飛躍は大きな意義を持つ。日本の論者のなかには、現在の戦略環境に関して、中国の古典兵法書『兵法三十六計』に記された「遠交近攻」に言及する者もいる。日本のインド太平洋構想はまさしくこの戦略を実行に移したものだが、だからと言って安全保障のレンズだけを通して見るべきではない。なぜならインド太平洋構想は十分に練られた「オールインワン」型の政策体系だからである。全体として、日本がインド太平洋を採用しているのは大戦略の一部であり、それは地経学的な（geo-economic）実利主義と、安全保障上の懸念、そしてルールに基づく地域主義を形成したいという日本の願望を原動力とするものである。煎じ詰めればインド太平洋構想とは、その中核において地域の今後の秩序に関するものであり、それは日本や他の多くの国々も同様に願う秩序でもある。志を同じくする基軸諸国と協力しながら、安倍政権とその跡を継いだ菅義偉首相の政権が積極的に取り組んできたのは、まさにインド太平洋地域の形成だった。

本章では、不安定かつ不確実な時代の文脈を踏まえ、今後に繋がる問いとして、日本が戦略的ロードマップとしてインド太平洋を採用したことが、外交を通じていかに日本に貢献してきたのかという点に答えてみたい。そのために本章は、インド太平洋に関する日本の言説の背景にある地政戦略的な思考の形成を明らかにし、次いでインド太平洋概念が戦略的ビジョンとどのような関係にあるのかを探っていく。そうすることで、日本のFOIPの複雑な理論的根拠を解明する。まず、日本の政治的地理と地経学的特徴の分析から始め、続けて安倍政権下で日本政府が進めた外交構想の背後にある地政戦略の形成過程を探っていく。そのうえで日本の外交および安全保障における協力関係の再編成（realignment）と拡大を検証する。そこでは日米同盟を超えて、さまざまな二国間およびミニラテラルの構想が実現していく展開に光を当てる。最後に、日本の複雑な国際関係と、日本の大戦略の今後について考察する。

1　日本の政治地理

地政学的分析を行うには、必然的に日本の過去と現在を繋ぐ糸に触れる必要がある。その関連でまず指摘しておく必要があるのは、日本は古代には漢字や年号制度など中国からの文化的影響を受けたものの[4]、支配的な隣国である中国からは歴史上一貫して距離をとっていたことである。日本は、江戸時代の大半を通じて、オランダなど数か国を除いて外国とは外交関係を持たない鎖国政策をとり、外国の影響を遠ざけたいという意志を持ち続けた。鎖国政策によってキリスト教化と植民地化を免れたことで日本では国内文化が育まれ、後に国民性となる特徴の基礎が築かれた。一八五三年七月、アメリカのミラード・フィルモア大統領から派遣された艦隊が、日本を開国させることに成功し、翌年には日米和親条約が結ばれる。明治時代は、日本が帝国主義国家として急拡大した時期でもある。日本は、一八九五年に中国の清朝に、一九〇五年にはロシア帝国に戦争で勝利すると、アジアで覇権を握ろうとしたが、第二次世界大戦でアメリカに敗れ、その試みは潰えた。戦後、日本はアメリカと同盟を結んだが、敗戦は国民のあいだに強い平和主義（pacifism）の意識を根付かせた。こうした歴史的条件は、日本の世界観と民主主義に今も強い影響を与え続けている。

地理的に言うと、日本は長く斜めに横たわるタツノオトシゴのような形をした列島である。島々は東西南北の広い範囲に分布していて、そのため日本は世界でも屈指の広い排他的経済水域（EE

Z）を有している。EEZを規定する「海洋法に関する国際連合条約」から大きな恩恵を受けている国の一つでもある。地理的な広がりの悩ましい面は、広大な地域を守るため、相当の国防能力と沿岸警備能力が必要となる点だろう。特に南西方面への部隊の展開は継続的な課題である。例えば、尖閣諸島は沖縄本島から約四一〇キロメートル離れた場所にある。

海は外国からの侵略や影響から日本を守る天然の要害となってきた。日本列島には、宗谷海峡や津軽海峡、対馬海峡といった海上交通のチョークポイント[5]がいくつかある。さらに、沖縄の戦略的価値も計り知れない。西に目を転じれば、朝鮮半島は日本にとって、しばしば中華帝国に対する緩衝地帯として機能してきた[6]。しかし、地理的条件から恩恵を受けているものの、日本は地政学的には厳しい地域に身を置く。先に述べたように、日本は外国からの脅威に晒され続けている。しかも、中国は核兵器の貯蔵を整え、人民解放軍は弾道ミサイル「東風（DF）」を多数保有し、その多くが日本と日本にあるアメリカの軍事アセットを射程に収めている。中国政府は軍事費を大幅に増額し、あらゆる面で軍の近代化を進めてきた。中国海警局による尖閣諸島周辺の領海への侵入や、人民解放軍による南西諸島上空の日本の防空識別圏（ADIZ）への進入の件数も著しい。また南シナ海は日本からは離れているものの、日本の海運の大動脈をなしている。その南シナ海一帯で中国が実効支配を強め、軍事基地化を進めているため、同海域における日本の海上交通路（SLOC）は悪影響を受けている。

このような敵対的な状況にもかかわらず、日本は一九四六年初めにアメリカ人によって慌ただしく起草され、占領下の日本に事実上押しつけられた憲法によって軍事的手段を用いることができない。軍事予算を増大させてきた中国と比べ、日本の防衛予算はここ二〇年ほぼ同じ水準に留まる。

国防に対する国民の意識も同様に低いままである。二〇一五年には集団的自衛権の限定的行使を認めた平和安全法制が可決・成立したが、防衛に関する問題について世論は割れている。ただ、それでも中国に対する警戒感は根強い。中国によるハードパワーの高まりを受け、この警戒感が日本を守る民間防衛の一要素として機能するかもしれない。

地経学の視点で見た日本

地理的要因が日本を海洋国家（seafaring nation）とするとともに、この国の経済的条件を規定する。アジアの大陸とは陸路で繋がっていないため、日本経済はもっぱら海上輸送に依存している。貿易全体の九九・六パーセントが海路によるものである[7]。日本は、陸地の連結性がないとはいえ、海洋的な地理的環境によって海上輸送と海上活動を拡大させることができた。例えば、船舶のトン数では、日本はギリシャに次いで世界第二位であり、日本企業が所有する船は世界の海洋で活躍している。日本のEEZは資源開発の可能性を秘めているが、日本の国土には天然資源がほとんどなく、日本は原油など化石燃料の多くを中東から輸入する。日本はオーストラリアを含めて調達先の多様化を図ってきたものの、中東と、そこからインド太平洋を通って日本に至るSLOCに依存する状況は、大きく変わっていない。

日本は自国の安全保障をアメリカ、特にその拡大抑止（いわゆる「核の傘」）に依存する一方で、経済的には中国との繋がりを強めてきた。一九七〇年代に中華人民共和国との外交関係が正常化されると、中国との経済関係が始まり、その関係はやがて拡大していった。二〇〇七年には、中国がアメリカを抜いて日本の最大貿易相手国となる[8]。二〇一〇年代前半に、中国への過度な経済的依存のリスクが明らかになると、日本企業の多くは、特に重要品目について他の貿易パートナー国に活路を求め始めた。しかし、中国との貿易が大幅に減少することはなく、日本がきわめて脆弱な立場にあることは否定できない。実際、日本も含め世界の多くの国々において中国が経済力で優勢にあることで、国家主権が陰に陽に侵食されてきた。これは「経済的な国政術（economic statecraft）」の典型的な例だが、北京の増大する影響力は政界や実業界にも広がっており、日本のような国が中国に対抗する方法に大きな影響を及ぼしている。

地経学的な主体性の証ということだろう、それでも日本政府は志を同じくする国々とさまざまな経済圏や協力関係を築くことで経済的な秩序を作り出そうとしてきた。二〇一九年十一月にアメリカとオーストラリアと共同で発表したブルー・ドット・ネットワーク（BDN）は、その一例である。質の高い強靭なインフラの認証制度であるBDNは、信頼できる経済の協力関係を推進する新たなインド太平洋政策になるかもしれない。文脈は異なるが、もう一つの例が、経済連携協定（EPA）や自由貿易協定（FTA）で日本がリーダーシップを発揮していることだ。日本と欧州連合（EU）が世界で最大級の経済圏を創設するため二〇一八年七月にEPAを結んだことは、日本が自由貿易に強い決意で取り組んでいることを示している。また環太平洋パートナーシップ（TPP）については、アメリカがドナルド・トランプ大統領の時代に交渉から離脱すると、安倍政権はTPPを救うために尽力した。その過程で日本政府はリーダーシップを発揮して、二〇一八年三月に「環太平洋パートナーシップに関する包括的及び先進的な協定（CPTPP）」の締結を実現させた。(9)

メガコンペティションの時代にあって、経済大国の日本は数多くの問題に直面しており、とりわけ競争力の確保は最大の課題となっている。日本政府は、人口規模と経済規模の縮小のほか、デジタル変革の明らかな遅れ、IT分野でのリーダーシップの弱さなどの問題にも取り組まなくてはならない。最近のある調査では、日本は購買力平価GDPで現在の四位から二〇五〇年には八位に後退するだろうとの予測がなされた。(10) これら経済上・安全保障上の諸課題は、日本が生き残るためには戦略的思考が不可欠であることを意味している。

2　地政戦略の形成——日本にとってのインド太平洋

かつて大日本帝国は、「大東亜共栄圏」の旗印を掲げてユーラシア大陸と東南アジアに軍を進めた。一九四五年の敗戦後、覇権主義的な意図はもちろん、地政戦略は日本政府の外交方針からほとんど消えてなくなった。ただ、わずかながら残っていた戦略的思考を復興の途上で実践した。日米同盟が一九五一年九月に締結された当時、日本に独自に動ける余地はなかったとはいえ、同盟締結が地政戦略の成果であることには違いないだろう。戦後日本の外交方針は、提唱した吉田茂首相にちなんで「吉田ドクトリン」と呼ばれるが、日米同盟の成立からも明らかなように、政治的な現実主義によって形成されたものだった。現実主義的思考は学界にも現存していた。例えば高坂正堯《こうさかまさたか》は、「海洋国家日本の構想」と題する論考を発表し、そのなかで海洋面に注目した政策ビジョンを説いている。(11) 一九八〇年代前半には日本政府は「総合安全保障」という概念を採用した。これは、ハードな安全保障の課題を当たり障りのない言葉で薄め、エネルギーなどの資源の重要性に適切な注意を向けたものだった。

激動の一九九〇年代に入ると、日本の外交政策は力強く飛躍した。新たに立ち上げられたアフリカ開発会議（TICAD）の成果と相俟って、アフリカへの関与が拡大したのである。日本がアフリカに関心を持ったのは開発と多国間外交が主な動機だったが、今になって考えると、これによって日本がグローバルに行動する舞台が整えられ、地政戦略に基づく思考を促すことになった。日本がユーラシア大陸、とりわけ旧共産圏諸国に進出したことも大きな変化の一つであり、モンゴルはそれが最も成功した事例だろう。日本によるユーラシア大陸への関与は、さらに一九九七年に「ユーラシア外交」として提唱されたが、これはロシアとの領土交渉を視野に入れたものだったと言われている。

地図7　日本政府が唱えた「自由と繁栄の弧」

注：『平成19年度版 外交青書』「第1章 概観　1.日本外交の新機軸（「自由と繁栄の弧」の形成）」に依拠して作成。

日本政府のユーラシア外交は第一次安倍政権（二〇〇六年九月～二〇〇七年八月）によって強化されるが、その関連で安倍政権が表明したのが「自由と繁栄の弧」[12]（地図7参照）だった。この概念は、当時の外務事務次官で舞台裏の戦略担当者だった谷内正太郎が考案したもので、二〇〇六年十一月に麻生太郎外務大臣によって発表された[13]。谷内は日本外交の課題の一つとして、「戦略的思考を日本外交に導入し、外交の地平を広げること」を挙げていた[14]。この課題を目標として与えられたのが「自由と繁栄の弧」で、この弧を「ユーラシア大陸の外縁に沿って（around the outer rim of the Eurasian continent）」作ろうとした。[15]日本政府が目指したのは、この地域に対して政治的安定と経済的繁栄を促す支援を行う際の明確なビジョンである。またこれは、第一次安倍政権が進める「価値観外交」を支えるものでもあった。これは谷内も主張しているように、特定の国を包囲の対象とするものではなかったが、地政学者ニコラス・J・スパイクマンを必然的に連想させるものではある。ユーラシアのリムランドに着目し、これを「潜在的な紛争地帯」[16]と捉えていたのはほかならぬスパイクマンだった。「自由と繁栄の弧」は、二〇〇九年九月後半に政権交代が起こったため短命に終わったが、日本の次のビジョンであるFOIPが登場する概念上の筋道をつけた。

第二次安倍政権を特徴付ける地政戦略的な思考は、第一次政権での安倍の姿勢にすでにはっきり読み取ることができる。とりわけ彼はインドの重要性を認識していた。例えば、安倍は二〇〇六年の著書『美しい国へ』で、日本とオーストラリアの関係に加えて「インドとの関係をもっと強化することは、日本の国益にとってもきわめて重要だ」と綴っている。[17]安倍の計画は、二〇〇七年八月にインドを公式訪問し、前年十二月に同国と結んだ「戦略的グローバル・パートナーシップ」を活性化したとき、前進した。公式訪問のハイライトはインドの連邦議会で行った演説だった。この「二つの海の交わり」と題した演説（巻末の演説原稿参照）で、安倍はインドの宗教指導者スワーミー・ヴィヴェーカーナンダの象徴的な言葉を引用し、その後にこう宣言した。

皆様、私たちは今、歴史的、地理的に、どんな場所に立っているでしょうか。（……）すなわちそれは、「二つの海の交わり」（Confluence of the Two Seas）が生まれつつある時と、ところにほかなりません。

太平洋とインド洋は、今や自由の海、繁栄の海として、一つのダイナミックな結合をもたらしています。従来の地理的境界を突き破る「拡大アジア」が、明瞭な形を現しつつあります。これを広々と開き、どこまでも透明な海として豊かに育てていく力と、そして責任が、私たち両国にはあるのです[18]。

安倍の演説に「インド太平洋」の語こそ出てこないが、この演説が日本によるインド太平洋構想の実質的な（in all but name）表明だった（本書冒頭の「序文」参照）。

第一次安倍政権は、「四国間安全保障対話」と非公式に呼ばれる協議、通称「クアッド」を創始している。二〇〇七年五月、フィリピンのマニラで、日本、インド、オーストラリア、アメリカの官僚が出席して開かれた目立たない会合がその始まりだった[19]。クアッドの枠組みは、後に安倍が「アジアの民主的な安全保障ダイヤモンド（Asia's Democratic Security Diamond）」と呼んだもの、すなわち「インド洋地域から西太平洋まで広がる海洋公共財を守るため、オーストラリア、インド、日本、およびアメリカのハワイ州がダイヤモンドを形成する戦略」と重なっている[20]（地図8〔次頁〕参照）。当初アメリカは中国を刺激するのを恐れて及び腰だったが、非同盟政策を堅持するインドを安倍の構想どおり取り込んだ四国間フォーラムであるクアッドは、確かに真新しいものだった。

二〇一二年十二月に安倍が首相の座に復帰したものの、FOIPが正式に始まるには二〇一六年まで待たなくてはならなかった。ただ、安倍が二〇一三年に行った講演をまとめた『日本の決意』[21]には、FOIPの要素がすでに用意されていたことがよく表れている[22]。FOIPの議論と同様、安

地図８　安倍晋三氏が唱えた「民主主義の安全保障ダイヤモンド」

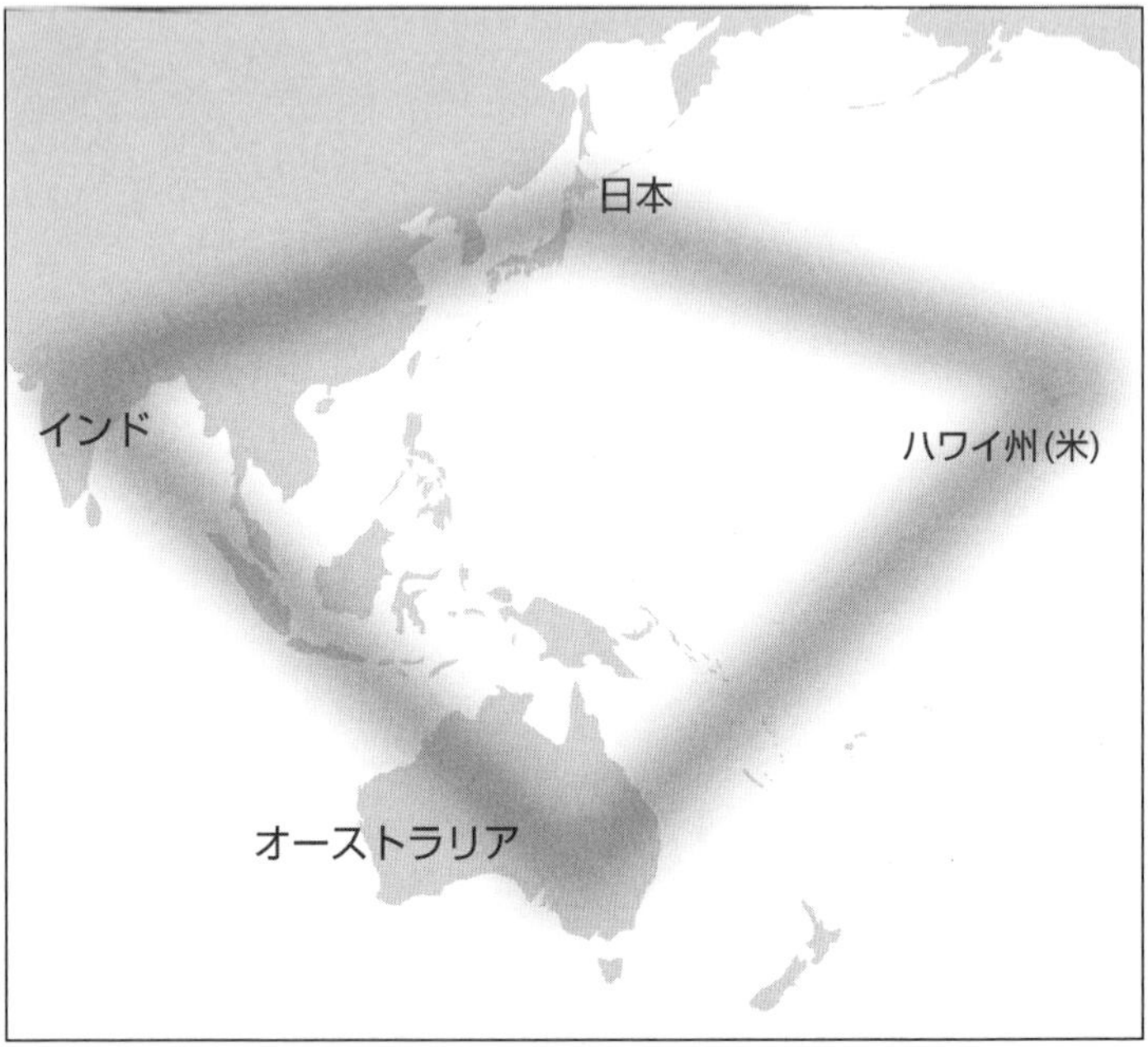

注：Shinzo Abe, Asia's Democratic Security Diamond, *Project Syndicate*, December 27, 2012. に依拠して作成。なお、この論文に地図は記載されていない。

倍は「地球儀を俯《ふ》瞰《かん》する外交（Diplomacy of panoramic views）」と「積極的平和主義（Proactive contribution to peace）」を開始した時点で、平和と繁栄を世界的な規模で支えるため日本が積極的な役割を担うことを構想していた。確かなのは、ＦＯＩＰは日本の外交思想の突然変異ではなく、日本外交で続いていた質的発展の結果であり、それが安倍によって強調され、積極さを増す日本の外交政策を通して具体化されたということだろう。

二〇一六年八月、新たな外交戦略を世界に表す機会が訪れた。ケニアのナイロビで開かれた第六回ＴＩＣＡＤで安倍首相は、外務省がその直後にＦＯＩＰとして概念化する戦略の概要を明らかにする。[23] そのときの講演で、安倍は「世界に安定、繁栄を与えるのは、自由で開かれた二つの大洋、二つの大陸の結合が生む、偉大な躍動にほかなりません」〔傍点は引用者〕と述べている。[24] さらに安倍は、「太平洋とインド洋、アジアとアフリカの交わりを、力や威圧と無縁で、自由と、法の支配、市場経済を重んじる場として育て、豊かにする」日本の責任を強調した。[25]

インド太平洋の展望

日本がインド太平洋を採用したことで問題となるのが、その展望、すなわち日本のインド太平洋構想の地理的および観念的（ideational）範囲である。基本的な理解として言えることは、安倍が繰り返し述べていたように、この地理的概念がインド洋と太平洋にまたがる地域を指すことである。これを説明する外務省のＦＯＩＰの地図も、太平洋とインド洋それぞれに大きな円を描き、その上により広いインド太平洋の図示を重ねている。[26] 日本が考えるインド太平洋は海洋を中心としたもので、一部の研究者が「海洋ユーラシア（maritime Eurasia）」と呼ぶ地域を部分的に含むものである。環インド洋（Indian Ocean Rim）地域もカバーしているため、この概念は日本の外交的視野を（東京から見て）西へと拡大させることになる。アメリカやオーストラリアが抱く心象地図（mental map）とはおそらく異なり、日本のインド太平洋地域は、西インド洋、特に東アフリカを含んでいる。不思議なことに、東太平洋に面する中南米の西海岸は、日本のインド太平洋政策では対象となっていない。

日本は伝統的に、政府による多角的な外交を通じて数多くの国々と良好な外交関係を築いてきた。

しかし、日本の外交政策で定義される地理的概念としてのインド太平洋は地理的に排他的になる傾向があり、文脈に合致しないと見なされる地域は除外されがちである。例えば大陸ユーラシアには必然的に光が当たっていない（第1章参照）。またすでに述べたように、中南米の太平洋岸一帯や、さらにはカナダでさえ現時点ではインド太平洋の対象に含まれていない[27]。カナダは日本が深い二国間関係を持ち、アジア太平洋および環太平洋の架け橋を築いてきた相手国であるにもかかわらず、である。

もう一つの問題はインド太平洋の観念的範囲である。つまり、日本の政策構想を形成するさまざまな観念と、インド太平洋という観念が日本にとって意味するものについての問いである。安倍外交のスピーチライターだった谷口智彦は、日本のインド太平洋概念は「太平洋とインド洋を、『ランドスケープ』ならぬ『シースケープ』のもと俯瞰的に眺め、民主主義と、自由で開かれた秩序、法の支配がさきわう空間として、平和と繁栄を追い求めていこうという戦略」だと解説している[28]。より官僚的だが公式な説明は、日本の外務省の文書に見出すことができる。外務省のFOIPに関するウェブページで見られる「基本的な考え方」では、インド太平洋を「ASEANの中心性、一体性を重視し、包括的かつ透明性のある方法で、ルールに基づく国際秩序の確保を通じて」発展させるべき「国際公共財」と定義している[29]。外務省から放たれる言葉や文書からは二つの大きな特徴が見えてくる。一つは、FOIPはさまざまな海洋安全保障の施策を通じてルールに基づく国際秩序、とりわけ平和的な海洋秩序の堅持を図るものであるということ。もう一つは、FOIPはEPAやFTAに加えて連結性を重視した協力を通じて、地域内の国々との経済関係を強化しようとしていることである[30]。

観念的範囲は、日本のような海洋通商国家が自らの存続にとって不可欠と考える価値、例えば法の支配や自由貿易などに基づいている。言うなれば日本の自画像に一致したオールインワン型の外交政策を政府は築いたと言える。さらにＦＯＩＰは、既存の秩序を変更しようとする国家への警告としても機能する。なぜなら「自由で開かれた」という修飾語は、規範や価値を掲げるだけでなく、威圧と略奪（coercion and predation）を拒絶する意味合いも持つからである。

現にＦＯＩＰとインド太平洋は、中国とならんで同国が進める「一帯一路」構想への「対抗概念」として広く理解されるようになってきた[31]。この点について、日本政府の回答は全面的な「ノー」である。外務省のアジア大洋州局長が述べたように[32]、ＦＯＩＰで特定の国を標的にしようとという試みは公式に否定されている。実際、政府は二〇一八年後半に、当初ＦＯＩＰにつけていた「戦略」という語を「ビジョン」に変更した。二〇一七年半ばには、一帯一路のプロジェクトに協力する可能性についても言及し始め、後には協力する際の条件を安倍が具体的に述べている。こうした外交上の繊細な発言や言い回しは、紛らわしいシグナルとして伝わる場合もあるが、急速に複雑化する国際環境には合致するものだろう。中国の計算を複雑なものにする一方で、日本には外交上のさまざまな選択肢を与える。ただ、これから見ていくように、繊細な外交を展開するには、維持していくのが必ずしも容易ではない巧みな手腕が必要となる。

3　外交・安全保障の協力の広がり

「最も成功している同盟の一つ」と称えられることの多い日米同盟は、日本の安全保障の基本の柱と考えられてきた。一九六〇年一月の新日米安全保障条約によって確立された同盟の範囲は、二国間関係をはるかに超えたものになっている。不確実な時代において、同盟を通じて平和と安定を築くことは、インド太平洋地域全体とその周辺に恩恵をもたらす結果となる。したがって、日米同盟と地域全体の展望が融合した場合、多種多様な波及効果が生まれると考えられる。

効率的な後方支援能力と戦力投射能力により、日米同盟はインド太平洋での平和的秩序を保障する役割を果たしている。アメリカが海外展開させている兵力は在日米軍が世界最大であり、米軍基地は、沖縄など日本の防衛に決定的に重要な場所に配置されている。ハワイ州に司令部を置くアメリカのインド太平洋軍（INDOPACOM）は、日本を含む西太平洋から東インド洋までの広大な範囲を担当する（第4章および地図9〔一一六頁〕参照）。特にアメリカ海軍の第七艦隊は横須賀に司令部を置いており、東アジアの安定を保障する存在である。一方、日米同盟では、その非対称性が度々問題となってきた。アメリカは日本を防衛する想定になっているが、逆に日本がアメリカを防衛することは、アメリカが導入した日本国憲法の制約により不可能となってきた。日米安全保障条約の第五条とともに日本国憲法の第九条を厳密に解釈すれば、自衛隊はアメリカの防衛に参加することはできない。

インド太平洋政策は狭義の安全保障政策とは切り離して推進されていたが、強固な日米同盟がインド太平洋地域の基盤を補強しているのは間違いない。そのため、積極的平和主義を掲げる安倍政権は日米同盟を強化しようと努め、その非対称的な特徴を薄めようとした。その結果として日本政府は、二〇一三年から二〇一五年の間に現状を打破する画期的な成果を次々と打ち立てた。二〇一三年十二月、日本の「国家安全保障戦略」（それまでの「国防の基本方針」を改めたもの）が初めて策定された。[33] さらに二〇一四年七月に閣議決定され、憲法解釈が変更された後、平和安全法制が二〇一五年九月に国会で可決・成立した。この法制は、日本の同盟国に対する集団的自衛権の限定的行使など、安全保障に関連する諸問題に総合的な法的枠組みを提供し、それによって長年にわたる問題を解消するものである。[34]

二〇一三年の「国家安全保障戦略」はインド太平洋について何ら言及していないが、「国際社会の平和と安定及び繁栄の実現に我が国が一層積極的な役割を果たし、我が国にとって望ましい国際秩序や安全保障環境を実現していく」必要があると訴え、海洋安全保障の確保と日米同盟の強化を強調した。[35] この文書全体からは、後にＦＯＩＰによって補強される政策要素を見出すことができる。二〇一八年十二月に閣議決定された「平成31年度以降に係る防衛計画の大綱」は、インド太平洋についてさらに明確に述べる。例えば、「日米安全保障体制を中核とする日米同盟は、我が国のみならず、インド太平洋地域、さらには国際社会の平和と安定及び繁栄に大きな役割を果たしている」と記している。[36] この文書で示されたように、自衛隊はアメリカ軍の活動に対する後方支援や、アメリカ軍の艦艇と航空機の防護などを一層積極的に実施することを目指している。海洋であれ他の分野であれ、日米共同での取り組みは、インド太平洋地域に最善の安全保障環境を作り出すものと期待される。

多角的で多層的な協力へ

敵対的な地政学的環境に囲まれた日本は、創造的な外交を多角的な協力関係の構築と組み合わせることで自国の地平を広げてきた。日本のインド太平洋構想が、安倍の元スピーチライターの谷口が名付けたところの「地理心理学的な袋小路[37]」から日本が抜け出るのを手助けしたのは間違いない。また、日米同盟を基盤としつつ、価値や能力、利益を共有する国々と協力することも、日本の安全保障に対する視界を広げてきた。例えば、前述の「防衛計画の大綱」は、FOIPを踏まえ、「地域の特性や相手国の実情を考慮しつつ、多角的・多層的な安全保障協力を戦略的に推進」し、さらに「外交政策との調整を十分に図るとともに、日米同盟を基軸として、普遍的価値や安全保障上の利益を共有する国々との緊密な連携を図る」と定める。[38]こうした再編成は、「日米同盟プラス（Japan-US Alliance Plus）」と呼べるものであり、自由で開かれたインド太平洋をさらに支えるものとなる可能性がある。

二〇一〇年代、継続的な形で二国間とミニラテラルの交流の網が築かれ、これが具体的な現実となった。そのなかでも最も有益な成果の一つが豪印日米の四か国による協力体制である。当初は安倍が安全保障対話として提唱したクアッドは、志を同じくするインド太平洋諸国の協商（entente）となった。二〇一七年十一月にクアッドが復活、現在の「クアッド2・0」のプラットフォームに発展し、二〇二〇年十月の東京会談など、四か国の外相レベルでの会談が開かれるまでになっている。クアッド諸国のみならず、他の諸国との間での二国間の対話も大きく前進した。日本政府は二国間の外務・防衛閣僚会合、いわゆる「2＋2」を着実に拡大させている。二〇二一年一月の時点で日本は2＋2を、アメリカやオーストラリア、フランス、イギリス、インドなど、多くの国と実施してきた。また、防衛協力関係と相互運用能力を強化するため、日本は前記の国々に加えカナダと物品役務相互提供協定（ACSA）を結んでいる。各国間で非公式かつ緩やかな連携が進むなか、具体的な協力によって公式な性格を高め、制度化を進めるための基盤が着実に築かれている。

日本が二国間およびミニラテラルの軍事演習に積極的に参加していることも、ルールに基づくインド太平洋を実現するうえで意義がある。現状変更の試みに対する望ましい均衡力（counterbalance）を生み出すからである。数多い演習の一つであるマラバールは、当初はインドとアメリカが参加する海上演習だったが、日本の海上自衛隊は二〇一五年十月以降、正式メンバーとして参加してきた。二〇二〇年十一月にオーストラリアが復帰したことでマラバールは、クアッドそのものとは直接の関係はないが、四国間の協力関係の海洋軍事的な側面を継続し、拡大させる手段となっている。

FOIPが登場したのは、日本政府が連携関係をクアッド諸国以外にも広げて多様化させようとしていた時期である。FOIPは日本政府の積極外交と同時に推進され、正当性と勢いを与えた。北大西洋条約機構（NATO）のパートナー国である日本は、エストニアのタリンにあるNATOサイバー防衛協力センターとの協力など、さまざまなレベルでNATOとの関係を深めてきた。さらに日本は、海洋分野で数多くの協力事業を実施しており、ジブチ[39]、フィリピン、ベトナムなどの国々に巡視艇を提供している。しかし、東南アジア諸国連合（ASEAN）の国々がインド太平洋という概念に懐疑的だったため（第1章参照）、一部の例外を除き、日本政府がASEANと連携を強化するうえでFOIPそのものはさほど効果的ではなかった。むしろ日本政府は、従来の外交的、経済的、および開発援助面でのツールを活用して、FOIPの理念をこの地域に普及させようと試みている。

相互に利益をもたらす戦略的な援助

二〇一〇年代、日本の政府開発援助（ODA）は安倍政権の外交政策に沿った形に転換していった。国益が強調され、海洋安全保障の主流化が検討課題として確実に俎上に乗るようになるなど、ODAの活用がより戦略的になったのである。日本のODAはまた、質の高いインフラと技術協力を提供することで躍動的な経済関係を推進することを狙っており、貿易協定や投資協定との相乗効果も生み出している。

そのなかでFOIPは、安倍政権による発表以来、日本のODAに組み込まれた。二〇一七年の「開発協力重点方針」ではFOIPとその目標が取り上げられている。その二〇一七年版は、冒頭で「国益に資する開発協力」と宣言し、日本は「『自由で開かれたインド太平洋戦略』を始めとする我が国の外交政策の推進に向け戦略的かつ効果的な開発協力を実施していく」と明記する。[40] さらに同文書では、「自由で開かれたインド太平洋を介してアジアとアフリカの『連結性』を向上させ、地域全体の安定と繁栄を促進する」とも記されている。

FOIPの目標を実現するべく、日本のプロジェクト区域は地域内および地域間の連結性を重視するものとなっている。プロジェクト区域には、東西経済回廊と南部経済回廊（どちらもASEAN連結性に関するもの）、ベンガル湾産業成長地帯（BIG-B、南西アジア連結性に関するもの）、東アフリカ・北部回廊（これにはケニアのモンバサ港開発が含まれる）、およびモザンビークのナカラ回廊がある。[41] こうした区域では、物理的（インフラ）・人的・制度的な連結性を強化するためのプロジェクトが進められている。案件によってはアジア開発銀行（ADB）の融資を受けることもある。インドでは輸送を中心とした協力が進行中で、ムンバイとアーメダバードを結ぶ新幹線タイプの高速鉄道が建設中である。

これに関して指摘できるのは、インド太平洋政策が日本とパートナー国の双方にとって利益となるよう策定されてきたことである。安倍政権時代もそれ以降も、日本の大戦略はインド太平洋全域で多面的な連結性プロジェクトを促進してきた。日本のような海洋通商国家にとっては、海を越えた交流に目を向け、海外での経済的な好機拡大を目指すのは当然の論理的帰結だろう。ＳＬＯＣ周辺での海洋安全保障の措置に加え、日本はインド太平洋地域へのインフラと制度の輸出にも力を入れてきた。日本政府も強調するように、質の高いインフラを提供すべきなのは言うまでもない。たとえ中国が量で日本を凌駕《りょうが》するとしても、日本は質で対抗することが可能である。資源も能力も限られていることを考えれば、量で中国に張り合うのは合理的な選択肢とはなりえない[42]（第12章参照）。

4　日本をめぐる複雑な情勢

ＦＯＩＰが最も成功した日本の外交構想の一つであることは疑いないが、未完のプロジェクトでもあるのも事実である。それは努力と再検証を絶え間なく続けていく必要があることを意味する。同時にＦＯＩＰは、公にはほぼ言及されない、インド太平洋の明らかな競争相手（antagonist）と切り離すこともできない。言い換えれば、中国の存在は日本のインド太平洋戦略にとっての試金石であり続けていく。

日本政府の高官が何度否定しようとも、明らかにＦＯＩＰは強硬姿勢をとる中国に対抗する手段として機能するものである。ただ、日本の外交政策と安全保障政策において中国に対する疑念が表れているとはいえ、日本経済は中国と深く結びついているという実態がある。リスクを低減させようとする試みもあるにはあるが、中国との経済的繋がりはすぐには終わりそうにない。つまり日本は、安全保障上のパートナーであるアメリカとも、経済上のパートナーである中国とも、切っても切れない関係にある。新型コロナウイルスの世界的大流行は中国との複雑な関係性を実証するものだったが、経済面で日本が中国に依存することのリスクは大きい。いかなる悪意によっても脅かされない強靭なサプライチェーンが必要不可欠とされた所以《ゆえん》である。

日本の複雑な国際関係を反映して、一帯一路とのFOIPの統合または協力の是非について、活発な議論が続いた(43)。実のところ、日本政府、より正確に言えば、首相官邸の一部と与党・自由民主党の幹部の一部は、中国と関与する方向に傾いた。自民党の二階俊博幹事長は、中国の習近平国家主席に宛てた安倍の親書を持って、二〇一七年五月に北京で開催された一帯一路フォーラムに出席している。さらに二〇一八年には、安倍首相が一定の条件下で一帯一路に協力することを示唆して(44)、この傾向に弾みをつけた。ただし、新型コロナウイルスをきっかけとする危機で、二〇二〇年四月に予定されていた習主席の公式訪問の中止とともに、日本政府内での一帯一路との関与の議論は一掃されてしまったように映る。

理論的な見地から言うと、日本が中国に宥和《ゆうわ》的なジェスチャーを示せば、開発援助を受けている国々は、日本と中国の対立に付けこむことはできなくなる。同様に重要なのは、日本がそのようなシグナルを出すことで、ASEAN諸国など、中国を相手に対決姿勢をとることを避けたい第三国の支持を得やすくなるかもしれないことである。したがって、宥和的なジェスチャーは戦略的に示すならば完全な間違いだとは言えず、一定の利益をもたらす可能性さえある。もっとも、安倍の提案は限定的で、決して無条件ではなかったし、コロナ後の環境ではFOIPを中国の一帯一路と統合させるというのは、日本やクアッド諸国にとってほとんど考えられないものとなっている。仮に統合させたりしたら、「自由で開かれた」という価値にとっては益よりも害のほうが大きくなるだろう。万が一、統合というシナリオが現実になったら、FOIPのプロジェクトは圧倒的な量を誇る一帯一路に各地で飲み込まれ、FOIPの存在理由は損なわれることになる。さらに中国がプロパガンダとしてFOIPと一帯一路の協力プロジェクトを取り上げ、日本が中国の一帯一路を支持している証拠だと主張する可能性も否めない。また、いかなる形であれ一帯一路に関与すれば、FOIPを幅広く支持するようになった第三国の政策立案者たちを混乱させる恐れがある。日本企業にとっては商機かもしれないが、下請け業者や納入業者として参加することになる。そもそも透明性と持続性に欠け、地元で支持されていない中国主導のプロジェクトに関わることになれば、日本企業は相当のリスクに晒されかねない。

日本では、中国に対してこうした二面的なアプローチをとれるかどうかは、現職の指導者の個人的力量に負うところが大きい。日本国内において並外れて強力な親中派のロビーに抵抗できる能力を持った指導者でなくては無理だろう。安倍は中国を相手に慎重なアプローチをとることができたが、日本の指導者全員が繊細なバランスをとった行動を維持できるわけではない。したがって、包摂的な日本政府の言説が中国に対する条件を含むものとはいえ、いかなる形でも中国の一帯一路に関与してしまえば、さまざまなリスクを免れない。地域全域で進められているインド太平洋の協力案件が、より広いパクス・シニカに統合されてしまう危険性を含めてのことである。

クアッドとＦＯＩＰの今後

近年の地政学的展開は、クアッドとＦＯＩＰの今後についての議論を加速させた。クアッドは、概念上はＦＯＩＰと別ではあるものの、インド太平洋の基軸諸国にとって共通の財産になっている。そのため、政策論議[45]の焦点になっているのは、世界的な財産であるクアッドとＦＯＩＰを垂直方向にも水平方向にも拡大させていくことだが、ＦＯＩＰの向かう先には無数の選択肢があり、議論の意義は大きい。その際、考えるべきものとして、「自由で開かれた」という修飾語が時の試練に耐えられるのか、つまり「自由と開放性（freedom and openness）」を失い、インド太平洋が規範や価値を体現しない単なる地理的概念へと変わってしまうのか否かという問いがある。さらにもう一つの課題として、「インド太平洋」という範囲設定が日本の外交政策にとって適切なのかという点も挙げられる。

垂直方向の展開について、クアッドは「安倍の所産（Child of Abe）[46]」であり、安倍の「安全保障ダイヤモンド」と密接に対応しているため、常に戦略的な意味合いを帯びてきた。だからトランプ政権の閣僚の一人が「アジア版ＮＡＴＯ[47]」を口にしたときも、それほど意外ではなかった。アジア版ＮＡＴＯはまだ実現していないが、それはもっぱら連携の進展がクアッド各国による対中脅威認識に大きく左右されるからである。ＮＡＴＯは当時すでに明白だった共産圏からの脅威に対応する形で発足した組織だが、インド太平洋のすべての国が中国と強い経済的繋がりを持っているため、現在の大国間の競争は中国に対して統一戦線を張るには至っていない。

一方、水平方向の展開については、「クアッド・プラス」の概念が急速に現れた[48]。この動きは四か国のグルーピングを超えて、志を同じくするパートナー諸国の連合を形成する可能性があり、これ自体は歓迎すべき展開だろう。クアッド・プラスは、日本の「自由と繁栄の弧」で説明されたのと同じ普遍的価値に共感する国々が作る緩やかな連合と重なり合う。クアッドの中核が維持されるかぎり、日本政府はこのような展開は自国の利益になると考えるだろう。実際、安倍は著書のなかで「日米印豪四カ国（アジア・大洋州デモクラティックG3プラス・アメリカ）の首脳または外相レベルの会合を開催し、とりわけアジアにおいて、こうした普遍的価値観を他の国々と共有するためにいかに貢献し、協力しうるかについて、戦略的観点から協議をおこなうことができれば、それはすばらしいことだと思う」と述べていた[49]。クアッドをめぐるこれまでの展開は、まさしく安倍が思い描いたとおりになっている。ただ、急いでクアッドを拡大させると中核的な価値が弱まり、方向性が揺れかねない。別の思惑をもって参入を試みる国の存在も否定できない。したがって「クアッド・プラス」なるものの推進には慎重さが求められる。

言うまでもなく、もしも我々がパクス・アメリカーナの残影の上に「パクス・インドパシフィカ（*Pax Indo-Pacifica*）」[50]を築くのであれば、「自由と開放性」という価値は決定的に重要な前提であり続ける。威圧と略奪の拒絶を意味するこの言葉は、原則に基づく地域主義を象徴するものである。さらに、冊封体制にも似たパクス・シニカの実現を阻止する一種の警告としても機能している。より柔軟な視点で言えば、自由と開放性は、中国がルールに基づくインド太平洋秩序に加わる際に同国に課せられる明確な条件付けを担う。いかなる理由であれ、日本とクアッドの協力国にとって自由と開放性の旗を降ろすのは、「白旗」を揚げること以外の何物でもない。もしも日本などのクアッド諸国が中国に単なる地理的概念、すなわち規範と価値を抜きにしたインド太平洋を与えたとすれば、そのとき地域の諸国は中国独自のインド太平洋秩序に組み込まれてしまうかもしれないのである。

すでに述べたように、もう一つの課題はＦＯＩＰの空間的な範囲設定である。そもそもインド太平洋という概念はその範囲において世界を網羅するには程遠い。確かにＦＯＩＰは、インフラから海洋経済やデジタル経済まで、幅広い多様なテーマを追求できる可能性を秘めている。ただ、中国の一帯一路とは違って地理的範囲を具体的に特定しているため、ＦＯＩＰを拡大させるのは容易ではない。例えば、メキシコをＦＯＩＰに入れることは可能だが、南大西洋に面したアルゼンチンやブラジルを含めるのは若干無理があるように映る。同様に、自由と開放性にチェコ共和国の人々が共鳴したとしても、インド太平洋の地理的範囲を大陸ユーラシアに位置する中欧の国に適用するのは難しい[51]。それでも、クアッドの水平方向への展開は、ＦＯＩＰの空間的限界と拡張の可能性を問うことになる。実際、未来に目を向ければ、日本などインド太平洋の基軸諸国は、ゆくゆくはインド太平洋を越えた概念を構築しなくてはならないだろう。そうなったとき、具体的な方法の一つとして、既存の範囲設定に縛られない連結性を持った架空の地理的空間――「一帯一路」がそうである――を創造することが考えられる。しかし、ＦＯＩＰの中核的価値を表すことを可能にする空間として、である。

おわりに

既定の地理的位置を変えることはできないが、それでも地政学的文脈を見直し、国益を最大にするための戦略を作ることは可能である。日本の事例はその可能性の証左と言えよう。日本は国際的な立場を最大限に活用して、インド太平洋構想を生み出し、「地理心理学的な袋小路」から抜け出した。その過程で日本は、積極的なFOIP政策によって、インド太平洋という広い舞台で欠くことのできない、信頼に足るパートナーに変容した――今や日本の旗は広大な戦略的地理空間ではっきり見えている。これまでの取り組みの結果として、FOIPは日本が国際政治の場で自国のイメージを変えるのに一役買ってきた。これは重要なのはアイディアであり人である（ideas matter, and so do people）ということを証明する。これに関連して、安倍晋三の先見的な行動と真のアーキテクトとしての役割は、正しく強調されてしかるべきだろう。

ルールに基づく国際秩序を支持し、原則に基づく地域主義を形成することは、日本の国益と完全に合致する。これまで論じてきたように、これは単なる絵空事ではない。それどころか、価値に基づく外交は、日本のような海洋通商国家が生き残るには真に必要な営みである。日本の創造的な外交の成果であるFOIPは、日本の未来を照らす灯台とも言える。地理的な制約は措くとしても、仮に日本の政策立案者たちが他国との妥協や宥和のためにFOIPに含まれる重要な規範や価値を消し去ったりすれば、それは自殺行為となるだろう。

それでも難しい課題は残っている。日本は、武力行使を厭わぬ中国から安全保障上の深刻な脅威を受けている。政府の国家安全保障戦略には説得力のある言葉が並んでいるが、国家安全保障に対する国民の意識は決して高いとは言えない。抑止力の確保に資するものは言うに及ばず、日本自身の防衛力は今も比較的弱い。日米同盟は、機能しているにもかかわらず（あるいは、機能しているがゆえに）、アメリカ軍への著しい依存状態を生み出してきた。現状に安住しているため、戦略文化が日本国民に根づくのにもしばらく時間がかかるだろう。現状への安住が広まり、憲法上の制約が残る一方で、安全保障に対する日本の展望は危険なレベルにまで悪化している。二〇一〇年代は、日本の安全保障がさまざまな試練に晒されるなか、安倍が日本の指導者となり、困難な地政学的状況を巧みな舵取りで進んでいった時期でもあった。時代も安倍に味方していた。二〇一〇年代後半、特にトランプ政権によって政治的空白が生み出されると、そのなかで多くの国が、多国間主義を守る存在として日本を頼みにした。日本外交にとってはおそらく最良の時だったのかもしれないが、同じシナリオが二〇二〇年代に実現するとは限らない。

果たして日本は、増大する安全保障上の課題に立ち向かうべく、インド太平洋の地政戦略を巧みに実行し続けられるだろうか。日本が今後、変化を続ける戦略的環境をどのような手段で形作っていくのかも検討を要する課題である。さらなる問題は新たなパクス・インドパシフィカが確立されるとしたら、あるいは確立されるとき、ほかでもない日本がいかに主導的な役割を果たせるかである。したがって日本の政策立案者は、さまざまなシナリオに備える一方で、説得力のあるアイディアを創造し、具体化の方法を事前に想定しておく必要がある。ＦＯＩＰもクアッドも温かく歓迎された日本発の構想であり、その外交資産は今後も続いていくに違いないが、それに基づいて次の戦略も育てる必要がある。安倍政権以降の日本外交にとって挑戦はすでに始まっている。歴史を振り返ると、日本には優れた適応能力と創造力があった。これは今後の外交政策の立案にも同様に当てはまるはずだろう。

注

（1）神谷 (2019: 47).

（2）海上保安庁 (n.d.).
（3）今でも韓国は、日本の領土である竹島の不法占拠と、反日的な政治戦を続けている。
（4）日本と中国の文化交流は一方通行ではなかった。現代中国語には、数多くの日本語が採り入れられている。そうした借用語には、「社会主義（*shehui zhuyi*）」や「思想（*sixiang*）」などがある。
（5）【監訳注】チョークポイントは海峡などの狭い地理的空間で、海上交通の要衝となっているものを指す。
（6）その一方で朝鮮半島は、歴史上、中国の勢力下に入ってその駒となった場合は日本にとって防衛上のリスクとなることもあった。
（7）日本海事広報協会 (2020).
（8）財務省 (n.d.).
（9）日本は、二〇二〇年十一月の「地域的な包括的経済連携（ＲＣＥＰ）協定」の締結など、他の多国間枠組みにも積極的に参加してきた。ただしＲＣＥＰは、中国の優位的立場のため、異論の多い問題となっている。
（10）PwC (2017).
（11）高坂 (1964).
（12）麻生 (2006).【監訳注】英文は演説原稿の英語版より引用。
（13）付言するなら、「自由と繁栄の弧」演説は、谷内正太郎、兼原信克、谷口智彦の三人が協力して生み出したものだった（鈴木、2017:72-75）。兼原は、当時は外務官僚で、後に内閣官房副長官補になった。谷口は、『日経ビジネス』の元ジャーナリストである。その後、外務省に転じて広報を担当し、やがて麻生と安倍の外交におけるスピーチライターとなった。後に谷口は内閣官房参与に転じる。
（14）谷内・高橋 (2009: 143).
（15）麻生 (2006).
（16）Spykman (1944: 51).【訳注】既訳より訳文引用。
（17）安倍 (2006: 159/2013: 163).
（18）安倍 (2007). 安倍がインドの議会で行った演説には、兼原と谷口が関わっていたことが指摘されている（鈴木、2017: 137)。【監訳注】その場にいた兼原は「インド国会の熱狂はすさまじかった。大きな拍手はやがて議事堂を揺らすほどの大きな足踏みに代わり、最後は熱狂した国会議員の多くが机をバンバンと叩き始めた」と振り返り、「インドもまた、自由主義圏の雄として迎えられたかったのである。安倍総理のインド国会演説は、現在、日本のみならず米国のインド太平洋戦略の起点と位置付けられている」と指摘する（兼原信克『日本の対中大作戦』PHP研究所、二〇二一年、一四九頁）。

(19)【監訳注】この点について安倍は「クアッドの考え方は、当時のブッシュ大統領、インドのシン首相、豪州のハワード首相にも伝えました。ハワード首相は歓迎してくれましたが、インドは非同盟という外交方針ゆえに慎重だった。ブッシュ大統領は理解してくれたものの、ライス国務長官が北朝鮮をめぐる六者協議において、中国に役割を果たしてもらわなければならないという立場で、中国を刺激したくないと考えていました。結局、第一次政権時代はクアッドが局長級の会談で終わってしまった」と回述している（月刊『WiLL』二〇二二年六月号、五三頁）。

(20) Abe (2012). この安倍の論文を執筆したのは谷口だったと鈴木美勝の著作は明かしている（鈴木、2017: 140)。

(21) 安倍 (2014).

(22) 価値に基づくインド太平洋というナラティブは、安倍の講演に出てきていた。例えば、二〇一三年一月にジャカルタで行う予定だったが中止になった演説では、安倍は「わたくしたちにとって大切な、価値の信奉。コモンズ、なかんずく海を、力の支配する場としないこと」と訴えることになっていた（安倍、2013a)。また、戦略国際問題研究所（CSIS）でのスピーチ「日本は戻ってきました」では、「いまやアジア・太平洋地域、インド・太平洋地域は、ますますもって豊かになりつつあります。そこにおける日本とは、ルールのプロモーターとして主導的な地位にあらねばなりません」と語っている（安倍、2013b)。

(23)【監訳注】政府の公式見解によれば構想（当時は戦略）が対外的に発表された場はナイロビで開催された第六回TICADの基調講演とされているが、講演の原稿に「自由で開かれたインド太平洋」の文言は現れない。ただし、訴求力のある力強い言葉とともに、「自由で開かれた2つの大洋」「太平洋とインド洋（……）の交わり」「力や威圧と無縁で、自由と、法の支配、市場経済を重んじる場」という「自由で開かれたインド太平洋」の基本要素が演説に明記されている。ナイロビ講演の要諦と言えよう。

構想誕生の経緯については、公開情報によると二〇一六年、外務省の総合外交政策局長を務めていた秋葉剛男（同年六月には外務審議官に就任）の指示で、同局総務課長の市川恵一が「日本外交の大きな指針」を検討し始めたとされる。その際、「ひな形として市川の頭にあったのは、二〇〇七年八月、第一次政権を担っていた当時の安倍総理大臣が、訪問先のインドで行った『二つの海の交わり』という演説」だった。政府内での検討を経て「市川は最終案を三つに絞り、秋葉にリストを示した」ところ、「秋葉が『これでいこう』と指さしたのは、市川がリストの一番上に書いた『自由で開かれたインド太平洋戦略』だった」という。その後、八月二十五日、「ケニアに向かう政府専用機で、秋葉と市川から説明を受けた安倍総理は、開口一番『非常にいいじゃないか。これを進めよう』と述べた」経緯が伝えられている（以上は「自由で開かれたインド太平洋誕生秘話」『NHK政治マガジン』二〇二一年六月三十日より）。

ナイロビの会場で安倍が基調講演を行った後、日本の大手五紙は日本の新たな外交戦略として「自由で開かれたインド太平洋戦略」が打ち出されたとする旨の報道をしている（例えば、二〇一六年八月二十七日付『産経新聞』電子版、二十八日付『朝日新聞』朝刊一面および三面など）。安倍の了承も得られ、安倍演説で「自由で開かれたインド太平洋戦略」を表明したという認識の下、同行した外務省関係者が随行記者に対して同戦略を説明したと考えるのが順当だろう。なお、外務省がこの文言を公式の場で使用し始めたのは少し先のことで、確認できる範囲では同年十一月十一日の日印首脳会議後の「日印共同声明」が初めてである。

(24) 安倍 (2016).
(25) 安倍 (2016).
(26) 外務省 (n.d.).
(27) 【監訳注】これまで注目されてこなかったカナダと日本がインド太平洋での連携を確認するといった動きもある。二〇二一年五月には、日本とカナダの外相会議で「自由で開かれたインド太平洋に資する日本及びカナダが共有する優先協力分野」を確認している。二国間、ミニラテラル、多国間を含めて多元的に推移するインド太平洋外交の一端と言えよう。

（28）谷口（2020: 228).

（29）外務省（n.d.).

（30）【監訳注】本文では「二つの大きな特徴」と記したが、外務省からは「実現のための三本柱」として三つの要素が示されている（外務省、n.d.）。すなわち外務省が示すのは、①法の支配、航行の自由、自由貿易等の普及・定着、②経済的繁栄の追求（連結性、ＥＰＡ／ＦＴＡや投資協定を含む経済連携の強化）、③平和と安定の確保（海上法執行能力の構築、人道支援・災害救援等）である。ただ、外務省の説明する「三本柱」は重複するものとなっており、具体的には①の「自由貿易」と②の「ＥＰＡ／ＦＴＡや投資協定」、①の「航行の自由」と③の「海上法執行能力」が重なっている。重複の背景として、①は理念的であるのに対し、②と③は具体的な政策目標が示されているという説明が可能だろう。また、①外務省、②経済産業省、③防衛省という、ＦＯＩＰに関連する三つの省の見解や役割がそれぞれに反映されていると見ることもできよう。

（31）山本（2016).

（32）滝崎（2018: 27).

（33）同時に国家安全保障会議（ＮＳＣ）も設立され、その事務局である国家安全保障局の局長には谷内が就任した。兼原は同局次長になった。政府の外交・情報収集・軍事の三機能を一本化したＮＳＣは、創設以来、日本の安全保障政策の決定と実施において重要な役割を担っている。

（34）【監訳注】集団的自衛権の課題は政党の枠を超えて意識が共有されていた。民主党政権で外務大臣や副総理を務めた岡田克也は「日本を防衛するために活動している米軍が攻撃された場合、日本に対する行為と見なし、日本が反撃する余地を残すのは十分合理性がある。今の憲法は、すべての集団的自衛権の行使を認めていないとは言い切っておらず、集団的自衛権の中身を具体的に考えることで十分整合性を持って説明できる」と述べていた（二〇〇三年五月三日付『読売新聞』）。また岡田は「仮に集団的自衛権を憲法なり、法律なりで認めるとしても、きちんと制限を明示したほうがいいだろう。いずれにせよ、より具体的な形で議論すべきだ。そして、最後にはその時々のリーダーが政治生命を賭けて決断しなければならない」とも語っている（「ロング・インタビュー 岡田克也・民主党代表、外交ビジョンを語る 私なら靖国は参拝しない」『中央公論』二〇〇五年七月号）。集団的自衛権は国論を二分する課題となったが、結局のところ、政治生命をかけて決断した指導者は岡田ではなく安倍だった。また、安倍政権が実現した平和安全法制は、岡田が唱えたように、限定的な集団的自衛権の行使を可能とする内容だった。

(35) 内閣官房 (2013).
(36) 内閣官房 (2018).
(37) 谷口 (2020: 227).
(38) 内閣官房 (2018).
(39) 日本は二〇一一年七月に、自衛隊の多目的拠点をジブチに設置し、それによって紅海とインド洋を結ぶ重要なSLOC沿いに日本のプレゼンスを確保している。
(40) 外務省 (2017).
(41) 外務省 (n.d.).
(42) Cannon (2020).
(43) Hosoya (2018); 神谷 (2019); Aizawa & Rossiter (2020).
(44) 【監訳注】第2章の注49を参照のこと。
(45) Panda (2020); Smith (2020).
(46) Smith (2020).
(47) Biegun (2020).
(48) Panda (2020).
(49) 安倍 (2006: 160/2013: 164).
(50) Biegun (2020).
(51) 【監訳注】ただし、チェコに関しては杞憂に終わっている。西ユーラシアの内陸国ではあるが、チェコはインド太平洋の議論にむしろ積極的に参入している。二〇二一年九月、チェコ外務省はインド太平洋に関する特使（special envoy）を任命したほか、二〇二二年五月現在、同国独自のインド太平洋政策の文書を策定中である。輸出志向が強く、インド太平洋地域を市場として重視していることに加え、中国への高まる警戒感、インド太平洋の自由と開放性の価値への共感、さらにはEU議長国（二〇二二年後半）としての意欲など、地理的制約を超えるさまざまな要因があると考えられる。

第4章 アメリカ——大国の立ち位置

デイヴィッド・スコット
（元NATO防衛大学）

はじめに

「インド太平洋」はアメリカの政策立案者たちから注目を集め、地政学的に重要な地域、さらには重要な地政学のアイディアとして捉えられている。[1]アメリカはインド太平洋を戦略的枠組みとして採用しているが、それは中国が太平洋とインド洋に政治・軍事・経済の面で進出していることへの反応にほかならない。特に中国が南シナ海（地図6参照）の実効支配を強め、いわゆる「第一列島線」「第二列島線」「第三列島線」（地図3参照）に向かって海洋進出を続けていることが、反応の大きな要因となっている。[2]しかし、中国に対するアメリカのインド太平洋戦略は、曖昧性や緊張関係、ときには矛盾に満ちている。かつても今もそうである。どのようにも解釈できる表現が、本来の目的を曇らせたり、誤って伝えたりすることが少なくない。

例えば、喫緊の課題としての中国は、バラク・オバマ政権時代には暗示されるだけだったのが、ドナルド・トランプ政権の時代になると明示されるようになった。中国問題に対する具体的な分析が最初に現れたのは、トランプ大統領が二〇一七年十二月に示した「国家安全保障戦略（NSS）」で、そこでは「中国はインド太平洋地域からアメリカ合衆国を締め出そうとしている」と記されている。[3] 国家安全保障会議の二〇一八年二月の文書「インド太平洋のための米国の戦略的枠組み（U.S. Strategic Framework for the Indo-Pacific）」は二〇二一年一月に機密解除されたが、この文書も高まる中国の脅威に焦点を当てていた。明白な対策がようやく登場するのは、二〇二〇年九月アメリカ上院外交委員会の公聴会で当時の国務次官補（東アジア・太平洋担当）が行った宣誓証言「インド太平洋及びその他の地域への米国の関与強化と中国への対抗（Advancing U.S. Engagement and Countering China in the Indo-Pacific and Beyond）」においてである。[4]

中国の脅威にもかかわらず、オバマ、トランプ両政権の議論では、アメリカのインド太平洋の構想は「包摂的」であると論じ続けた。これはおそらく、インドなど志を同じくする国々に対しての必要な合図だったのだろう。実際、インドは「自由で開かれたインド太平洋」[5]という言葉に賛同できたとしても、中国が問題であると名指しする用意はなかった。アメリカの意図するところは、実践面でも意図の点でも、きわめて選択的な包摂主義を反映していた。「中国の修正主義的意図を防ぐこと」に関して、あるアメリカ政府高官は、「すべての国家にとって包摂的な自由で開かれたインド太平洋でさえも、妨害因子を抱え、一部の関係国が絶えず脅威を与えることになる」と警鐘を鳴らす。[6] 包摂的であることは、例えば東南アジアの国を参加させるうえでは意味があるが、中国を含めるのならほとんど意味をなさない。ワシントンの視点から言えば、中国こそが、アメリカがインド太平洋を構想し、政策を推進する際の問題であり原因なのである。そうした取り組みに中国を含めれば、効率が阻害されるか、無にされることにしかならない。

政権をまたいだアメリカのインド太平洋戦略のみならず、中国に対する一貫しない対応についても連続性と非連続性があることを踏まえれば、いくつもの疑問が生じる。何よりもまず、アメリカは過去一〇年間、中国が突きつける課題にどこまで対処してきたのだろうか。また、インド太平洋全域で新たに登場している戦略の地理において、アメリカはいかなる功績を残し、今後いかなるモメンタムを得ていくのか——。

本章では評価アプローチを採用しつつ、インド太平洋に対するアメリカの立ち位置（positioning）の連続性と非連続性[7]を検証し、成果や弱点、限界を明らかにしていきたい。具体的には、連続性と非連続性に着目しながら、アメリカのプレゼンス、政府と軍の指揮系統、政治的主導力、中国の海上シルクロード構想に対するアメリカの反応、そして既存の同盟の深化と新たな協力関係の模索を考察する。分析の対象は、歴代のオバマ政権（二〇〇九～二〇一七年）とトランプ政権（二〇一七～二〇二一年）、および二〇二一年初頭に始まったジョー・バイデン政権とする。

1　前方プレゼンスの維持

アメリカは太平洋の広い範囲において常駐勢力たる主権国家（resident and sovereign power）として存在してきた。太平洋の北東四分の一は、アメリカのカリフォルニア、オレゴン、ワシントン、アラスカの四州がカバーする。ハワイ州は中部太平洋において地政学的に有利であり、優れて戦略的な場所に位置している。一部の専門家が中国の「第三列島線」と呼ぶラインが縦断する場所でもある。アメリカのインド太平洋軍（ＩＮＤＯＰＡＣＯＭ）の司令部がハワイに置かれているのも当然のことだろう。南太平洋には、アメリカの準州であるアメリカ領サモアがある。アメリカの西太平洋への戦力投射は、主として同じくアメリカの準州であるグアムと、アメリカの自治領である北マリアナ諸島が担っている。このどちらも、地政学的な重要性を帯びる中国の「第二列島線」をまたいでいる。

西太平洋でのアメリカのプレゼンスを支えているのが、アメリカとその元信託統治領であるミクロネシア連邦、マーシャル諸島、パラオとの間で結ばれている自由連合盟約（ＣＯＦＡ）である。(8)ＣＯＦＡの存在によってこれら三か国の領土でアメリカの軍事的プレゼンスが維持され、「西太平洋に戦力を投射する我が国の能力にとって重要な(9)」三か国の領空と領海にアメリカ軍は排他的な形でアクセスすることが可能である。それと引き換えに、小さな島国は資金援助を受けている。これら島嶼国の指導者たちは、二〇一九年五月、トランプ大統領によって初めてワシントンに招かれた。また、二〇一九年八月にマイク・ポンペオは、アメリカの国務長官として初めてミクロネシアを訪問している。

グアム島が太平洋におけるアメリカの戦略で占める位置は、ＣＯＦＡ諸国よりもさらに重要である。(10)グアムの距離と位置、同島に配備されたアセットによって、グアムはアメリカの戦力投射、さらには中国に対する威嚇において大切な結節点になっている。最近になって機密解除されたインド太平洋軍の報告書には、「グアムは、アメリカの一日が始まる地であり、我が軍が戦う際の拠点とすべき場所であるだけでなく、我が軍が――将来の脅威を考えれば――守らなくてはならない場所でもある」と記されている。[11] オバマ大統領の「アジア回帰（Pivot to Asia）」や「リバランス（Rebalance）」（再均衡）政策では長期にわたって軍の大規模な増強が進められたが、特にグアムに焦点が当てられていた。[12] それは軍の一部を大西洋から太平洋へ移すことや、東太平洋および中部太平洋から西太平洋へ移動させることを伴うものだった。同時に、韓国と日本に駐留するアメリカ軍の一部がグアムへ配置換えとなっている。

政府の説明や軍の増強にもかかわらず判然としないのは、グアムの拠点化がオフショア・バランシング[13]に伴う東アジア沿岸部からの撤退を意味するのか、それともいわゆる「槍の穂先（tip of spear）」の西端部分の改造を意味するのかである。「槍の穂先」は中部太平洋から西太平洋、オーストラレーシア[14]および東インド洋へ到達するものである。例えば、B－52爆撃機の飛行中隊は二〇〇四年からグアムに配置されていたが、二〇二〇年四月に突然撤退となり、代わってアメリカ本土からグアム島に一定期間をおいて定期的に、事前の予告なく部隊がローテーション展開されるようになった。これは、より効果的な軍事戦略を反映したものなのか、それとも西太平洋におけるアメリカの前方態勢が弱まっている前兆なのか。この疑問はオバマ、トランプ、バイデンの歴代政権で尾を引き、その答えは中国にとっても、インド太平洋におけるアメリカのパートナー諸国にとっても、不明瞭なままである。ちなみに、アメリカはグアムとならんでオーストラリアの北部にあるダーウィンの戦略的重要性にも着目した。二〇一二年以降、アメリカ海兵隊はダーウィンにローテーションで配置されるようになった。二〇一四年八月にはアメリカはオーストラリアと戦力態勢協定（Force Posture Agreement）を結び、この協定に基づいてローテーション展開がなされている。その数は二〇〇人で始まり、二〇一九年時点で二五〇〇人にまで増えた。[15]

太平洋で勢力を誇っているのとは対照的に、アメリカはインド洋に領土はなく、そのため外部勢力と見なされている。それでもアメリカのプレゼンスは、バーレーン、カタール、ジブチ、および英領インド洋地域（British Indian Ocean Territory）のディエゴガルシア島など、インド洋地域にあるさまざまな軍事基地・施設によって維持され、広がりを維持している（第9章および第11章参照）。さらに、アメリカ軍にシンガポールの海軍施設と空軍基地の利用を認めた一九九〇年の「米国のシンガポールの施設使用に関する了解覚書」は二〇一九年九月に更新され、一五年間延長された。なお、オーストラリアとの関係では、インド洋に面したパースにアメリカ海軍の施設を建設することと、スンダ海峡の南方にある豪領のクリスマス島をアメリカが利用することの二点が二国間で議題に載っているが、まだ公式には合意されていない。

二〇一六年には「兵站《へいたん》相互提供（Logistics Exchange）合意覚書」がニューデリーで締結され、それによってアメリカは、インド領のアンダマン・ニコバル諸島（地図4参照）を利用できるようになった[16]。アンダマン・ニコバル諸島はベンガル湾からマラッカ海峡を監視できる戦略的に重要な位置にある。アメリカはスリランカとも地位協定（Status of Forces Agreement）を結んでおり、そのためアメリカ軍はスリランカでも活動が可能となる。二〇二〇年にポンペオ国務長官が地位協定更新のため同国を訪れたものの、スリランカは更新に消極的である。それに対して順調に進んだのがモルディブで、同国で二〇一八年に政権交代が起こった結果、二〇二〇年九月にアメリカと地位協定が締結された。

ディエゴガルシア島（地図5参照）は、英領インド洋地域にある環礁の一つで、同島にあるアメリカ軍基地施設は、インド洋の中央からアメリカの海軍力と空軍力を投射してインド太平洋でアメリカのプレゼンスを維持するのに欠かせない。(17) 基地協定は二〇一六年十一月に更新されて二〇年間延長されたが、イギリスに対して、英領インド洋地域を非植民地化して、モーリシャスに譲渡すべきとの圧力が国際連合の場で増しており、今後の見通しは不透明である。

2　政府と統合軍における連続性の課題

インド太平洋に関する政策は、アメリカの政府と軍の間で連続性がおおむね維持されてきた。とはいえ、政府内や統合軍（unified combatant commands）の機構内にさまざまな非連続性や不一致を認めることができる。そうした非連続性の一つに、国務省ではインド太平洋地域が南・中央アジア局（管轄地域にインドとインド洋を含む）と東アジア・太平洋局に分けられていることが挙げられる。それに対して国防総省には、インド太平洋安全保障問題担当国防次官補（Assistant Secretary of Defense for Indo-Pacific Security Affairs）が存在する。これは、それまでのアジア太平洋安全保障問題担当国防次官補を二〇一七年に改称したポストで、その担当範囲は、太平洋全域からインドとモルディブにまで及ぶ。特にディエゴガルシア島は、二〇一七年に前述の国防次官補の担当範囲に追加された。しかしながら、国務省の場合と同じく、中央アジアをこの国防次官補の担当に追加したことで、インド太平洋に当てた焦点の一部がぼやけている。さらに、インド洋の西側では、国防次官補レベルでのモニタリングは行われていない。

アメリカの軍事機構にも、軍独自の非連続性がある。アメリカには一一の統合軍があり、うち宇宙以外の地域別の統合軍は五つある。その一つであるインド太平洋軍は、「インド洋と太平洋の高

地図9　インド太平洋軍（INDOPACOM）の担当地域

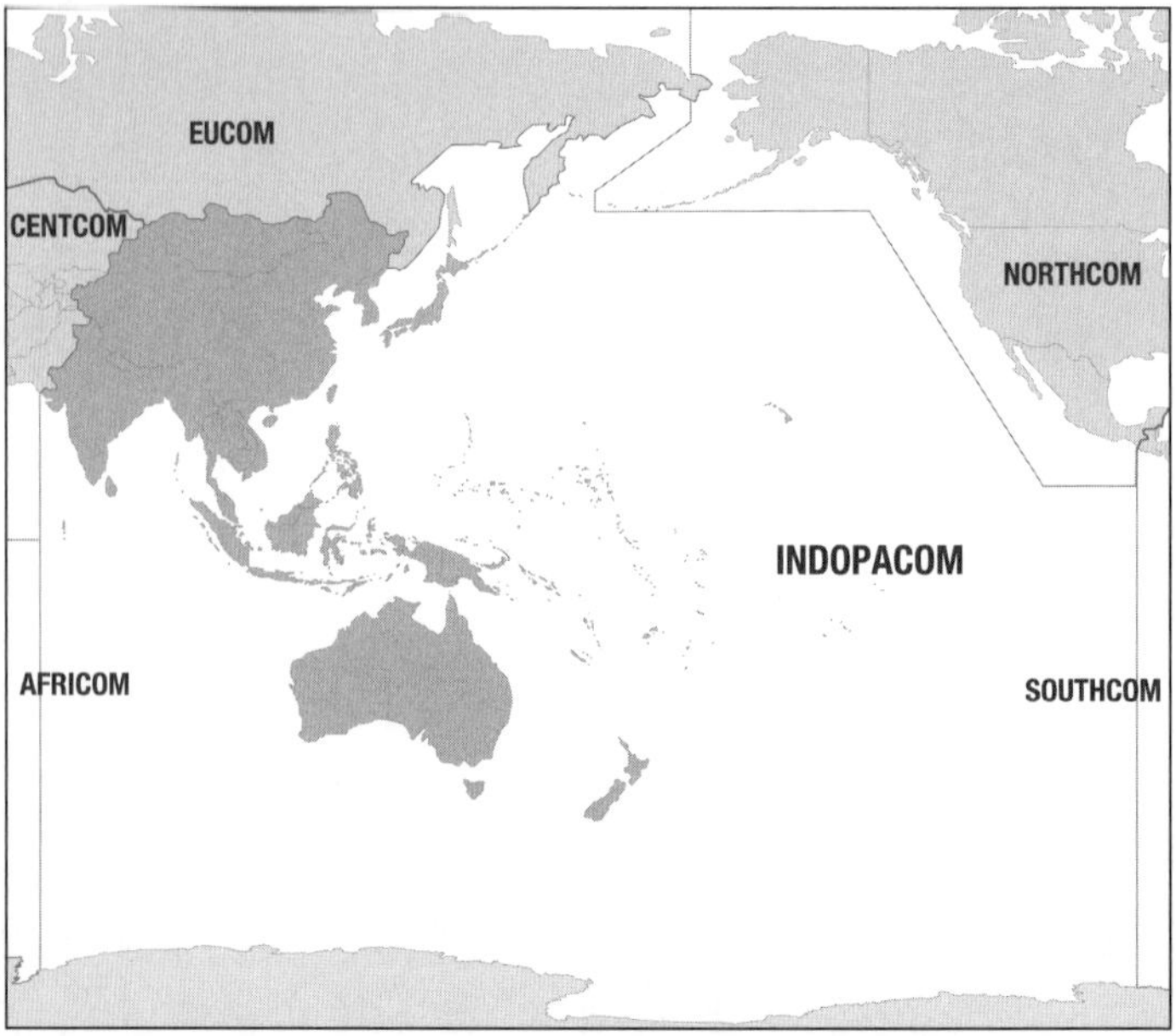

注：インド太平洋軍のウェブページ、https://www.pacom.mil/About-USINDOPACOM/USPACOM-Area-of-Responsibility/ に依拠して作成。各統合軍の略称に付けられていたUSの文字は削除した。

まる連結性」を認め[18]、二〇一八年五月、太平洋軍（PACOM）という旧称からインド太平洋軍に改称された。ただ、名称の範囲は拡大されたものの、インド太平洋全域を担当しているわけではない。インド太平洋軍司令官のフィリップ・デイヴィッドソン海軍大将は、「自由で開かれたインド太平洋」への明確な支持を表し、インド太平洋におけるアメリカの立場を直接脅かす中国の行動を批判していたものの[19]、インド太平洋軍の担当地域（area of responsibility）は狭いままだ（地図9参照）。実際、インド太平洋軍の担当地域は太平洋全域から東インド洋までであり、インド西岸とディエゴガルシア島で突然途切れている。

他方で、西インド洋のうち北西四分の一（アラビア海からソマリアとケニアの国境までの海域）は、フロリダ州に司令部を置く別のアメリカ統合軍である中央軍（CENTCOM）の管轄下にある。海洋を担当するのはバーレーンにある中央海軍（NAVCENT）で、これは第五艦隊を通じて活動する。第五艦隊は、アメリカ海軍がペルシャ湾、紅海、アデン湾、およびアラビア海で活動する責任を担うため、一九九五年に再編成された艦隊である。さらに、インド洋の南西四分の一（ケニア沿岸から南極までの海域）は、アフリカ軍（AFRICOM）の管轄下にある。司令部は遠く離れたドイツのシュトゥットガルトにあり、アフリカ海軍（NAVAF）はイタリアのナポリに司令部がある。

インド洋における各統合軍（インド太平洋軍、中央軍、アフリカ軍）の担当地域を分ける直線は、地勢に無関係な恣意的なものである。統合軍機構が分かれていることは、インド洋でインドがアメリカと協力することも複雑にしている。例えば、インドの西部海軍は中央軍とアフリカ軍の担当地域で活動するが、インドの東部海軍はインド太平洋軍の担当地域で活動する。中央軍とインド太平洋軍にはインド海軍将校が臨時配属されているが、アフリカ軍には配属されていない。

組織の観点から見れば、各統合軍はインド洋全体の状況に加えて、統合軍全体として直面する脅威を見失う恐れがあることも否定できない。また、中東と中央アジアに重点を置く中央軍は内陸を向いており、北西インド洋は幾分放置されている。アフリカ軍も内陸のアフリカ大陸に重点を置き、南西インド洋は同様に放置されている。さらに、インド太平洋軍は太平洋全域を担当しているため、未だにインド洋よりも太平洋を優先させなければならない。加えて、ディエゴガルシア島がインド太平洋軍の行動範囲の最西端に位置することを考えると、同島の戦略的位置とアセットが十分に活用されない可能性がある。もっとも、アメリカがインド洋ではなく太平洋に面していることを考えれば、太平洋を重要視するのは当然のことだろう。

ある一つの統合軍にインド洋を、もう一つ別の統合軍に太平洋をそれぞれ担当させれば、それは論理的であるばかりか、現在の組織上の分断状態の克服にも繋がるだろう。だがその一方で、アメリカが考える「インド太平洋」という戦略単位の統一性を損なうことにもなる。その代わり、インド洋全域をインド太平洋軍の管轄下に置けば、それぞれの大洋をさらにバランスよく考慮できる可能性はある。実際、インド太平洋軍の前身である太平洋軍は、一九七六年から一九八三年までインド洋全域も担当していた。では、太平洋とインド洋を両方そのまま一つの統合軍の下に置くことは不可能なのだろうか。すでにインド太平洋軍の担当地域はインド洋の半分を含んでおり、こうした措置をとったとしても組織の過剰拡大は必ずしも起きないと思われる。

統合軍機構をめぐる最後の問題は、序数艦隊（numbered fleet）とその担当地域が作戦面から見て負担が大きすぎて均衡が取れていないことだろう。例えば、第六艦隊はインド洋の南西四分の一を担当しているが、東大西洋と地中海も担当している。当然ながら艦隊の重点は戦略的に重要な地中海と大西洋北東部に置かれており、そのためインド洋の南西部にはわずかな注意しか払われていない。第五艦隊は中央軍に属し、司令部をバーレーンに置いており、明らかに一触即発のペルシャ湾と、インド洋北西部にあるいくつかのチョークポイントを比較的隅々まで注視し続けている。

その一方で、インド洋の他の海域については、中国が海軍のプレゼンスを高めているにもかかわらず、アメリカ軍の関心は低い。例えば、ジブチではアメリカ軍基地キャンプ・レモニエ（アフリカ軍と中央軍、および他の二つの統合軍が使用する）から道路ですぐの所に中国が基地を置いている。中国の軍事・海軍プレゼンスの高まりについて尋ねられたところ、アフリカ軍の幹部は、中国がこの地域に橋頭堡を作ろうとしていることに「作戦保全上の非常に重大な懸念」を抱いていると認めた。[20]ただ、中央軍はインド太平洋の他の地域において中国がもたらす挑戦と向き合うべく、リソースの一部をインド太平洋軍に移すことに同意している。[21]中央軍の担当地域においてアメリカのプレゼンスが低下する可能性も否めない。

インド太平洋軍の太平洋艦隊は、独立した複数の序数艦隊で構成されている。サンディエゴに司令部を置く第三艦隊は、日付変更線以東の東太平洋を担当している。その一方で、横須賀に司令部を置く第七艦隊は、日付変更線以西の西太平洋から、ディエゴガルシア島を含むインド洋中央部までの広い範囲を担当する。負担が過度になる可能性を踏まえ、アメリカ海軍長官は二〇二〇年後半、現在は欠番となっている第一艦隊を新たに編成することを提案した。司令部はシンガポールかダーウィンに置かれるだろうと述べている。この提案は即座に中国の国営メディアで非難された。[22]

3　政権間の連続性と非連続性

連続と非連続は行政や軍組織だけでなく、歴代の政権間においても見られる問題である。二〇一〇年代にはオバマ＝バイデンの民主党政権からトランプ＝ペンスの共和党政権に変わり、さらに二〇二一年一月には再び与野党が入れ替わり、バイデン＝ハリスの民主党政権が誕生した。アメリカの外交・防衛政策は当然ながら政権ごとに変わっていくが、非連続性は、アメリカ以外の国にも負の影響を与えることもある。それはアメリカのような超大国は既存の国際秩序の維持において重要な役割を期待されるからにほかならない。ではこの三つの政権の間で何が継続され、何が継続されなかったのか。

オバマ大統領がバイデン副大統領とともに推進した広域な外交・軍事政策は、当初「回帰」と呼ばれ、後に「リバランス」と名付けられた。ただし、この改称が何を意味し、「回帰／リバランス」政策が正確にどこへ向かおうとしていたのかについては曖昧なままだった。これは、アメリカによる太平洋、アジア太平洋、またはアジアへの回帰としてさまざまに語られた。意外なことに、ここにはインド洋は明示的には含まれていなかった。とはいえ、軍事面では、オバマは「前方プレゼンス」を重視することと、「西太平洋、東南アジア、およびインド洋での防衛態勢を強化すること」[23]〔傍点は引用者〕によって、アメリカの海洋戦略をインド太平洋のほうへと明確に向けた。

外交面では、二〇一一年十一月、オバマ大統領は東アジア首脳会議（ＥＡＳ）にアメリカ首脳として初めて参加した。ＥＡＳはインド太平洋の主要国すべてが参加する重要なフォーラムで、オバマは二〇一一年から二〇一六年まで毎回欠かさず出席している。さらにオバマは、東南アジア諸国連合（ＡＳＥＡＮ）の加盟国や指導者たちと細心の注意をもって親交を深め、東南アジアで開催されたＡＳＥＡＮ首脳との会議に出席したほか、二〇一六年にはワシントンでアメリカ・ＡＳＥＡＮの特別首脳会議を開いている。多国間主義を重視したオバマはさらに、環太平洋パートナーシップ（ＴＰＰ）を支持し、二〇一六年二月、ＴＰＰ協定に署名した。また、南シナ海に面する沿岸諸国のうち適切な国々の海洋能力と領域認識を強化するため、五年間で四億二五〇〇万ドルを投じる「東南アジア海洋安全保障イニシアティブ（Southeast Asia Maritime Security Initiative）」も立ち上げた。

なお、南アジアと東南アジアをつなぐ「インド太平洋経済回廊（Indo-Pacific Economic Corridor）」が中国の構想に代わるものとして提案されたが、これが事業化されることはなかった。

興味深いことに、オバマ本人は「インド太平洋」という語を使わず、彼が青年期をハワイ州とインドネシアで過ごしていたことを反映して、「アジア太平洋」という語のほうに親しんでいた。オバマ政権の国務長官ヒラリー・クリントンが「インド太平洋」の語を最初に使用したのは二〇一〇年十月にホノルルで行ったスピーチで、インドとの海軍協力に触れるなかでこの語を用いた。[24]その後、二〇一一年十月に発表した論文「アメリカの太平洋の世紀（America's Pacific Century）」において、「我が国とオーストラリアの同盟を、太平洋での連携からインド太平洋での連携へと拡大させる」[25]〔傍点は引用者〕と述べ、再び「インド太平洋」に言及した。彼女の後任のジョン・ケリーは、アメリカが重点を中東とテロ組織「イスラム国（Islamic State）」に移したことを反映して、「インド太平洋」という語をクリントンほどは使っていない。

インド太平洋に対するトランプの曖昧なシグナル

トランプ就任直後の最初の八か月間、「インド太平洋」という語は同じように避けられていた。その後二〇一七年末までの四か月間にこの語は強調されたが、トランプ政権にとっての「インド太平洋」の意味は曖昧だった。例えば、同年十月、トランプ政権の国防長官ジェームズ・マティスと国務長官レックス・ティラーソンの両名が、中国が南シナ海でとっている行動を非難した。その際、二人はインド太平洋でのアメリカとインドの安全保障および政治面での協力を呼びかけ、特にティラーソンは「自由で開かれたインド太平洋」に具体的に言及した。[26]これは日本政府が二〇一六年に考案した表現をそのまま取り入れたものである（第3章参照）。その一方で、トランプが「インド太平洋」の語を使うときは、「我々が活発な貿易関係を求める」手段としての「インド太平洋のすべての国々との通商」を念頭に置いていた。[27]これはおそらく、トランプが国際制度に取り組む際に、二〇一六年の大統領選挙で多くのアメリカ人有権者から強く支持された、視野狭窄《きょうさく》で取引重視の「アメリカ・ファースト」という姿勢をそのまま持ち込んだことを反映していたものと思われる。

曖昧さと不確実さは、トランプ政権の二〇一七年のNSSでも同様に見受けられた。NSSは、中国との地政学的な競争と、自由で開かれたインド太平洋を中国の覇権から守る必要性について強いメッセージを含む一方で、東南アジア諸国は「アメリカ人にとって重要な同盟国であり市場」[28]であると言及する。このため、トランプ政権下のアメリカが関心を持っているのはインド太平洋の安全保障なのか、それとも市場なのかという疑念を招いた。

インド太平洋に対するアメリカの政策についておそらく最も不確実な要素となっていたのは、当のトランプ本人だった。トランプは、オーストラリアやインド、日本の首脳たちとのさまざまな会合においてインド太平洋の議題は維持し続けたものの、地域主義と多国間主義を伴うインド太平洋の構想をトランプが本当に重視していたのかは不確かなままだった。例えば、オバマ前政権が二〇一六年に署名したTPP協定から、トランプはただちにアメリカを離脱させた。トランプはEASに出席せず、その代わりに閣僚を派遣している。二〇一七年にはティラーソン国務長官を、二〇一八年にはマイク・ペンス副大統領を、二〇一九年にはウィルバー・ロス商務長官とロバート・オブライエン国家安全保障担当補佐官をそれぞれ派遣し、二〇二〇年にはオンラインで開催されたEASにオブライエンのみを出席させた。

同様に距離をとる態度はＡＳＥＡＮに対しても見られた。トランプは、二〇一七年のアメリカ・ＡＳＥＡＮ首脳会議には出席したが、二〇一八年にはペンスが派遣され、二〇一九年にはロス商務長官とオブライエン補佐官がトランプの代理として出席した。これをＡＳＥＡＮに対する侮辱だと受け止めたＡＳＥＡＮの政府首脳たちは、過去には首脳会議には出席していたが、アメリカの代表に会うのを拒んだ。トランプ大統領は二〇二〇年にワシントンでアメリカ・ＡＳＥＡＮ特別首脳会議を開催したいと提案したが、相手にされなかった。二〇二〇年十一月に（オンライン形式で）開かれたアメリカ・ＡＳＥＡＮ首脳会議にはアメリカ代表としてオブライエンだけが出席したが、ＡＳＥＡＮの政府首脳たちは再び参加を拒んだ。トランプ政権がアメリカのＡＳＥＡＮ大使の後任を決めなかったことも、地域内でアメリカの発言力がさらに弱まったことを象徴していた。

トランプが同盟国と距離をとり、ときには同盟国を放置する態度を際立たせたのが、北朝鮮の指導者キム・ジョンウン（金正恩）との電撃的な首脳会談だった。この米朝首脳会談は、二〇一八年六月にシンガポール、二〇一九年二月にはハノイ、そして二〇一九年六月には南北朝鮮の軍事境界線上でと、計三回実施された。当時は核危機が切迫していたものの、三度の首脳会談はどれも事前の十分な準備なく突然に、もっぱらトランプの個人的関心と行動から実施されたもので、東アジアと東南アジアで提携関係を築いてインド太平洋の多国間主義を形作ることは眼中になかったように映った。

それでも、国務省と国防総省とインド太平洋軍は、二国間・三国間・四国間という枠組みで、インド太平洋でのより緊密な安全保障関係を構築し、形成しようと努力していた。しかし、こうした努力は官僚組織とそのリーダーが手掛けたもので、トランプが行ったことではない。トランプ政権の閣僚が比較的短期間に目まぐるしく替わったことを考えれば、まさに偉業と言えるだろう。[29]実際、今から見れば、部門を超えて高まった共通のインド太平洋重視の姿勢は、トランプ政権が高官たちを頻繁に更迭したことでは中断されなかった。

アメリカ政府の省レベルでの一貫性は、国防総省が二〇一九年六月に発表した「インド太平洋戦略報告（Indo-Pacific Strategy Report）」と、国務省が二〇一九年十一月に発表した報告書「自由で開かれたインド太平洋――共有されたビジョンの推進（A Free and Open Indo-Pacific: Advancing a Shared Vision）」にも示されていた。さらに、増額された国防予算の範囲内で、インド太平洋のための具体的な防衛構想（その多くはオバマ政権で始められたものだった）が共和・民主両党の支持を得て、トランプ政権によって進められた。例えばオバマの東南アジア海洋安全保障イニシアティブは、インド洋の国であるスリランカとバングラデシュを組み入れるため、二〇一七年に拡大され、名称も「インド太平洋海洋安全保障構想（Indo-Pacific Maritime Security Initiative）」と改められた。二〇一九年、同構想はさらに拡大されて、太平洋の島嶼諸国もカバーすることになった。

「自由で開かれたインド太平洋」を迎え入れたバイデン

大激戦となった選挙でトランプを破ったバイデン大統領は、二〇二一年一月の就任時に、「自由で開かれたインド太平洋」を推進する用意のあることを示した。四か国による戦略的なグルーピング、通称「クアッド」は前トランプ政権時代に再開されたが、バイデン政権はインド太平洋に対するアメリカの立ち位置の基本となるものとして、クアッドを即座に重視した。ちなみに、バイデンは副大統領時代にアメリカとインドの繋がりを「この先一〇〇年を決める連携関係」として歓迎し、

「この〔太平洋〕地域における我が国の戦略の中核となるのは、我が国と日本、韓国、オーストラリア、フィリピン、タイとの同盟である」と強調している。(30)

加えて、かつてリバランス政策を進めた主要人物たちをバイデンが任命・昇進させたことで、オバマ政権とのさらなる連続性が確立された。例えば、オバマ政権の国務副長官だったアントニー・ブリンケンは新たに国務長官に任命された。またオバマ政権時代に副大統領補佐官（国家安全保障問題担当）だったジェイク・サリヴァンは、バイデンの大統領補佐官（国家安全保障問題担当）となる。オバマ政権で国務次官補（東アジア・太平洋担当）を務めたカート・キャンベルは「インド太平洋調整官（Indo-Pacific Coordinator）」の職責を担うこととなった。同じく、国務次官（政治担当）だったウェンディ・シャーマンは国務副長官に、筆頭国防副次官（政策担当）だったキャスリーン・ヒックスは国防副長官にそれぞれ任命された。

ブリンケンは、上院での指名承認公聴会で、アメリカは「中国と競争して勝つ」ことを目指すと述べた。(31)またブリンケンは、トランプの手法の一部には賛同しなかったものの、「トランプが中国により厳しい対応をとったのは正しかった」と認めている。また中国を念頭に、アメリカとインドとの戦略的協力は「我が国の歴代政権の超党派的な成功物語」だったとも指摘した。(32)さらにバイデンは二〇二一年一月、新任のロイド・オースティン国防長官にオーストラリア、インド、日本とただちに協議を行わせたが、その際、中国に対するクアッドの共通の懸念とともに、インド太平洋と多国間主義への支持を強調した。またオースティンは、航空母艦（空母）ニミッツを旗艦とする空母打撃群を中央軍からインド太平洋軍の担当地域へ移すように命じた。

それでも、バイデン政権下におけるアメリカのインド太平洋戦略の将来をめぐっては、いくつか不明確な点がある。例えば、バイデンに任命された政府高官であるキャンベルとサリヴァンは、かつて二〇一九年に軍の改善の必要性を強く主張した。すなわち、「インド太平洋地域における抑止力を確保するべく、アメリカ政府は、空母のような高価で脆弱なプラットフォームから、巨額を費やすことなく中国の冒険主義を阻止することを意図した、より安価な非対称能力へと投資の方向を転換すべき」であるとした[33]。

キャンベルとサリヴァンの懸念は、確かに空母は積極的に前方に戦力投射を行うためのアセットだが、中国政府は非対称戦力を使うことで主導権を握るのではないかという点にある。さらに二人は、アメリカは「東南アジアとインド洋に軍事的プレゼンスの一部を分散するべき」と提案し、そうすれば「アメリカ軍の一部を中国の精密誘導攻撃（……）の射程外に」置くことになるだろうと主張した[34]。東南アジアとインド洋でこうした分散を進めれば、インド太平洋全域にアメリカのプレゼンスは広がるだろう。ただ、インド太平洋に部隊を追加することなく、太平洋地域にすでに駐留しているアメリカ軍の部隊を分散させれば、東アジアや西太平洋に存在するアメリカ軍は弱体化し、この地域の沿岸海域は中国の攻撃に対して脆弱になりかねない。

曖昧さは、トランプ政権下で共和・民主両党の支持を得て二〇二一年一月に成立した二〇二一年度国防授権法（NDAA）にも表れている。同法第一二五一条には、「太平洋抑止イニシアティブ（PDI）」として知られる、インド太平洋地域に関する地域構想が含まれていた。二〇二一年分の予算は約二二億ドルで、その目的は「インド太平洋地域におけるアメリカ合衆国の抑止力と防衛態勢を強化し、同盟国とパートナー国に安心を供与し（assure）、インド太平洋地域における戦力と即応能力を向上させること[35]」だった。しかし、PDIという名称は、アメリカ政府がインド洋を放置しかねないこと、そして焦点を太平洋に絞っていることを暗に示すものである。アメリカの兵站支援と打撃部隊を日付変更線の西へ移動させることが論じられていたが、具体的にどれほど西方へ動かすのかは述べられなかった。示された例は西太平洋のものだけで、そこにインド洋はない。バイデン政権が二〇二二年以降、PDIの予算と範囲を拡張するかどうかは、現時点では不明である。バイデン政権は、多国間主義とミニラテラリズム、特に三国間や四国間のグルーピングを重視する姿勢であり、オバマ政権下で始まり、トランプ政権が促したインド太平洋でのアメリカの勢いを継続させることに前向きである。今は「環太平洋パートナーシップに関する包括的及び先進的な協定（CPTPP）」と呼ばれる枠組みにアメリカが復帰すれば、歓迎すべき力強いシグナルをこの地域に送ることになるだろう。アメリカは経済面で再び関与し、多国間で協力する用意もあるというシグナルになる。東アジアと東南アジアの諸国が二〇二〇年十一月に合意した「地域的な包括的経済連携（RCEP）協定」において中国が主導的な地位についていることを考えれば、なおのこと必要だろう。

ただし、アメリカの再参入には一定の不確実さが残っている。バイデン政権が、新型コロナウイルス感染症の世界的大流行によって落ち込んだアメリカ経済を守ろうとして、何らかの変化を模索する兆候が見られるからである。また、バイデン政権がASEANに再び関与し、インド太平洋に積極的に関わることで、中国との競争を続けていく可能性もある。アメリカとインドの繋がりは今後さらに強化されることが確実視されるものの、民主党の一部がバイデン政権に対し、新疆でウイグル人への弾圧を続ける中国だけでなく、インドに対してもカシミールの状況について人権問題を提起すべきと圧力をかける可能性も否めない。

4　中国の「一帯一路」構想への反応

アメリカは中国の「一帯一路」構想、とりわけ二十一世紀海上シルクロード構想に対する答えを探ってきた。これは北京が太平洋とインド洋における戦略的地位を固めるために二〇一三年に開始した構想だが、既述のとおり、オバマ政権は海上シルクロードに取って代わるものとして「インド太平洋経済回廊」を提案した。しかし、十分な予算も具体的プロジェクトもなく、インドもASEAN諸国も参加しなかったため、失敗に終わっている。さらにオバマ政権は、中国の一帯一路構想に対するアメリカの立場についても、矛盾するシグナルを送っていた。一帯一路はユーラシアを横断する陸の「シルクロード経済ベルト」とインド太平洋に広がる「海上シルクロード」からなる。実際のところ、オバマは二〇一七年四月に中国が北京で開いた一帯一路フォーラムには、マット・ポッティンガー大統領補佐官の率いるアメリカ代表団を派遣している。それに対してトランプ政権は、中国の一帯一路に批判的な態度を明確に示し、二〇一九年四月の一帯一路フォーラムをボイコットした。

トランプ政権は、中国のインフラ攻勢に対抗するための枠組み作りや予算配分には、かなり消極的だった。ポンペオは二〇一八年に「インド太平洋取引諮問基金（Transaction Advisory Fund）」を創設したものの、割り当てられた金額はわずか三〇〇〇万ドルだった。それに対して中国による海上シルクロードのプロジェクトの規模は――実態はもちろん不透明ではあるが――一兆ドル前後と推計されている。また、アメリカの「インド太平洋透明性イニシアティブ」は、望ましいガバナンスと開発を促進する目的で二〇一八年十一月に公表されたものだが、この構想による新たな事業に割り当てられた予算は六八〇〇万ドルにすぎず、インド太平洋全域で中国が推進している一帯一路のプロジェクトの巨大な規模と予算の前では完全に見劣りしていた。

アメリカの直接支援は、米国国際開発庁（USAID）の予算と同様、トランプ政権時代には大幅に削減された（二〇二〇年には一八億ドルにまで減らされた）。その表向きの理由は、「アメリカ合衆国は、民間投資こそがインド太平洋における経済面・インフラ面でのニーズに対する唯一の持続可能な解決策だと理解している」[36]からだとされた。ただ、USAIDの予算削減も曖昧だった。例えば、二〇一九年九月の「太平洋協力約束（Pacific Pledge）」は一億一五〇〇万ドルを太平洋の島嶼諸国の支援に投じることを約束したが、その支援を行うのはほかならぬUSAIDだった。この計画も太平洋全域で拡大する中国の影響力に遅ればせながら対抗しようとするもので、アメリカによる比較的小規模な試みの一つだった。

トランプ政権が民間企業による資金提供を声高に強調したのに関連して、アメリカでは海外民間投資公社（OPIC）に代わって二〇一九年に国際開発金融公社（DFC）が設立された。DFCは、資本および現代的な金融ツールとして六〇〇億ドル（偶発債務に備えて認められた額）という、莫大な軍資金を使うことができた。この額は、二〇一八年にOPICに認められた二九〇億ドルの倍以上だが、中国が海上シルクロードプロジェクトに投じた額よりはるかに少ない。DFCは、アメリカ企業による海外市場への投資を支援する権限が明確に定められており、質の高いインフラ・プロジェクトの認証制度であるブルー・ドット・ネットワーク（BDN）を立ち上げるべく、オーストラリアの外務貿易省（DFAT）および日本の国際協力銀行（JBIC）とともに尽力した。ジャガンナート・P・パンダによると、「BDNは、深刻化する債務の罠と、量と不透明性を押し上げる安価なインフラに対抗して『優秀さの基準』を設けることを目指している。言い換えればBDNは、中国政府の一帯一路に対する戦略的対抗手段として、透明性のある持続可能なインフラ環境を推進することを構想している」のである。[37] 二〇二〇年二月のアメリカ・インド首脳会談でインドのナレンドラ・モディ首相が正式に関心を示したことで、BDNへの期待はさらに高まった。

5　同盟と協力関係——クアッドとその先に

近年のアメリカの安全保障政策に見られる特徴は、二国間とミニラテラルの双方で戦略的関係の強化と拡大を図ろうとする傾向である。アメリカのインド太平洋戦略も日本とオーストラリアとの既存の同盟関係を深め、インドや台湾、東南アジア諸国との戦略的な協力関係を強化するものとなってきた。インド太平洋の基軸国を構成するオーストラリア、インド、日本といったクアッド諸国との関係には明らかな前進が見られた。

アメリカにとって日本との軍事的関係は、インド太平洋における安全保障の礎石（cornerstone）であり続けてきた。日本には国別で最も多くの在外アメリカ軍が駐留しており、横須賀には空母打撃群が常駐している。追加部隊や航空戦力、ミサイル能力が日本各地に散在し、とりわけ中国の「第一列島線」の一部となっている沖縄本島には相当数の兵士がいる。インド太平洋軍の戦略は特に中国を念頭に置き、陸上からの対艦・対空戦力を第一列島線に沿って配置することを目指しているが、配備はまだ完了していない。

アメリカと日本の間には、一九六〇年一月の安全保障条約に加え、安全保障協議委員会（いわゆる「2+2」）などのメカニズムがあり、緊密な軍事的調整が維持されている。さらに二〇一五年九月に日本の国会で成立した平和安全法制で明らかなように、日本がアメリカと共同で行動する準備が整えられている。その上、日本はオバマが広範囲で進めたアメリカ軍のリバランス政策の下、アメリカ軍を沖縄からグアムへ移転させる費用を一部負担することに前向きだった。外交面および首脳同士の緊密さはトランプ時代も続き、おそらくその結果として、日本の安倍晋三首相が二〇一六年に示した表現に倣い、トランプは「自由で開かれたインド太平洋」を二〇一七年に採用している。[38]トランプ政権で起きたもう一つの大きな展開は、アメリカ軍と日本の自衛隊による二国間の海上演習が、東京とワシントンの双方で高まっていた中国に対する不安を反映して、西太平洋から南シナ海へと拡大されたことだった。

確かに、経済分野で以前から続く米日の立場の相違は、トランプ大統領の時代にはかつてよりも明確に表れた。アメリカと日本の貿易摩擦は、二〇一九年十月に結ばれた限定的な貿易協定によって緩和された。地域レベルでは、トランプは二〇一七年にTPPの枠組みから離脱したが、日本は追従しなかった。日本は、アメリカが西太平洋で軍事的・政治的に揺るぎない方針をとり続けるかどうか疑念を抱き、その疑念はトランプが北朝鮮のキム・ジョンウンと個人的な外交を進めたことで強まった。

長い歴史を持つアメリカとオーストラリアの軍事的繋がりは、日本の場合と同じく正式な同盟であり、オバマとトランプの両政権によってさらに強化された。[39]オーストラリアの最北部に位置するダーウィンに基地施設を整備することがオバマ時代の二〇一六年に合意され、施設はトランプ時代に拡張された。二〇二〇年五月には、オーストラリア軍との共同演習が南シナ海で実施された。豪中の経済関係が深まり、歴史的に強固だった豪米の安全保障関係が複雑化したものの、南シナ海を含めたインド太平洋地域で中国が強硬な姿勢を強めていることにオーストラリアでは不安が高まり、同国はアメリカとの安全保障協力を強化する結果となっている。

オーストラリア・日本・アメリカ（AJUS）の三か国の間で進む協力体制は、オバマ政権とトランプ政権の両方で継続された。オーストラリア・ニュージーランド・アメリカ合衆国安全保障条約（ANZUS）が太平洋での地域安全保障のアーキテクチャーを提供してきたが、二〇〇二年以降はAJUSの三国間協調が政府高官レベルで、二〇〇六年以降は閣僚レベルで行われている。AJUSによる中国への対応には二つの側面がある。一つにはAJUSの三か国が、オーストラリアでの多軍種演習タリスマン・セイバーや、グアムで実施される空軍演習コープ・ノースなど、さまざまな共同演習を通じて強固な軍事相互運用性を伸ばしてきたことである。二〇一九年と二〇二〇年にオーストラリア、日本、韓国、アメリカが参加してグアム沖で実施された海軍演習パシフィック・ヴァンガードは、歓迎すべき「AJUSプラス」演習になった。南シナ海でも、AJUS三か国はすでに二〇一一年七月に演習を行った前例があり、今後も南シナ海で演習を実施すれば、それが大きな前進となるかもしれない。もう一つには、二〇一八年以降、AJUSの共同声明にインド太平洋に関する具体的な言葉が盛り込まれたことである。それは、南シナ海における中国の軍事活動に加えて、中国が出資してインド太平洋で進めている海上シルクロードのインフラ事業に対する率直な批判とならんでのことだった。

新たな協力関係の構築

アメリカとインドの戦略的協力関係は、二〇〇四年に初めて公表され、共和党政権下でも民主党政権下でも本格的に勢いを増した。昔も今もインドがロシアと緊密な防衛関係を維持していることを考えれば、この展開はなお意義深い。例えば、日本やオーストラリアとは異なり、インドとアメリカは正式な同盟関係にはない。インドは戦略的自律（strategic autonomy）、すなわち特定の連携または協力関係に完全には縛られないという原則をレッドラインとして掲げるものの、それでもアメリカにとってきわめて重要なパートナー国となっている。

中国への高まる懸念によって互いに接近したことから、インドとアメリカの軍事的関係は強まり続けている。これをよく表すのが、先に述べた二〇一六年の「兵站相互提供合意覚書」と、その後の二〇一八年九月に締結された「通信互換性保護（Communication Compatibility and Security）協定」である。実践レベルでは、二〇一九年四月にインド洋でアメリカ海軍の駆逐艦スプルーアンスとインド海軍の哨戒機P‐8Iポセイドンが参加して対潜水艦訓練が実施された。その後、二〇二〇年十月に「地理空間協力（Geo-Spatial Cooperation）のための基礎的な交換・協力協定」が結ばれた。海上演習も範囲と参加部隊の規模を拡大させ続けている。

最初の米印2＋2会談は二〇一九年十一月に開催された。アメリカ国務省と国防総省の高官とインドのカウンターパートが集まり、強固なインド太平洋の旗印を示し、海洋協力を強調した。さらに二〇二〇年二月の米印共同声明は「インド太平洋における戦略的収斂（Strategic Convergence）」[40]に関する具体的条項を含んでいたが、「収斂」の語は両国関係を雄弁に物語る。二〇二〇年にガルワン渓谷で中国と武力衝突した後、インドはインド太平洋での均衡を図るため、より公然とアメリカと手を組むようになり、アメリカはガルワン危機に関する有益な情報をインドに提供した。

中国に対する同様の懸念を反映して、インド・日本・アメリカ（ＩＪＵＳ）三国間の連携がアメリカの歴代政権下で深められた。特筆すべきは、アメリカとインドが実施する海軍演習マラバールに日本が二〇一五年から正式参加国として参加していることであり、大規模な海軍演習が、二〇一五年、二〇一七年、二〇一九年にはインド洋で、二〇一六年と二〇一八年には西太平洋でと、二つの海洋で交互に実施されている。[41] 二〇一九年五月には、アメリカ海軍、インド海軍、日本の海上自衛隊の艦船が南シナ海を航行し、中国に対して重要なシグナルを送った。

クアッドは二〇一七年十一月に高官レベルで再開されたが、トランプ政権はこれを歓迎し、二〇一九年九月には閣僚レベルに引き上げた。クアッドと直接の関係はないが、二〇二〇年十一月には前述の海軍演習マラバールにアメリカ、インド、日本とともにオーストラリアが参加して、演習がベンガル湾とアラビア海で実施された。二〇二〇年三月には「クアッド・プラス」会合が二回、スティーヴン・ビーガン国務副長官の呼びかけによってオンラインで開かれ、クアッド諸国の高官にニュージーランド、韓国、ベトナムの高官が加わって、新型コロナ感染症をめぐる協力について話し合った。注目すべきは、中国が招かれていないことである。

ワシントンと北京の関係が悪化すると、アメリカは台湾との関係を復活させた。トランプ政権下、アメリカは台北との政治的接触を増やした。具体的には、閣僚級の人物を訪問させ、武器売却を増やし、台湾海峡のルーティン航行の回数を増加させたほか、「アメリカ・台湾のインド太平洋における民主的ガバナンスに関する協議会」（第一回は二〇一九年九月に開催）を設立した。また、「台湾保証法（Taiwan Assurance Act）」は、議会で共和・民主両党の大きな支持を得て可決され、二〇二〇年十二月に大統領が署名し、法律となった。台湾保証法は、アメリカのインド太平洋戦略における台湾の重要な役割が認識されたことを示すものである。[42]

米台の軍と軍の接触も増えている。ただ、台湾はインド太平洋軍が実施する二〇二〇年の環太平洋合同演習（RIMPAC）への招待を願っていたが、この願いは実現しなかった（ちなみに、中国は締め出されたままである）。それでも台湾は二〇二〇年五月にアメリカ太平洋陸軍がオンラインで主催したインド太平洋陸軍会議（Landpower Conference）に招待された。さらに、二〇二〇年末にはインド太平洋軍の情報担当トップであるマイケル・スチュードマン海軍少将が台湾を訪問して、中国からは非難されたものの、スチュードマンの訪台がアメリカと台湾の双方から見て戦略的な意味があったことを示唆している。

東南アジアでのアメリカの実績は一様でない。アメリカがタイと結んでいる正式な同盟が二〇一九年に強化される一方で、フィリピンとの二国間の安全保障関係はロドリゴ・ドゥテルテ大統領の下、前進と後退を繰り返した。例えば二〇二〇年にドゥテルテは、アメリカとの「訪問軍に関する協定（VFA）」を破棄すると通告している。それとは対照的に、アメリカとベトナムの安全保障協力は、南シナ海での中国に対する懸念を共通の動機として継続的に強化された。その一環として、ダナン港の港湾施設が事実上の係留施設として利用され、アメリカの空母が親善訪問している。シンガポールもアメリカ軍を支援するパートナー国であり、二〇一五年の「防衛協力強化に関する協定」に基づき、二国間海軍演習が二〇二〇年に南シナ海で実施された。ただしシンガポールは、北京に対するアメリカの発言を公式の場で再現するのには消極的なままで、「自由で開かれた太平洋」というアメリカのビジョンに賛同するのを避けている。同様に、アメリカとインドネシアの安全保障上の繋がりも強化された一方で、中国が進める海上シルクロードの魅力は、インドネシアの強い関心と支持を引き寄せている。

オバマの多国間主義からトランプの取引重視のアプローチへの変化は、東南アジアでのアメリカの取り組みには明らかにマイナスに作用した。シンガポールのISEAS－ユソフ・イシャク研究所が二〇二〇年一月に発表した「東南アジアの現状（State of Southeast Asia）」と題した報告書には、東南アジアではアメリカに対する好意的な意見が減少し、アメリカで政権が変わればアメリカに対する信頼が改善されるだろうと考える割合が増えていると記されている。二〇二〇年十一月のアメリカ大統領選挙の結果としてバイデン政権が成立した。東南アジアの指導者たちが抱いている地域内外におけるアメリカの役割に対する見方も変わるかもしれない。

おわりに

インド太平洋における現在のアメリカの立場は多分に矛盾をはらんだものである。一方では、アメリカはインド太平洋での軍事投射能力を強化してきた。グアム島の増強、南シナ海および台湾海峡への部隊展開の増加、そしてシンガポールとオーストラリア北部での基地施設拡大によって、アメリカの軍事アセットの前方投射力は増強されている。インド太平洋においてアメリカがクアッドのパートナー諸国のほかフランス、イギリス、ベトナムと進める軍事協力も次第に注目を集め、成果を上げてきた。さらにアメリカは、徐々にではあるが、中国の海上シルクロードに代わる積極的なインフラ構想を提示しようとしている。

その一方で、中国に対するアメリカの軍事的立場は一部の地域で悪化を続けている。トランプ政権が始めたアメリカ軍による偵察飛行と「航行の自由作戦（FONOP）」は回数を増やしているものの、中国は南シナ海で環礁を埋め立てて軍事基地化しており、軍事バランスはすでに崩れている。それに伴い、地域に対するアメリカの考えも変わってきた。また、アメリカは台湾海峡への部隊展開を拡大させているが、台湾に対する中国の圧力は高まり続けている。中国が接近阻止（anti-access）のミサイル能力を向上させているため、台湾海峡へアメリカが（空母を主力として）介入するのはますます難しい。

政治面では、中国が台湾へ侵攻した場合、アメリカの大統領（オバマ、トランプ、バイデンのいずれであっても）がどこまで本気で軍事介入するかには不透明さがつきまとう。「空母キラー」や「グアム急行」と言われる中国の中距離ミサイルDF-21が、やがては西太平洋全域でアメリカの立場を脅かす恐れがある。アメリカは、こうした危険に対してグアムの防衛能力を強化しようとしているが、その対応は資金不足や資金転用、アメリカ国内での政治対立、新型コロナ感染症による経済の低迷などによってすでに難航している。インド太平洋軍は（現在は機密解除されている）評価報告書に「優位を取り戻す（Regain the Advantage）」というタイトルをつけたが、それはアメリカがいくつかの点で優位を失ったことを暗に認めるものである。[43] 報告書はその後二〇二〇年四月に議会へ提出され、インド太平洋軍は追加予算として二〇二二年から二〇二六年までの間に一八五億ドルを求めた。報告書は二〇二一年初めに新たな議会に改めて提出されることになっている。ただ、新型コロナ感染症でアメリカ経済は打撃を受けており、その影響は当然ながら、二〇二二年以降にアメリカがインド太平洋での軍事プログラムと経済プログラムを実施できるか否かにも及んでいる。

さらに二つの問題がインド太平洋におけるアメリカの戦略を混乱させ続けている。一つは、西太平洋と南シナ海が重視されているのに対し、インド洋がやや放置されているという不均衡な状態である。インド洋が統合軍の管轄範囲で分断されているため、この状況はさらに悪化している。もう一つは、中国の海上シルクロードによるインフラ整備が進むなか、アメリカの対応が遅いうえに大胆さに欠けていることである。トランプ政権は民間企業による資金提供モデルを提唱したものの、その後の展開を見ると、このモデルも中国が国費で推進する海上シルクロードには対抗できそうにない。

最終的に判定すれば、オバマ政権はインド太平洋の外交面と政治面には強く、それに対してトランプ政権は安全保障・軍事面でさらに効果を上げていた、ということになる。したがって理想的には、バイデン政権はインド太平洋の全域において、オバマの外交・政治重視の方針と、トランプの軍事・安全保障推進の方針を結合することを目指すべきだろう。オバマ政権もトランプ政権も十分に実施できなかったが、より効果的な経済インフラ事業を行う必要もある。バイデンは副大統領時代の二〇一三年に中国を訪問したとき、中国の習近平主席とは信頼と約束と協力について楽観的な話をしていたが、アメリカはそれに代えて、戦略的パートナー諸国とインド太平洋地域全体に向け、中国からの高まる脅威に対して持続的かつ確固たるアプローチをとらなければならない。新政権発足直後の現在、さまざまな兆候にその方向性が見受けられる。

注

（1）Scott (2018); Scobell (2020).

（2）Erickson & Wuthnow (2016).
（3）The White House (2017: 25).
（4）*Testimony of David R. Stilwell* (2020).
（5）【監訳注】「自由で開かれたインド太平洋（free and open Indo-Pacific）」の略語は「ＦＯＩＰ」だが、この略語は日本政府が自らの政策として言及する際に多く用いられ、他国政府が積極的に用いる場面は少ないように思われる。原書でも本章ではＦＯＩＰは初出で登場するだけである。したがって、この章ではＦＯＩＰの略語を用いず、そのまま「自由で開かれたインド太平洋」と訳出した。
（6）Helvey (2020).
（7）【監訳注】著者はcontinuityの語を「整合性」と「継続性」の二つの意味で用いているが、訳し分けが困難であるため、「連続性」と訳出した。したがって、本章で論じる連続性は、歴代政権の間の継続性に限らず、アメリカの政府内および諸対応における整合性を意味するものである。
（8）これらの自由連合盟約は、ミクロネシア連邦とマーシャル諸島とは二〇二三年末に、パラオとは二〇四四年に期限を迎える。更新されるか否かは現時点では不明である。パラオは二〇二〇年十一月にアメリカ軍基地を建設したいと申し出たが、その提案をバイデン政権はまだ受け入れていない。今後の協議では、アメリカによる資金とインフラの支援がおそらく取り上げられるだろう。
（9）*Statement by Randall G. Schriver* (2019).
（10）Engman & Stünkel (2020).
（11）US Indo-Pacific Command (2020: 2).
（12）Erickson & Mikolay (2014).
（13）【監訳注】第2章の注24の監訳注でも記したとおり、オフショア・バランシングとは、自国から離れた重要地域における勢力均衡を地域の同盟国や協力国に任せる戦略。「自由主義的な覇権」を目指してきたとされるアメリカの対外政策に代わるものとして提唱された。
（14）【監訳注】元々は「南方のアジア（Austral-Asia）」を意味する言葉だが、一般的にはオーストラリアとニユージーランドの位置する地域を指す。
(15) シンガポールもダーウィンも、インド洋、南シナ海、西太平洋に部隊を展開する際の有効かつ戦略的な拠点である。
(16) 合意覚書に基づいて、二〇二〇年十月、アメリカのP－8哨戒機がアンダマン諸島のポートブレアに着陸して燃料補給を受けた。
(17) Erickson et al. (2013).
(18) Mattis (2018).
(19) Davidson (2019).
(20) Clark (2017).
(21) Middle East Institute (2020).
(22) Song (2020).
(23) US Department of Defense (2015: 22).
(24) Clinton (2010).
(25) Clinton (2011).
(26) Tillerson (2017).
(27) Trump (2017).
(28) The White House (2017: 45-46).
(29) ティラーソンが解任され、二〇一八年四月にマイク・ポンペオが新たに国務長官に就任した。国防総省では二〇一九年一月、マティスの後にパトリック・シャナハンが国防長官となったが、直後の二〇一九年七月にマーク・エスパーが後任となり、さらに二〇二〇年十一月にはクリストファー・ミラーが国防長官代行となった。
(30) Biden (2013).
(31) *Statement for the Record* (2021).

（32）Asian News International (2021).
（33）Campbell & Sullivan (2019: 104).
（34）Campbell & Sullivan (2019: 104).【監訳注】ちなみに、この論文の該当箇所でキャンベルとサリヴァンは「恒久的な基地化ではなく、必要に応じてアクセス協定を活用しつつ」東南アジアとインド洋に軍事的プレゼンスの一部を分散するべきと唱えている。
（35）William M. Thornberry NDAA (2021: 1437).
（36）USAID(n.d.).
（37）Panda (2020: 7).
（38）Trump (2017).
（39）Scott (2018: 33.)
（40）Ministry of External Affairs of India (2020).
（41）Scott (2018).
（42）【監訳注】同法はアメリカが「一つの中国」政策に従いつつも、「六つの保証」に沿った形で、台湾関係法の下での台湾へのコミットメントを強化する方針を唱える。「六つの保証」とは台湾への確約を意味するもので、一九八二年八月に国務省が非公開に定めた原則である。
（43）US Indo-Pacific Command (2020).

第5章

オーストラリア
——同盟国と地域の秩序

デイヴィッド・ブルースター
（オーストラリア国立大学）

はじめに

オーストラリアは異なる戦略的な課題を同時に解決する必要に迫られてきた。広大な大陸を有するにもかかわらず、オーストラリアは少ない人口で自国を防衛しなければならない。その難しさから、同国は安定的で繁栄した周辺地域の発展を支持する一方で、大国である同盟国（great power ally）、現在はアメリカのグローバルな利益を支えてきた。これらの異なる課題は必ずしも同時に解決できるとは限らないが、オーストラリアが的確に優先順位をつけることができなかったために、国家の存亡に関わるリスクに直面したこともある。そこで生じる重要な問いは、オーストラリアが属する地域（Australia's region）について自らが抱く概念であり、これが前記の課題にいかなる影響を与えているかである。

オーストラリアには、自国が属する地域に関する心象地図（cohesive mental map）を基盤とした、統合的な地域戦略を描けなかった歴史がある。戦略的な優先順位の競合が招く問題はそのためさらに悪化した。結果的に、オーストラリアは、一〇〇年以上にわたって大国である同盟国を支援するため中東に軍隊を派遣する一方で、本国近辺での差し迫った脅威に対処するという、二重の負担を強いられてきた。中東への軍事的関与をより広い地域戦略に組み込むことができていないため、中東に派遣された部隊は終わりの見えない展開に巻き込まれ、そのことが地域内で他の課題に対応するうえで障害になることも多かった。

他方で、一九八〇年代以降、オーストラリアは自国が属する地域としてアジア太平洋（Asia-Pacific）を熱心に推進してきた経緯がある。地域統合はオーストラリアにとっては経済・政治・安全保障面での東アジアとの関与を統合する手段でもあったが、「アジア太平洋」はまさに地域統合を推進する制度を備えたものだった。以来数十年、オーストラリアが属する地域という考え方は、アジアから身を離していってではなく、アジアのなかで自国のために安全保障と経済発展を推進する有効な戦略の基礎となってきた。

それが今、太平洋とインド洋の二つの地域の戦略的力学が変化したことで、オーストラリアが属する地域に関する考えを「インド太平洋」に向けて発展させる必要が生じている（地図10〔次頁〕参照）。中国が経済的・政治的・軍事的な力を増していることを主な原因とし、さらには、インドが地域大国として台頭していることにも後押しされ、二つの地域をまたいだ戦略的な相互関係が増えてきた。その必然的な結果として、オーストラリアが属する地域の概念はより広いものとなった。実際、オーストラリアが二〇一三年以降、インド太平洋という概念を積極的に採用してきたことで、

地図10　オーストラリアが理解するアジア太平洋とインド太平洋の中核

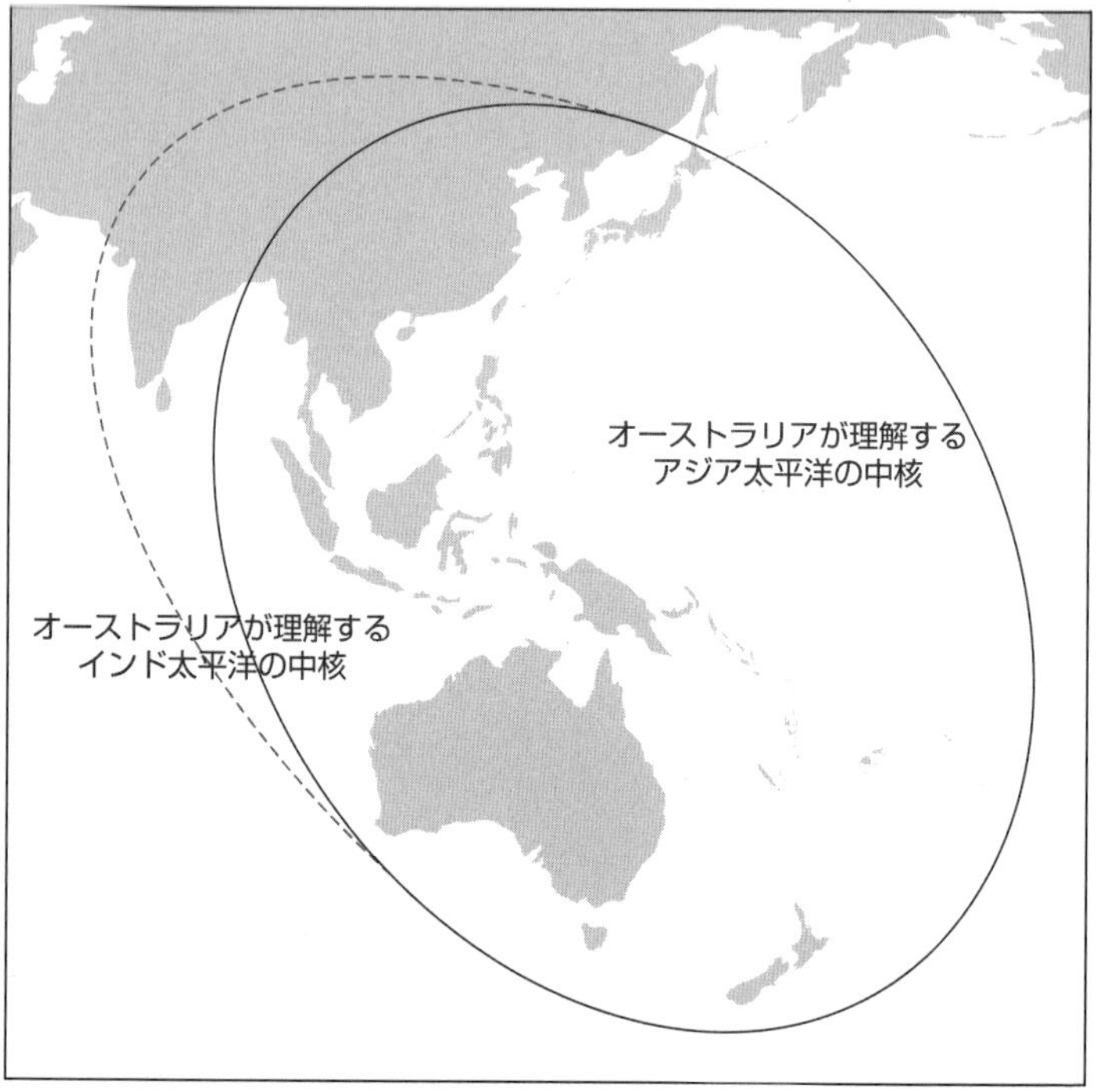

© David Brewster 2021

太平洋とインド洋に対して海洋を基盤とする統合的な戦略を構築する好機が生まれている。本章で論じるように、「インド太平洋」という概念がオーストラリアに与えるのは、大国である同盟国を補強することと、安定と繁栄を享受している周辺地域で安全保障を見出すことという、二つの戦略上の課題を巧みに統合させて、結束力のある国家戦略を構築する機会にほかならない(1)。

そこで本章では、自然地理に起因する特異な戦略上の課題に照らし、オーストラリアがインド太平洋という概念をどのように採用してきたかを探っていく。そのうえで、地理的条件から生じる同国特有の切迫した戦略的課題とこれへの対応を検証したい。本章はオーストラリアの自然地理的な性格を強調しつつ、同国の戦略地政学的な課題に焦点を当てるが、同時にごく簡単に、オーストラリアにとっての戦略的力学が、サイバー攻撃からの脅威や経済制裁、オーストラリアの政治制度への干渉の試みなど、非自然的・非物質的な性格も強めている実態を論じていく。

1　優先順位をいかにつけるか

オーストラリアの自然地理と人口構造は、地政戦略上の挑戦を同国に突きつける。オーストラリアはアメリカ本土とほぼ同じ大きさの島大陸だが、人口はわずか二五〇〇万人しかいない。これには利点もたくさんあるが、この国特有の戦略的問題も惹起する。例えば、オーストラリアの少ない人口でいかにして大陸を外国からの脅威から守るかという問題はその一つである。したがって、オーストラリアが属する地域に関する自らの認識（perception）が、こうした問題に解答を与え、自国の戦略的問題に対応する際の手掛かりとなる。

独立国家としての歴史の大半を通じて、(2) オーストラリアは自国の安全保障について三本柱のアプローチをとってきた。第一として、オーストラリアは外国からの脅威から自国を守るため、大国、つまり当初はイギリス、後にアメリカと同盟を結んできたことである。このような形での自国防衛の代償として、大国である同盟国の国益を積極的に支援した。既存の国際秩序の維持への協力もそうした代償の一つだが、それは当該同盟国に直接の恩恵をもたらすとともに、オーストラリアにも間接的に恩恵を与えるものでもあった。第二として、オーストラリアが周辺地域の安定を推進してきたことである。これは地域のほとんどの領域を支配していた植民地体制への支持を意味していた。それが植民地独立後の時代には、植民地から独立した国々の経済発展と政治的安定を推進することを意味するようになった。第三として、核心的な使命として、オーストラリアが外国からの脅威から本国を守ろうとしてきたことだ。

これらの三つの基本的な課題は、必ずしも同時に解決できるとは限らない。ただ、オーストラリアがこれらの問題にどのように優先順位をつけてきたかは、一〇〇年以上にわたる戦略決定を説明する際の拠り所となる。実際、地域での関係や本国防衛の備えに安全保障を見出す試みよりも、オーストラリアは大国との同盟維持を優先させることが多かった。例えば、オーストラリア政府がインド洋地域で安全保障に関与するにあたり、中東におけるイギリスまたはアメリカの国益強化を重視した事例が少なくない[3]。オーストラリア大陸（以下、大陸とも記す）と中東の間に広がる空間とそこにある国々の安全保障には低い優先度しか与えられてこなかったが、それはオーストラリアの地域との関係を損ねるものだった。ただ、以下に見ていくように、インド太平洋地域という戦略的概念は、地域との関係に対するオーストラリアのアプローチを根本から変える可能性を秘めている。

同盟で負う義務、そして国際秩序への支持

一九〇二年、アメリカの海軍戦略家アルフレッド・セイヤー・マハンは、オーストラリアは「自国領域の安全（local safety）が自国領域の警戒によって最もよく確保できるとは限らないことを認識」しなくてはならないと述べた[4]。すなわち、オーストラリアは同国に特有の事情により、長期的

な安全保障のためには自国の国境や近隣諸国よりもはるか遠くに目を向けなくてはならない、ということである。

オーストラリアがイギリス帝国内で自治権を獲得した一九〇一年以降、オーストラリアの政策立案者のほとんどは、単独では外国からの大規模な脅威から自国を守ることは絶対にできないとの立場をとってきた。さらに、オーストラリアの近隣諸国には大陸の安全を保障する能力（あるいは関心）はないと考えていた。その結果が、オーストラリアの安全保障を大国や強力な友好国に依存するという戦略であり、オーストラリアの国益にかなう国際秩序に対する支持だった。それは当時の世界で最強の国家だったイギリスへの依存を意味していたが、一九四〇年代以降、依存する相手はアメリカに変わった。それでもオーストラリアは、大国である同盟国への依存には相応の代償が伴うことを常に自覚していた。その代償とは、同盟国の国益を支持するため物質的・政治的・軍事的支援を提供することである。ただ、支援の提供がオーストラリア自身の国益と完全に合致するとは限らない。そうした不一致がしばしば、同国の地域への関心と地域との関係に直接の影響を与えてきた。

オーストラリアによるインド洋地域への戦略的関与で大きな特徴の一つが、オーストラリア大陸の最西端から約八〇〇〇～一万キロメートル離れた場所にある中東での安全保障に重点が置かれていたことだ。一九一五年以降オーストラリア軍は、エジプト、パレスチナ、イラク、シリア、ペルシャ湾地域に度々派遣されてきたが、主としてイギリスまたはアメリカの国益を支持するためだった。それは一九五〇年代まではイギリス帝国によるスエズ運河の支配に対する支持を意味することが多かった。スエズ運河の支配はイギリスによるアジア植民地支配とオーストラリアへの供給ラインを維持する鍵と見なされていたからである。その後オーストラリアは、世界の多くの国にとってエネルギーの主要な供給源であるペルシャ湾地域において、アメリカが安全保障と安定を提供するのを支援した。かくして一九九〇年からつい最近まで、オーストラリア海軍の相当の部分が、程度の差はあれ、継続的にペルシャ湾地域に展開していた。二〇〇一年から二〇二一年まで続いたオーストラリアによるアフガニスタンへの軍事的関与も、拡大中東（the broader Middle East）への関与と深く結びついていた。中東各地への派兵は、安全保障面でオーストラリアの直接的利益を伴った場合もある。その一方で、オーストラリアにとっての直接的利益が分かりにくい場合も少なくなかった。

大国である同盟国にオーストラリアが依存する姿勢は、オーストラリアの地域との関係に大きな影響を与えてきた。大国依存のオーストラリアは、アメリカと同盟関係にある国々とは二国間関係を進展させたものの、同盟関係にない国とはその限りではなかった。その結果、オーストラリアは何十年もの間、アメリカの同盟国であるパキスタンと緊密な軍事的繋がりを維持し、それゆえパキスタンよりはるかに大きく、戦略的にきわめて重要な国であるインドとの関係を進展させることができなかった。さらに別の例になるが、オーストラリアは一九五六年のスエズ危機（第二次中東戦争）の際に、失敗に終わったイギリスによる植民地回復の試みを支持したため、地域のなかで独立を遂げたばかりの新たな国家のほぼすべてから孤立してしまう。それとは対照的に、オーストラリアが一九七二年一月にバングラデシュの国家承認に向けて迅速《じんそく》に動いたときのように、独自の政策を追求したときには二国間関係が改善した。

オーストラリアは同盟国の戦略的優先事項を支持した結果、中東への安全保障関与を重視するようになったが、自らにとってより身近な東南アジアの近隣諸国の安全保障は優先度が下がることが多かった。これに関して、オーストラリアのキム・ビーズリー元国防大臣は次のように指摘する。

一九四〇年代末から一九五〇年代初頭にかけて、オーストラリアによる西側同盟への関与は中東への関与とすべきか東南アジアへの関与とすべきかをめぐって大きな論争があり、両者は常に対立関係にあった。中東においても、アジア全般においても、我々は基本的に西側の帝国主義的立場を支持していた。（……）そのため、インド洋地域および極東における我々の政策は、イギリスまたはアメリカが行っていることに大きく関係する政策だった。我々が実際こうしたことについて自分の頭で徹底的に考え始めたのは、一九六〇年代からだった（……）[5]。

これに対し、オーストラリアが中東でイギリスやアメリカの同盟相手国を支援したことは、オーストラリアの重要な国際的利益と大目標への関与を意味していたと主張する者もいる。例えば、オーストラリアのジョン・ハワード元首相が述べるには、「我らの大陸と国民の防衛は海岸のはるか向こうから始まるという信条は、オーストラリアの戦略的思考において質的に断つことのできない線を作ってきた。（……）地理だけが我らの戦略的地平を決めてきたわけでは決してない」のである[6]。

この見方によれば、オーストラリアの安全保障上の利益は、オーストラリア大陸や近隣諸国を守るだけに留まらない。オーストラリアの国益にとってプラスとなるグローバルな勢力均衡を支持することや、同国にとって経済的繁栄の源泉である海上交通路（ＳＬＯＣ）と航空路を守ることにも関わるものである。さらに個人の自由や経済的繁栄、自由民主主義の実現を促進する国際基準の枠組みを強化することも利益の一端である。これこそが中東での利益に関するオーストラリアの考え方を形作っているのであって、中東地域が持つ特性のみを反映してのことではない。

2　安定と繁栄の地域秩序に見出す安全保障

オーストラリアの国益、そして大陸の防衛における実践上の問題が際立たせるのは、安定と繁栄に恵まれた地域秩序の必要性だろう。その秩序はオーストラリアを地域的繋がりのネットワークに組み込んだものである。植民地時代、オーストラリアはアジアの大半を支配していた植民地体制を強く支持していた。植民地解放直後の数年間、オーストラリアは、東アジア（朝鮮半島、ベトナム、マラヤ、シンガポール）への前方軍事関与（forward military engagement）と呼ばれる政策を推進し、各地で反共産主義政権を支援して、共産主義がオーストラリアの目の前に迫らないうちに、その拡大を阻止しようとした。後に論じるように、一九七〇年代以降オーストラリアは、「アジア太平洋」地域という概念と、東南アジア諸国連合（ASEAN）やアジア太平洋経済協力（APEC）などのさまざまなグルーピングを通じて、東アジアに安定と繁栄をもたらす地域秩序を拡張させることを支持していた。一方、インド洋の地域秩序を促進するオーストラリアの役割は、これに比べて不規則なものだった。

オーストラリアがインド洋地域で安全保障に関する二国間関係を結ぶのは、伝統的に主として東南アジア諸国、具体的にはマレーシアとシンガポールだった。近年はこれにインドネシアが加わった。他方で南アジアを含めインド洋地域の他の場所では、安全保障上の結びつきは薄いか、存在しないも同然の状態である。その代わり、インド洋地域において海洋安全保障と政治的安定を実現させるべく、オーストラリアは一九七〇年まではイギリス、それ以降はアメリカという、大国である同盟国に頼る選択をしていた。この選択によって、オーストラリアは地域の国々と二国間関係を結ぶのに多大な労力を投じることを回避できた。実際、環インド洋連合（ＩＯＲＡ）などを通じて地域内の多国間主義を推進する試みも散発的なものに終わっている。

アメリカの軍事的優位の相対的低下が認識されるなか、オーストラリアはインドに加え、フランスや日本など、インド太平洋に安全保障上の大きな利害を有する大国との防衛上の協力関係の構築に焦点を合わせるようになった。多国間主義の実効性に懸念が残ることから、オーストラリアは二国間関係を結ぶアメリカへの依存を補完するべく、安全保障に関する二国間やミニラテラルの関係に大きく依存することになると考えられる。それはインド太平洋に存在する大国やミドルパワーの国々との安全保障上の協力ネットワークの構築を含めてのことである。アメリカ、インド、日本とオーストラリアが組んだ安全保障上の四国間のグルーピング、通称「クアッド」はそうしたネットワークで最も知られているものだろう。このクアッドを補完するのが、アメリカを含まない新たな複数の三国間のグルーピング（例えば、オーストラリア・インド・日本、オーストラリア・インド・インドネシア、さらにはオーストラリア・インド・フランスなど）である。さらに、オーストラリアは地域内の新規のパートナー国との間で、安全保障に関する強固な二国間関係を築くことも模索している。オーストラリアの防衛協力関係の多様化は、この先数年、インド太平洋への同国の関与における大きな特徴になると思われる。

そのなかでインドは、インド太平洋での重要な安全保障上のパートナー国と捉えられつつある（第6章参照）。オーストラリアとインドの関係は二〇一〇年代に大きく前進したものの、いくらかの躊躇《ちゅうちょ》が残る。非同盟主義の歴史を考えれば、インドは戦略的パートナー国としては限界があると理解されている。一方で、インドにおける安全保障エスタブリッシュメントの一部が感じているかもしれないのは、主要国やインドと同等の国力を持つ国（アメリカや日本、フランスなど）と安全保障上の関係を拡大することに比べ、オーストラリアのようなミドルパワーの国と関わることの難しさだろう。実際、インドは二〇二〇年までの長期にわたり、マラバール演習にオーストラリアが参加するのを認めるのに消極的だった。

現状の諸問題の根底には、中国が示す数々のリスクに対する異なる見解がある。インドは、ヒマラヤ山脈の国境をめぐって中国と直接に領土紛争を抱えており、中国がパキスタンなど南アジアの他の国々と密接な関係を築いていることに大きな懸念を抱く。中国政府を「不必要に」刺激しないよう留意しつつも、インドは中国を大いに警戒している。他方でオーストラリアは中国とは地理的に離れているため、この点については異なる立場にある。中国はオーストラリアの領土に深刻な脅威を与えているとは見られていない。むしろ主として、アメリカ主導の地域秩序への脅威と捉えられている。

しかし近年、北京はオーストラリアの内政に影響を与えようと乱暴な試みを仕掛けており、オーストラリアのエリート層の意見は反中国へと動いている。理由は異なるが、インドもオーストラリアも中国への警戒心を同じように高めている。中国に対する両国政府のアプローチは基本的に連携がとれていないように映るが(8)、それでも中国はキャンベラとニューデリーの仲人的存在を果たすと思われる。二〇二〇年に顕著に見られたように、豪印両国に対するかつてない強硬な中国の態度を要因に、二国間関係は深まっていくだろう。

インドとは対照的に、オーストラリアは同じくアメリカの古くからの同盟国である日本やフランスと防衛協力を進めているが、これらの国との協力が政治的な制約で妨げられることは一般に少ない。この種の協力には、以前から続くインテリジェンスの協力協定、さらには比較的高度な作戦上の相互運用性といった利点がある。その観点からオーストラリアは、インド太平洋地域において日仏の両国とともに軍事演習などの協力活動も増やしている。

国土防衛と自立の模索

オーストラリアにとってのもう一つの戦略上の課題は、単独の形であれ、戦略的パートナー国と連携する形であれ、オーストラリア大陸をいかに防衛するかである。国土（homeland）の防衛は、言うまでもなく国防軍の基本的責務の一つである。しかし、オーストラリアが本国防衛を実行しようとすると、イギリスの海軍戦略家リチャード・ヒル海軍少将がオーストラリア防衛の「グレート・パズル」と名付けた、次のような問題に直面する。

オーストラリアは島である。非常に大きく、守るのが難しい。非常に大きく、攻めるのが難しい。

以上三つの命題は、矛盾するものではないが、オーストラリアの戦略に関するあらゆる議論の背後にある。(9)

オーストラリアが自国の国防資源で大陸を防衛できるか否か（防衛できる場合は、どのように防衛するのか）という疑問は、一九〇一年以降、事実上、常に存在してきた。二十世紀初頭にオーストラリアは、その当時、地域大国として台頭していた日本から自国を防衛するのにイギリス海軍をどの程度当てにできるのかという懸念もあって、本格的な外洋海軍を建設した。ただし、この海軍は、帝国主義的利益を守るため世界中で展開しているイギリス軍の一部として活動することも意図されていた。オーストラリアが自国の防衛をイギリス海軍に頼る代償としてのことである。

国土防衛と自立は、オーストラリア政府の一九八七年版国防白書[10]で公表された、いわゆる「オーストラリアの国防（Defence of Australia）」政策と密接に結びつけられている。国防白書の主要執筆者であるポール・ディブが説明するように、この政策は、互いに関係するいくつかの命題を基盤としていた。その命題とは、「オーストラリアは、同盟の管理とグローバルな勢力均衡の維持に以前ほど没頭すべきではない」、「オーストラリアは、『戦略的追従（strategic cringe）』から脱却し、『他の国々ではなく、オーストラリア自身の国防要件を反映した自国独自の概念』によって行動すべきである」、そして「オーストラリアは、オーストラリア・ニュージーランド・アメリカ合衆国安全保障条約（ANZUS）など、オーストラリアの地域内同盟を通じて国防の自立を促進するべきである」の三つである。[11]

だが、すぐにオーストラリアは、自国の安全保障上の利益は「オーストラリアの国防」政策が示す狭い地理的焦点よりもはるかに広いことを感じ取る。実際、この政策が公表されて間もない一九八〇年代末に、オーストラリアは中東における広範囲の紛争に巻き込まれ、以来、ほとんど常に軍隊を派遣している。本国防衛を優先させようとしたときにオーストラリアが直面する困難さがここに見てとれよう。オーストラリア大陸が受ける安全保障上の脅威の本質も大きく変わってきた。今では、オーストラリアの領土が物理的に侵略される可能性への懸念は低下し、逆にサイバー攻撃など国内の経済・社会を混乱させるような活動を仕掛けられる可能性への懸念がはるかに高まっている[12]。これ以外にも、海から訪れる不法移民や、生物テロの脅威など、従来とは異なる非伝統的な安全保障上の脅威[13]も重要度を増した。

中国はオーストラリア国内の政治制度に介入しようとしていることでも非難されている。中国の行動は、多くは中国系の華人コミュニティやオーストラリアに留学中の中国人学生を動員することとしている（または取り込むこと）を目的としているが、それに加えて中国は、政治指導者にも影響を与えようとしているとして非難された[14]。このためオーストラリアは、外国による内政干渉を禁じる法律を大幅に厳格化している[15]。さらにオーストラリアは、自国の5G通信ネットワークの構築に中国のハイテク会社ファーウェイが参加するのを世界で初めて禁じた。その背景には、ネットワークを乗っ取られ、安全保障への脅威が生じるのではないかという懸念がある[16]。オーストラリアに対する北京の強硬姿勢は、新型コロナウイルス感染症の危機が始まると徐々に強まった。特に二〇二〇年五月、オーストラリアが欧州連合（EU）とともに、世界保健総会（WHA[17]）で新型コロナウイルスの発生と感染拡大について独立した調査を実施するべきだとの決議を提案すると、中国の強硬姿勢は一層厳しくなった。その後、中国はオーストラリアの輸出品に追加の関税を課したり、輸入を禁じたりしたほか、中国国民にオーストラリアへの旅行・留学を控えるようにと呼びかけた。中国は今もオーストラリアにとって最大の貿易相手国であるため、経済安全保障は今後数年のうちに大きな懸案事項になると考えられる。

戦略上の課題と地域へのアプローチ

競合する複数の戦略上の課題があったとき、適切な優先順位をつけられなければ相当のリスクが生じうる。人口の少ない国にとって、限られた国防資源を割り振るのはかなりの困難を伴う。実際、いくつかの課題が競合する。すなわち、中東やさらに遠い地域で大国である同盟国のために活動すること、オーストラリア大陸を守ること、そして近隣諸国との政治的・経済的・軍事的関係に十分な注意を払うことの三つである。実際、これらの必要性の優先順位を見誤ると、オーストラリア存亡の危機を生み出すことさえありえる。

その最も顕著な例が一九四一年に起きた。第二次世界大戦の始まる数年前から、オーストラリア政府はいわゆる「シンガポール戦略」を実行していた。日本との戦争が起きた場合、オーストラリアを防衛するため、イギリスに同国の海軍をヨーロッパ戦域からシンガポールに派遣することを保証してもらうというものだった。この保証によってオーストラリアは、周辺地域やオーストラリア本国の防衛に資源を使わずにいることができた。その代わり、この合意に基づき、ヨーロッパで戦争が起こった場合はイギリス帝国の利益を支持するため、オーストラリア軍の大部分をヨーロッパや中東へ派遣できることになっていた。

実際にヨーロッパで戦争が勃発すると、練度も高く装備も充実したオーストラリア陸軍の大半は中東へ派遣され、オーストラリアにはその反対のパートタイムの市民軍しか残されなかった。一九四一年の年末以降、日本軍はわずか数か月で東南アジアを荒らし、シンガポールにあるイギリス海軍の主要基地を攻略した。しかし、当時イギリス海軍はヨーロッパ戦域に全戦力を投入しており、太平洋やインド洋に部隊を派遣することができなかった。今にも日本が侵攻してくると信じられていたその時期に、オーストラリアは事実上無防備な状態に置かれていたのである。[18]実際に侵攻されたらオーストラリアの敗北はほぼ確実だったが、そうならなかったのは、ワシントンがオーストラリア防衛のためアメリカ軍を投入するという英断を下したからにほかならない。事実、オーストラリア政府が自国軍を中東から本国に引き返させるのに何か月もかかった。しかも、その国防軍ですら大陸の南東部を守ることしかできず、他の地域は外国の侵攻に対して丸腰の状態だった。

この国家存亡の危機をもたらした戦略的優先事項の競合状態はその後も続き、現在でも議論の的となっている。例えば、オーストラリアが同盟国として中東で果たすべき関与を周辺地域での責務とどう両立させるべきか、あるいは外国からの攻撃に対して広大な大陸をどうやって守るかは、今も議論されている。こうした課題は、「2020国防戦略アップデート（2020 Defence Strategic Update）」という文書に色濃く反映されており、この文書では次の一〇年間に国防費を二七〇〇億オーストラリアドル追加することが約束されている。この文書には構想として、今後数年のうちにオーストラリアは、国防資源を中東から近隣の周辺地域へ再配置し、日本、インド、インドネシアなど地域の同盟国とさらに密接に連携し、オーストラリア国防軍がオーストラリアの海岸から遠く離れた敵と交戦できるようにする長距離攻撃能力に多額の新規投資を行うことが記されている。[19]

3　「アジア太平洋」から「インド太平洋」へ——心象地図の変化

インド太平洋に対するオーストラリアのアプローチが持つ意味を検証する前に、地域としての

「アジア太平洋」に同国がいかに接していたかを理解しておく必要がある。一九〇一年以来、オーストラリアの戦略的視点は、主として北方に向けられていた。潜在的脅威は、東南アジア島嶼部で生じるか、あるいは北東アジアから生じて東南アジア島嶼部を通過して迫ってくるからだ。オーストラリアは、インド洋には重要な戦略的利益を持っているものの、昔から自身をもっぱら太平洋国家（Pacific Ocean state）として見てきた。これにはそれなりの理由がある。

ヨーロッパ人によるオーストラリア大陸への初期の入植は、ほとんどが肥沃な南東部に集中していた。現在オーストラリアの東海岸にある三大都市シドニー、メルボルン、ブリスベンは、その人口を合計するとオーストラリアの全人口の五〇パーセント弱を占め、東部の州・特別地域は、合計でオーストラリアの人口の八〇パーセントを超える。オーストラリアにとって経済的・政治的・戦略的に重要な関係国――アメリカ、中国、日本――は、すべて太平洋側にある。現在の用語で言えば、アジア太平洋である。こうした不均衡な状態の結果、独立国としての歴史の大半を通じて、オーストラリアの西部全体は主要都市パースも含め、基本的に無防備のままにされてきた。国防や安全保障に関して、オーストラリアがインド洋地域で関係構築に多大な投資をしたことは一度もなかった。だが、以下に論じるように、状況は変わり始めている。

オーストラリアは大陸の東側と西側それぞれに戦略的資源と目を向けてきたが、現在、それに変化が生じている。この変化はアメリカの戦略的視点の変化と似ているかもしれない。当初、ヨーロッパ人による北米大陸への入植は圧倒的に東海岸に集中しており、アメリカは主な戦略的視点を東方の大西洋対岸に向けていた。これが、アメリカ西海岸への入植とともに徐々にではあるが変わっていき、その結果、アメリカは東海岸と西海岸の戦略的優先度を二十世紀初頭までにはほぼ同等にした。

オーストラリアは長きにわたり太平洋に戦略上の重点を置いていたため、自らの属する地域を定義する方法として、アジア太平洋の構築を熱心に支持した。アジア太平洋は、過去数十年にわたりオーストラリアにとって最も重要な心象地図の一つであり、オーストラリアの世界観のあらゆる側面に現れるものである。ただ、あらゆる側面に現れるものの、地域としてのアジア太平洋の概念はどちらかと言えば最近のものであり、意図的に構成されたものだった。より具体的には、一九七〇年代から一九八〇年代にかけて日本とオーストラリアなどの国々によって推進された経緯がある。一九七〇年代半ばにアメリカがベトナム戦争に敗れた結果、東アジアへの関与から手を引くのではないかと日豪両国が恐れたという背景もあった。両国は、東アジアを政治的に安定して経済的活気に満ちた地域にしたいと望み、その東アジアにアメリカをより確実に結びつけたいと考えたのである。

当初は経済を動機としていたものの、オーストラリアにとってアジア太平洋という概念は安全保障上の強力な基本要素を常に含んでいた[20]。つまりアメリカをアジアに関与させ続けるというものだ。それは友好的なオフショア・バランサーとして、またこの地域に安全保障を提供する主要国として関与させることを意味した。さらにアジア太平洋という概念はオーストラリアに、必ずしも「アジア」国家としてではなく、「太平洋」国家として自らを東アジアと密接に結びつける好機も提供した。こうした動機は、オーストラリアにとって今も強い説得力を持ち続けている。オーストラリアは、この地理的概念を用いて東アジアとの関係をさらに緊密なものとすることに成功し、ひときわ繁栄している地域において同国が安全保障を見出す一助としている。

ただ、アジア太平洋という概念はアメリカを組み込んでいるものの、インド洋の大半を含んでいるわけではなかった（地図10〔一四四頁〕参照）。アジア太平洋というオーストラリアの心象地図はミャンマーの西部国境で終わっていて、南アジアやその先への広がりを得たものではない。このアジア太平洋地域とインド洋地域を分ける想像上の線は、二つの地域の間に戦略面での交流が比較的欠けていたという、二十世紀末時点での理解を反映したものだった。

インド太平洋概念がもたらすもの

インド太平洋という戦略概念は、インド洋と太平洋を相互依存の強まる戦略的かつ経済的空間と捉えるものであり、より広い地域についてのオーストラリアの考え方を根本から変える可能性を秘めている。同国の競合する戦略上の要件に関して、より一体的な、統合された地域戦略を構築する手段にもなる可能性がある。

従来、太平洋とインド洋はおおむね別の戦略的範囲（strategic spheres）と考えられてきた。東アジアと太平洋、そして南アジアとインド洋は、それぞれ別の経済・政治・安全保障の力学に従って動いているという捉え方である。アジアの両地域の間での戦略面の交流が限られていたのも、東アジアとインド洋に属する国々の経済・政治・軍事の勢力範囲が限定されていたのを反映してのことだった[21]。それが今では中国や日本といった国々の経済や安全保障上の利益がインド洋に拡大し、太平洋ではインドの役割が増加していることにより、状況に変化が生まれている。したがって、大国間の相互関係、特に海洋領域における関係を考えるうえで、太平洋地域とインド洋地域を別々に考えていたのではもはや十分ではない。オーストラリアには、ウラジオストクからペルシャ湾まで広がる長いアジア沿岸地域に関してさらに統合的な見方が必要となっているのである。

すでに述べたように、一九八〇年代以降、オーストラリア社会の各層とならんで同国の戦略家たちは、アジア太平洋の明確な「心象地図」を描くようになった。しかし、インド洋に対する認識は、協力関係を進展させるべき地域というより、オーストラリアをペルシャ湾やヨーロッパと繋ぐ重要な幹線道路（highway）にすぎなかった。アジア太平洋には一体的な空間として統合的な政策を通じて対応した一方で、インド洋に対する認識はアジア太平洋の強い心象地図とは対照的だ。他方で、政策立案者たちは太平洋の諸島については明確な心象地図を持つ。それが島嶼国に対して一体的な政策を推進する重要な動力源ともなっている。さらに、オーストラリアは数十年前から、南極海と南極大陸[22]に向けた明確で包括的な南方戦略を推進してきた。その戦略は、環境保護や科学研究における平和的な協力活動の実施を重視することで、この空間を安全保障の対象や範囲から外すことに成功している[23]。それとは対照的に、インド洋地域についてオーストラリアは包括的な戦略的見解を未だに構築していない[24]。

それでもインド洋は、オーストラリアの戦略的計画で次第に重きを増している。二〇〇九年版国防白書では、インド洋は二〇三〇年までに戦略的重要度を増し、オーストラリアの海洋戦略と国防計画における中心的役割という点で最終的に太平洋と一体になるだろうと分析された[25]。同様に二〇一六年版国防白書も、「インド洋は近年、オーストラリアの戦略的政策にとって重要な焦点となった」と述べ、今後は大国が競争する一層重要な地帯になるだろうと予測している[26]。ただ、国防白書をはじめ、最近の公式報告は、オーストラリアによるこの地域への関与に対する評価について不完全なロードマップしか作っていない[27]。

インド洋とその沿岸地帯は広大である。仮に東アフリカも考慮に入れたインド洋全域への関与を無計画に実行すると、オーストラリアは限りある資源を逼迫《ひっぱく》させかねないといった懸念も生じている。その種の懸念から一部の論者たちは、オーストラリアは東インド洋に重点を置いて協力と対話を進めるべきだと提言した(28)。焦点を当てる国としては、具体的にはインドやスリランカ、バングラデシュ、ミャンマー、タイ、マレーシア、シンガポール、インドネシアが浮上する。これらの国々はオーストラリアとともに、SLOCの安全確保など従来からの安全保障上の問題に加え、非伝統的な安全保障上の脅威についても関心を共有してきた。さらに、こうした国々の多くは今後数年のうちに、かつて東アジアで見られたのに匹敵するような大々的な経済発展を遂げる可能性も有している(29)。東インド洋（地図4参照）の心象地図は、この地域との経済統合を促進するものとして、オーストラリアの国益にも合致するものだろう。

4　地域戦略としての「インド太平洋」

地域の指導者としてインド太平洋という概念を二〇〇七年に初めて口にしたのは安倍晋三だったが（本書冒頭の「序文」参照）、オーストラリアの政府高官たちもこの概念を誰よりも熱心に提唱してきた。オーストラリアの二〇一三年版国防白書は、オーストラリアが関係を持たなくてはならないものとして、東南アジアをその中心とする「単一の戦略的弧（strategic arc）としてのインド太平洋の出現(30)」について記し、インド太平洋の概念をどの国よりも早く公式に採用した。今になって考えると、オーストラリアが統合的な戦略的観点からアジアの長い沿岸地帯を理解すべきなのは明白なように思われる。オーストラリアが自国の位置する戦略的空間としてインド太平洋を採用したのは外国からの不測の事態への対応としてではあるが、それに留まらず、この展開はオーストラリアとインド太平洋という空間の将来的な相互関係にとって決定的に重大な意義を持つ可能性すらある。

では、オーストラリアがインド太平洋地域を自らの主たる戦略的空間と認定することは、いかなる潜在的意味を持つのか。第一に、将来起こるかもしれない米中の対立または衝突において、オーストラリアが担いうる役割をよりよく理解すること。第二に、日本やフランス、インドなど、地域安全保障の重要なパートナー国とオーストラリアとの関係をよりよく構築すること。第三に、主に海洋領域に重点を置いた、統合的な地域安全保障戦略の開発の助けとなること。第四に、インド洋の国々と安全保障面での繋がりを拡大させる概念的基盤が得られること。そして第五に、中東への関与と、中東より近い周辺地域への関与とにオーストラリアが国防資源を割り振る際に、優先順位をつける一助になること、である。これらを順に論じてみたい。

インド太平洋という概念は、この地域でオーストラリアが将来に果たす戦略的役割の理解を促すものである。現在、アメリカのほか、日本やインド、フランスなどの国々は、台頭する中国が引き起こしている数々の問題に取り組むべくインド太平洋戦略を推進しているが、オーストラリアにはこの戦略で担うべき潜在的に重要な役割がある。数十年前の同国は、冷戦にあって地理的周縁部に位置するという幸運に恵まれていた。当時、アメリカとソビエト連邦の両陣営の対立は、中央ヨーロッパや北大西洋、北東アジアに集中していた経緯がある。その一方で、インド洋と南太平洋は米ソ対立の周縁に留まっていた。オーストラリアはアメリカとの密接な安全保障同盟を通じて安全保障を見出す一方で、北大西洋条約機構（NATO）や日米同盟と同質の統合的な軍事同盟の一員になることを回避している。領内に外国の軍隊を大規模に駐留させることも避けられた。

これとは対照的になると思われるのが、中国とアメリカ（およびその同盟国やパートナー国）の今後の対立だろう。米中の戦略的競争は主として太平洋沿岸のアジアに集中するだろうが、インド洋地域の各地にも急速に焦点が当たっていくと思われる。すでに論じてきたように、中国はオーストラリア本国でも直接的に力を誇示しており、その手段としてサイバー攻撃や経済的な脅し、さらには内政干渉を用いている。そのいずれもオーストラリアの激しい反発を招いているが、中国がもたらすこの種の事案は、同国にとってのリスクを大幅に高めてきた。

オーストラリアは地理的に太平洋とインド洋が出会う場所に位置するが、それは同国がインドネシアなどの国々とともに、言わば「見張り役（gatekeeper）」として両海域間の貿易や軍隊の移動を監視することを意味する。また、豪印日の中国に対する地理的位置は「野球のダイヤモンド」のように、オーストラリアが「ホームベース」で、日本とインドがそれぞれ一塁と三塁になる構図にたとえられた[31]。オーストラリアは、その地理や戦略的な特徴から、冷戦時代と比べれば、将来起こりうる中国との対決ではより積極的な役目を演じるはずだ。二〇一二年以降、アメリカ海兵隊の部隊がダーウィンにローテーションで配備されるようになったが、この配備はオーストラリアの領内に一定規模のアメリカ海空軍の部隊が駐留する先駆けとなる可能性もある。これによって太平洋とインド洋の両戦域の間をアメリカの部隊は迅速に往来できる。太平洋戦争以降の米豪関係は変わってはいるものの、アンドルー・カーはアメリカ軍がアジアで力を投射するためにオーストラリアを基地として使うことを「マッカーサー・モデル」と呼んだ[32]。太平洋戦争中にアメリカがオーストラリアを利用したことにちなんだ表現だが、このマッカーサー・モデルがオーストラリアで復活する日はそう遠くないかもしれない。

オーストラリアは地域内で一定の勢力を持つ軍事大国である。小規模ながら最先端の装備を有する国防軍、強力な海軍、さらには歴史も証明するように、遠く離れた場所に力を投射する意志がある。オーストラリアが多くの国にとって安全保障上の魅力的なパートナーたる所以である。同国の戦略的視点がアジア太平洋と中東に別々に焦点を当てるものから、「インド太平洋」という、より統一された展望へ変わったことの意味も大きい。この点は地域内の安全保障上のパートナー国に対するオーストラリアの見方（perspectives）について重大な含意を持つ。言い換えれば、戦略的関心の範囲に関する統合的な理解は、太平洋とインド洋における連携関係に対するオーストラリアの認識に変化をもたらす。その最も顕著な例が、インド太平洋で中国に対する均衡メカニズムとして機能しているクアッドである。またオーストラリアは、日本とさらに緊密で直接的な安全保障関係を発展させる方向で動いており、インド太平洋を通じた協力関係の強化はその一端と言える[33]。同様に、インド太平洋の安全保障にいかに貢献できるかという点で、フランスなどのパートナー国について見極めがなされている[34]。

統合的な地域戦略に向けて

オーストラリアの戦略的視点が主として「アジア太平洋」に焦点を当てたものから、より広い「インド太平洋」という見方に変わったことは、同国のインド洋へのアプローチに対しても特別な含意を持っている。例えば、インド洋を通る重要なＳＬＯＣの安全保障は、インド太平洋地域の大国間で進む戦略的競争の力学を理解したうえで取り組む必要がある。インド洋のＳＬＯＣが大々的に遮断されたら、直接的にせよ間接的にせよ、インド太平洋の他の地域で起こる出来事と関係していく可能性がきわめて高い。オーストラリアが局所的に対応するだけでは不十分となる場合も多くなるだろう。加えて、インド太平洋の見方とともに、インド洋地域の一部の国（例えばインドやアラブ首長国連邦）との関係強化も視野に入るが、実現すればオーストラリアが中東／西アジアの安全保障問題に対処するうえで大きな助けになると思われる。

このようにインド太平洋概念は、オーストラリアの地域的な海洋戦略の諸要素に一貫性を与えるために用いることが可能である。この概念はオーストラリアにとって最も重要な二つの海洋地帯を結びつけるが、そこで要請されるのが、インド洋地域と太平洋地域においてオーストラリアの持つ海洋権益を統合させる体系的な戦略である。現在、オーストラリア艦隊の一部をウェスタン・オーストラリア州フリーマントル近郊の西部艦隊基地へ移す配置変更が進行中だが、この計画はオーストラリアのインド洋における戦略上の必要性からのみ評価すべきではない[35]。この配置はオーストラリアにとっては西太平洋とインド洋の両戦域の間における海軍資源の迅速な移動を可能にするという点で大きな意味を持つ。同様に、フリーマントル港の戦略的価値は、インド洋に面しているということではなく、インド太平洋地域の沿岸地帯の多くと比較的近いという観点から理解するべきだろう。太平洋とインド洋の両戦域の間で資源を素早く移し替えられる能力は、将来的にオーストラリアとそのパートナー国にとって、一層重要なものとなるはずだ。

インドなど他のインド洋諸国との戦略的な繋がりにアプローチする際にも、インド太平洋という概念は有効な枠組みを提供する。ただし、そのアプローチは、この地域の国々に対してオーストラリアがかつて採用していたものとは異なるかもしれない。近年の豪印関係の進展は、両国がインド洋だけでなく、それよりはるかに広いインド太平洋地域で利益を共有する旨を認識したことを映し出すものだろう。そこから浮かび上がってくるのは、両国がインド洋、東南アジア、および西太平洋において安全保障協力、特に海洋安全保障協力を推進できる潜在的な分野を探っていくべきとの考えである。

さらにインド太平洋概念は、オーストラリアが国防で優先すべき事項について、いくつか貴重な指標を示している。その一つは「オーストラリアは東インド洋での活動を優先すべき」というものだが、インド太平洋の中心に近いベンガル湾一帯はまさにそうである。インド洋は広大であるため、仮にオーストラリアが無計画のままインド洋全域に関与しようとすれば、同国の限りある資源を分散させかねない。したがって、オーストラリアのインド太平洋戦略は、インド洋の東半分の国々を特に重視するものにならざるをえない(36)。重要なのは、こうした国々のいくつかが、安全保障上のリスクの発生源にも、大きな経済的好機の源泉にもなりうることである。さまざまなリスクと好機を考えると、オーストラリアの政府機関は、インド、スリランカ、バングラデシュなど、南アジア／ベンガル湾地域の国々に対し、現在オーストラリア政府が多くのASEAN諸国に与えているのと同等の優先度で関与していく必要がある。ただ、今後もオーストラリアは、アメリカのほか、インド、フランス、日本といった戦略的パートナー国と連携して、西インド洋に関与し続ける必要があるだろう(37)。

インドなど南アジア沿岸の主要国と安全保障面で実質的な連携を進めることは、オーストラリアの過去のアプローチとの明らかな決別を意味することになる。かつてオーストラリアは、軍隊を中東に派遣する際は、オーストラリア東部の基地を出発してイギリスかアメリカの支配するインド洋海域を通過して向かうのが一般的で、中東との間に位置する国々にはほとんど注意を払わなかった。しかし、今後オーストラリアがインド洋地域で示す国防上のプレゼンスは、連続性を強める地域的繋がりを徐々に包含していくことだろう。それは段階的なプロセスになると思われる。例えば、現在オーストラリア海軍はペルシャ湾／インド洋北西部でのプレゼンスを減らし、ほぼ常時の駐留から、年に六か月フリゲート一隻を派遣する態勢に移行した。それによってオーストラリア海軍は資源を東インド洋、東南アジア、南太平洋へ再配分できるようになりつつある。その一例が「インド太平洋エンデバー２０１９」と名付けられた海軍演習で、このとき少なくとも第二次世界大戦以降で最大規模のオーストラリア艦隊が南アジアに派遣された。

「アジア太平洋」「インド太平洋」「インド洋」さらには「東インド洋」はおそらく各々異なる目的に資する地域概念だが、オーストラリアは状況に応じ、これら複数の概念を器用に扱い続けていかなければならない。実際、インド太平洋という空間はウラジオストクからジブチまたは東アフリカ（どちらになるかは、定義によって異なる）まで続く大きな広がりを持つため、オーストラリアがより近接した地域について考えるときに焦点がぼやけてしまう危険がある。「インド太平洋」は、その名前にもかかわらず、オーストラリアが太平洋地域またはインド洋地域の全域で活動に関与するための包括的かつ排他的な枠組みを提示してはいない。インド太平洋地域、アジア太平洋地域、南太平洋地域、インド洋地域の四つは、部分的に重なっているものの、それぞれ異なる地理的空間である。目的によっては合体させることも可能だが、別の目的の場合は必ずしもそうはならない。したがってオーストラリアは、複数の地域概念を同時に使って行動する必要がある。

重要なのは、インド太平洋は太平洋地域全体とインド洋地域全体を合わせた一個のまとまりを意味するものではないことである。実際、そう捉えることにほとんど合理性はない。オーストラリアの二〇一七年版外交白書は、「インド太平洋」を、基本的にインド洋の北東四分の一と太平洋を合わせた範囲と定義している(38)。オーストラリアの視点に立てば、太平洋地域全体とインド洋地域全体を一つにまとめて、例えばペルーからマダガスカルまでの空間にしたところで、そのようなことに意味はなく、また実践的でもない。むしろインド太平洋は地理的概念としてではなく機能的概念(functional concept)として理解しなくてはならない。機能的概念と理解してこそ、インド太平洋はオーストラリアが変化に対応するための貴重な枠組みとなる。それは戦略環境の変化に加えて、東アジアとインド洋の間の戦略的・経済的相互関係の変化にほかならない。アジアの沿岸地帯に位置する大国間の戦略的相互関係と、その関係が地域のＳＬＯＣに与える含意を理解するうえで、この概念の有する価値は特に大きい。

おわりに

広い面積に比して人口の少ないオーストラリアは、昔から自国の防衛と安全保障にとって不可欠な戦略上の課題と格闘してきた。大国である同盟国を支援する必要性、安全な地域の構築に寄与したいという願望、そして大陸である本国を防衛するという最重要課題への対応には、一世紀以上にわたって脈絡が見られない。長年にわたり、小規模の国防軍は、中東や西アジア、東南アジア、北東アジア、太平洋、さらにはオーストラリア北東の近海など、異なる地域での相反する活動の板挟みになることが多かった。

オーストラリアが自国の属する主要地域についての概念を「アジア太平洋」から「インド太平洋」へと変えたことは、地域安全保障上のさまざまな課題を理解し、それに対応するうえで理にかなっている。オーストラリアが自国の主要な戦略的空間をインド太平洋と認識することはいくつかの結果をもたらすと考えられる。一つは、米中対立または衝突のなかでオーストラリアが担うと思われる役割が明確になることである。オーストラリアは、太平洋とインド洋に挟まれた場所に位置している。それゆえ、将来この二つの大洋をまたいで繰り広げられる米中対立においては、必要不可欠の部分となる土地（an essential piece of real estate）にある。オーストラリアが位置するのは大国同士の競争の中心にかつてないほど間近なところとなるかもしれない。

このように変化する地域の概念は、オーストラリアが地域的な安全保障の主要なパートナー国である日本やフランス、さらには可能性としてインドなどと関係を築くための有益な道具でもある。オーストラリアは、クアッドであれ他のミニラテラルのグルーピングであれ、あるいは二国間関係であれ、志を同じくする（like-minded）安全保障のパートナー国とさまざまな手段を通じ、地域全体を基盤に活動することが増えていくだろう。加えて、概念化の変化は、オーストラリアが主として海洋領域を重視した、統合的な地域安全保障の戦略を作り出す一助にもなるだろう。インド太平洋は、海洋領域とアジア大陸の沿岸諸国の重要性を優先させており、アジア大陸への関心を従来ほど重視しない傾向がある。これはオーストラリアの戦略環境が持つ海洋的な性格と合致する。「単一の戦略的空間」という概念が実際に要請するのは、海洋的な性格を持った統合的な地域戦略をオーストラリアが採用することだが、それは地域安全保障の課題を主として海洋的な性格のものと考える同国の理解とも符合する。

「インド太平洋」は、インド洋の国々と安全保障上の繋がりを進展させるための貴重な概念的基盤を提供する。オーストラリアは歴史の大半を通じて、インド洋における安全保障関係の構築を優先することがほとんどなかった。今後、アメリカ海軍の優位性が低下すれば、オーストラリアは対応を迫られる可能性がある。その場合、インドなど南アジア沿岸にある厳選した国々との関係強化が優先事項となるだろう。インド太平洋という枠組みは、オーストラリアの国防資源を広範な地域に割り振る際の優先順位づけを容易にする。オーストラリアの中東での軍事的関与と、より近い周辺地域への関与、この二つを両立させるための貴重なツールになるだろう。

ある意味で「地域」という考えは、分割できない大陸や大洋を分割するべく恣意的に線を引く営みと言えるかもしれない。それでも我々の心象地図、すなわち我々の周りの世界を利用可能な部分（usable pieces）に切り分ける方法は、現実世界にとって大きな意味を持つことがある。オーストラリアはインド太平洋を自国の戦略的空間に関する主要な指針として採用した。同国と周辺の世界との戦略的相互関係には大きな影響が生まれることだろう。

注

（1）Brewster (2021).

（2）オーストラリアは、一九〇一年にイギリスから自治権を与えられ、連邦制を布いた。その後も同国は、紆余曲折を経ながらも、イギリスとは憲法上の繋がりを維持している。

（3）本章では、「中東」という言葉（ちなみにこれはマハンの造語である）を用いる。最近になって再び用いられるようになった「西アジア」の概念は使わない。「中東」の語はイランとエジプトとトルコの間で大陸をまたいで広がる地域を意味しており、オーストラリアの戦略的見地からこの地域を表現するのに最も適していると考える。

（4）Stevens (1997: 155).

（5）DeSilva-Ranasinghe (2010: 1).

（6）Lyon & Maley (2007).

（7）【監訳注】政策立案や実施において主導的な立場にある関係者の一群を指す。

（8）Brewster (2014, 2017b).

（9）Hill (2000).

（10）Australian Department of Defence (1987).

（11）Dibb (1992: 69); Beazley (2014: 95).

（12）Jennings (2019).

（13）【監訳注】非伝統的な安全保障の脅威とは、国家や社会に対する狭義の軍事面以外の脅威を指す。

（14）Hamilton (2018).

（15）Medcalf (2019).

（16）Australian Strategic Policy Institute (2018).

（17）世界保健総会（World Health Assembly）は、世界保健機関（ＷＨＯ）の最高意思決定機関で、毎年一回ジュネーヴで開催される。

（18）日本が一九四二年の時点でオーストラリアに対してどのような意図を持ち、オーストラリア大陸へ侵攻して占領することが可能だったかどうかについては、古くからさかんに議論されてきた。日本海軍の計画担当者たちは侵攻を検討していたが、中国との継続中の戦争から必要な資源を手放したくない日本陸軍から反対されたと見られる。

（19）Goldrick (2020).

（20）【監訳注】第2章の注24の監訳注でも記したとおり、オフショア・バランシングとは、自国から離れた重要地域における勢力均衡を地域の同盟国や協力国に任せる戦略。「自由主義的な覇権」を目指してきたとされるアメリカの対外政策に代わるものとして提唱された。
（21）Brewster (2021).
（22）オーストラリアは、南極大陸の四〇パーセント以上に対して領有権を主張している。
（23）この戦略はますます試練に晒されている。現在、南極では地下資源の採掘などの活動は禁じられているが、中国がそうした禁止を有名無実化する嚆矢となりそうな活動を進めているところである。
（24）Bateman & Bergin (2010: 2).
（25）Australian Department of Defence (2009: para 4.43).
（26）Australian Department of Defence (2016: paras 292–293).
（27）Australian Government (2012: 236); Australian Senate Foreign Affairs, Defence and Trade References Committee (2013).
（28）Bateman & Bergin (2010); Bateman & McPherson (1998).
（29）Brewster (2015).
（30）Australian Department of Defence (2013).
（31）Nagao (2019: 19).
（32）Carr (2019).
（33）Tillet (2020).
（34）McLennan (2020).
（35）Brewster (2021). 数年後には、オーストラリアの新たな潜水艦隊の大半も西部艦隊基地に移され、オーストラリアの新しい防空駆逐艦が前方展開される予定である。
（36）Brewster (2017a).
（37）Brewster (2020).
（38）Australian Department of Foreign Affairs and Trade (2017: 1). ただし人によっては、こうした定義はインド太平洋における課題を最もよく反映しているのかと疑問に感じるかもしれない。インド洋地域でのインドと中国の相互関係は、この地域を東と西に分けるものではない。インド洋を通るSLOCも、インド洋の東半分と西半分の境界を尊重しているわけではない。

第6章　インド——戦略的自律の可能性

ジャガンナート・P・パンダ
（安全保障開発政策研究所〔ISDP〕）

はじめに

インド太平洋概念は過去一〇年で目覚ましい隆盛を経験した。さまざまなプレイヤーの関与と相俟って、インド太平洋は世界で最も重要な地政学的地域となっているが、インドは関係各国が抱いている地政学的な意欲の拡大を促すうえで中心的な役割を担っている。台頭する大国であるインドは、活気に満ちた海洋民主主義国家としても、地政戦略的に重要なインド太平洋国家としても、日本やオーストラリア、アメリカ、フランス、中国など、地域の主要国に対する強い魅力を保持している。その一方で、米中対立は激しさを増し、二〇二〇年六月のガルワン渓谷での武力衝突(1)からも明らかなように、中国は強硬姿勢を次第に濃くしている。米中対立と強硬な中国の台頭を背景にインド国内外で高まっているのが、同国がインド太平洋の柱であるという認識だろう。他方で、インンド洋全域においてインドは普遍的に存在し、戦略的重心を有しているにもかかわらず、インド太平洋の海洋安全保障を堅持することはインドの外交政策においては比較的新しい役割でもあった。
　インドのインド太平洋戦略に見出せるのは、断固とした海洋態勢を作り出し、軍事・海洋面での協力関係を構築しようとしている側面であり、経済的な多国間主義に対して開かれていても慎重な態度を維持している点だろう。こうした態勢は「対象特定的な連携（pointed-alignment）」戦略を強調するもので、この考えはより一般的な同盟ネットワークに対し、国防・経済・政治など特定の分野に対象を絞った連携を優先させるものである。[2]そのため、これまでインドは、政治的または軍事的同盟が付随しない提携戦略の一環として、「局面的な同盟（conjectural alliances）」の構築を促してきた。インド、日本、アメリカ、オーストラリアからなる、いわゆる四国間安全保障対話（以下、クアッド）はその好例と言える。まさにクアッドのような連携がインドのインド太平洋外交政策の柱として浮上している。[3]
　インドにとって今日のインド太平洋は、課題と好機、そして戦略的な制約を同時に意味するものである。とりわけ好戦的な中国を前にした現在、協力関係と対象特定的な連携がインドの国家安全保障と国益にとっての中核をなす。さらに、インド太平洋のパートナー諸国やインド洋地域の近隣諸国による外交の広がりは、インド政府の戦略や安全保障に関する視点に直接影響を与えてきた。例えば、東インド洋の意義についてコンセンサスが高まっているが、それは急速にインドのインド太平洋戦略における幅広い目的の一側面になっている。
　本章では、インド太平洋という「プリズム」を通じて戦略的自律（strategic autonomy）を追求するインド外交の特徴を明らかにする。最初に、インドのナレンドラ・モディ政権による取り組みに焦点を当てつつ、インド太平洋地域に対するインドの政策と構想、ビジョンを評価する。第二に、インド政府がインドの総合国力を高めることを目的に策定し、実践している包摂的な（inclusive）外交政策を検証する。第三に、インドが中国対策として作った均衡の弧（balancing arc）とともに、クアッド諸国との対象特定的な提携を分析する。その際、インド太平洋以外の国々に向けた発信力強化のためのインドの取り組みに焦点を当てる。クアッド・プラスのような局面的な枠組みはまさにその一端である。最後に、インドのインド太平洋政策を、アジアの文脈における勢力均衡化（power-balancing）の原理を用いて分析する。インドは自由で開かれた包摂的なインド太平洋という目標を達成しようとしながら、国家安全保障と国家主権を強化しようと試みている。インドのクアッド諸国および中国との協力関係が同国政府のそうした努力の基盤を形成することを明らかにしたい。

1　包摂性と開放性

インド太平洋はクアッド諸国からそれぞれ異なる戦略的レンズを通して見られている。インドはここを、「アフリカの海岸から南北アメリカの海岸まで（from the shores of Africa to that of the Americas）」[4]広がる地域と見なしており、そのためペルシャ湾地域とインド洋沿岸部も含めて考えている。これは、基本的にアメリカとオーストラリアが考えているよりも範囲が広い。アメリカにとってインド太平洋の地理的範囲は、二〇一七年の「国家安全保障戦略（NSS）」によると、「インドの西海岸からアメリカ合衆国の西海岸まで」である。[5]オーストラリアの場合、地域への関与に大きく取って代わる形で、沿岸諸国と太平洋が重視されており、現在ではそれと並行して、インド洋地域が以前よりも本格的に重視されるようになっている（第5章参照）。日本については、安倍晋三元首相が「アジアの民主的な安全保障ダイヤモンド（Asia's Democratic Security Diamond）」[6]と題した論文のなかで、日本、インド、オーストラリア、アメリカのハワイ州の上にダイヤモンドを描いた（地図8〔八六頁〕参照）。これは日本にとってのインド太平洋の展望とならんで、再び活性化されたクアッドの構想の土台となったものである。ただし、日本政府の「自由で開かれたインド太平洋（FOIP）」の構想は、この地域をさらに広く「アジア太平洋からインド洋を経て中東・アフリカに至る」[7]〔傍点は引用者〕地域と定義しており、そのため東アフリカと西アジアを重視するインドの立場と一層深い相乗効果を示している。

このように地理的概念は食い違っているものの、クアッド四か国を結びつけているのは、ルールに基づく自由で開かれた包摂的な秩序をインド太平洋全域に築くという目標である。「インド太平洋」という語は、安全保障・戦略・金融などの諸問題や経済的好機についてクアッド諸国が相互に関与し合えるようにする真の地域的展望を表す。加えて言えば、インド太平洋の提唱者たちとその地理的概念が多種多様であることを考えれば、インド太平洋が西洋主導の概念だという主張は否定される。むしろインド太平洋は、海洋連結性（maritime connectivity）とさまざまなプレイヤー間の国際政治の現状に適した心理的手引き、すなわち心象地図（mental map）のようなものである。[8]

インドの具体的な構想は、モディ首相が二〇一五年に打ち上げた「地域のすべての人のための安全保障と成長（SAGAR）」や、「インド太平洋海洋イニシアティブ（IPOI）」[9]などに示されるが、インドはこれらの構想を通じて、クアッドの他のパートナー国が重点を置く「自由」と「開かれた」に加え、「包摂的な」インド太平洋という概念を提唱してきた。インド政府の考えるインド太平洋の地理的空間は他の三国より広く、連合構築（coalition building）よりも対象特定的な連携を目指すという一貫した方針からは、インドの世界観においてはすべての国を取り込む参加型の枠組みが想定されていることが分かる。これによってインドは、中国との健全な競争や均衡を生み出す戦略と政策に集中しつつ、中国との力の均衡を保った協力関係（power-parity partnership）を思慮深く模索することができた。関連して言えるのは、「包摂性」と「開放性」が、インドのインド太平洋の展望における特徴を示すキーワードだということである。事実、モディ首相は二〇一八年六月のアジア安全保障会議（シャングリラ・ダイアローグ）における基調講演でこの点を強調している。

インドが非同盟政策を長年堅持してきたことは、戦略的自律の追求にとって決定的に重要であり続けている。戦略的自律によってこそインドは、アジア以外のヨーロッパやアフリカを視野に入れ、ロシアなどユーラシア大陸のパートナー国を重視した、より深い統合的な協力関係を築くことが可能になる。[10]また、前述のSAGAR（ヒンディ語で「海」を意味する）は同国の進める行動重視の「アクト・イースト政策（Act East Policy）」で政策化されているが、SAGARはインド太平洋地域、とりわけインド洋地域の海洋安全保障・外交・ガバナンスを管理しつつ、安全保障の提供者となりたいというインドの願望を促進するものである。インドの諸構想が示すのは、志を同じくする（like-minded）国々との目的のある協力を維持するための、インドによる複数国間の焦点化された関与（plurilateral focused engagement）である。インドのラージナート・シン国防大臣はこうした複数国間主義を強調しつつ、「アジアにおける多元的で協調的な安全保障秩序」[11]を促進するうえで対話プロセスが重要であることを指摘している。

同時に、ベンガル湾は、南アジアと東南アジアの両方にとって重要度を着実に増している（地図

4参照)。太平洋でよく似た役割を持つ南シナ海と同じように、ベンガル湾はインド洋と太平洋の間に位置する鍵となる通過地帯であり、東アジアにとってはエネルギー貿易の主要ルートである。さらにベンガル湾は、中国がマラッカ海峡のチョークポイントを避け[12]、陸路ミャンマーを経てインド洋にアクセスできる場所でもある。ベンガル湾は、本質的な中心性と経済的な重要性から、新興国や大国の競争を促す決定的な要因となっており、インドが東南アジアの近隣諸国と進める協力において死活的に重要な位置を占めるようになった。さらに、ベンガル湾の中央に位置するアンダマン諸島とニコバル諸島の戦略的重要度は次第に高まっている。両諸島はインドの陸地面積の〇・二パーセントにすぎないが、その周辺海域はインドの排他的経済水域(EEZ)の三〇パーセントを占める。しかも両諸島は、主要な海上交通路(SLOC)が通るシックスディグリー海峡とテンディグリー海峡を押さえてもいる[13]。

従来ベンガル湾は、政治的・戦略的注目をほとんど受けてこなかった。一九六七年に東南アジア諸国連合(ASEAN)が、一九八五年には南アジア地域協力連合(SAARC)が設立されたが、ベンガル湾を集団の地域として活性化させる取り組みが始まるのは、一九九一年、インドのナラシンハ・ラオ政権が「ルック・イースト」政策を開始してからのことだ。その後一九九七年に、ベンガル湾多分野技術経済協力イニシアティブ(BIMSTEC)が創設された[14]。BIMSTECは、インド政府がアジアの勢力分布の変化に対して戦略的優位を獲得しようとするなか、二〇一六年以降、インドの戦略的思考のなかで存在感を強めている。モディ首相によると[15]、ベンガル湾は、インドの「近隣第一(Neighbourhood First)」政策[16]とアクト・イースト政策の射程を一手に集める地域であり、インドの外交・開発・安全保障の展望において「特別な重要性」を有する。当然ながら、中国の戦略的台頭と、インド太平洋でのインドの展開によって、ベンガル湾とBIMSTECに戦略的焦点が当てられるようになった。

インド太平洋において連結性は、求められる一方で、対立の決定的な要因となっている。そうしたなか、インド太平洋に利害関係を持つ国々の進める連結性構想は大きな後押しを受けている。インドは地域における連結性を推進してきた豊かな歴史を持つが、それに基づきアクト・イースト政策の下、プレゼンスを高める構想とともにインド太平洋の競争に意欲的に参入した。こうした構想は、特定の脅威に対抗することを意図したものではなく、インドの成長を支持し、世界におけるインドの地位を支えるための試みとして理解すべきだろう。それでも、中国の修正主義的な台頭を食い止めることが、今もインドのインド太平洋構想の背景にあることに変わりはない。インドが地域の大国と急速に強固な協力関係を発展させていることから明らかなように、同国が得たいと願っているのは、地域安全保障を提供できる強固な大国の座である。

関与の範囲がインド太平洋全域――ロシアから、日本とASEANを経て、オーストラリアに至る地域――に広がっていることは、インドが地域の問題やグローバルな規模での連結性に一層関与し、真剣に取り組んでいることを示すものである。インド政府は、今でも表向きは非同盟主義を守っているものの、現在の脅威に対してより現実主義的な捉え方のできる均衡の弧を採用している(17)。これを最もよく示しているのは、インドの対中政策に反映されてきた対外政策のパラダイム・シフトだろう。インド政府は、新型コロナウイルス感染症以後の世界において、インフラ連結性の好機を活かし、現地に根差した強靭なサプライチェーン・ネットワークを新たに構築することが地政戦略的に重要である旨を理解している。インドが構想したアクト・イースト政策は、戦略的パートナーや志を同じくするインド太平洋諸国とともに、経済協力や連結性の枠組み、さらにはインフラの結合状態を拡充させようとしてきた。中国が自らの主要な外交政策ツールである「一帯一路」構想によってインド太平洋全域で影響力を強めるなか、アクト・イースト政策は独自の手段で一帯一路の影響力に対抗し始めている。インド政府がアクト・イースト政策の傘の下、BIMSTECを再び重視し始めたことで、ベンガル湾において中国の影響力に挑戦し、これを制限するためのさらなる道筋ができたと言える。

2　連結性と協力の模索

インドがアジアの交差点に位置していることは、地域の主要関係国として影響力を確保するうえで死活的に重要である。インドはすでにインド太平洋に深く関わっているが、その点は上海協力機構（SCO）や東アジア首脳会議（EAS）、ASEANなどに積極的に参加していることにも窺えよう。さらに、二〇一九年四月にはインド外務省内にインド太平洋地域を担当する正式な部署が設置された。このインド太平洋局はインド洋地域、ASEAN、およびクアッド諸国を担当しており、モディ首相のアクト・イースト政策事業と海洋ビジョンに対して官僚組織による公的な推進力を与えるものとなっている(18)。

インドが掲げるインド太平洋に関する諸原則を具体的な政策行動に移すことは、インド太平洋構想の促進だけでなく、アクト・イースト政策の直接的な拡大としても理解すべきだろう。モディは、二〇一九年十一月のEASでIPOI構想を提示し、自由で開かれた包摂的なインド太平洋を創造するというインドの構想を強化した。IPOIは海上の戦略的境界を守ることに重点を置く協力事業として考えられたものであり、中国が示す強硬姿勢に対してインド政府が断固たる態度で（かつ、現実的見地から）対処する意志を明確に表している。IPOIは、関係各国を一つにまとめ、海洋安全保障・貿易・海洋資源の持続可能な利用、さらには災害予防といった問題に集団で取り組めるよう、協力関係を築くことを目指したものだ[19]。IPOIの協力体制の本質は、意志のある国々が特定の問題でリードをとり、他の国々がそれに従っていくという考えに基づいている。新型コロナウイルス感染症以降の秩序において、IPOIが実践に移された際には、クアッドのプロセスに含めることも考えていくべきである。例えばIPOIが海洋協力に関するインドとオーストラリアの共同声明[20]に具体的に盛り込まれたときのように、公式声明のメカニズムを通して実現されるかもしれない。

もう一つの有望な主要な分野が拡大された「クアッド・プラス」で、これは元々、新型コロナ感染症への対応を調整するプラットフォームとして登場した協議の枠組みだった。クアッド・プラスの登場は、アメリカ主導の固定化された同盟システムに依存しない連携がインド太平洋諸国の間で増えていることを示している[21]。二〇二〇年三月のクアッド・プラス協議では、ニュージーランドと韓国とベトナムが主要パートナー国として協議の場に招待された。将来的には、ブラジルやイスラエルなど、ルールに基づく国際秩序に強い関心を抱く他の国もクアッド・プラスのパートナー国となるかもしれない。まさしくこうした「拡大クアッド」においてこそ、インドの包摂的な見通しが重要な役割を果たすだろうし、そうならなくてはならない。

インドはアクト・イースト政策の後押しを受け、協力や連結性に関する主要な構想をいくつも打ち出している。[22]それらをブルー・ドット・ネットワーク（BDN）やIPOIと繋げれば、より大きな戦略的な相乗効果が生まれるはずである。それと同時に、強固な連携構造の確保において、インドの国益を相手国とともに増進させることも可能と思われる。これらの取り組みのうち、ヒンディー語で「海の首飾り」を意味する「サガルマラ（Sagarmala）」は海洋領域を専門とする最も野心的な構想の一つである。二〇一五年にサガルマラが連邦内閣で承認されると、インドの海岸線七五〇〇キロメートルと航行可能な水路一万四五〇〇キロメートルの総合的な開発に取り組む国家展望計画（National Perspective Plan）が作られた。[23]

前述のSAGARは、インドが近隣の海洋諸国とより良好な関係を築くことを目的として、サガルマラのサブ・イニシアティブとして始められた。[24]海洋領域でのインフラ開発や連結性の促進にインドが投資・支援することで、インドが近隣諸国と経済的に連結するために求められる信頼感が醸成できると期待されている。その結果、SAGARは関係国が共に速く発展できる自由で開かれた包摂的なインド太平洋という、インドの見方を支えるものとなっている。またインドにとっては、地域的な海洋安全保障のみならず、海洋での国家安全保障にも直結する。SAGARは、特にインドが地域の海洋安全保障に貢献してきた長い歴史を踏まえ、海洋ガバナンスと海洋での（安全保障を中心とした）協力関係に関するインドの構想の重要な枠組みとなっている。例えば、第一対応者（その後は安全保障の提供者）として行動するためのインドの取り組みは、SAGARの枠組みに組み込まれている。[25]インドがSAGARで表明した意欲は、セーシェル、モーリシャス（アガレガ諸島でのプロジェクト）、イラン（チャバハール港）などインド洋地域での港湾または各種施設の共同開発プロジェクトへの海洋投資を通じて、実践的な行動へと移されている。[26]

言葉の意味を比較した場合、SAGARは中国の「真珠の首飾り[27]」に対するインドの反応と言えなくもない。中国に対決的なアプローチをとりたくはないインドにとって、中国の脅威に対抗する最も効果的な方法は、SAGARのようにインド政府が戦略的に重要な周辺地域でインフラ構想を積極的に進められる戦略を採用することだろう。つまるところ、インドのインド太平洋ドクトリンは、インドのスブラマニヤム・ジャイシャンカル外務大臣が二〇一九年にアメリカのマイク・ポンペオ国務長官と会談したときに改めて強調したように、「誰かに対抗するため」ではなく「何かのため」のものなのである[28]。

「インドの首飾りプロジェクト」を意味する「バラトマラ・パリヨジャナ（Bharatmala Pariyojana）」もインド太平洋に関連するイニシアティブである[29]。二〇一七年にインド政府によって承認された同構想は、経済回廊と国際的な連結性ルートを作り、人やモノがインド国内を移動するときの効率を最大化することに重点を置く。インドはバラトマラ構想によって、膨大な人口と多様な消費者需要が存在し、連結性に富む国内市場として自身を示すことができるだろう。道路による連結性は国外からの輸入を増やし、民間企業の参入を促すことにもなるはずだ。

インド太平洋に関するインドの構想は、同国の進める連結性事業の経済・貿易・安全保障・文化の各領域をカバーしており、興味深いことに、そこにかなりの程度、インドらしさ（Indianness）が付随する。例えば「プロジェクト・マウサム（Project Mausam）」は季節風のパターンを研究する文化・学術事業だが、海洋の生活手段を強化する文化的な繋がりに重点を置き、インド洋地域の結合を改善する目的がある。また「コットン・ルート」構想は、控えめながら中国のシルクロードに対抗する役割を担う。これは、綿の主要産地である中央アジア諸国とインドとの連結性および諸関係を改善することによって、古代の綿貿易を復活させることを目指している。

インドは各国間の調整に頼りつつ、南アジアや東南アジア、東アジアの国々との統合を進めたいと考える。そうしたなか、新型コロナ感染症はインドが進める計画への直接の障害となっている。さらに、顕在化するアメリカ主導の秩序の揺らぎや、反中国感情の高まりを踏まえれば、インドのような新興経済国とともに、ミドルパワーによるアジア地域主義の新たな秩序を形作るための機は熟している。それゆえ、インド太平洋に関するインドの構想は完成させなければならないし、他国からの協力も必要としている。インドは、経済的な影響力の範囲を拡大させ、インド太平洋の各地で歴史的繋がりを強化することによってのみ、指導的役割を確立できるだろう。

3「総合国力」と包摂的なインド太平洋

インド太平洋に対するインドの展望は常に中国と関連するものの、「総合国力（comprehensive national power）」でのインドと中国の差は大きい。総合国力とは、国家目標と戦略に従って、グローバルな次元で自国の資源を使う総合的な能力を意味するものである。[30] 中国は、生産力やインフラ能力、投資リスクを基盤に成長してきた。[31] しかし、インドはこの三つすべてにおいて潜在能力の半分も発揮できていない。中国が一帯一路で国境を越えたインフラ投資を重視してきたことで、中国の経済的・政治的影響力はアジアだけでなくユーラシアやアフリカでも拡大している（第10章と第12章参照）。それに比べれば、インドはインフラ投資に消極的である。SAGARやサガルマラ、バラトマラなどの取り組みは、どちらかと言えば国内志向であり、当初の計画から見てまだ成功しているとは言えない。インドは、独自の連結性インフラの構想や投資をさらに拡張させないかぎり、中国の総合国力に対抗することなどできないだろう。[32]

とはいえ、IPOIはインド太平洋を対象としたものとしてはインドで最初に制度化された政策構想と見ることはできる。[33]これをEASで発表したことは、インドがASEANの中心性とならんで包摂性の概念を重視していることを明確に示している。ASEANも「インド太平洋に関するASEANアウトルック[34]（AOIP）」で包摂性を支持している。また、IPOIはクアッドが二〇一七年に再開された後に発表されたものだが、クアッドの目標を補完するものと考えることができるし、インドが長年推進してきた地域の多極的なモデルに沿うものでもある。[35]もっとも、IPOIのビジョンと目標は立派だが、その実現には数多くの課題が立ちはだかっている。構想を唱えるインド政府自身の能力という問題は特に大きい。

理論と実践を繋げることは、インドでは今も問題であり続けている。その一例が「プロジェクト・マウサム」で、二〇一四年に開始されたにもかかわらず、中国の一帯一路に対抗するという所期の目標達成にはまだ遠いのが実情である。[36]プロジェクトは二〇二〇年まで延長されたが、インドの伝統的な貿易相手国との間に昔の海上シルクロードを復活させるまでには至っていない。加えて言えば、地域の望ましい安全保障秩序の種類について関係国の間で意見が一致しておらず、そのこともインドとその戦略パートナーにとって問題を一層複雑にする。印日豪の三か国は、中国政府とは緊張関係にあるものの、公然と反中国の立場をとることに熱心でない。IPOIはインドのインド太平洋戦略のイデオロギー的延長であるとはいえ、その具体化と実施には数多くの障害があることは否めない。

インド経済は、一九九一年に自由化が始まって以降、好景気が続いている。だが、中国経済の景気はそれをはるかに上回っており、巨大な消費者階級を生み出した。確かに、中国人のうち六億人は一か月あたり一四〇ドルの収入で暮らしていると言われるが、中国の統計を信じるなら、中国は極貧層の割合を着実に減らし続け、二〇一五年には一パーセント未満にまで減少させた[37]。また今日、中国は国際的な市場とサプライチェーンで突出した役割を担っており（新型コロナの世界的大流行の間、中国に過度に依存していた多くの国が痛感したことである）、世界最大のエネルギー消費国であると同時に世界最大のエネルギー生産国でもある。中国の国防費も増加を続けており、それに比例して軍事力は拡大し、中国が国際連合の平和維持活動に参加する機会も増えている。

中国の台頭はインドにとっての先導者（pacesetter）の役割を果たしており、同じレベルの困難から始めても、同様の経済的繁栄に到達するのは可能であることを示している。インドは中国市場から一定程度の経済的利益を受けているものの、中国の成長はインド政府にとって国家安全保障上の問題にもなっている。インドが抱える中国との長年の国境紛争、さらにチベット問題は決定的な対立点をなしている。国境紛争はガルワン危機以降さらに悪化しており、チベット問題はインドのダラムサラにいるダライ・ラマ一四世にインドが保護を与えていることで強調されている。パキスタンと中国による一帯一路の提携事業の一つである中国・パキスタン経済回廊（CPEC）がカシミールを通過していることも、インド政府の不信感を強めている。北京とワシントンの関係は悪化の一途をたどっており、アメリカのバイデン政権下でもおそらく緊張関係は続くだろうと予想される。中国がアメリカの脅威になっているというのが共和党・民主党を問わずアメリカ政界の一致した見方である。

ユーラシア大陸とインド洋の狭間にあるインド

インド太平洋の展望は勢力均衡化を政策の中心に据えるものである。それはインドが政策を構築する際も変わらない。そのためインド政府の政策は包摂的であるだけでなく、インドの戦略的自律を維持することにも重点を置く。こうした観点からインドは、インド洋全域で具体化しつつある海洋安全保障および軍事中心の見通しを受け入れるのには消極的である。むしろ多様な国益と地域的な成長を達成するため各国を一つにまとめる多方面的なアプローチを採ろうと努力している。

地理的観点から言えば、インド太平洋における「包摂性」とは、東アフリカ、西アジア、および太平洋島嶼国を含めることを意味する。関係する国の数は事実上、増えることになる[38]。地政学的に見れば、包摂性は現在よりもはるかに大きなグルーピングを形成することになり、これに伴って制度上の問題を生んだり、意思決定が遅れたりするリスクは高くなる。それでも定義上、インドの唱えるインド太平洋は自由で開かれた包摂的なものである。それはすなわち、アメリカが考えるインド太平洋のあり方とは大きく異なるということだ。アメリカのインド太平洋戦略は日本のようにFOIPを重視しているものの、中国への対抗姿勢が明らかに強い。それに対してインドの包摂的なアプローチは、「この地理的範囲にあるすべての国と、範囲外にあるがこの地域に利害関係を持つ他の国々（all nations in this geography as also others beyond who have a stake in it[39]）」を含む均衡の弧を構築しようとする試みである。言い換えれば、モディ政権下のインドのインド太平洋にはある種のひねりが加えられている。ASEANの中心性が何よりも重視されるのはそのためである。

インドがインド太平洋の包摂性を重視しているのは、基本的には従来の非同盟政策の延長である。

このアプローチにより、インドはロシアやフランス、日本、オーストラリア、韓国といった共通点のないパートナー国に関与するだけでなく、中国とアメリカとの間で微妙な均衡を追求することができる。これらの国々は、敵対的であれ友好的であれ、相互に具体的な関係を持っており、そのなかでインド太平洋という展開はインドにとって包摂的な環境を提供する。だからこそインドは相手国との見解の相違が拡大するのを回避しながら、インド洋の内外で自国の国益を追求することが可能となる。インド政府がASEANの中心性を重視していることは、この観点からも理解しなくてはならない。

インドの包摂性はさらにもう一つの目標を可能とする。つまり、自国の総合国力の開発に焦点を当てることである。インド太平洋の構想にユーラシア（地図2参照）を含める一方で、中国を除外しないことによって、インドは協調的かつ協力的な発展を目指す舞台を作ろうとしてきた。例えば、ロシア・インド・中国（RIC）三国間協調などの対話プロセスに積極的に参加し続けた。その意義は、ユーラシアに向けるインドの意欲と、包摂性の実現に向けた取り組みにとって決定的に重要である。[40] RICは、非欧米の「仲介者」としてロシアを加え、インドと中国の対話のためのプラットフォームとして登場し、二〇〇一年の創設以降、ドクラム危機やガルワン危機などの武力衝突があっても継続されてきた。インドは包摂性と戦略的自律の他に、多連携（multi-alignment）へと進化している非同盟政策を採用し続けている。インド政府内部では、対中国政策で西側寄りの展望を示すよう求める声が増えているものの、非同盟の方針は変わっていない。

インドによるSCOへの積極的な参加は、インド太平洋における外交政策に対してインドが二面性のある手法を採用していることをさらに示す。二〇〇一年に創設されたSCOは、ユーラシア大陸における中国主導の政治・経済・安全保障に関する組織である。原加盟国は中国とロシアのほか、カザフスタン、キルギス、タジキスタン、ウズベキスタンの中央アジア四か国である。インドとパキスタンの両国は二〇一七年にＳＣＯに加盟した。インドがインド太平洋で重要な地理的位置を占めている構図にも似て、中央アジアはユーラシアで戦略的位置を占める。その中央アジアはインドの近隣諸国と国境を接しているため、インド政府にとってユーラシアは鍵を握る舞台となっている。加えて、パキスタンがＳＣＯに加盟し[41]、将来的にアフガニスタンとイランも加盟する可能性があることから、ＳＣＯがインドの戦略的態度に与える影響はますます大きい。さらに留意すべきは中国の影響力の増大である。ロシアがユーラシアの政治的・安全保障的問題を管理し、中国がユーラシアの経済問題を扱うという役割分担が地域内で非公式に受け入れられていたが、それがここ数年で変わってきた。事実、中国の経済的影響力は、今では地域の政治構造に強い影響を及ぼしている[42]。

インド政府がなすべきは、特にＲＩＣのような三国間のグルーピングやＳＣＯのような多国間事業において、能力のかぎり、露中との関係を形作る（shape）ことである。これに関連するのがインド、イラン、ロシアによる国際南北回廊（International North-South Corridor）で、海路・鉄路・道路を包括する同計画は中央アジアでロシアや中国とならんでインドの積極的なプレゼンスを築くための重要な構想として浮上している[43]。国際南北回廊の持つ価値、特に中国の一帯一路に対抗する構想としての価値は新型コロナ後の秩序では高まるばかりだろう。ヨーロッパ、中国、インド、ロシアをユーラシア経済連合（ＥＡＥＵ）沿いに連結させることで、コロナ後のサプライチェーンを強化し、経済的な連結性を再建できるかもしれない。ＥＡＥＵは近隣諸国に積極的な利益をもたらす世界貿易の新ルートである。将来インドとＥＡＥＵの間で自由貿易協定（ＦＴＡ）が締結されれば、インドとEAEU諸国の双方が北京との完全な関与解消（そもそも非現実的なことだが）を招くことなく、連結性をさらに高めることができるだろう。[44]こうしたグローバル規模での事業はインドの総合国力にインパクトを与えることになる。インドは中国との間で実現させようとしている「対等なパートナー国」という地位に近づくことになるかもしれない。

インドとEAEUの関係と並行して、欧州連合（EU）はインド太平洋地域へ本格的に注目し始めている。おそらく今後、海洋協力がインド・EU関係の基盤として浮かび上がるだろう。これは、インド洋が大西洋と太平洋を抜いて再び世界で最も交通量の多い交易通路になったことを考えれば驚くに当たらない。インド洋は、ヨーロッパにとってはスエズ運河を経由してアジア太平洋を目指す主たる玄関口であり、EUにとっての戦略的・経済的な価値は高い（地図4および地図5参照）。それゆえ、自由で開かれていて安全の保障されたSLOCとともに海洋ガバナンスは、健全なヨーロッパ経済にとって死活的なのである。[45]

EUがインド太平洋に示す関心は、インドなどクアッド四か国から歓迎されてきた。また、EUの関心は、独自のインド太平洋政策を公表している個々のEU加盟国とも密接に関係している。例えば、二〇二〇年十一月、オランダはヨーロッパ諸国としてはフランスとドイツに次いで三番目の国として、インド太平洋概念を公式に受け入れた。二〇一九年にEU加盟国として最初にインド太平洋戦略を公表したフランスは、迅速にインドとの関係を強化した。その具体的な事例が、フランス製戦闘機ラファールの早期納品、インド・フランス・オーストラリアの三国間対話、そしてガルワン危機後のインドへの軍事支援提供だった。さらにフランスとインドは、陸・海・空軍による統合上陸演習など、共同で行う軍事演習の規模拡大に努めている。フランスは地域内に領土を持つインド太平洋地域の海洋大国でもある。その背景から、地域内での防衛協力を段階的に拡大させており、フランス主導のラ・ペルーズ共同演習がクアッド諸国の参加も得て、ベンガル湾で二〇二一年に実施される予定である[46]。

4　戦略的な連携の拡大へ

インドの地域安全保障に対する視点は、中国およびアメリカとの二国間関係に大きな影響を受けてきた。米中二つの超大国との関係と、各々のインドに対する政治的・戦略的行動や金融上の動きも、インドの外交政策の展望に同じく影響を与えている。インドにとっての戦略的な周辺地域で中国がとる強硬かつ強固な動きは、インドの国家安全保障に脅威を与えてきた。それゆえインドにとってアメリカは、力と能力を与えてくれるアクター（empowering and enabling actor）なのである。地域におけるインドの立場を支持し、同国の戦略的重要度を高めてくれるアクターにほかならない。その一方で、好戦的な中国と、国内をより重視するアメリカとの不確実な連携とから生じる二重の困難に、インドは折り合いをつけようと努力を重ねている[47]。

アメリカとは異なり、インドは対決姿勢や敵対的な態度で中国に対応することは望んでいない。むしろ、自国の生産能力と地域内でのイメージを改善し、中国の強引な力を弱めたいとの考えである[48]。インドは、中国のインフラ構想の代わりとなる独自の構想を生み出すことで、中国と選択的に対抗しようとしてきた。イランのチャバハール港やオマーンのドゥクム港の開発構想、前述のバラトマラやサガルマラはその例である。インド政府が島嶼国や沿岸国と二国間での海洋安全保障や防衛協力を重点的に拡大させようとしているのも包摂性を促進する手段であり、まさに「地域のすべての人のための安全保障と成長」を促進するものである。インドは公式の言説では同国の連結性の展開が特に中国との地政学的対立に基づいているとの考えを一貫して否定しているが、公式の言説が変わることなく続いていくか否かはいずれ明らかになるだろう。

これまでのところ、中国に対するインドの態度は実利的なもので、四〇年にわたって維持されてきた。それは経済的な関与の原則を中心として形作られてきたものである。モディ政権下では、この実利的な態度が一部ではあるが民族主義的な熱気へと変わった。中国との力の均衡（power parity）を推進し、理想を言えば、それによってインドが中国の単なるパートナー国ではなく対等の国になれるようにすることを目指そうとするのである[49]。二〇一七年半ばに起こったドクラム危機にインドが断固たる対応をとったのはこうした変化を踏まえたものだ。この対応ですぐに緊張は緩和され、北京と世界に対してインドの決意について明確なメッセージが放たれた。

だが、二〇二〇年六月にガルワン渓谷でインド軍と中国軍が武力衝突を起こした事件は、この対等を目指す枠組みが自然消滅したことを意味するのかもしれない[50]。インドが受け入れ始めているのは、中国の「平和的台頭（和平崛起）」（第7章参照）は終わったも同然で、同国に対するインドの宥和戦略は成功しておらず、均衡を目指す取り組みも意に反して中国側に有利に傾いているという事実である。この種の認識の結果、インドの対中政策を反中的なレトリックを伴ったものに改めるべきとの声が上がっている。この種の政策が目立つようになるのはガルワン危機以降だが、すでにそれ以前から、新型コロナの世界的大流行を契機として次第に形作られていた[51]。

インドは大胆な姿勢をとる一方で、主にインフラ開発を通じて、国境を越えた協働と協力を可能にする「ソフト外交」にも取り組んでいる。インド太平洋の他のパートナー国も、新たな環境に対応する政治面での協力を強化する手段として、ソフト外交を戦略的に拡張させている。地政学的な状況が急変するなか、インフラ中心の協力がインドの国家安全保障上の利益を増大させる外交政策ツールとしていかに機能するのかは注視に値しよう。例えば、バングラデシュでは、インドは同国の内水輸送に注目し、コンテナ基地の建設を通じて国境を越えた相乗効果を図ってきた。ミャンマーでは、インドはカラダン川複合輸送プロジェクトやインド・ミャンマー・タイ三国間ハイウェイなどの構想を進めている。これらはビザ発給や国境通過手続きの簡素化など、ソフト面でのインフラ連結性の計画を伴って行われる。[52]ネパールに対しては、インドは検問所と国際連絡鉄道と道路の統合など、いくつかの連結性プロジェクトを共同で開始した。またインドは、ネパールへの内陸水路の建設にも注目しており、インドのモティハリからネパールのアムレクガンジまで国境を越えて通じる石油パイプラインの建設にも着手している。[53]

主要なSLOCが通るインド洋は、インドなど沿岸諸国にとっては連結の源泉になってきた。現時点で、海洋による連結を進めるインドの取り組みは主としてスリランカとモルディブを対象としているが、今後はベトナムとの直通航路の設置や、インドネシアと共同でのサバン港建設が計画されている。また、インドのアンダマン諸島とニコバル諸島は、インド太平洋の交差点に位置する連結性のハブとして、またインドの海軍力を投射するための基地として利用できるだろう。インド政府は両諸島をインド第三艦隊のために活用できるだろうし、いずれはニコバル諸島で最北に位置するカール・ニコバル島に積み替えセンターを造成して、シンガポール港やコロンボ港に匹敵する港にすることも考えられる。[54]さらにインド洋は、デジタル技術を通じて連結させることができるかもしれない。インドはアフリカにおいてスーダンやナミビア、モーリシャス、モザンビークなどの国々とともに、「e－ヴィディヤバラティ（e-VidyaBharati）」や「e－アロギャバラティ（e-ArogyaBharati）」のネットワークなど、デジタル連結性計画を進めている。伝えられるところによると、これらの計画により施設間の通信が確立され、質の高い遠隔教育や遠隔医療が実現している。[55]

関係のさらなる広がり

ニューデリーと北京の関係は冷え込み、それに伴いインドはインド洋から中国の影響力を押し戻そうとしている。その表れと言えるのが、同国のインド太平洋戦略が二国間関係と多国間関係を重視していることである。インドにとってのインド太平洋は対象特定的な連携の議論として浮上してきたが、その議論のなかでは経済・国防・安全保障面での繋がりが個々の国との連携であっても、国際的な関与の側面が際立つ。同様に、クアッド・プラスのメカニズムをインドが認め、これに参加したことは、局面的な同盟の創設を告げるものかもしれない。[56] したがって、インドが将来クアッド以外の国々と築く戦略的な連携は、インドの外交交渉における経済的方向性ばかりか政治的方向性を形作る可能性がある。先述の「クアッド・プラス」に、ドイツやフランス、イギリスなどのヨーロッパの大国や、ロシア、キルギス、カザフスタンといったユーラシアの国々を含めることもインドは検討できるだろう。こうした局面的なグルーピングは、完全な協力は無理だとしても、共同の協議を行うための具体的で正式なメカニズムへと次第に進化していく可能性がある。インド太平洋地域において勢力を固める取り組みとして、インドは域外にも関係を拡大させることを重視しているが、それは局面的、あるいは対象特定的な枠組みを通して理解できよう。

クアッドは、特にコロナ後の秩序でインド太平洋の未来を形作る大きな可能性を秘めている。新たに生まれたクアッド・プラスのメカニズムは、まさにクアッドが目的を達成するのに必要な追加の推進力となるかもしれない。また、中国の台頭に対する共同対応を支える手段にもなるだろう。しかし現時点では、クアッド・プラスのメカニズムは実質的にアメリカ主導で進められている。したがって、他の参加国がリーダーシップを発揮し、国家の優先課題と地域の利益にプラスになりそうな断固たる見解を表明しなければならない。

インドのインド太平洋政策の展望にとって新たな節目となりそうなのが、クアッド以外の、さまざまな外交手段をインドが利用したり、民主主義国一〇か国からなる「D10」構想（イギリスが提唱）など、新たに生まれている他の枠組みや主要国首脳会議（G7）にインドが参加するといった展開である。こうした議論はインドの戦略的自律を重視するとともに、より積極的なインド・ヨーロッパ関係、インド・アフリカ関係、そしてインド・アジア関係の到来を促し、インドの全体的な総合国力を高めるものでなければならない。包摂性の重視はインドの外交政策の特徴だが、これが連結性の実現を強く推進する要素となり、中国との繋がりを維持しつつも、世界の大国との対象特定的な関与を可能にしていく必要がある。

おわりに

中国にとってインドは競争相手であり、自らのグローバルな、または地域的な野心を着実に妨害しているアジアの大国である。インドの周辺地域で中国がとる行動は、当然と言うべきか、一切の妥協を許さない敵対的なものとなっている。中国はインド領内への挑発的な越境侵入を繰り返し、パキスタンとの「鉄の絆」を強化した。しかもそれだけでは飽き足らず、インドによる国連安全保障理事会の常任理事国入りを目指す取り組みを妨害し続けている。加えて、中国はインドを包囲するように基地となる施設や港を配置して、インドの「裏庭」に海軍を展開してきた。これによってインドの領土保全と領土主権が脅かされ、インドがインド洋で伝統的に担ってきた大国としての役割が低下している。中国の行動が浮き彫りにするのは、同国がグローバルな大国を目指して飽くなき野心を抱いていることだけでなく、インドを戦略上の対等な競争相手として強く注目していることだ。中国による一連の行動に対し、インド太平洋の各地でインド政府は精力的に対応している。

むろん、中国とインドが戦争を始めれば、ゼロサムゲームとなって必ず勝敗のつくことは明らかである。インドと中国が力の均衡を保った対等なパートナーの関係を維持することが、世界のとは言わないまでも、地域の平和にとって有益となる。インド政府はSCOやRICなどの多国間フォーラムで中国と建設的な関係を作ってきた。SCOとRICのいずれも反欧米ではなく、非欧米という開けた展望を共有するものだが、こうしたフォーラムはインドが自由で開かれた包摂的なインド太平洋を構築するうえできわめて重要である。中国を地域に包摂することの有無に関係なく、インドは地域内でIPOIなどの構想を実施に移し、インド太平洋に対する集団的かつ発展的な安全保障アプローチを促そうとしてきた。構想の実施は、ユーラシアでパートナー国を見つけることで進められてきた。こうして築いた協力関係は、非公式ながら加入国を厳選するクアッド・プラスのグルーピングに段階的に組み込まれていくかもしれない。

とはいえ、陸と海での中国の行動を見れば、インドが深刻な脅威を受けているのは厳然たる事実である。対象がユーラシアであれ、西アジアであれ、ベンガル湾であれ、インド政府の構想のすべてが中国の脅威を排除するものではない。包囲されることへのインドの妥当な懸念を払拭するものでもない。したがって、インドが外交交渉を進める際は、コロナ後とガルワン危機後の秩序において、中国と関与するための実践的なパラダイムを利用することが決定的に重要になる。この文脈において、また国家安全保障の要件を確実に満たすべく、クアッドとならんでクアッド諸国との二国間関係を重視するインドの姿勢が強まった。それは印中間の緊張の高まりと軌を一にしてのことでもある。ただ、制度の構築とともに対話にも力を入れつつ、国境における中国との武力衝突を停止させようとする試みが継続されてきた。中国もインドも関係維持の戦略的必要性を理解していることを示すものだろう。このように対象特定的な連携を均衡の取れた関与と結びつける手法は、印中関係にとっての現実的な未来を形作っている。

インド太平洋でのインドの絶妙なバランスは、包摂性と開放性、そして非同盟政策に基づくものである。インド太平洋においてインドが包摂性を重視する背景を最後にまとめておきたい。まず、インドはインド太平洋の弧に中国だけでなく、インド洋地域や中央アジア、さらにはロシアまでも含めたいと考えているということである。そのためにインドは、より深い経済的な協力関係を築かなくてはならないが、こうした関係は自由で開かれた包摂的なインド太平洋を通じてしか実現されない。二〇二五年までに経済規模が五兆ドルの経済大国になるためには、包摂的な協力関係を結ぶのが自らにとって最善の道であるとインドは考える。経済大国になることによって大国の地位を獲得し、その過程で、現在のインドと中国との勢力不均衡の状態を解消させたいのである。

さらに、インドは地域に利害関係を持つ多数の国々の間に微妙なバランスを維持することを望んでおり、インドが関係各国に働きかける際に、包摂性はこれに相応しい協調的なアプローチをもたらすという利点がある。そして、中国の冒険主義が強まっているのを受け、インドは予防策となる海洋安全保障を重要視しているという背景が挙げられる。もっとも、インド海軍はインド洋の海洋安全保障を独力で効果的に管理できるほど規模は大きくなく、強力でもない。そうしたなかで包摂性は、志を同じくする他の関係各国に、ルールに基づく自由で開かれた強靭な海洋秩序を守るべく、資源を共同で提供するよう促す理念となると考えられる。そうなればインド政府は、自国の戦略的自律と国家安全保障の両方を維持することが可能となるだろう。

注

（1）【監訳注】二〇二〇年六月にインドと中国の国境が接するガルワン渓谷で印中の両軍が軍事衝突した事件を指す。
（2）Panda (2020e).
（3）Panda (2020c).
（4）Modi (2018a).
（5）The White House (2017).
（6）Abe (2012).
（7）Ministry of Foreign Affairs of Japan (2020).
（8）Hijar-Chiapa (2020: 82–85); Medcalf (2020: 3).
（9）モディ首相が二〇一九年の第一四回ＥＡＳで発表したＩＰＯＩは、既存の地域メカニズムを強化しつつ、関与のための協力・協議フォーラムを作り出すことを目指している。ＩＰＯＩは七つの柱を基礎としている。すなわち、①海洋安全保障、②海洋エコロジー、③海洋資源、④能力開発と資源共有、⑤災害リスクの低減と管理、⑥科学・技術・学問分野での協力、⑦貿易連結性と海上輸送である。ＩＰＯＩは、共有の海洋環境を守るための対策にインド太平洋に関する諸原則を還元しようとする点において、インドの取り組みにおいて決定的に重要な要素となっている。

（10）Modi (2018a).

（11）Ministry of Defence of India (2020).

（12）【監訳注】マラッカ海峡が中国にとって重要な海上交通路であるにもかかわらず、海峡の制海権がアメリカにあり、双方にとって戦略的要衝となっている。中国の「マラッカ・ジレンマ（馬六甲困境）」と言われる。

（13）幅二〇〇キロメートルのシックスディグリー海峡は、インドネシアのアチェ特別州とインドの大ニコバル島の間に位置している。テンディグリー海峡は幅一五〇キロメートルで、ニコバル諸島とアンダマン諸島の間にある。国際海運の点ではシックスディグリー海峡のほうがはるかに重要である。どちらの海峡を通るにせよ、ここを進む船舶はインドのＥＥＺを通過しなくてはならない。

（14）ＢＩＭＳＴＥＣは南アジアと東南アジアの七か国（インド、スリランカ、ネパール、ブータン、バングラデシュ、ミャンマー、タイ）からなる国際組織である。

（15）Modi (2018b).

（16）モディ政権の当該政策は、地域内での対立解消のためインドと近隣諸国との関係を優先させるもので、それによって中国の影響力が地域内で拡大するのを防ぐことを目指している。

（17）Thoker & Singh (2018).

（18）Bagchi (2019).

（19）Press Trust of India (2019).

（20）Ministry of External Affairs of India (2020).

（21）Panda (2020a).

（22）【監訳注】インドはインド太平洋における基軸パートナーとも新しい構想を打ち出している。その一つが、日印豪が主導する「サプライチェーン強靭化イニシアティブ（ＳＣＲＩ：Supply Chain Resilience Initiative）」である。これは二〇二一年四月に創設された。本章の著者によれば、この構想はインドのアクト・イースト政策、日本の「質の高いインフラ拡大パートナーシップ（Expanded Partnership for Quality Infrastructure）」、オーストラリアの「太平洋ステップアップ」政策という、三か国それぞれの既存の構想を連結させる可能性を秘めているという。また著者は豪日米主導のブルー・ドット・ネットワーク（BDN）と連携させながらSCRI構想にアメリカを参入させることも一案であるとし、特に「質の高いインフラ計画」を推進するというBDNの目標はSCRIの政策の方向性とも合致すると指摘する。

（23）Ministry of Ports, Shipping and Waterways of India (2018). 国家展望計画は二〇一六年の全国海洋サミットで発表され、インドの国家海洋インフラの再生と近代化が約束された。このプロジェクトは七〇〇〇億インドルピー（約九四億ドル）に達する大規模なインフラ支出を含んでいるほか、さらなる資金が能力強化と産業振興に宛てられている（Press Trust of India, 2015）。

（24）Modi (2016).

（25）Indian Navy (2015: 8).

（26）Schöttli (2019).

（27）インド洋における中国の軍事的、外交的、経済的、およびSLOCに焦点を当てた意図に関する地理的理論のこと。インド周辺における軍事／海軍基地の建設によって主に示される。「真珠の首飾り」の語はインドのメディアで頻繁に使われているが、政府高官が公の場で口にすることはない。

（28）Chaudhury (2019).

（29）Government of India (n.d.).

（30）Dahiya (n.d.).

（31）Garrett (2015).

（32）Kim & Nangia (2010).

（33）Panda (2020b).

（34）Association of Southeast Asian Nations (2019).

（35）Das (2019).
（36）Haldar (2018).
（37）Miltimore (2019).
（38）Hussain & Tan (2018).
（39）Modi (2018a).
（40）インドは、ガルワン危機で中国と緊張状態にあったものの、二〇二〇年六月のＲＩＣに出席することを選択し、それによって中国に対するインドの「勢力均衡の弧」をあらためて示した。
（41）中国の看板政策であるＣＰＥＣが通るパキスタン占領下のカシミール（Pakistan-occupied Kashmir）とタジキスタンは、アフガニスタンの細長い回廊だけで隔てられている。インドは、中国とパキスタン両国と歴史的に国境紛争を抱えており、そのため中国とパキスタンの「鉄の絆」は、以前からインドにとって懸念すべき点だった。さらに、ＳＣＯへの参加から、インドの国連安保理常任理事国入りについての議論まで、インドの活躍を妨害しようとするパキスタン（Ｇ４諸国の常任理事国入りに反対する通称「コーヒークラブ」の一員である）の試みを、中国は常に支持している。
（42）Raghavan (2020).
（43）Sahakyan (2020).
（44）Contessi (2020).
（45）Pejsova (2018).
（46）【監訳注】二〇二一年四月、フランス主導の多国間のラ・ペルーズ海軍演習はインドの参加を得て実施された。これには二〇一九年五月の参加国である日本、アメリカ、オーストラリアも参加している。
（47）Mishra (2019).
（48）Roy-Chaudhury & Sullivan de Estrada (2018).
（49）Panda (2016).
（50）Singh (2020). ガルワン危機が起こるまで、インド軍と中国軍が一九七五年以降に実効支配線（Line of

Actual Control）で武力衝突を起こしたことは一度もなかった。

（51）Panda (2020d).

（52）Confederation of Indian Industry (2017).

（53）Modi (2018b).

（54）Chandramohan (2017).

（55）Ministry of External Affairs of India (2019).

（56）Panda (2020a).

Ⅲ 震源としての東アジア——中国の覇権主義とその余波

第7章　中国
——強国としてのアイデンティティ

方　天賜（国立清華大学）

はじめに

中国の指導者が政治スローガンを掲げるのは確立された慣習である。どのスローガンも時代ごとの中国の進展を反映するものだが、習近平国家主席が好んで用いるスローガンは自信に満ちながらも強硬な国家イメージを投影している。なかでも習の掲げる「中国の夢」は中国が強く訴えたい自国のイメージだろう。この概念が最初に提示されたのは、習近平が二〇一二年十一月に北京の国家博物館で「復興の道」展を訪問したときのことだった。訪れた展示自体にメッセージが読み取れるが、習はそこで「中華民族の偉大な復興を実現すること（中華民族偉大復興）こそが、中華民族が近代以来抱き続けてきた最も偉大な夢である」と強調した。[1] それからまもなく、広州軍区司令部での演説において「中国の夢」を「強国の夢」と「強軍の夢」に結びつけた。国の富強とともに軍の強化を強調し、強固な国防と強力な軍隊の建設を習は説く。[2]

それ以降、中国は「一帯一路」構想や「中国製造２０２５」計画を通じて、習近平主席の描く「強国の夢」戦略を推し進めてきた。時を同じくして中国の外交政策も劇的に変化した。以前の「韜光養晦《とうこうようかい》」（自らの力を隠し、時を待つ）[3]と「有所作為」（できることを少しだけする）のアプローチから、はるかに野心的な「奮発有為」（奮起して事をなす）のアプローチへと移行させたのである。

習近平が中国共産党の指揮権を握って以来、中国の「強国の夢」と世界大国としての地位の追求は、中国にも他国にも大きな好機をもたらした。しかし、その中国の動きは疑念や警戒心を引き起こしている。特にインド太平洋地域にとっての最大の不安は、中国とその言説（同国の言う「話語」）が、自国の利益の追求のためにどれだけ既存の国際ルールを書き換えようとするかである。最近の中国の強硬な姿勢については多くの文献で考察が加えられてきたものの、その本質を理解するには、これまでの「韜光養晦」の原則から、習近平の積極的でときに好戦的な政策と原則に転換した背景を分析する必要がある。政策転換を注意深く分析することにより、習近平が「中国の特色ある大国外交（中国特色大国外交）」として企てるものの基本的な性格をよりよく理解できるはずだ。

したがって、世界大国の地位を目指す中国の意図とともに、目的を覆い隠すために共産党指導部が用いる文言の研究が鍵を握るが、中国語の資料にさまざまな考察の手掛かりが見出せる。こうした資料が示すのは、中国の外交政策の目覚ましい転換が自らに相応しいとする国家アイデンティティの変化に密接に関連するという点である。例えば、習近平指導下の中国は、世界的に影響力を持つ、きわめて行動的な国といった国家アイデンティティを築いている。国際関係における目立たない地位に中国はもはや満足しないということだろう。当然ながら、この新しい強国としてのアイデンティティは、インド太平洋諸国の連携といった反応を引き起こした。

以上を踏まえ本章では、中国の外交政策の転換とインド太平洋地域への影響を考察する。まず「韜光養晦」政策の歴史的背景を振り返り、次に習近平が二〇一二年十一月に中国共産党の指導者になってから追求してきた「中国の夢」政策の青写真、そして外交政策への影響を分析する。続けて、アメリカ、日本、オーストラリア、インドがインド太平洋戦略で連携するなか、中国政府の直面する課題を検討する。またアメリカが始めた対中貿易戦争への反応として、アメリカに対して低姿勢をとるべきか否かという中国国内の議論にも目を向ける。最後に、新型コロナウイルスの危機とそれに引き続く中国政府の「戦狼」外交の結果として、激動する国際情勢に中国がどう適応していくかを分析する。

1　鄧小平思想の遺産

中国の外交政策は一九四九年の中華人民共和国建国以来、その方向性に驚くべき転換を加えながら、重要な変化を重ねてきた。政策の流れはいくつかの段階に分けられるが、共産党指導部の国家アイデンティティについての認識の違いと、時代ごとの国際的な戦略環境の違いが政策に反映されている。これはまた中国の国家安全保障上の関心と国力の変化を映し出すものでもある。例えば、鄧小平が一九七八年末に権力を掌握すると、中国は建国者である毛沢東の思想——「三つの世界論」[(4)]など——を基本にしたそれまでの外交政策の見直しを始めた。鄧小平が採用した独立した全方位的な外交政策は米ソ両国との関係改善を導いた。鄧が一九七八年十月、平和友好条約を締結したばかりの日本を訪問したのも全方位外交の一端と言えよう。

次の大きな方向転換は一九八九年頃に始まった。天安門事件の後、中国は国際社会で孤立したが、その孤立は冷戦の突然の終結と一九九一年のソ連崩壊によって加速された。これらの情勢の変化が、鄧小平の実利的な外交政策の指針とそれに基づく決定に繋がったと考えられている。[5]それを象徴するのが、鄧小平の有名な「韜光養晦」を含む、二十数語の漢字で表現された指針である。すでに述べたように、「韜光養晦」はしばしば「目立たないようにする」ことと説明される。中国政府の公式のナラティブによれば、鄧小平の指針は「冷静観察」（物事を冷静に観察する）、「穏住陣脚」（足場を固める）、「沈着応付」（落ち着いて対処する）、「韜光養晦」（能力を隠して時を待つ）などが続き、最後に「有所作為」（できることをする）で締めくくられる。[6]しかし、鄧小平自身がいつこれらの語を口にしたのか、もともとの指針が何語から成っていたのかについては、今日まで議論されている。[7]一部の研究者は鄧の外交指針は二八語で構成されていたと論じ、「善于守拙」（控えめな姿勢をとる）と「絶不当頭」（決して指導的地位を求めない）を含めるべきだと述べている。[8]

鄧小平が「韜光養晦」の考えを最初に表明したのは一九九二年四月であると一般的に考えられている。[9]鄧は共産党幹部らに対して、「われわれはまだ何年かは自らの力を隠して時を待つべきである（我們再韜光養晦地干些年）。それが、中国が政治大国に成長する唯一の道である。そうなれば、中国の国際社会での発言が重みを増すだろう」と述べている。[10]ただ、鄧小平自身が二十数語の指針を直接述べたわけではない。むしろそれより何年か後に、中国共産党が指針のなかで「韜光養晦」の語を使い始めたのである。当時の銭其琛外務大臣（外交部長）は公の場でこの語を使った最初の政府高官の一人だった。[11]鄧小平の外交思想をテーマに一九九五年十二月に開催されたセミナーの基調講演で、銭其琛は一九九〇年代初めの国際的圧力と制裁に対抗するため、鄧小平がこの戦略指針を提唱したと説明している[12]。

一九九〇年代以降の中国の躍進は、中国が新たに手に入れた力をどのように使うかという点に関しておそらく多くの不安を引き起こした。しかし、鄧小平の後継者となった江沢民や胡錦濤の指揮の下、中国政府は鄧小平のものとされる外交政策の基本原則をおおむね踏襲している[13]。それにもかかわらず、中国の増大する軍事力と経済力、そして、それに伴う近隣諸国の「中国の脅威」への不安を反映した変化が生じたのである。

この流れを食い止めるべく、胡錦濤主席のもとで「和平崛起」（平和的台頭）の概念が新たに登場した。この語は中国改革フォーラム議長で、胡錦濤の腹心の顧問だった鄭必堅が考えたものだ[14]。それが二〇〇三年末のボアオ・アジア・フォーラムで公式に使われた。この「平和的台頭」という概念を広めながらも、中国の躍進により深まる不安を緩和するべく、二〇〇四年四月までに、公式文書や発表で「和平崛起」の代わりに「和平発展」（平和的発展）という語が用いられるようになる。この新しい説明は「中国の平和的発展への道」と題した二〇〇五年の白書[15]で公式に促進された。さらに、中国のパワーと影響力の増大への諸外国の不安を和らげるために、「和諧世界」（調和のとれた世界）の建設という目標が追加された。これらの概念を推し進めるうえで中国は国際社会に対し、国内の発展のためには平和的な環境が必要であるとして説得に努めた。その最終結果として自らが思い描いているのは、調和する世界の建設に自然な形で貢献した中国、ということである。

中国はまた、平和的発展を中核にした外交政策を展開していくと主張していた。そのため政府は「大国是関鍵」（大国関係が肝要となる）、「周辺是首要」（近隣諸国を最優先にする）、「発展中国家是基礎」（発展途上国との関係が基礎である）、「多辺是重要舞台」（多国間外交が重要な舞台となる）などのスローガンで多方面にわたる外交政策を推し進めた。ただ、こうして体裁は整えられたものの、「韜光養晦」の方針が大きく変わったわけではない。実際には二〇〇四年に温家宝首相が、少なくともさらに一〇〇年間は「韜光養晦」戦略を外交政策の指針にすべきだと述べていた(16)。

その七年後の二〇一一年、習近平が権力を握る数か月前になっても、北京大学の王緝思ら第一線の研究者は「韜光養晦」政策を支持していた。王は中国が一〇年か二〇年のうちにアメリカと対等になると予想するのは非現実的であるとし、それゆえ「韜光養晦」政策がまだ有効であると論じた。それでも、中国の驚異的な力を認識していた王は、中国より力の劣る国との関係においてはこの政策に少しばかり変更を加え、「能力を隠す」よりも「謙虚謹慎」（謙虚で慎重な）政策をとるのが良いだろうと提案した(17)。それとは微妙に異なる見解を示したのが、中国現代国際関係研究院（ＣＩＣＩＲ）の袁鵬である。中国はまだ「韜光養晦」の原則を守っているが、「有処作為」にも乗り出すべきであると説いた。「有処作為」が鄧小平の指針に含まれていたとされるからだが(18)、袁が指摘するところでは、実際には「有所作為」は「韜光養晦」よりも先に提示されていた(19)。このように、中国の外交政策が「韜光養晦」政策に囚われることなく、常に変化する国際秩序に適応しなければならないという強まる意識を袁は表明したのである。

王と袁の見解はともに「韜光養晦」政策の二元性を反映したものだ。この政策は「目立たないようにする」だけでなく、状況によっては「できることをする」必要を強調する。胡錦濤の「平和的発展」は、「韜光養晦」の枠組みを維持しつつも、中国が二元的な政策のもう一方、つまり、必要なときには「できることをする」側に近づいたことを意味する。中国共産党の戦術の特徴が隠匿にあることは変わらないとしても、鄧小平が説いた隠匿の姿勢はもはや現在の中国の実情に見合わなくなってきたことの表れでもある。

2　習近平の「中国の夢」

どの国もそうであるように、中国の外交政策は国内の状況と国外情勢の考慮の両方に基づいて決定される。そうした理解が正しいことは公式の活動報告も示すところである。例えば二〇一二年十一月に中国共産党第一八回全国代表大会で行われた胡錦濤の報告では、世界が深刻で複雑な変化を経験するなか、中国共産党はより高い目標を持ち、目の前の課題を解決する大きな仕事を成し遂げる努力をしなければならないと論じていた。二〇一七年十月の第一九回全国代表大会では習近平が三時間に及ぶ演説で活動報告を自ら読み上げ、世界の多極化や経済のグローバル化、ITの活用や文化の多様性など、世界で進む複雑な変化を詳述した[20]。これらの変化に加え、この報告は世界的な経済成長の失速、貧富の差の拡大、地域紛争、非伝統的な安全保障上の脅威など、多くの不安要素についても触れていた。中国国内の社会階層間と地域間のそれぞれにおける格差という点で、少なくとも経済格差の増大に関する習近平の分析は正しい。だが、これらは習近平と中国共産党に深刻な国内政策の課題を突きつける。転換を図りつつも強硬になりがちな習の政策は、このような要因を考慮に入れなければ検証できない。

習近平は毛沢東以来、最も強大な権力を手にした指導者であるが、その登場とともに鄧小平が進めたコンセンサスに基づく集団指導体制は過去のものとなった。実際に、習近平は二〇一八年に中華人民共和国憲法を改正し、国家主席の任期を二期までに制限するという条項を撤廃させ、実質的に自身が一生涯、主席の座に留まれるようにしている。その途上で、統制の標語と指導原理として「中国の夢」を唱え、二〇一七年十月の第一九回党大会ではいわゆる「習近平思想」を共産党綱領に加えた。加えて習と体制の幹部は中国の発展のための「二つの一〇〇年目標」を掲げた。まずは中国共産党が一〇〇周年を祝う二〇二一年までに適度に繁栄した社会（「小康社会」）の建設を完了することを目標とした。また中華人民共和国の建国一〇〇周年を迎える二〇四九年までの目標として、豊かで文化的に発展した、民主的、調和的で完全に近代化された強大な社会主義国家（「社会主義近代化強国」）になることを目指したのである。[21]

従来の指導者たちと比べ、習近平と体制の指導部は、中国が国家としての再興を達成できるという強い自信を持っていると言って差し支えない。党大会での発言を分析すると、習近平が自国を「大国」あるいは「強国」と表現する回数は先任者たちよりはるかに多い。[22]習近平らの自信は、国内外で発揮される中国の力が増大しているという評価から生じたものだ。なかには、「中国の時代」や「中国の世紀」の到来について語り始めたものさえある。[23]

習近平が権力の座についたとき、中国経済は三〇年以上にわたって飛躍的な成長を続けていた。軍も同様に強大化していた。人民解放軍海軍（以下、解放軍海軍）司令官を一九八二年から一九八八年まで務めた劉華清は、近隣地域における地政学的目標を遂行すべく、軍の近代化を貫徹する資力を手にした最初の指令官だった。その近代化計画は三段階からなる。第一段階では、いわゆる「第一列島線」内にある黄海および東シナ海、南シナ海の実効的な海洋支配を目指す（地図3および地図6参照）。第二段階では、中国は二〇二〇年までに海軍力による支配を「第二列島線」と東アジアの海域へと広げる。最後の第三段階では、解放軍海軍は二〇五〇年までに真にグローバルな海軍力となる、といったものである。この計画は現在も有効なままである。

劉華清の近代化計画は目標の多くを達成してきた。アメリカ国防情報局は、解放軍海軍は今や「中国の外交政策の一翼を担うものとして、機動性の高い統合派遣部隊として力を投射し、世界中で軍事外交に従事している」と分析した。(24) 中国人研究者たちは、中国の総合的な軍事力はすでにアメリカを上回り、二〇三〇年にはアメリカの二倍の軍事力を持つだろうと論じている。(25) とすれば、習近平がこれまでより声高で好戦的な言い振りになったのも不思議ではない。鄧小平が提唱した用心深い「韜光養晦」政策は過去のものとなり、習近平のより力強い「中国の夢」が先人の思い描いた強国を現実のものとする。

習近平指導体制下での中国の外交政策は、公式には「中国の特色ある大国外交」として知られる。これを構成するのは「奮発有為」（奮起して事をなす）と「人類運命共同体」という比較的新しい二つの概念である。二〇一三年に導入されたこれらの概念は、例えば二〇一三年十月の「周辺外交工作座談会」の議題となり、その際、習は中国が「周辺外交を前進させ、達成のために奮闘する」べきであると論じた。(26) 一部の中国観察者がそこに見出したのは、中国外交が「新常態」に突入したというサインだった。国際社会での高まる地位とパワーという自己評価がもたらした新たな常態である。彼らは「韜光養晦」はアメリカなど強大な国と比べて中国が相対的にまだ弱かった時代の政策だったと指摘する。それが、習体制下で中国はまったく異なる国家になったのである。ある中国人研究者は、「中国はまるで象のように、木の後ろに隠れるには大きくなりすぎた」と表現した。(27)

中国の指導者の戦略的思考が「韜光養晦」を離れ、「奮発有為」に変わったことは明らかだが、習近平は「韜光養晦」政策の二元性を上手く利用できたのではないかという見方もありうる。それに対して筆者は、おそらく習近平はそうした柔軟性を評価せず、鄧小平や胡錦濤などかつての指導者が提唱した外交政策の足かせを粉砕することを選んだのだろうと考える。誤解のないよう、そして国家主義的な観点から言うなら、総じて中国の指導者は中国が国際社会でより大きな役割を果たすことを期待する。それは毛沢東以来からの変わらぬ傾向と言える。

ただ、それぞれの外交政策の違いは、国際体制における中国の利益と能力についての認識の違いから生じる。習近平は前任者たちよりも、中国が国際社会でより大きな責任を担い、グローバル・ガバナンスの体制の改革と発展に積極的に参加する機が熟したと確信しているように見える。習は伝統的な統治哲学に基づいて、「以天下為己任」（世界の席巻を自らの使命とする）政策を提唱することで、中国がより積極的な役割を果たすように呼びかけてきた。例えば、二〇一七年初めの国家安全保障フォーラムでは、中国が「国際社会を導き、より公平で公正な新しい国際秩序を共同で形成」すること、「国際社会を導き、世界の安全を共同で維持する」ことを提唱した。[28] この二つの「導き」の語りは、「韜光養晦」政策では満足しない習近平が、国際政治の舞台中央に中国を押し出す構えであることを示すものだろう。[29]

清華大学の閻学通はこの政策の転換を支持し、習近平の「奮発有為」政策の強調は国際社会における中国の肯定的なイメージを築くという点では「韜光養晦」よりも効果的であると論じてきた。そして以前の戦略は、国際社会からの相当な圧力にもかかわらず、中国に国際的な責任をできるかぎり避けるように求めるものだったとした。確かにその結果、中国はしばしば「非友好的」あるいは「不道徳な」国と目された。それとは対照的に、習近平の「奮発有為」政策は中国の利益と国際的な地位の成長に応じてより大きな責任を担うことを奨励してきた。そのような形で、世界での中国のイメージは責任逃れをする国から「責任ある大国」へと変わってきたというのが閻の主張である。(30)

習近平のグローバルな構想のなかでもひときわ野心的なものが一帯一路である。この構想はこれまでの達成を足掛かりとして、輸出、投資、貿易を通じて国内の過剰供給という重荷を軽減し、その過程で二十一世紀の国際情勢を中国の望む方向に形成していくというものだ。一帯一路構想は中国が「人類運命共同体」を建設するための最善のメカニズムと考えられているが、手段はこれだけではない。(31) 二〇一五年七月、中国はＢＲＩＣＳ（ブラジル・ロシア・インド・中国・南アフリカ）の残りの国々とともに新開発銀行（「ＢＲＩＣＳ銀行」とも呼ばれる）を設立した。本部は上海にある。続いて同年十二月にはアジアインフラ投資銀行（ＡＩＩＢ）を北京に設立している。ある中国人研究者は習近平の思考プロセスを代弁するかのように「中国はもう眠れる巨人ではない。ついに目覚めた」と論じるとともに、(32) 知れ渡った習の表現に沿って「毛沢東が中国の独立を果たし（站起来）、鄧小平が繁栄を達成（富起来）したのだとしたら、習近平は国をより強くするだろう（強起来）」と解説した。(33)

３　インド太平洋戦略と米中貿易戦争

米中の相互不信を深める基本的な問題は、中国がどれだけ国際体制を受け入れるかではなく、どれだけその体制を変えようとするかである。アメリカが創出し、支配してきた国際秩序に中国も取り込めるだろうと楽観的な見方をする者もいたが、[34] この見方は次第に「中国の脅威」の前に折れていった。西洋諸国が確立し、西洋の価値観が反映された国際体制を中国が受け入れるのは、中国の歴史的な記憶と国家主義的な野心を考えればほぼ不可能であると論じる向きもある。[35] それどころか、強くなった中国が追求しているのは、自身の価値と利益に照らし合わせて世界を形成することである。中国の強硬派は北京の指導部に「一〇〇年マラソン」——屈辱の世紀の報復として、二〇四九年までに世界のリーダーの地位をアメリカから奪い取るというミッション——の実施を促しているが、この種の話は「中国の脅威」論に実証的な結論を与えている。[36]

　中国が国際問題で強硬な姿勢を見せるようになるにつれ、アメリカはますます中国への反感を強めた（第4章参照）。ビル・クリントン政権が中国をパートナーとして捉えたのに対し、ジョージ・W・ブッシュ大統領とバラク・オバマ大統領は中国を競争相手と見なした。なかでもオバマ政権のアジア回帰（Pivot to Asia）政策は、北京に対してワシントンが初めて見せた整合的な反応だった。それはただちに習近平の指導部に警鐘を与え、習近平はアメリカとの「新型大国関係」を提唱した。これは協力を促進し、世界の大きなパワー・トランジション（権力移行）によって生じる対立、いわゆる「トゥキディデスの罠」[37]を避けるのが目的とされた。しかし、中国は行動を控えるよりも、習主席の壮大かつ全方位的な一帯一路構想を打ち上げて、「中華民族の偉大なる復興」を推し進めることを選んだ。これは中国が明らかな「海陸兼備大国」（海陸両方の軍事力を備えた国）に成長したのと軌を一にする。中国政府はソフトパワー戦略も強化したが、それは、アメリカやインド太平洋諸国からはしばしば有害な「シャープパワー」[38]と見なされた。

　アメリカのドナルド・トランプ大統領はより強硬な姿勢を見せるとともに、それより前の政権は中国の行動を無視し、効果のない反応をしたとして非難した。トランプ政権はインド太平洋戦略と関連政策への取り組みを始め、二〇一七年十一月には、アメリカ・日本・オーストラリア・インドで構成される四国間安全保障対話、通称「クアッド」を再開した。さらに、アメリカ政府内での実質的な政策変更を反映して、多くの公式文書で中国に対する懸念が表明されるようになった。二〇一七年の「国家安全保障戦略（NSS）」、二〇一八年の「国家防衛戦略（National Defense Strategy）」、そして、二〇一九年の国防総省による「インド太平洋戦略報告（Indo-Pacific Strategy Report）」がその好例だろう。マーク・エスパー国防長官は首都ワシントンの風潮を反映した発言で、中国は搾取的な経済、知的財産の窃盗、「グローバル・コモンズの武器化」によってインド太平洋地域を不安定にしていると断じた(39)。エスパーの発言に続いて、他の政府高官も中国政府をあからさまに批判した。

こうしたインド太平洋戦略とクアッド諸国の政策に対して、中国は深い懸念と侮蔑《ぶべつ》を表した。中国では、インド太平洋地域はアメリカが先導して四か国の力を結集し、中国に対する「ソフトバランス」戦略を進める場になったと考えられている(40)。ただ、最近では、中国に対抗すべくアメリカとインド太平洋のパートナー諸国が中国の周辺国と協働するのを、中国を標的にした意図的な同盟の始まりとする見方も増えている(41)。

クアッド四か国が進めているインド太平洋政策においては、戦略的・軍事的能力の再配置に重点が置かれた。ただ、中国とインド太平洋諸国は経済で深い繋がりを持つため、報復の応酬を招いたりもした。例えば、米中貿易戦争は、二〇一八年七月にアメリカが三四〇億ドル相当の中国製品に高関税を課すと発表したことで始まった。中国政府はすぐにアメリカ製品への課税で報復した。政府間の交渉は実を結ばず、アメリカは二〇一九年十二月には三六〇〇億ドル相当を超える中国製品に課税し、中国は一一〇〇億ドル相当を超えるアメリカ製品への報復課税で対抗した。

米中のテクノロジー冷戦も激しさを増した。技術分野での支配を目指す中国に対するアメリカの不安は、「中国製造2025」が人工知能（AI）や量子コンピューター、次世代無線通信システムなど最先端分野に重点を置いたことで、根深いものとなっている。二〇一九年一月、アメリカのインテリジェンス・コミュニティは、サイバーセキュリティのリスクについて警告メッセージを発した。前年四月には、アメリカ企業が中国のZTEコーポレーションに部品やソフトウェアを供給することが禁止されていた。深圳に拠点を置くこの情報技術会社がアメリカの制裁と輸出規制に違反しているという理由からだ。アメリカ政府はそれからまもなく、二〇一八年八月、福建省晋華集成電路への機器の輸出も制限した。二〇一九年には、トランプ政権はファーウェイとそのアメリカ以外の関連会社六八社をいわゆる輸出規制対象リストに加えた[42]。このリストには曙光、海光、成都海光集成電路、成都海光微電子技術、無錫江南計算技術、中国広核集団といった主要スーパーコンピューターメーカーも名を連ねる。輸出制限の措置は、これらの会社がアメリカの安全保障上または外交政策上の利益に反する活動に従事したという理由で決定された。

米中の貿易・技術戦争が習近平ら中国政府指導部に知らしめたのは、中国がこれまでアメリカの技術に過度に依存し、アメリカに対して限られた影響力と統制力しか持っていないということだった。習は二〇一八年十月に広東省珠海市にあるグリー・エレクトリック（珠海格力電器）を訪問した際、中国は技術分野で自給自足を達成しなければならないと訴えた。「企業は独自のイノベーション能力を加速する野心と熱意を持ち、中核となる技術を自ら開発し、自らの手で革新的な発展を推し進めるべきである」と習は唱える[43]。実際、中国政府は「中国標準2035」計画を始動させている。この計画は広範囲の産業分野において中国の技術標準を高めることを目的としたものである。二〇一九年末までには、ファーウェイがグーグルのアプリやアメリカ製の構成部品を使わない最先端の5Gスマートフォンを開発していたが、中国共産党中央委員会はその後、官民すべての企業に対し、三年以内にアメリカ製のコンピューター機器やソフトウェアを排除するように指示した。いわゆる「352」計画は、二〇二〇年までに外国製コンピューター機器の三〇パーセント、二〇二一年までに五〇パーセント、二〇二二年までに残り二〇パーセントを国内製品に置き換えることを目指している。(44)

強硬姿勢は変わるのか

アメリカとの間で生じた緊張によって、中国政府は外交政策における「奮発有為」原則を再検証することとなった。「中国は『韜光養晦』政策をあまりに早く放棄し、能力を超えることをしようとしているのではないのか」(45)と、表立って習近平に異議を唱える者も現れた。「韜光養晦」政策を支持する者は、中国の力はまだアメリカには及ばず、クアッド諸国の総合力との差は歴然としている、したがって、中国はできるだけアメリカとの対決を避け、「韜光養晦」政策に忠実であるべきだと唱えた。(46)「韜光養晦」政策への支持は公の場でも表面化した。例えば、二〇一八年八月、清華大学の卒業生二七名が母校に対し、中国の著名な経済学者の一人である胡鞍鋼を解雇するよう求めた。胡が中国はすでにアメリカを凌いでいると間違った発言をしたというのがその理由である。卒業生のグループは、胡が中国の指導者たち、特に習近平を誤った方向に導き、あまりにも強硬な政策を採用させていると訴えた。(47)

この論争は習近平と政権幹部らに一定のプレッシャーを与え、外交政策の方向性やテンポ、トーンの見直しを促した。それでも、習近平は前任者たちが始めた外交政策の原則には戻りたくないようだった。例えば二〇一八年六月の中央外事工作会議で、習は世界が「この一〇〇年で最大の前例のない変化（百年未有之大変局）」を経験しており、中国は近代以降で最も大きな発展の時期を迎えていると主張した。(48) 習が示したのは、世界の大国になるという目標追求のためには、中国が戦略的好機であるこの時期を生かさなければならないとする習指導部の意識である。中国政府は現在の国際体制が大きな変動期にあると明確に認識する一方で、習近平と側近たちは世界情勢が全体としては安定しており、米中の競争が軍事衝突には至らないとも理解している。(49) したがって、王毅外相をはじめとする中国の指導者たちは、国際関係において自信を持って「中国の夢」を追い続けるのである。(50)

こうした党指導部の見解をさらに裏付けるのは、中国が領土問題への対応でまったく自制していないという事実である。むしろ反対に、政府が考える「核心利益」と関連した問題については、強硬で妥協しない態度を維持しており、「中国の脅威」という周辺国の不安を和らげる努力は無に終わっている。中国は今でも発展を促進するには平和的な国際環境が必要だと言い張るが、全権を握る習近平国家主席が主導する強引な外交政策は、他国に警戒心を呼び起こす野心的な修正主義の徴候と見られても仕方がない。

4 「戦狼」外交の出現――「犯我中華者、雖遠必誅」

二〇一九年末に始まった新型コロナの危機は、いくつもの側面で中国外交の重大な影響をもたらした。米中関係には少なくとも二つの面で影響を与え、米中の対立はさらに緊張を増した。一つには、中国が二〇二〇年一月に調印し、アメリカ製品の輸入増加を約束した米中貿易交渉の「第一段階」合意を履行できなかったことである。もう一つには、アメリカでの感染者数と死者数が増えるにつれ、トランプ政権が中国を世界的大流行の発生源であると強調し、「武漢ウイルス」や「中国ウイルス」と呼んで繰り返し非難したことである。確かに感染が世界規模で広まると、アメリカ以外の国でも中国のイメージは悪化した。中国国家安全部の外局のシンクタンクが作成した二〇二〇年四月の内部報告書は、世界の反中国感情が一九八九年の天安門事件以来の高まりを見せていることを伝えた(51)。

国家イメージの問題は中国政府をいわゆる「マスク外交」へと突き動かすこととなり、中国は医療用マスクや検査キットを新型コロナ感染症に影響された国に提供するなどしてイメージの改善を図っている。同時に、ウイルス感染を引き起こした犯人として中国を名指しで非難し、面目をつぶす動きに関しては、中国の外交官は従来の手段とソーシャルメディアの両方による外交攻勢を通じて対抗するよう指示された。ドイツからペルーに至るまで、現地に駐在する中国の外交官たちは地元メディアとの言葉の応酬で国際ニュースの見出しを飾り、そのかたわらで中国外務省（外交部）報道官の趙立堅は、アメリカ軍が秘密裡に新型コロナウイルスを武漢に持ち込んだとしてアメリカを非難した。

この外交上の反撃は「戦狼（wolf warrior）」外交と名付けられた。「戦狼」という語は同名の中国の愛国的なアクション映画に由来するもので、記録的な興行収入となったこの映画は「我が中華を犯す者は、遠きにありても必ず誅せん（犯我中華者、雖遠必誅）[52]」という宣伝コピーを使っていた。戦狼外交のスタイルはすぐに中国メディアからも西側諸国のメディアからも悪評を買ったが、その理由はそれぞれ違っていた。各国との軋轢《あつれき》を懸念する声が中国国内にあった一方で、西側では中国のあからさまな強硬姿勢に脅威を感じ取る傾向が強まった。中国政府はまもなく反動に直面することになる。例えば、フランスに駐在する中国大使は二〇二〇年四月、フランス外務省から呼び出しを受けた。中国大使館のウェブサイト上で、新型コロナ危機に対する欧米の対応を批判し、フランスの高齢者施設では入所者を見捨て、飢えや病気で死なせたという記事を掲載したためである。それからまもなく、さらに六人の在外中国大使が噂や誤った情報を広めたとして、それぞれの任国政府から呼び出された[53]。テキサス州ヒューストンの中国領事館はアメリカ政府から閉鎖を要求された。その一方で、中国は報復としてアメリカ政府に対し、四川省の成都にあるアメリカ領事館を閉鎖するよう要求した。

中国の反外交的な外交は、一部からは、中国が既存の国際秩序を転覆させようとしているさらなる証拠と見なされた。例えば、全米アジア研究所（National Bureau of Asian Research）のナデージュ・ローランはワシントンの議会委員会での証言で、中国指導部は変化を強く求め、中国の利益に寄り添った形で国際秩序を形作ろうとしていると述べた[54]。ローランはさらに、習近平の提唱する「運命共同体」の核心には、「反西洋（anti-Western）」「反現状（anti-status quo）」「反自由主義（anti-liberal）」の考えがあると指摘している。

ほぼ全世界的な反動に直面した中国はトーンダウンし、戦狼外交の「自衛的な」性質を強調した。国家主義的な傾向で知られるニュース媒体はそれまでの論調を突然変え、中国は戦狼外交を実施したことはないとまで言い切った。それどころか、アメリカこそがその種の外交を日常的に行っているとして、中国は「〔他国から〕攻撃されたときに、控えめだが力強い反撃をしているにすぎない」と論じた[55]。同様の論調で、中国の楽玉成外務次官は、中国は調和を重んじ他者を挑発しない「礼節ある国（礼儀之邦）」であるために、戦狼外交は誤った名称であると述べた[56]。外務省報道官の華春瑩も、戦狼外交は中国を標的にした言葉の罠だとした。彼女は中国には主権、安全、発展、国家の尊厳と名誉を守る権利があり、他国から攻撃されたときにはただ「羊のように黙っている」わけにはいかない、と述べた[57]。

同様に、王毅外相も、「中国は決して喧嘩を売りはしないし、他者をいじめもしない。しかし、われわれには原則とそれを貫く覚悟がある。故意に侮辱されれば抵抗し、断固として国家の名誉と尊厳を守り、根拠のないあらゆる中傷に事実をもって反論するだろう」と力説した[58]。ただ、王は素早くトーンを変え、その数か月後には、中国は「分断」を拒絶し、協力を支持し、「アメリカ側の衝動的な行動や不安に対しては冷静で思慮深い反応」を示すと発言している[59]。一部の中国人研究者も、中国の好戦的な外交活動は、特定の状況に関連した反撃にすぎず、新たな常態ではないと論じた。彼らは、中国政府は「世界平和の建設者、グローバル・ガバナンスへの貢献者、そして、国際秩序の守護者」への道を進むべきだと言い、慎重な外交姿勢を促している[60]。

ただ、これらの主張や抗議は反論の証拠の重みに圧倒される。中国は強硬な発言のみならず、二〇二〇年初めからは実際に、他国、特にクアッドのメンバーであるオーストラリアやインドとの対立を深めてきた[61]。そして、反中国感情が急速に広まったように、中国の新たな外交政策は消せない痕跡を残している。ピュー研究所の調査によれば、アメリカ人のほぼ三分の二が中国に親しみを感じていないと答えるなど、中国に対する否定的な見方は欧米諸国の多くで歴史的な高みに達した。この種の感情は欧米に限定されたものではない。例えば、インドとケニアでの調査でも反中国感情が急速に高まっていたことが示されている[62]（ケニアに関しては第12章も参照のこと）。

鄧小平や胡耀邦が取り入れたソフトなアプローチを支持する研究者が抗議したとはいえ、それ以外には習近平体制の中国が外交政策を修正すると思える徴候はほとんど見当たらない[63]。それどころか、中国は国力と国際的影響力のギャップを狭めようとし、世界のリーダーシップの空白と見据える場所を埋めようとしている。問題含みの国家目標を進めるチャンスを中国がつかもうとすることは過去にもあったが、それに対して諸外国が懸念を表明するたび、中国は素早く注意深く修正を加えてきた。しかし、中国政府の最近の行動には、保守性や用心深さはまったく見られない[64]。二〇二〇年十月三十日に発表された中国共産党第一九期中央委員会第五回全体会議（五中全会）のコミュニケはこの分析をさらに裏付ける。中国はまだ戦略的発展の重要な時期にあるが、好機と課題の両方に直面しているとコミュニケは表明した。そしてこの文書が明確にするのは、中国政府が「中国の特色ある大国外交」を推し進め、共産党と国家の事業において事を成就する決意を固めているということである[65]。

おわりに

何十年もの間、中国政府は対外関係において力を隠す「韜光養晦」の外交戦略を守ってきたものの、習近平が権力を握ってからはより強硬な「奮発有為」の姿勢をとっている。本章ではアメリカなどインド太平洋諸国と中国との関係、さらには新型コロナの世界的大流行への中国の対応について考察してきたが、本章がその考察を通じて示したように、中国の外交政策は明白に変化してきた。強硬で自信過剰とも言える現在の政策は、大胆で成長著しい大国としての中国自らの国家アイデンティティに基づいている。習近平の外交政策が「中国の夢」の推進に力を入れているのもそのためである。中国の指導者たちはかつて鄧小平や胡耀邦が提唱したような控えめな政策を継続すべきとは考えていない。この点で、中国の外交政策と国際的影響力の将来は、習近平体制によって始められた「強国」への道を歩む努力がどれほど達成できるかに大きく左右される。

中国は「人類運命共同体」の建設を明確に目標に掲げたものの、世界への貢献に関しては温和なイメージを築くことに失敗している。コロナ危機の最中に耳目を集めたチェコ共和国や台湾に対する尊大な態度のように、いくつかの国に対する中国の対応は、評判の失墜を厭わず、強硬で威圧的になりがちな外交路線を続けることへの強い意志の表れだった。中国政府は自身が「中国の特色」と呼ぶものを、政策への国際的批判に対する盾として促進し続けている。国際社会は中国の人権侵害や反体制派への弾圧を非難してきた。新疆ウイグル自治区での中国による再教育収容所やその他の著しい虐待、さらには香港での抗議運動の暴力的な鎮圧は、中国が非民主的な国であることをまざまざと思い知らせた。国際世論は今もなお中国の共産党体制の性質に疑いを抱いている。中国は自らの外交の平和的性質とコスモポリタン的な概念を喧伝しているが、すべての努力が成功しているわけではない。多くの近隣諸国との関係は領土紛争によって損なわれている。中国政府は言葉だけでなく行動を通じて近隣諸国の疑念を取り除く必要があるだろう。中国が強硬な態度をとり、利益を主張し、軍事力を見せつける状況では、中国が調和的な関係を望むといくら言っても、近隣諸国の多くは懐疑的なままだろう。

中国のかつての低姿勢の外交政策は国際舞台での喧嘩腰で強硬な姿勢へと急速に移行し、中国はアメリカやインド太平洋諸国とのさらなる緊張を辞さない構えである。それでも、かつての自制的な外交政策を放棄したというより、中国はただこれまで何度もそうしてきたように、「時機」をつかんできたのだとする見方もありえよう。最終的には、中国は国家利益と他国の利益の間で均衡をとらなければならないが、習近平の「奮発有為」政策を軸にした最近の攻撃的な外交は、中国政府の指導者たちが鄧小平の「韜光養晦」政策を投げ捨てたことを示している。その強硬な姿勢は大部分において、中国が自らの外交戦略を体系的に修正したことを反映している。国際秩序は未知の領域にあり、習近平政権はタカ派的な計算と排外的な中国の国家主義的感情に導かれた政策を続けている。中国の攻撃的な外交は習主席の「奮発有為」を表すものにほかならず、この外交が止むことはおそらくないだろう。

注

（1）習 (2014: 36).【訳注】既訳より訳文引用。

（2）習 (2014: 219).

（3）中国語の「韜光」「養晦」は文字通りには「光を韜（かく）し」「晦（くら）きを養う」を意味する。

（4）【監訳注】世界を三つに分けて考える戦略的思想で、米ソを「第一世界」、これらの協力国を「第二世界」、それ以外を「第三世界」と捉える。

（5）Cabestan (2010: 1).

（6）銭 (1996: 3).

（7）山﨑（2018）.
（8）Shen (2011: 175); Zhao (1996: 53–54).
（9）【監訳注】もっとも、一九九〇年十二月に鄧小平は「時機を見極めるべき」といった類似の考えを示している。鄧は中国の力量不足を認め、前面に出る必要はないと説くものの、そこで「韜光養晦」の語を用いた記録はない（「善于利用時機解決発展問題」『鄧小平文選』人民出版社、一九九三年、三六三頁）。
（10）中共中央文献研究室（2004: 1346）.
（11）山﨑（2018: 5）.
（12）銭（1996: 3）. 例えば、山﨑（2018: 7–8）は政治理論学者でもあり歴代指導者のスピーチライターでもあった鄭必堅が、一九九〇年代半ばに「韜光養晦」の語を以前の鄧小平の言説のなかに組み入れた可能性があると述べている。
（13）楊（2018 :10）.
（14）Glaser & Medeiros (2007); Zheng (2005).
（15）State Council Information Office of the People's Republic of China) (2005).
（16）呉（2015）.
（17）王（2011: 8）.
（18）実際には、「韜光養晦」は鄧小平が提唱したもう一つの概念「有所作為」に照らし合わせて分析することでよりよく理解できる。胡錦濤は「平和的台頭」のスローガンを支持する一方で、「有所作為」に基づいた積極外交を後に強調した。これによって習近平のより強い「奮発有為」が「有所作為」に取って代わったと見られる次の段階が開かれた。
（19）袁（2007: 3）.
（20）習（2017）.
（21）Zhu (2019: 4).
（22）Buckley & Ryan (2017).

（23）Jacques (2009); Stiglitz (2014).
（24）Defense Intelligence Agency (2019).
（25）胡ほか (2018).
（26）新華網 (2013).
（27）徐 (2013).
（28）新華網 (2017).
（29）Zhu (2019: 19).
（30）閻 (2014: 34).
（31）史 (2019: 18).
（32）Zhu (2019: 4).
（33）Zhu (2019:19).
（34）Jacques (2009: 16).
（35）Stiglitz (2014).
（36）Pillsbury (2015).
（37）【監訳注】台頭する強国が既存の覇権国に脅威を与えるために生じる緊張と惨事を指す概念。新興国アテネと覇権国スパルタについて論じた古代ギリシャの歴史家トゥキディデスにちなむ。
（38）【監訳注】全米民主主義基金（ＮＥＤ）が使い始めた言葉で、権威主義国家による強引な影響力行使の企てを意味するものである。ハード（軍事）でもソフト（説得）でもない形で、相手国の内政の操作や分裂を図る行為が主に想定されている。
（39）Ali & Packham (2019).
（40）趙 (2013).
（41）史 (2019:15); 張 (2019); 趙 (2019).
（42）アメリカ商務省産業安全保障局（ＢＩＳ）は、特定の製品の輸出、再輸出、そして（国内）移転に特別なライセンスを求められる外国人と団体（企業、研究所、政府機関、民間組織を含む）のリストを公表している。これらが「エンティティリスト」（取引制限リスト）を構成する。
(43) Xinhua (2018b).
(44) Yang & Liu (2019).
(45) Zhu (2019: 23).
(46) 劉 (2019: 48).
(47) Kuo (2018); Liu, C. (2018).
(48) Xinhua (2018a).
(49) 劉 (2018); 史 (2019: 15).
(50) 中国日報 (2019).
(51) Reuters (2020).
(52)【監訳注】英語では一般に"Even a thousand miles away, anyone who affronts China will pay"（「たとえ一〇〇〇マイル離れていても、中国を侮辱する者はその報いを受ける」）と訳されている。
(53) Shi (2020). それぞれの大使の駐在国（および機関）は、カザフスタン、ナイジェリア、ケニア、ウガンダ、ガーナおよびアフリカ連合（AU）。
(54) Rolland (2020).
(55) Wang, W. (2020).
(56) 中国新聞網 (2020).
(57) 人民網 (2020).
(58) Westcott & Jiang (2020).
(59) Wang, Y. (2020).
(60) Chen & Hu (2020).
(61) オーストラリアが新型コロナの世界的大流行の発生源の独立調査を要求すると、中国政府は貿易制裁を発動した。中国はガルワン渓谷の領土境界線をめぐる紛争でインドとも衝突した。四五年ぶりの激しい武力衝突で二〇人のインド人兵士が死亡した。

（62）The Economic Times (2020).

（63）【監訳注】ちなみに、二〇二一年五月末に開かれた学習会で習国家主席が「信じられ、愛され、敬われる（可信、可愛、可敬的）」中国を目指すようにと語った旨が伝えられている（「習近平：努力塑造可信可愛可敬的中国形象」『半月談』二〇二一年六月二日）。こうした兆候が見られたものの、第7章での分析内容に本質的な変化が生じたわけではない。

（64）Campbell & Rapp-Hooper (2020).

（65）中国共産党 (2020).

第8章 ASEAN——脅威に晒される中小国

レナート・クルス・デ・カストロ
（デ・ラ・サール大学）

はじめに

米中の戦略的競争は東南アジア諸国連合（ASEAN）にとって、おそらく一九六七年の創設以来、最も深刻な安全保障上の脅威だろう。中国は不可解な「九段線」[1]とともに、南シナ海（地図6参照）における領有権の拡大的な主張を続けてきたが、二〇〇〇年代末頃からその行動は強硬さを増した。中国が独自に地図上に設定した「九段線」が囲むのは、南シナ海のおよそ八〇パーセントを占める海域である。スプラトリー諸島やパラセル諸島のほか、スカボロー礁などがそこに位置する。中国の権利の主張はASEANの四つの加盟国、すなわちブルネイ、マレーシア、フィリピン、ベトナムの主張と重なり合う。これが中国とこれら四つの沿岸諸国との間に海域の主張をめぐる緊張を生み出した。

南シナ海問題（South China Sea dispute）[2]はアメリカの外交や安全保障への責任、そして東南アジアへの前方展開を問うこととなり、アメリカの政策決定者が向き合わなければならない差し迫った安全保障上の課題ともなった。すでに二〇一一年末、バラク・オバマ政権はアジアでのプレゼンスを高めるために戦略のリバランス（再均衡）を実行した。具体的には、アジア太平洋地域の空・海軍のアセットを強化するとともに、地域のパートナー国や同盟国の独自の防衛能力の向上を促すべく、これらの国々と積極的に協力することを目指した。[3]オバマ政権はまた、南シナ海における中国の勢力拡大を牽制する（constrain）試みにASEAN諸国を参加させようともした。ただ、アメリカがアジアへの関与をさらに深めたことにより、東南アジアは実質的に米中の戦略的競争が際立つ地域となった。

二〇一七年にオバマから大統領職を引き継いだドナルド・トランプとその政権は、中国共産党が自由で開かれたルールに基づく秩序を悪用し、自国を利する形に国際体制を形成し直していると非難した。アメリカ政府の考えるところでは、中国の権威主義的な共産党体制はそのイデオロギーのみならず、国際規範の度重なる侵害によっても、アメリカと世界の民主主義国家に脅威を与えている。[4]トランプ政権は中国を取り込んだり、変化させたりする代わりに、アメリカの重要な国益を守るとともに、アメリカの影響力をインド太平洋地域に広めることを目標とした。アメリカ政府を動かしたのは、中国がパクス・アメリカーナ（アメリカによる平和）、そしてルールに基づく国際秩序を覆そうとしているという認識だった。

こうした新たな目標の追求は、アメリカが南シナ海問題を注視していくようになったことに見てとれる。東南アジアの海洋諸国の安全保障が深刻な脅威に晒され、係争海域への中国の拡大主義がアメリカ海軍の任務遂行能力を脅かすことが懸念されている。[5] 例えば、中国は二〇二〇年七月一日から五日にかけてパラセル諸島近くで実弾演習を行い、緊張を高めた。それに対抗して、アメリカ海軍は何度も「航行の自由作戦（FONOP）」を展開し、さらには大規模な海軍演習を実施している。二〇二〇年七月四日から七日まで、アメリカ海軍の二隻の空母、「ニミッツ」と「ロナルド・レーガン」が共同攻撃行動のために集まった。[6] 南シナ海において中国の勢力拡大に直面するなか、この大々的な海軍力の誇示は確実に、自由で開かれたインド太平洋地域へのアメリカの強いコミットメントを示そうとしたものだった。

以上に関連する一連の展開は、南シナ海での緊張を帯びた米中の戦略的競争の中心に東南アジア諸国を位置付けた。政府間機関であるASEANは現在、米中の対立が急速に深まるかたわらで、二大国の間でバランスをとるという難しい立場に置かれている。[7] この状況に鑑み、本章では、地域連合としてのASEANがいかにして二十一世紀の安全保障問題に取り組んできたのかという問いを考察するとともに、いくつかの付随的な問いを取り上げる。第一に、ASEANは地域大国としての中国の台頭に当初いかに対応したのか。第二に、中国とASEANによる南シナ海における「行動規範（Code of Conduct）」を促進するというASEANの目標とは何か。第三に、ASEANは米中の戦略的競争にどう対処しているのか。最後に、インド太平洋地域の状況が刻々と変化するなか、この地域特有の安全保障の課題に対するASEANの取り組みはどれほど効果的なのか、という諸点である。

1　台頭する中国と東南アジア

インドネシアのジャカルタに本部を置くＡＳＥＡＮは、軍事力・経済力の限られた中小国が加盟する地域的機関である。冷戦中、ＡＳＥＡＮ加盟国は、個別でも集団としても列強に対して比較的弱い立場にあった。これらの国は互いの活動を監視し、東南アジアの状況を注視しようとしたが、そのためには「大国同士が協力しつつも競争する傾向と、地域における大国の物理的なプレゼンスを利用する」しか術《すべ》はなかった。[8]一九九〇年代初めの冷戦終結までに、ＡＳＥＡＮは紛争の予防や管理、アジア太平洋地域の繁栄の促進を目的とした多国間の安全保障制度をいくつか設立した。[9]そうした制度は、複雑で差し迫った安全保障上の脅威と向き合うために創設されたものでもある。脅威の多くは二十世紀の終わりまでには、明らかに二国間安全保障政策では対処できないものとなっていた。

安全保障協力を目的とした制度を構築するには強力で集権的なリーダーシップが必要となるが、それは関係国それぞれの選好を調整し、組織としての制約に対処する交渉能力を備えたものでなければならない。[10]しかし、ＡＳＥＡＮは最小限の成文化と組織化にしか成功しておらず、武力不使用と平和的手段による紛争解決という加盟国間の責任を実行に移すには非公式な（informal）手法に依存せざるをえない。[11]ＡＳＥＡＮが合意による決定と加盟国の国内問題への不干渉を原則として運営され、[12]紛争解決よりは紛争の管理または削減に重点を置いているのも非公式な性質の背景の一つと言える。ただ、ここで注意しておきたいのが、ＡＳＥＡＮが第一義的には安全保障のための組織ではなく、これまでもそうでなかったという点である。実際のところ、安全保障問題に着手し始めたのは、一九八〇年代に中国の力が急激に増大してからのことだった。それ以来、連合は南シナ海の奥深くまで領有権を拡大しようとする中国の攻勢に直面してきた。

ＡＳＥＡＮ加盟国であるブルネイ、インドネシア、マレーシア、フィリピン、シンガポール、ベトナムは、インド洋と太平洋の重要な交差点に位置し、新たに構想されたインド太平洋地域の中心にある。これら六つの沿岸国は、南シナ海とマラッカ海峡を通り、貿易と商業に資する戦略的に重要な海上交通路（ＳＬＯＣ）を結びつける準地域（sub-region）を形成する。海洋東南アジアは北東アジア、南アジア、中東、アフリカ、ヨーロッパを結びつけるＳＬＯＣの死活的な交差ポイントにもなっている。

他方で、中国と「海のＡＳＥＡＮ」諸国との関係は複雑で曖昧である。その複雑な関係性は、地理的距離が近いこと、歴史的な経験、中国の総合的な国力と海洋東南アジアでのプレゼンスが常に変動していることに起因する。[13]中国のこの地域との関係は、パラセル諸島とスプラトリー諸島を含め、南シナ海のほぼ八〇パーセントの領有権を中国が主張したためにさらに複雑化した。中国の主張はＡＳＥＡＮの沿岸国が領有権を主張する海域と重なる。中国は南シナ海で大々的に権益の主張を続けることで、自らの領域を拡大し、自国の安全保障を確保しようとするが、ブルネイ、マレーシア、フィリピン、ベトナムはそれを中国の拡張主義の不吉な徴候と捉える。[14]その拡張主義の向かうところは、戦略的に重要で天然資源が豊富な地域にほかならない。

南シナ海における中国の行動へのＡＳＥＡＮの懸念は、一九九四年のＡＳＥＡＮ地域フォーラム（ＡＲＦ）の結成、さらには二十一世紀の地域安全保障問題への参加に反映された。現在、二五か国が参加するＡＲＦは、ＡＳＥＡＮから派生した協調的安全保障の手法を採用し、既存の係争を緩和するための多国間相互信頼の構築と、係争を解決する手段の策定を目指している[15]。したがって、母体となるＡＳＥＡＮと同様に、ＡＲＦは集団防衛のための機関でも、地域の安全保障の管理を目的とした協約でもない[16]。現に、加盟国が合意した取り決めを強制する集権的なメカニズムは存在しない。加盟国の国内情勢を監視したり、浮上する問題を察知したりするうえでもそれは同様である。ＡＲＦは本質的に、他国の問題に関しては「ＡＳＥＡＮ方式」、すなわち「道徳的説得（moral suasion）」を基礎に置くものにすぎない[17]。

ＡＲＦの結成は、ＡＳＥＡＮから生まれた他の政府間の枠組み、例えば二〇〇五年の東アジア首脳会議（ＥＡＳ）や、二〇一〇年の拡大ＡＳＥＡＮ国防相会議（ＡＤＭＭプラス）の設立を容易にした。これらの地域的なグルーピングは、ＡＲＦと同様に加盟国の参加を強制しない。その目的と活動は「共通の利害がある政治的懸案事項に対する建設的対話と協議」の促進に限定される[18]。事実、ＡＲＦとその付随的組織は弱小で行き詰まることも多い。単なる「話し合いの場（talking shops）」とも揶揄される[19]。それでも、不十分ながら、ＡＲＦは冷戦後の東アジアにおける初めての多国間安全保障制度である。中国の台頭と東南アジアとその周辺での中国の活動という、今世紀の典型的な安全保障の課題に取り組むうえで、ＡＲＦはＡＳＥＡＮの主要な手段になってきた。

中国が急速に経済成長を達成するにつれ、近海での軍事態勢と安全保障上の行動における変化も急速に生じた。例えば、一九八〇年代半ばに、中国人民解放軍海軍（以下、解放軍海軍）司令官の劉華清が近海積極防衛戦略を提唱した。具体的には、人民解放軍の陸・海軍にいわゆる「第一列島線[20]」（地図3参照）での多層的な防衛体制を組織させ、中国本土への海からの侵攻という潜在的な脅威に対する抑止を図った[21]。また、一九九六年の台湾海峡危機へのアメリカ海軍の介入に十分に対処できなかったことを踏まえ、中国政府は接近阻止・領域拒否（A2／AD）能力の強化を通じて、アメリカの戦力投射能力の測定と対抗、そして抑止に注意を傾けた[22]。人民解放軍海軍は新世紀に入ってまもなく、ロシア製のディーゼル発電式攻撃用キロ級潜水艦とソヴレメンヌイ級駆逐艦、さらに数タイプの自国製造の駆逐艦やフリゲート、攻撃用原子力潜水艦を調達した。中国はさらに台湾周辺海域での作戦能力を高度化し、新型の弾道ミサイル搭載潜水艦二隻を配備した。二〇一二年までに解放軍海軍はウクライナから未完成の空母を購入し、中国初の空母「遼寧」を完成させている。同様に、スプラトリー諸島と尖閣諸島周辺の係争海域向けに、長距離パトロール用の殲15（J-15）空母搭載戦闘機と新型の江島級軽フリゲートを製造・配備した[23]。

中国の軍事力増強は南シナ海への拡大政策および実効支配と時期を同じくした。中国政府は二〇一〇年三月、南シナ海は「核心利益」の一つであると宣言した。係争海域の領有権の主張を意図したものにほかならない。人民解放軍海軍が沖合から公海への積極防衛戦略を採用すると、中国が設定する海上防衛線は、日本の南西諸島、台湾、フィリピンを結ぶ第一列島線を越えて拡大した。一九九五年から二〇〇八年の間に、台北での独立運動が勢いを増すと、中国は台湾に対する警戒を強めた。その結果、中国は台湾海峡有事の際の第三国の介入を思い留まらせるため、長距離攻撃の精度を高めるA2／AD能力をさらに発達させている。これらの防衛力強化には、敵対勢力が中国の沿岸に接近するのを拒否する目的もあった[24]。

解放軍海軍の作戦範囲は二〇〇九年頃にさらに拡大し、マラッカ海峡を経由し、インド洋、中東、アフリカへと達した[25]。マラッカ海峡の利用は、オーストラリア周辺とインド洋全体へ、第一列島線を越えての作戦を可能にした。同時に、中国の最上層指導部は、海洋をめぐる係争において表向きには穏健な態度を放棄し、発言と行動の両方でより強硬な姿勢を見せるようになった。中国の台頭、アメリカの衰退、東シナ海と南シナ海での権益に関する中国政府の揺るぎない主張を指導部は常に繰り返してきた。また、彼らの発言は中国を犠牲者として描く。それは、フィリピンとベトナムというASEANの二つの小国による「海洋侵入」、そしてアメリカの根拠のない「干渉」に直面し、防衛のための当然の反応を示す犠牲者という姿である。

2　支配的な中国への反応

南シナ海の現状を変更するべく、中国は段階的かつ持続的に攻勢を仕掛けてきた。これに直面したASEAN加盟国は、地域的安全保障の合議に中国を取り込もうと、ASEANから派生した地域外交を採用した[26]。当初、中国は南シナ海問題を管理するうえで「ASEAN方式」に参加するのを拒絶した。中国は多国間ではなく二国間のものとして南シナ海の問題を考えていたからだ[27]。しかし最終的に中国は、ARFへの参加は自らの「平和的台頭」のナラティブを支え、多くのASEAN諸国に広まる「中国の脅威」（第7章参照）の認識を抑えるには有益だろうと考えた[28]。ASEANを抱き込もうとするこの決定は、二つの戦術的考慮に基づいたものだった。第一に、中国政府は強い不安を個別にまたは集団で抱えるASEAN諸国を宥《なだ》めようとした。その不安は、急速に増大する中国の力と好戦的な態度、そしてこれが地域の安全保障にもたらす影響に対するものだった。第二に、中国政府はASEAN諸国がアメリカなど他の外部勢力に近づき、中国に対して均衡を図ろうとすることを防ぐため、ASEANを懐柔しようとした。当然ながら、北京の政府高官たちは、ASEAN諸国によるこの種の行動は中国を牽制する行為と見なしたはずだ[29]。

中国は徐々にASEANやARFとの関係を修正し、一九九〇年代末には、ASEANの規範や原則を自らの非公式外交のスタイルとして採用した。多国間機関を利用し、同時に中国の脅威についての懸念を払拭しようとしたのである。この方法が成功し、ASEANと中国は二〇〇二年十一月に「南シナ海における当事者間の行動宣言（Declaration on the Conduct of Parties in the South China Sea）」（以下、行動宣言）を調印するに至った。行動宣言は第一義的には、南シナ海の全般的状況を安定させ、係争海域での偶発的な紛争の勃発を防ぐための幅広い行動原則の概要を示したものである。署名国は紛争をエスカレートさせるような行動を自制し、「署名国の間で信用と信頼を醸成する（build trust and confidence between and among them）」努力を深めることを誓い合った[30]。

行動宣言の調印は、中国とASEAN諸国の間のさらなる協力体制の第一歩であるとともに、暫定的合意と受け止められた。ASEAN加盟国は行動宣言を単なる一般原則の宣言に終わらせず、法的拘束力を有する行動規範に変換するために中国との協議を継続することを望んだ。実際に、中小国の連合組織としてのASEANは、法的拘束力のある合意を常に最優先にしてきた。ただ、その考えは、力ではなくルールに基づく地域秩序と、その秩序の醸成に資する複雑なコミットメントを要するものだ。したがって行動規範に望まれるのは、南シナ海での関係国の行動を導く規範や手続きを伴う、ルールに基づいた枠組みとなることであり、「国際法に基づき、平和的手段による係争の解決のための協力環境」を促す信頼醸成メカニズムを提供することである[31]。

ASEANの進め方とは対照的に、中国はこの地域の地政学的および戦略的現状を変えようとする決意を固めている。それゆえ南シナ海問題の解決を目指すあらゆる努力に抵抗してきた[32]。中国は表向きにはＡＳＥＡＮと海洋をめぐる係争について多国間ベースで議論することに合意してきたが、その裏では、個々の国との二国間交渉を望むことを明らかにしてきた。中国はまた、外部勢力の介入なしにＡＳＥＡＮとの直接交渉で係争を管理できると主張した。中国にとっては、紛争の管理についてＡＳＥＡＮと直接話し合う態度を示すのは必ずしも望ましい形ではないものの、少なくともＡＳＥＡＮ諸国の一部が他の大国、特にアメリカの助けを求めるのを防げることになる[33]。当時の楊潔篪外務大臣は、中国政府の姿勢を強調すべく、「領土、管轄権に関する係争は、友好的な話し合いと交渉を通して平和的に解決すべきである」と明言した[34]。

他方で、ＡＳＥＡＮを困惑させたのは、法的拘束力のある行動規範のための交渉が意図せずしてＡＳＥＡＮを領有権の主張国と非主張国の二派に分裂させたことである。結果として、ＡＳＥＡＮは南シナ海問題における共通の政策を採用するに至っていない。ＡＳＥＡＮの内部分裂は中国にとって、自国のプレゼンスを確固たるものにし、南シナ海の海と陸を支配する格好の機会をもたらしたことになる。

ＡＳＥＡＮの分裂に乗じる中国

中国の変わらぬ立場は、係争は領有権を主張している四か国との二国間交渉を通じて解決すべきというものだが、南シナ海問題におけるＡＳＥＡＮの役割に対する中国の姿勢もその立場に基づいている[35]。中国の見方からすれば、領有権を主張していない国を参加させる必要はない。そのため、ＡＳＥＡＮが南シナ海をめぐる不一致に共通の立場をとろうとする試みには、中国は敵対的とまでは言わずとも非常に敏感に反応する。[36]

例えば、二〇一二年七月にプノンペンで開催された第四五回ＡＳＥＡＮ年次集会において、中国は東南アジア諸国を巧みに分裂させた。この年のＡＳＥＡＮ外相会議はＡＳＥＡＮの歴史において初めて公式コミュニケを発表できなかった。原因は、ベトナムとフィリピンが自国の船と中国の哨戒艇が絡んだ海上の事例を含めるよう提案した一方で、カンボジアのハオ・ナムホン外相が、二〇一二年に起こったスカボロー礁でのフィリピンと中国の船舶の対峙に関するいかなる言及にも反対したためである。[37] カンボジアはＡＳＥＡＮ外相会議が共同コミュニケを採択できなかったのはほかならぬフィリピンとベトナム両政府のせいで、両国が最終的なコミュニケの文言にスカボロー礁と排他的経済水域（ＥＺＺ）への言及を含めることに固執したからだと非難した。フィリピンとベトナムの行動が合意を妨げ、したがってカンボジア政府は共同コミュニケを保留する以外に術がなかったと主張したのである。[38]

インドネシアとシンガポールはコミュニケの南シナ海に関する文言について妥協の仲立ちを試みたが、ハオ・ナムホン外相は起草文を数回にわたって否認した。シェルドン・Ｗ・サイモンは、「カンボジアは外部の大国との二国間の係争はＡＳＥＡＮコミュニケに相応しい題材ではないと主張したが、そうした係争はそれ以前のＡＳＥＡＮ会議でも話し合われていた」と指摘する。[39] カンボジアは、「南シナ海をめぐる諍《いさか》いはそれが特に外部の大国が関係するのであれば、国際的なフォーラムの場で討論すべきではない」という中国の見解を自身のものとしつつ、二〇一二年のスカボロー礁での衝突への言及を拒否した。ＡＳＥＡＮ議長国を務めるカンボジアは、南シナ海問題の国際化を最小化することで公式に中国に対する有和策をとったのである。[40] 発表されることなく終わったコミュニケの起草文は、ベトナムの排他的経済水域内での中国海洋石油集団（CNOOC）による石油探索へのフィリピンとベトナムの不満から生じた衝突を含め、南シナ海をめぐる議論の要旨を述べるものだった。[41]

いくつかの報告書によると、その後、中国政府は（カンボジアを通して）南シナ海に関するいかなる言及も防ぐためにASEANの協議に介入した。中国はこの弟分の国に対して五億ドルの緩やかな借款と二四〇〇万ドルの無償援助で表向きの見返りを与えていた。[42] カンボジアの財務大臣は中国政府の支援に対して公式に感謝し、中国は「ASEAN議長国としてのカンボジアが、中国とASEANの良好な協力体制を維持するために果たした役割を高く評価した」と発表した。[43] カンボジアの強硬な反対は、東南アジアの一国が中国からの投資と対外援助と引き換えに、南シナ海におけるASEANの利益を犠牲にしようとする意志を映し出した。ASEANの意思統一への最大の脅威は、海洋をめぐる課題について加盟国が各々異なる見方をしていることだろう。並外れた軍事・経済力を持つ中国がASEANに必要以上の影響を及ぼすことによって状況はより複雑になり、結果的にASEAN分裂の可能性が高まってしまう。

3　拘束力のある行動規範に向けた交渉

ASEANは東南アジア友好協力条約など既存の地域的な行動規範を堅持してきた。また、一部の加盟国と中国との友好関係には疑念が持たれているとはいえ、ASEANが国際法の原則を再確認する拘束的な行動規範を積極的に追求してきたことも見落とせない。ASEANは南シナ海問題の管理で先導的な役割を維持し、地域の安全保障全般で中心的役割を維持しようと行動してきた。それゆえにASEANは法的拘束力のある行動規範を通じて、海洋をめぐる中国との係争に平和的な結果をもたらす必要があった。その一方で中国の側では、自国にとって好ましい結果を導こうと、ASEANとの関係拡大に資するイニシアティブを多岐にわたって提案してきた。例えば二〇一三年には、近隣諸国との「周辺外交」に集中すると発表し、貿易・通貨の流通、さらに重要なこととして、「一帯一路」構想を通したインフラ投資・開発による経済的な絆を深めようとした。また、中国は個々のASEAN加盟国との関係を南シナ海問題から切り離そうとも試みる。(44)

こうしたイニシアティブにもかかわらず、中国はASEANとの関係構築の努力においては限定的な成功しか得られず、最終的には二〇一七年五月に行動規範の交渉に応じた。振り返って考えれば、中国が行動規範に同意したのは、結束を固めたASEANからの大きな圧力に直面したからである。行動規範の交渉では中国は二つの点を重視した。第一に、中国は行動規範の内容を策定するうえで積極的な役割を果たし、確実に中国の利益に見合うものにしようとしたこと。第二に、行動規範のプロセスへの他の外部勢力の介入を防ごうとしたことだ。(45) 実際には二〇一六年九月の中国・ASEAN首脳会議後の共同宣言で、二〇一七年前半には行動規範の概要に関する協議を終える予定であると発表された。両サイドは外部からの介入のない環境を保ち、中国の提案した「行動規範に関する協議の四つのビジョン」を中心に交渉を迅速に進めることで合意している。八か月後の二〇一七年五月、中国とASEAN加盟一〇か国は、突然、南シナ海行動規範のための枠組みについての合意を発表する。(46) 八月初旬までには、ASEAN外相と中国はその枠組みを承認した。

これは小さな前進ではあるものの、南シナ海における紛争管理という点では疑いなく好ましいものだ。もっとも、この枠組みは詳細に欠け、二〇〇二年の行動宣言ですでに言及されていた原則と条項が目立った。例えば、南シナ海の係争を管理するには必要な三つの重要な要素、つまり、地理的範囲、係争解決のメカニズム、そして漁業管理と石油・ガスの開発に関する詳細な条項は含まれていない[47]。しかも行動規範は、領有権に関する相反する主張あるいは海洋管轄をめぐる見解の相違という、係争の根本的な原因には取り組んでいない[48]。その代わりに、中国が好む現状、すなわち、海上での対立は当事国同士の二国間直接協議によって解決するという方式が継続されている。東南アジアの多くの国への中国の経済的影響力と、係争海域における中国のプレゼンスが増大していることを考えれば、係争が早期に解決される見込みはほとんどない[49]。

二〇二〇年、新型コロナウイルスの世界的蔓延《まんえん》のため、行動規範の決議、あるいは再交渉は延期された。ASEAN加盟各国は新型コロナウイルスへの対応にそれぞれ追われていた。にもかかわらず、中国政府は二〇二二年までに行動規範に関する交渉を完了できると断言している。二〇二〇年のASEAN議長国のベトナムは交渉完了の期日を三年引き伸ばそうとしたが、それに対して、二〇二〇年のASEANと中国の対話の調整役を務めたフィリピンは、オンライン会議形式であれ交渉は継続すべきだと主張した[50]。

4　東南アジアにおける米中の戦略的競争

アメリカのトランプ政権（二〇一七～二〇二一年）は中国を戦略的ライバルとして扱ったが、これはオバマ政権（二〇〇九～二〇一七年）の行動とは対照的だろう。オバマ政権はアジアにおけるアメリカの立場のリバランスを追求し、中国を潜在的な責任ある利害関係者（potentially responsible stakeholder）と見なした。オバマ政権からトランプ政権へのアメリカの認識と行動の変化は、中国の総合力の増大によるものと言える。中国は第一に、アジア太平洋地域における域外からの戦略バランサーとしてのアメリカの役割を阻害しようとした。第二に、古くからの領土問題を悪化させ、歴史的問題が具体的な形をとり始めた。第三に、この地域におけるアメリカの圧倒的な軍事的支配の時代は急速に終わりつつあると、中国政府が堂々と言い放った。その支配は当然ながら、東アジアの大国であり、さらに力を伸ばしている中国が引き受ける、ということである。中国の言動を受けて、トランプ大統領のアメリカは、「責任ある」中国との勢力共有についての幻想をほぼ放棄した。

トランプ政権は、インド太平洋でのアメリカの優位を維持するため、権威主義の中国を自由主義的な世界秩序に取り込もうとした従来の努力を続ける必要を感じなかった。この見解は、「中国を受け入れ、良好な関係を築く戦略は失敗だった」と考える幾名かの国家安全保障を担当する顧問や外交専門家の考えと完全に軌を一にした。彼らの見方では、中国共産党の指導部は自由主義的な国際秩序のルール、特に自由貿易を自国の貪欲な重商主義に役立つように常にねじ曲げ、悪用していた。中国は不正利用とスパイ行為を通じて数多くのアメリカの知的財産を盗むだけでなく、アメリカ製品とサービスに高関税を課した。それに加え、広範囲に及ぶ力を使い、国内の反対派を弾圧し、近隣諸国を虐め、アジアや世界でのアメリカの指導的地位に挑んだと彼らは考えた(51)。

トランプ政権は勝負を懸けた戦略的競争で中国と正面から対決したが、それはアメリカのインド太平洋戦略にも反映された。ジェームズ・マティス国防長官は、二〇一八年六月にシンガポールで開催されたアジア安全保障会議（シャングリラ・ダイアローグ）で、アメリカのインド太平洋戦略の一部を披露した。演説のなかでマティスは「アメリカはインド太平洋地域に留まる。ここは我が国が最優先に考える地域であり、我が国にとって利害があり、この地域は密接に絡み合っている」と発言した。[52] 彼は「原則に基づく現実主義（principled realism）」の政策を強調した。中国とは協力する一方で、中国の行動、特に南シナ海での行動に関しては公式に批判するという考えを含んだ政策である。マティスによれば、南シナ海での動きは、「中国のより大きな目標に疑念を抱かせる」ものだった。[53] 彼はまた、アメリカ政府のインド太平洋戦略を支える四つの柱を明らかにした。第一に、同盟国と安全保障のパートナー国が海洋秩序と利益をよりよく監視し、保護するため、アメリカは海軍力と法執行能力の構築を支援すること。第二に、他国の軍隊との相互運用性（interoperability）を確実にすること。第三に、法の支配、市民社会、透明性のあるガバナンスを強化すること。第四に、民間部門が先導する経済発展に空約束や経済主権の譲渡を許さないことである。

トランプ政権は二〇一七年の「国家安全保障戦略（NSS）」で「インド太平洋」という語を十分に用いた。NSSで明確にされたのはアメリカと同盟国による中国に対する激化する競争であり、それはインド洋を含めた拡大アジア太平洋で生じているものだった。[54] 続いて二〇一八年八月にはトランプ大統領が二〇一九年度国防授権法に署名した。同法には南シナ海での中国の拡大主義に対抗する条項が含まれており、この問題がアメリカにとっての法的問題でもあることが明白になった。[55] さらに、国防総省が二〇一九年六月に発表した「インド太平洋戦略報告（Indo-Pacific Strategic Report）」は、アメリカのインド太平洋戦略の概要をさらに明確にし、二〇一七年のNSSで強調された多くの見慣れたテーマをあらためて取り上げた。「インド太平洋戦略報告」は、「アメリカの同盟と協力関係を強化し、ネットワーク化された安全保障のアーキテクチャーへと発展させる」とともに、

「侵攻を抑止し、安定を維持し、公共の領域への自由なアクセスを保証するアジア圏内の安全保障関係を涵養し続けていく」ことを求めた。[56]アメリカが直面する安全保障上の主要課題として中国を捉え、軍備の近代化や影響力工作、略奪的な経済で他国を支配し、地域を自国に有利な形で再編成しようとする修正主義の国として名指しした。[57]

ワシントンでの中国についての風潮と認識を反映し、アメリカは南シナ海で力を見せつけ始める。アメリカ海軍は中国の過剰な主張を無効にするべく、係争海域でのFONOPの頻度を増加した。二〇二〇年四月から八月三十一日まで、アメリカ海軍は三度のFONOPを実施し、パラセル諸島周辺の中国の海洋権益の主張に対抗し、この諸島の近海、すなわち中国が現在、領有権を主張している国際海域に接近する権利を強調した。さらに、日本の横須賀を拠点にする第七艦隊が、戦略的に重要かつ機微な台湾海峡を通過し、その後、公式にこの件を発表している。こうしたアメリカ海軍の行動に合わせて、トランプ政権は台湾との関係強化を図り、一連の外交努力を続けた。予想されたとおり、それらは中国からの敵対的反応を引き起こした。[58]

アメリカはさらに中国への警戒を引き上げ、国務省は二〇二〇年七月十三日、常設仲裁裁判所が南シナ海問題に関してその前日に下したフィリピンに有利な裁定を支持すると発表した。[59]同裁判所は最終的な裁定として、「海洋法に関する国際連合条約」で認められたものを除き、係争海域に関する歴史的権利という中国の主張には何ら根拠もないと宣言し、中国政府による「九段線」の主張を無効にした。[60]中国はこの裁定を「単なる紙切れ」と片付けたが、アメリカ政府は裁判所の画期的な決定に明確な支持を表明している。ちなみにこの発表がなされたのは、二〇二〇年七月から八月まで、アメリカ海・空軍が東南アジア周辺の海域で四週間にわたる大々的な示威行動を行った時期と重なる。[61]

アメリカ政府の一連の文書発表と、東南アジアとその周辺での示し合わせた軍事行動は、明らかに米中間の緊張があらゆる側面に広がっていたことを指し示す。その緊張は、軍事と安全保障の領域で、さらにはアジアでの影響力をめぐって生じている両大国の全面的な競争に加え、ときに露骨な対立の激化を反映したものである。反目する米中両国は、思想や政治、経済の多くの分野において衝突している。地域の紛争の火種をめぐっても同様であり、東シナ海、朝鮮半島、台湾海峡、南シナ海の状況が該当するが、これらに限定されるわけではない。

アメリカの強力で持続的な反応に警戒を強めた中国は、南シナ海における戦略的態度を強化した。航空基地と港を建設し、人工島を軍事的な前哨地に変えた。二〇一九年五月には、スプラトリー諸島近くで占領している人工島の施設に、対艦巡航ミサイルと地対空ミサイルシステムを配備している。[62]さらに同月、人民解放軍空軍のH‐6K（戦神）爆撃機が、パラセル諸島で離着陸演習を実施した。スプラトリー諸島に配備された巡航ミサイルの射程とパラセル諸島を拠点とするH‐6K爆撃機の航続距離が南シナ海と東南アジア全域をカバーするという戦略的評価もある。[63]中国は二〇一九年半ばには、南シナ海でDF‐21DやDF‐26などの対艦ミサイルの発射実験も何度か実施した。二〇二〇年八月末の示威行動で、人民解放軍は中距離弾道ミサイル四基を係争海域に向けて発射した。このミサイルは空母のような海洋上の標的を破壊することを目的に設計されたものである。こうした行動はASEAN諸国だけでなく、アメリカとその同盟国にも、中国が強力な兵器を保有しているという明確なメッセージを送ることを意図していた。事実、その中距離弾道ミサイルと爆撃機は現在、南シナ海の係争海域での航行の自由と領空通過だけでなく、多くの東南アジア諸国の安全を脅かしている。

5　インド太平洋戦略の模索

二〇一六年以降のアメリカの言動は、南シナ海をインド太平洋地域の主要な前線に変えてきた。アメリカはまた、北東アジアにおける脅威に対処するべく太平洋戦力を再編し、南シナ海での紛争に効果的に対応できるよう態勢を整えた（第4章参照）。その結果、ASEANを含む東アジアの国々は自らの国益を考えつつ、一方では主にアメリカとの安全保障上の同盟や協力関係、もう一方では（ほとんどの国にとって広範囲に及ぶ）中国との貿易・経済関係の双方を秤にかけながら、外交政策の決定を下している。

しかし、米中間に加えて日中間の戦略的競争の劇化は、諸々の関係を複雑なものにしつつ、東南アジア全域での不安を高めている。戦略的な手詰まり状態も生じた。中国が係争領域および海域の実効支配を拡大しようと軍事・準軍事のさまざまな手段を使おうとすれば、日米の重要な戦略的利益と原則に課題を突きつける。それゆえアメリカや日本、徐々に数を増す志を同じくする国々は、東南アジアと南シナ海を戦略的に重視してきた。この傾向は、海洋をめぐる係争や他の安全保障の課題と大きく関係するものだが、結果的に、海洋状況把握（MDA）や共同訓練、軍事演習、寄港、FONOPなど、地域諸国の海洋能力の構築を目指す取り組みに繋がった(64)。

ASEANは流動的な南シナ海情勢が軍事衝突に繋がりかねないと認識しており、情勢を注意深く監視している。インドネシアのマルティ・ナタレガワ前外相はこの状況を地域大国間の「動的平衡（dynamic equilibrium）」と捉えた。この動的平衡は「真ん中にＡＳＥＡＮを置き」、ＡＳＥＡＮが「指揮者」で、加盟国が「オーケストラ」を構成するものである。[65] だが、ある論者が指摘するように、「米中間の緊張を抑制しなければ、オーケストラは混乱に陥る」のである。[66]

二〇一九年六月、バンコクで開かれた第三四回ＡＳＥＡＮ首脳会議において加盟一〇か国は「インド太平洋に関するＡＳＥＡＮアウトルック（ＡＯＩＰ）」を採択した。インドネシア政府が推した非拘束的な文書だが、採択を通じても安全保障の典型的な課題に対応できなかった。交渉の間に加盟国間で若干の意見の相違があったと伝えられたものの、共通の展望（outlook）としてＡＯＩＰが採択された。確かにこの事実は、戦略的環境に不安な要素が生じたとき、ＡＳＥＡＮには合意に基づく方針を示す能力があることを示すものである。この地域への影響力を増大させた中国と、インド太平洋戦略を通じて均衡を図ろうとするアメリカの双方に対し、独自の戦略を考案しようとしたＡＳＥＡＮの努力の結果をＡＯＩＰに見出せるだろう。

五ページの文書はＡＳＥＡＮのビジョンの概要を述べており、連結性を改善し、海上協力を加速させるといったことが謳われるとともに、法の支配であれ、武力による威嚇や武力行使の放棄であれ、ＡＳＥＡＮで長く支持されてきた原則を取り入れ、発展を先導していく旨も唱えている。しかしながら、この文書はアメリカと中国を名指しすることはなく、南シナ海問題への言及も避け、「あからさまな衝突に発展する可能性のある未解決の海洋をめぐる係争（unresolved maritime disputes）」と述べるに留まっている。[67] ＡＯＩＰは経済・開発問題に特化しているため、ＡＳＥＡＮの戦略的環境を不安定にしている要因の緩和についてはほとんど何も提案していない。[68]

ＡＳＥＡＮが共通の「戦略」というよりも「展望」としてＡＯＩＰを受け入れたことは、ＡＳＥ

ＡＮの弱さとは言わないまでも、地域的な安全保障の動向に対する慎重な接し方を表している。そして顕著なことに、ＡＯＩＰは加盟国間に意見の相違があることを映し出した。実際に、ＡＯＩＰの漠然とした性質は、その構想が必要となった本当の理由である米中の戦略的競争を覆い隠している。ＡＯＩＰは大国間の競争と向き合うことを避け、むしろ競争ではなく協調がインド太平洋を支配すべきと捉える。

署名のインクが乾く前に、ＡＯＩＰは多くの点で見当違いであることが露呈した。ＡＯＩＰがＡＳＥＡＮの結束と中心性を守れなかったのは、加盟国間で見解や戦略の相違があるにもかかわらず、十分な対処がなされなかったからである。加盟国はすでに米中両大国の競争に対処するための国家戦略をそれぞれ立てていた。例えば、インドネシアはＡＳＥＡＮを中心としたインド太平洋政策を考案したが、それは「自由で開かれたインド太平洋」の概念に基づくアメリカの積極的な政策を、中国を排除し孤立させる同国の壮大な戦略と認識したことへの反応でもあった。インドネシア政府はまた、アメリカ・日本・オーストラリア・インドで構成される「四国間安全保障対話」（通称「クアッド」）にも疑念を持ち、これを海軍力で中国を牽制するための連携と見なしていた。インドネシアは、この新しいインド太平洋の協力関係が、地域問題に関するＡＳＥＡＮの中心性を損なうかもしれないと考えていた。ＡＳＥＡＮの中心性についての懸念は、ジャカルタだけでなく他のＡＳＥＡＮ諸国の首都でも表面化し、ＡＳＥＡＮは繰り返しＡＳＥＡＮの失せない中心性とＡＯＩＰの有効性を強調した。この種の懸念は中国に対するクアッド諸国各自のインド太平洋戦略の実施によって、さらに顕著になった。

ＡＯＩＰは発展途上の取り組みであると一般的に理解されているとはいえ、ＡＯＩＰと二十一世紀の地政学の厳しい現実の間には大きな隔たりがある。ＡＯＩＰの存在はＡＳＥＡＮ加盟国にＡＳＥＡＮのルールと原則を示しながら、域外国と関与することを可能にする。ただ、ＡＯＩＰは原則を保証するためのいかなる新たなメカニズムも確約しておらず、ＡＳＥＡＮが大事にしてきた原則がよく見えるためのレンズとして機能するにすぎない。ＡＯＩＰは共通の戦略とは程遠く、共通の参照点（a common reference point）としてのみ機能する。二人の著名な東南アジア研究者は次のように指摘する。

ＡＳＥＡＮのインド太平洋に関する解釈は、すべての関係国のための空間を想定する。ただし、それはＡＳＥＡＮを解釈の中核とする多国間の地域的安全保障のアーキテクチャーを受け入れる意志があれば、という条件付きとなる。ＡＯＩＰは、この地域が二つの敵対的な陣営に分裂するのではないかという東南アジアの多くの国が抱える不安に対する試みのように見える。結果として、ＡＯＩＰは第一義的に、問題解決のための具体的で実行可能な提案よりも、共通の目標を設定することに集中している。(69)

米中が勢力争いを繰り広げるなかで、ＡＯＩＰが曖昧であるばかりか、ＡＳＥＡＮは実際的な共通戦略を生み出せずにいる。この事実は、ＡＳＥＡＮが単に「言葉の上での合意だけで、それを実行する能力または意図がほとんど見られない(70)」という従来の見解を裏付ける。こうした欠陥と相俟って、中国の経済的な浸透、さらには中国の政治的手段に対するＡＳＥＡＮの脆弱性は高い。ここ数年の例を挙げれば、中国の指導部は一帯一路構想を通じたインフラ融資だけでなく、ＡＳＥＡＮ

との貿易と投資関係を推進してきた。中国は、港湾や鉄道、高速道路、工業団地、さらには水力発電所や火力発電所まで、あらゆる種類のインフラ建設のために、東南アジア諸国に対して一斉に財政的な支援を行ってきた。[71] 二〇二〇年を通じて、中国は新型コロナ危機の対策でもＡＳＥＡＮ諸国を支援した。中国の経済的浸透に対するＡＳＥＡＮ諸国の反応は全般的に好意的なものだが、その大きな理由は、これらの国が自国のインフラ開発のために外資を必要としているからである。経済依存が継続することで、さらに緊密な政治、防衛、外交関係がＡＳＥＡＮと中国の間に生まれるだろう。ただ、危惧されるのは、中国の圧倒的な経済力が行動規範の交渉結果に悪影響を与え、最終的には中国が支配する大きな経済圏における一つの小さな問題に引き下げられてしまうことである。

おわりに

中小国の集まる地域的機関として、ＡＳＥＡＮは二十一世紀の重要な安全保障問題に取り組んできた。非公式の外交や分権的な構造、合意に基づく意思決定、そして道徳的説得はその手段だった。しかし、拡大主義的な大国である中国は、南シナ海の流動的な係争に関する交渉の過程で、ＡＳＥＡＮを分裂させることに成功する。米中が戦略的競争を繰り広げるなか、ＡＳＥＡＮは地域の防衛に関して共通の戦略を生み出そうと努めたが、その努力のほとんどが失敗に終わっている。その代わりにＡＳＥＡＮはインドネシアが主導するＡＯＩＰを採用した。とはいえ、この文書は大国間競争の現実を無視し、ＡＳＥＡＮの各加盟国がすでに米中両国に対する独自の国家戦略を用意している事実を見過ごすものだった。二〇二一年一月の時点で、ＡＳＥＡＮと中国は未だ行動規範を策定しているところだが、中国は南シナ海での拡大主義に制約が課されるのを避けるべく、ＡＳＥＡＮを分裂させる努力を続けている。中国はまた、将来の行動規範に自国の利益を害する条項が含まれるのを回避するよう努めている。

このような展開が示すのは、東南アジア諸国がたとえＡＳＥＡＮとＡＲＦにおいて結束した集団として行動したとしても、制度的な安全保障の課題、あるいはインド太平洋地域における急激な構造的変化を決定的に管理できないことである。これらの国にできるのは、中小国の利益を促し、中小国が現状に対する変化を管理できるよう、大国に影響を与えることとくらいだろう。それでも、中小国が地域の安全保障で重要な役割を果たすには、大国の暗黙の支持を得なければならない。ＡＳＥＡＮ加盟国が地域的な安全保障の均衡の舞台中央にいたとしても、これらの国々が地域の動向を思い通りに舵取りするだけの力を自動的に得られるわけではない。安全保障面で主要な役割を果たすには、地域の問題に対する大国の異なる立場や相反する利害を考慮するとともに、中小国自身の集団としての課題に注意を払う必要がある。言い換えれば、ＡＳＥＡＮが推すイニシアティブへの大国の賛同と参加を得るには、ＡＳＥＡＮ諸国は大国の利害――こうした利害は相反することもあれば、収斂することもある――を管理しなければならない。

大国間の相互関係が全体として安定していることが、ＡＳＥＡＮの生存にとって決定的に重要となる。インド太平洋地域における安全保障組織としての発展性という点でもそれは変わらない。大国間の緊張、あるいは敵対的な関係は、ＡＳＥＡＮ諸国をどちらかの側につかせるか、受動的な中立を保つ立場に追い込む可能性があるが、ＡＳＥＡＮは大国間の協力があってはじめて地域の安全保障問題で実質的な役割を果たすことができる。この協力のためには、大国が現状を受け入れるか、少なくともインド太平洋地域の平和的変化の重要性を信じることが求められる。ＡＳＥＡＮにとっては残念なことに、南シナ海への中国の戦略的進出と、その拡大主義に対するアメリカと日本の反応を考えれば、現状はそうとは言えない。実際に、中国の大国としての台頭と南シナ海での領有権の主張、米中間の地政学的競争はすべて、地域的機関としてのＡＳＥＡＮの限界とともに、未曽有の変化に直面するインド太平洋地域の安全保障の課題に対するＡＳＥＡＮの手法の限界を試すものとなるだろう。

注

（1）【監訳注】日本の与那国島の側まで引かれた段線を含めれば、段は九つに留まらないとする見方も存在するが、本章ではより一般的な「九段線」の呼称を用いている。
（2）【監訳注】原書が言及する dispute は「問題」「係争」と訳出した。「紛争」の訳語は「武力紛争」と誤読されかねないためである。
（3）Simon (2015: 575-576).
（4）Glaser & Flaherty (2020: 25-26).
（5）Wuthnow (2020: 128-130)
（6）Sutter & Huang (2020: 64).
（7）De Castro (2020).
（8）Chung (2004: 292).
（9）Choi & Tow (2013).
（10）Yeo (2019: 14).
（11）Kupchan (2010: 217).

（12）Yeo (2019: 53).
（13）Ba (2009: 193).
（14）Scott (2007: 104).
（15）Yahuda (2013: 199).
（16）Yahuda (2013: 215).
（17）Simon (2008: 197).
（18）Choi & Tow (2013: 21).
（19）Choi & Tow (2013: 22).
（20）冷戦の初めにアメリカが共産主義諸国を封じ込めるべく考えた当初の列島線は、主として千島列島から日本列島、南に下って琉球諸島を含む南西諸島、台湾、フィリピン北部とボルネオ島、すなわち、カムチャッカ半島からマレー半島までで構成されていた。一九八〇年代以降、中国はこの列島線の概念を自国の「近海防御」と自らが望む力の投射のための指標として再解釈してきた。
（21）Sharman (2015: 4).
（22）Kelly et al. (2016: xvii).
（23）Sharman (2015: 33).
（24）Huang (2015).
（25）National Institute for Defense Studies (2016: 11).
（26）Simon (2012: 1000).
（27）Emmers (2014: 64).
（28）Acharya (2012: 20).
（29）Jian (2015: 74).
（30）Emmers (2014: 64).【監訳注】引用符内の文言は行動宣言（本文第五パラグラフ）より引用。
（31）Ba (2016: 49).

(32) Buszynski (2013: 54).
(33) Jian (2015: 74).
(34) Acharya (2012: 22).
(35) Jian (2015:76).
(36) Jian (2015: 76).
(37) Simon (2012: 1006).
(38) Thayer (2012: 6).
(39) Simon (2012: 1016).
(40) Emmers (2014: 67).
(41) Thayer (2012: 2).
(42) Roberts (2015: 137).
(43) Roberts (2015: 137).
(44) Jian (2015: 76-77).
(45) Jian (2015: 74).
(46) 中国・ASEAN外相会議のあと、中国の王毅外相は行動規範に関する協議をまとめ上げたいと発言した。これは中国がその結論に満足していたことを示唆する(National Institute for Defense Studies, 2017: 141)。
(47) Poling (2018: 1).
(48) Thayer (2017).
(49) De Castro (2020: 351).
(50) Dalpino (2020: 53–54).
(51) Gertz (2019: 1).
(52) Cossa & Glosserman (2018: 2).
(53) Cossa & Glosserman (2018: 2).

（54）The White House (2017).
（55）Sutter & Huang (2020: 56).
（56）US Department of Defense (2019).
（57）US Department of Defense (2019: 7–10).
（58）Glaser & Flaherty (2020).
（59）二〇一三年一月、フィリピンのベニグノ・アキノ三世の政権は、ハーグの常設仲裁裁判所（ＰＣＡ）に中国との仲裁事案を持ち込んだ。ＰＣＡの裁定は当事国を拘束する。
（60）当初一九四七年に中華民国によって「十一段線」として発表された「九段線」は、中国が南シナ海で領海と考える海域の範囲を定めている。一九五三年に発行された地図上で、中国政府が二つの「段線」を削除した。
（61）Sutter & Huang (2020).
（62）National Institute for Defense Studies (2019a: 104).
（63）National Institute for Defense Studies (2019a: 104).
（64）Przystup & Saunders (2017: 26).
（65）Acharya (2012: 25).
（66）Acharya (2012: 25).
（67）Association of Southeast Asian Nations (2019).
（68）Singh & Henrick (2020: 1).
（69）Heiduk & Wacker (2020: 28).
（70）Simon (2008: 205).
（71）National Institute for Defense Studies (2019b: 37–38).

Ⅳ 競争の最前線——現れる影響力とパワー

第9章 二つの大洋の小島嶼国
——小さな国々の大きな役割

モハン・マリク
（アラブ首長国連邦国立防衛学院）

はじめに

西太平洋から西インド洋にかけての広大な海域は、「冷戦」として描かれるアメリカと中国の対立のグラウンドゼロとなっている。大国間の勢力争いは、この海域の小島嶼国（small island state(s)）(1)に影響を与えずにはおかない。米中二つの大国は、互いに相手が敵対的であり、軍備競争に邁進していると認識しているが、資源、市場、基地へのアクセスを得るための新たな同盟を形成し、従順な現地政府を確保しようと中小国家に目を向けている。興味深いことに、二十一世紀初頭の世界の趨勢《すうせい》は新興の工業大国が海軍力を競い合った一世紀前の状況と酷似する。

大国が影響力とプレゼンスを増強させようと熾烈な攻防を繰り返すなか、インド太平洋地域には新たな摩擦が生み出された。太平洋上では中国とアメリカの海軍が、インド洋上では中国とインドの海軍が至近距離ですれ違う頻度が増している。資源や市場、基地、海上交通路（ＳＬＯＣ）へのアクセスを求める貪欲さが増すにつれ、ライバル国同士は第三国の周囲で頻繁に鉢合わせするようになった。(2)自らの自然な勢力圏と捉えていた領域に中国が深く入り込むのを見て、国々は警戒心を強めている。西・南太平洋におけるアメリカ、日本、オーストラリアの各政府、インド洋におけるインド政府がまさにそうである。

翻って中国は、セーシェルからサモアまで、小島嶼国との経済関係を強化することで、より広範な戦略的目標への支持調達を容易にしている。比較的小さな投資と援助でも、国のエリート層を取り込み、影響を与えるのには効果的である。戦略的に重要な広大な海域へのアクセスを確保し、ライバルのアクセスを妨害する可能性も広がる。大国それぞれがこの地域で優位に立とうと競い合っているが、小島嶼国はどの側につくか立場を変えることで、大国間のライバル関係を形作り、その関係に影響を与える。大国と小国の間で協力と忠誠の関係が繰り広げられ、新たな戦略バランスが生まれている。

以上の分析を導くのは、経済力と軍事力のバランスの変化が往々にして、従来対立のなかったところに対立を引き起こすというパワー・トランジション（権力移行）理論である。(3)新興勢力は自らの意志を世界秩序に押しつけようと、パワーと影響力を求めて競い合う。その目的のために中小国の支持を集める行動を起こし、さらに新興大国と既存の大国の間の緊張とライバル関係が生み出される。インド太平洋地域は現在、中国の爆発的成長により、準地域（sub-region）と汎地域（pan-region）における対立の中心地となっている。また、中国とその衛星国を一方の側に、アメリカ、オーストラリア、日本、インドをもう一方の側に置く、大国間の海洋競争の主要な舞台でもある。

しかし、緊張が増す安全保障環境のなかで、一連の課題と好機に直面している小島嶼国がこの競争に果たす役割は、国のサイズに見合わないほど大きい。

本章は、国際環境において競争が激化するなか、インド太平洋地域の小島嶼国の防衛と外交に重点を置き、これらの国が多様な手段と戦略をどのように用いているのか、またそれがどのような効果を上げているかを考察する。第一に、大国にとっての島嶼国の地政学的な重要性について述べる。第二に、太平洋地域の小島嶼国の状況を検証するとともに、「自由で開かれたインド太平洋（FOIP）」を推進するための政策と戦略にも触れる。第三に、インド太平洋地域の小島嶼国の状況を分析する。そして最後に、大国間の対立が深まるインド太平洋地域における小島嶼国の将来を展望して考察を締めくくる。

1　小国に利用される大国の競争

中小国は大国間の勢力争いに大きな役割を果たすとともに、大国間の競争の性質と結果をしばしば左右する。それはどの国も「より小さな国」の支持を獲得することで主要国から大国へと成長するからにほかならない。中小国の支持を得られるか否かで、大国が支配するか敗北するかの行方が決まる。中小国がしばしば「中枢国家（pivotal states）」または「スイングステート（swing states）」[4]と呼ばれる所以である。小島嶼国が戦略的に重視されるのは、これらの国が資源の豊富な広大な排他的経済水域（EEZ）に恵まれているだけでなく、港や海軍基地があり、そこが結果的に大国の海洋権益の拡大を容易にするからである。歴史的にも大きな地政学的変化を最初に経験するのが小国だった。世界の勢力分布が動く時期には、周辺に位置するこれらの「零細国家（minnows）」が大きな危機の始まりに、国のサイズには不釣り合いな役割を果たす。往年のゼロサムゲームの大国間競争が戻ってきたことで、バヌアツやパラオ、モルディブ、モーリシャスのような小島嶼国が現在の「スイングステート」となり、影響力拡大を競い合う二つの陣営間の新たな対立の板挟みになっている。

多様性に満ちた太平洋とインド洋の小島嶼国だが、共通項もある。例えば、これらの国の安全保障上の主要な課題は非伝統的なもので、主に海洋の領域に関わるものである。海洋資源を違法・無報告・無規制（IUU）漁業から守ることが急務である一方で、気候変動により頻発する自然災害や海水面の上昇が国家存続への脅威となっている。それに加え、どの小島嶼国も資金が乏しく経済も比較的弱く、貧弱な統治体制ゆえに外部の大国からの威圧や干渉には脆い。その反面、どの国も主権を守ろうと用心深くなっており、外交政策の選択肢が制限されたり国内政治に干渉されたりするのを避けるため、一国だけに支援が依存してしまうことは好まない。広大な海洋に囲まれている小島嶼国はまた、漁場、漁業、炭化水素、ミネラルが豊富な大きな排他的経済水域を持つ。そして悲運とも言える共通項は、史上最悪のウイルス感染症が小島嶼国の達成しえた経済発展を後退させたことである。観光や海外からの送金、対外援助に依存せざるえない小島嶼国が生き残るには、外からの経済援助を必要としていくだろう。

大国がインド太平洋地域の島国を見ているのは、地政学的チェスボードの上で自国のプレゼンスを増し、相対的に優位に立つための単なる駒（ポーン）としてかもしれない。しかし、大国間の競争の脇役でしかない国々が、他国を引き込み、その競争を自国の利益のために利用する能力を侮ってはならない。むしろ、自らの地政戦略的な重要性を認識する「島嶼国は、国家的かつ戦略的利益を切り拓くため、自国にとっての優先事項と課題をしっかり唱え、既存の大国と地域の〔新たな〕勢力に抵抗している」のである。(5)

中堅国家の多くと同じく、小島嶼国にも選択肢がある。勝ち馬に乗り（bandwagon）、大国と同盟を結ぶか、潜在的脅威と目される新興勢力に対して均衡を図るべく対抗するか（balance against）、あるいは自律や中立を維持するため、大国同士が互いに競い合うようにヘッジング（hedging）戦略を展開するか、である。太平洋とインド洋両方の小島嶼国が好むのはヘッジング戦略だが、それぞれに内容は違い、制約もあり、成功の度合いは異なる。例えば西太平洋地域（地図３参照）では、小島嶼国のいくつかがアメリカと長期的な軍事同盟を結び、その安全保障の傘の下に手堅く収まっている。それによって、安全保障問題で中国に対してとるヘッジング戦略には多少の制約が加わる。太平洋地域の小島嶼国からの支持をめぐる中国と台湾の主導権争いも、制約を加える一要素となる。北京の官僚たちにとっては、小島嶼国は台湾の主権を認めて中国からの援助や融資を失うか、あるいは台湾を認めないかの二者択一しかない。

海洋権益や資源をめぐる未解決の係争が存在し、東シナ海と南シナ海で中国がアメリカの同盟国と競っていることで、ヘッジングはやや困難となる。対照的に、インド洋の小島嶼国（地図４および地図５参照）は、中国をインドの拮抗《きっこう》勢力として歓迎し、中国を主に領土紛争や直接の利害の対立のない無害の経済大国と見なしている。インド洋の小島嶼国はまた、どの大国とも安全保障同盟を結んでいないため、アジアの両大国に対してより自由にヘッジングができる。「ヘッジングは本質的に、中国への過度な依存を回避するものとして（……）、中国と接近しつつ、その対立国であるインドとアメリカとも密接な関係を築く政策を追求する」ものである[6]。それでも、中国の影響力とプレゼンスの増大がインドの近隣諸国の外交政策の選択に影響するばかりか、インドによる対抗手段もこれらの国の政治的分裂を悪化させてきた。

二つの大洋での中国の海洋戦略

工業化と経済成長を加速させるための天然資源の獲得、大量の製品を投げ売りするための海外市場、アクセスと保護を提供する前進基地の確保は、すべて中国の推し進める大戦略の一端である。だが、中国にとって賭けのリスクは大きい。中国の海洋戦略は、二〇一三年に公表された習近平国家主席の「一帯一路」構想の要《かなめ》の一つである。一帯一路の構成要素である「二十一世紀海上シルクロード」構想は、中国人民解放軍海軍（以下、解放軍海軍）の二大洋戦略（two-ocean strategy）の論理的集大成と言える。これは太平洋を支配するとともに、インド洋の常駐勢力（resident power）となることを目標とするものだ。中国は沖合の重要航路を支配し、両大洋に戦略的プレゼンスを広げる基地と補給施設を建設することで、計画を推し進めてきた。海上シルクロード構想は中国のかつての「真珠の首飾り」海洋戦略の更新版と見なされることが多いが、実際に遠く離れた地域と島々が中国の国益に組み込まれた。

太平洋とインド洋の小島嶼国がアメリカ、イギリス、フランスなどの海軍大国の拡大政策に重要な役割を果たしてきたことを中国は十分に認識している。したがって、西太平洋の主要な群島で構成される第一列島線内を解放軍海軍が軍事化すると同時に、中国政府は戦略的な第二列島線（地図3参照）に位置する小島嶼国を買収しようとしている。日本の小笠原諸島からマリアナ諸島、太平洋のミクロネシアを線で結ぶのが第二列島線である。小島嶼国は国際金融機関から資金を引き出せないことが多いため、中国は簡単に買収できる。どの国も工場や学校、道路、港を建設して、島国を発展させたいと望むなか、中国からの資本と土木技術の提供は小島嶼国にとって魅力的なものとなる。

港湾とその操業に関して注目すべきは、世界の主要五〇港のほぼ三分の二を中国が所有するか、一部に中国の投資を受け入れていることだろう(7)。中国企業は三四か国の四二の港の建設と操業に参加し、この一〇年に海外の港に一一〇億ドル近くを投資してきた(8)。港湾の開発と操業は多くの小島嶼国にとって歓迎すべきものとはいえ、将来的に中国の解放軍海軍が港を軍事利用する可能性についてはそうでもない。中国の戦略立案者は太平洋地域に「戦略的支点港湾（strategic fulcrum ports）」を建設し、米中間の格差を狭めるための供給拠点の確保に努めてきた。例えば二〇一四年以降に解放軍海軍が「建造した潜水艦、軍艦、水陸両用の輸送艦艇と補助設備は、ドイツ、インド、スペイン、台湾、イギリスの海軍が現在保有している艦艇を合わせた数より多い」という(9)。

中国政府の見方からすれば、中国の軍事力拡大は、世界最大の貿易国としての地位に相応しい規模であり、重要なSLOCと増大する経済資産を守るという戦略上の使命を支えるものである。中国はまた、海上シルクロード沿いに位置する小島嶼国に対し、経済成長と防衛の両方で中国を頼りにすべきと喧伝することに余念がない。ただ、先行きに影を落とすのは、両大洋における解放軍海軍のハードパワーの増大に伴って、中国の勢力圏拡大への抵抗は容認されないという暗黙の脅しが存在することだろう。中国にとっての地域内のライバルである日本とインドが、沖縄とその周辺、アンダマン・ニコバル諸島の防衛をそれぞれ強化することで対応してきたのは当然のことだった。

2　太平洋――もはや太平ではない

多くの太平洋諸国が長きにわたり、アメリカおよびオーストラリアと公式・非公式の安全保障協定を結んできた。太平洋上で戦略的に重要な位置を占めるこれらの諸国だが、大国にもたらすのは、ライバルと対抗するうえでの戦略的な奥行きと海上の支配である。ただ、中国の太平洋への地経学的関心と地政学関心が深まるにつれ、結果として、西太平洋と南太平洋に位置する小島嶼国は、アメリカおよびその同盟国と中国との勢力争いの大きな舞台となってきた。

国内の海洋性タンパク質の需要の急増を満たすべく、一九九〇年代以降、太平洋に出没する中国の漁船は増え続けている。中国の貿易業者と中小企業は南太平洋のほぼすべての町で操業しているし、数千もの中国人が不法な手段でいくつかの小島嶼国の市民権を獲得した。中国の国営建設会社が、ホテルやカジノ建設計画に参加している（「カジノ資本主義」と呼ばれる）。これらはしばしばアメリカの軍事施設の近くや、かつてのアメリカの領土、現在も公式にはその一部である土地に建設されている。(10)

中国は二〇二一年一月現在、太平洋の一〇の島嶼国と国交を結んでいる。クック諸島、ミクロネシア連邦、フィジー、ニウエ、パプアニューギニア（PNG）、サモア、トンガ、バヌアツ、そして最近ではキリバスとソロモン諸島である。中国は太平洋の小島嶼国すべてに対し、援助と観光業の後押しという誘惑とともに、台湾との国交を断つよう絶えず圧力をかけてきた。例えば、二〇一九年九月、キリバスは台湾の承認から一七年後にこれを覆し、台湾を中国の一部と見なす決定を下した。その背景には、ターネス・マーマウ大統領が中国から得ようとした援助があった[11]。海水面の上昇を軽減するための浚渫《しゅんせつ》工事によって、島を持ち上げるというプロジェクトである。同月、キリバスに先立ち、ソロモン諸島も中国を承認し、台湾に置いていた大使館を閉鎖していた。現時点で、中国からの強い圧力にもかかわらず、台湾の承認を続けているのは、ツバル、ナウル、パラオ、マーシャル諸島の四か国だけとなった[12]。

小島嶼国の一国が台湾から中国へ支持を変えた後にさえ、中国の方針に従うよう促す圧力は続いている。例えば、ソロモン諸島は三六年に及んだ台湾との国交を二〇一九年に断ち切ったが、マライタ州が中国の共産党体制を承認する決定を拒絶したことで、国内に軋轢が生じた。マライタ州は新型コロナウイルス危機への対処で、台湾からの医療援助を受けることにしたものの、この「一つの中国」政策への違反は、中国政府からの激しい非難を招いた[13]。ソロモン諸島のほか、ナウルなど他の小島嶼国も、いまや中国の不快で攻撃的な「戦狼」外交の受け手になっている。この中国の外交政策は、小島嶼国に共通する「太平洋的な方法」で物事を進める方針、すなわち、舞台裏での穏やかで礼儀正しい、合意に基づいた外交とは相容れない。

少ない投資で大きな効果

島嶼国のエリート層の薄さや統治体制の弱さ、不正や腐敗の横行を考えれば、中国政府はわずかなコストで大きな影響を与える政治的手段を多数手にしている。二〇一三年、太平洋の小島嶼国は習近平国家主席肝煎りの一帯一路を構成する「海上シルクロード」の一部になった。二〇一四年十一月には、太平洋諸島フォーラム（ＰＩＦ）に習近平が参加し、国交のあるこれらの友邦との関係を戦略的パートナーへと格上げした。二〇〇七年から二〇一七年の間に、中国の太平洋諸国との貿易は全体で四倍の八二億ドルに増大し、対韓国貿易をわずかに上回った。対照的に、アメリカの貿易額はわずか一六億ドルだった。中国の当該地域への海外直接投資（FDI）も、二〇一四年から二〇一七年の間に一七三パーセント増加して二八億ドルになり、開発援助でもアメリカと肩を並べ、二〇〇六年から二〇一四年までに一七億ドルに達した。中国はこの地域の最大の二国間の融資提供国となった。オーストラリアのローウィ研究所の推定では、二〇一一年から二〇一九年の中国から太平洋諸国への援助は一六億ドル、アメリカからはそれを下回る一二億ドルだった。さらに、多くの太平洋諸島の経済は、景気停滞を避けるために中国からの観光客の流入に過度に依存するようになったが、これは小島嶼国の選好と利益に中国が影響力を行使するもう一つのツールとなった。

鉱物と漁場を渇望する中国は、メラネシア・スピアヘッド・グループ（MSG）に重点的な経済・外交的援助を行ってきた。このグループは資源が豊富なPNGに加え、バヌアツ、ソロモン諸島、フィジーで構成される。「二〇〇六年から二〇一六年までに最大規模の援助、六億三二四六万ドルがPNGに投入され、現地では中国企業が金や他の鉱物を採掘している」と指摘される。[14] PNGは豊富な天然資源を有し、その戦略的な立地からも中国の関心を引きつけた。とはいえ、中国は一部では後退を余儀なくされている。オーストラリア政府はファーウェイによるPNGとソロモン諸島への光海底ケーブル敷設計画を阻止し、またPNG政府は中国の紫金鉱業集団が保有していた金鉱山の契約を更新しなかった。ただ、PNGの中国への財政依存は、中国にとっての戦略的優位に変わりうる。[15] 二〇二〇年十二月、PNGは、中国が二億ドル規模の漁業拠点を建設するプロジェクトを承認した。場所はオーストラリア本土に近いトレス海峡のダル島である。バヌアツとトンガも、中国から多額の無利子融資を受け、債務を抱えている。

地域にとっての不安材料は、援助と支援を必要とする小島嶼国が中国の仕掛ける「債務の罠」外交の格好の餌食になることであり、「債務の罠」によってこれらの国は中国の望む政策に縛られてしまう[16]。太平洋諸国の逼迫する財政は、既述のように、新型コロナの世界的大流行によってさらに悪化した。中国は通常どおり、太平洋諸国を「助ける」ための準備を万端に整え、問題を生み出す側（新型コロナウイルスは中国の武漢で発生した）から、医療援助と助言を提供する問題解決者の側へと素早く身を移した。二〇二〇年三月、自らもまたコロナの世界的蔓延への対処に追われているときに、中国はPNGやソロモン諸島とビデオ会議を開き、コロナ感染症への対処方法を助言した。既成のウイルス検査キットと簡単に手に入る融資に依存するトンガやバヌアツ、サモア、ソロモン諸島などいくつかの国は、中国の太平洋戦略に参加する意欲のあるパートナーと見られている。

しかしながら、島嶼国は中国以外の国々から誘われることも歓迎している。これらの国々は自国に最も有利な取引を得るために二股をかけることも厭わないし、二極化が進行する世界でどちらか一方の陣営を選びたいとも思っていない。ただ、地域の二極化は、国内の民族的・政治的分裂を悪化させ、国内政治への外部からの干渉を招く恐れがある。そのため、太平洋諸国の指導者の多くは、中国からの関心の高まりを歓迎する一方で、アメリカやオーストラリア、日本との密接な関係も維持しようとしている。また、自国の利益を守るための地域の課題を選定するために、駆け引きの余地をできるだけ残そうともしてきた。この目的のため、PIFのリーダーたちは、二〇一八年九月に「地域安全保障に係るボエ宣言」（「ビケタワ・プラス」とも呼ばれる）を発表した。この宣言は、気候変動や違法な漁業、国際犯罪など、非伝統的な安全保障の問題にほぼ限定されている[17]。なかでも気候変動は太平洋の小島嶼国にとっての共通の問題であり、アメリカやオーストラリアだけでなく中国に対しても対抗する姿勢をとる。[18]

3　クアッド四か国の政策と戦略

中国の積極的な海洋拡大戦略は、必然的にライバル国からの反応を引き起こした。豪印日米などの国は、「自由で開かれたインド太平洋」を構築するためのいくつもの政策と戦略で対応している。四国間安全保障対話（通称「クアッド」）が協調的なプラットフォームを提供する一方で、これら四か国の反応ははるかに柔軟で広範囲に及ぶ。多くの戦略のなかでも際立った事例となるのが、PNG周辺の開発である。二〇一八年、中国はバヌアツとPNGでの商業港の共同開発に乗り出し、最終的にはPNGのマヌス島のロンブルム海軍基地など、軍事基地の建設に関心を示したとされる。[19]それに対して、オーストラリアとアメリカは、PNG政府との提携により、PNG、バヌアツ、さらにはフィジーのブラックロックに軍事基地を建設することで、中国の計画を妨害した。オーストラリアとアメリカはどちらも「中国が太平洋地域に基地を持てば、オーストラリアを従わせ、アメリカを出し抜き、（……）地域の安全保障の危機の際に情報を集める足掛かりを得る可能性がある[20]」と、はっきりと警戒していた。

オーストラリアはまた、小島嶼国への援助と外交関係を強化し、一八億ドル規模の「太平洋諸島地域のためのオーストラリア・インフラ融資ファシリティ（AIFFP）」を設立した。これは、オーストラリア政府が二〇一六年に立ち上げた政府主導の「太平洋ステップアップ」政策の一部として、インフラ開発への援助を提供するものとされる。オーストラリアはまた、太平洋の小島嶼国の安全保障パートナーとしての地位を高めようと、新たに「太平洋支援部隊」を創設し、ＰＮＧ、フィジー、バヌアツなど地域の重要な国に対して訓練を提供し、相互運用性を高める目的で部隊を派遣した。[21] 同時にオーストラリアは、インド太平洋エンデバー（Indo-Pacific Endeavor）の海軍演習（インド、インドネシア、スリランカ、マレーシア、タイ、ベトナム、シンガポールと共同で毎年実施）を通じて、地域安全保障への貢献を増し、中国の拡大政策に対する防波堤として行動するよう、太平洋に資産と領土を持つヨーロッパの諸大国に働きかけた。[22]

太平洋の海洋国家である日本も、小島嶼国にとって重要な債権国であると同時に、インフラ開発における主要なプレイヤーとしての地位を保っている。それゆえ、伝統的な国際的援助国として、日本政府は中国の一帯一路への重要な拮抗勢力の役割を果たす。二〇一六年五月、安倍晋三首相は、質の高いインフラ開発での提携のため、アジア開発銀行（ＡＤＢ）を通じたものを含め、五年間で二〇〇〇億ドルの対外援助を発表した。日本の開発融資は一般に、数十年の返済期限と低金利（中国の四～六パーセントに対して、日本は一～二パーセント）が設定される。さらに、日本は海洋状況把握（ＭＤＡ）と巡視船の供給も含め、海洋協力にも力を入れてきた。これらの政策を通じ、日本はＡＳＥＡＮ地域フォーラム（ＡＲＦ）やアメリカだけでなく、オーストラリア、インド、インドネシア、マレーシア、パラオ、フィリピン、スリランカ、ベトナムとも、中国の野心的拡大への対抗措置とも映る行動で協力している。[23]

日本はさらに小島嶼国との協力に関して、一九九七年から首脳レベルの太平洋・島サミット（ＰＡＬＭ）を三年ごとに開催し、地域協力のための重要なフォーラムを提供している。二〇一八年の

第八回太平洋・島サミットで再確認されたように、日本政府はさまざまな援助プロジェクトと人材開発を通して、小島嶼国を対象に柔軟で持続可能な開発の基礎を強化しようとしているところである。第九回のサミットは、二〇二一年中に日本での開催が予定されている。[24]

アメリカの経済と安全保障にとって、太平洋が決定的に重要な地域であることは変わらない。中国の台頭を警戒するアメリカは、日本やオーストラリアと安全保障上の利害を共有しており、少なくともしばらくの間はこれらのインド太平洋の主軸パートナーと歩調を合わせることになるだろう。例えば米日豪の共同インフラ開発構想と二〇一八年ビルド法のもとで、アメリカ政府は六〇〇億ドル規模の国際開発金融公社（DFC）を立ち上げ、共同インフラ投資を効率化した。「インド太平洋経済構想（Indo-Pacific Economic Vision）」に加えて、日本とオーストラリアとともに概要が示された「エネルギーを通じたアジアの開発と成長の促進（Asia EDGE）」は、中国が経済力を利用して小島嶼国に圧力をかけ、民主主義を弱体化させるのを阻むのが目的である。[25]

日本とオーストラリアはまた、ブルー・ドット・ネットワーク（BDN）でアメリカと協力しているが、これは透明性、持続可能性、開発の影響に関する高い基準を満たす連結性プロジェクトを認証するというものだ。[26]一定程度の経済の分離（decoupling）はすでに進行しているが、新型コロナの世界的大流行は中国への過度の依存の危険と、世界のサプライチェーンを再建する必要を浮き彫りにした。二〇二〇年、アメリカは信頼できるパートナー国（オーストラリア、インド、日本、ニュージーランド、韓国、ベトナムなど）とともに「経済繁栄ネットワーク（Economic Prosperity Network）」と名付けた連合を推進した。デジタル事業、エネルギー、インフラ、研究、貿易、教育、商業などあらゆる分野において、同じ一連の基準を満たして運営される企業や市民社会団体の参加を想定している。[27]

仮に中国が西太平洋からアメリカ軍を追い払おうと決意しても、自らを太平洋の常駐勢力（resident Pacific power）と見なすアメリカは、今の場所から動くことはないだろう。ワシントンの政府関係者の多くは、中国を略奪的な経済に従事する修正主義国家として見ている。政府高官のなかには太平洋諸国に対し、「新たな帝国主義勢力が短期的な利益と引き換えに長期的な依存に誘い込む手口は、（……）ヨーロッパの植民地主義を思わせる」と、警告を発している者もいる。[28] したがって、アメリカの地域戦略は二〇一〇年頃の「アジア回帰（pivot to Asia）」または「リバランス」から、二〇二〇年の「自由で開かれたインド太平洋」戦略へと移行してきた（第4章参照）。このシフトは、インドや台湾とのより深い軍事的・経済的提携を求める二〇一八年の「アジア再保証推進法（ARIA）」[29]のような法的行動だけでなく、オーストラリア、日本、韓国との古くからの同盟関係を再確認することで明確にされてきた。中国が太平洋におけるアメリカの利害関係を脅かすなか、アメリカ政府にとって、台湾、ベトナム、インドとの一連の同盟や協定、協力は、中国が地域に足掛かりを築くことを阻むうえで重要な戦略的利益となる。

中国との戦略的競争が激化するにつれ、アメリカ政府は強力なパワーバランスを維持し、戦争のあらゆる領域で競争的優位を保つために海軍を増強する計画を明らかにした。中国は東・南シナ海（地図6参照）を自国の領海と見なしているため、アメリカ海軍による「航行の自由作戦（FONOP）」が急速に重要性を増してきた。アメリカのインド太平洋軍（INDOPACOM）は、海・空・陸上作戦を補強するために二〇〇億ドルの支出を計画している。[30] 戦術の大きな転換で、巨大なプラットフォーム（空母、強襲揚陸艇、巡洋艦）よりも、「攻撃力分散（distributed lethality）」作戦を強調することになるだろう。つまり、軍は巨大な基地やプラットフォームから離れ、海軍と海兵隊の小規模な共同移動部隊が西太平洋に点在する対艦ミサイルを装備した艦船に乗り、広範囲に分散することで、敵の目標や計画を混乱させるというものだ[31]。

アメリカは自由連合盟約（COFA）を通じて、ミクロネシア連邦、マーシャル諸島、パラオの陸、空、周辺海域の排他的軍事管理を維持してきた。この軍事使用権と引き換えに、アメリカはこれらの小島嶼国に経済援助やその他の特権を提供している。二〇二〇年、パラオは新型コロナ感染症を原因とする経済危機に乗じて利益を得ようとする「不安定化を招く」勢力に対抗するため、国内への基地の建設をアメリカに持ちかけた[32]。グアムや北マリアナ諸島とともに、これらの国はアメリカが本土のサイズに匹敵する西太平洋の約七八〇万平方キロを管理する権利を与え、アメリカによる太平洋の支配を支えている[33]。COFA諸国をアメリカから引き離そうとする中国の努力を挫こうと、アメリカ政府は二〇二三年までにCOFAの安全保障合意を更新する交渉を始めている。さらに、二〇二一年の国防授権法（NDAA）は、太平洋抑止イニシアティブ（PDI）がアメリカの同盟国やパートナー国を安心させ、防衛能力を築く一助となることを認めている[34]。

4　インド太平洋における海洋ゲーム

広大な太平洋とは異なりインド洋は陸地に囲まれているが、インド洋の海域において小島嶼国は鍵となる輸送ルート近くに位置している。チョークポイントと戦略的な航路へのアクセスを提供し、時に影響を及ぼす重要なルートである。インド洋地域で広い海域を領有する小島嶼国は経済力も弱く、人口も少ない。太平洋の小島嶼国と同様、インド洋の小島嶼国にとっても自然災害や気候変動、違法・無報告・無規制（ＩＵＵ）漁業が最大の不安要因となっている。

中国のインド洋地域への重点的進出は比較的最近の一九九〇年代初めに始まった。その大きな目的は、急成長する経済のためのエネルギー資源を確保し、貿易と商業を拡大することである。中国のエネルギー供給の大部分（八〇パーセント近く）と貿易ルートは、インド洋の海上交通のチョークポイントを通るため、攻撃を受けやすい。マラッカ海峡、ホルムズ海峡、バブ・エル・マンデブ海峡はすべて、アメリカ海軍の監視下にある。この二〇年間に中国は、太平洋中心のアプローチから、太平洋とインド洋両方にまたがる海域に力を投影する戦略へと着実に転換させてきた。西太平洋での人工島建設や攻撃的な領有権の主張とは異なり、インド洋における中国海軍の進出は目立たず、緩やかなもので、ほとんどが二面性のある商業プロジェクトに覆い隠して進められている。

アジアの三大経済大国である中国、日本、そしてインドは、中東からの石油に危険なほどに依存している。その六〇パーセント以上がインド洋を通ってくる。そのため、インド洋への中国の拡大はインドの地域支配に挑むとともに、日本に不安を与える。アジアの超大国である中国とインドはいずれも地域秩序に関して独自のビジョンを持つ新興大国だが、中国の拡大は中印両国を敵対させてきた。両国は現在、インド洋の小島嶼国の忠誠と支持をとりつけようと激しく競い合い、ともに海軍の前方展開のための基地を建設し、相互に優位に立って影響力を及ぼそうとしている。双方にとって、戦略的に関心の高い地域への「前方プレゼンス」は、「状況把握（situation awareness）」を目指す国家安全保障戦略において大きな重要性を持つようになった[35]。中国にとって、これはインド洋全体に海軍のプレゼンスを示し、国力を誇示する能力を持つことを意味する。インドにとっては、太平洋に海軍のプレゼンスを有することは自国の海軍をさらにアメリカや日本の海軍と結びつけ、南シナ海を通過するインドの海運のための保護を提供することになる。現にインドの六六〇億ドル相当の輸出と、貿易の三三パーセントが南シナ海を通過している。さらにインド海軍のプレゼンスは中国に対する戦略的抑止効果を期待できる。

アメリカに明らかに焚きつけられる形で、中国海軍のインド洋への配備とプレゼンスは二〇〇八年、ソマリア沖に三隻の海賊対策用の船を配置したことで始まった。それから一〇年後、控えめだったプレゼンスは、夥《おびただ》しい数の潜水艦群（原子力潜水艦および従来型潜水艦）、海中ドローン、軍艦、深海採鉱船、漁船団、情報収集船、揚陸艇に変わり、すぐに空母が巡視を始めていた[36]。インド洋沿岸部での経済・軍事活動とともに、中国による港湾買収攻勢はインド、オーストラリア、フランス、アメリカといった伝統的なインド洋の大国に懸念と警戒心を呼び起こした。この点についてある論者は、「中国がパキスタン、スリランカ、ジブチ、モルディブ、セーシェルと結んだ港湾契約は、（……）やがて港が軍民両用で利用され、増強した中国海軍にほんの数年前には完全に欠けていた世界進出の力を与え、より大きな脅威となる可能性がある」と述べる[37]。

板挟みになる国々

中国は太平洋よりインド洋で比較的有利な立場にある。というのも、インド洋の小島嶼国は、伝統的にこの地域を支配してきたインドに対して均衡を図ることを望んでいるからである。インドは中国の海軍力に脅威を感じるとともに、自らの政治力が中国の計画と融資によって徐々に切り崩されていると感じている（第6章参照）。さらに、中国とインドは、特にスリランカとモルディブをめぐり緊張を高めてきた。中国はこれらの島国の領土を独占的に支配するために経済的な影響力を利用するとともに、軍民両用のプロジェクトを実施しながら、寛大な融資パッケージに基づく長期的な誘いに乗り出した。

スリランカは中国の海上シルクロード構想の広告塔になってきた。同時に、中国の「債務の罠」外交の影響、それに伴う戦略的資産の譲渡を示す事例研究にもなっている。地域覇権国インドに対抗する（balance against）という戦略上の最重要課題は、スリランカを中国の懐に飛び込ませた。この状況は、スリランカの二六年に及ぶ内戦、人権侵害に対する制裁、腐敗と強権政治という歴史を背景に長い時間をかけてたどり着いた結果である。それでも、中国が最初にスリランカへの最大の投資国、貿易相手国、そして債権国となった二〇一〇年代に、その流れは一気に加速した。中国はその後、高速道路、港湾、空港建設の契約を勝ち取った。これらのプロジェクトのコストと規模は（その実現可能性と必要性の疑わしさとともに）驚くべきものだ。例えば、スリランカ南端のハンバントータに中国が建設した港は三億六〇〇〇万ドル規模の事業で、その八五パーセントは中国が資金提供した。コロンボの港の拡張には一四億ドルもの費用がかかった。

二〇一七年末までに、スリランカは中国への債務を返済できなくなり、中国の厳しい圧力下に置かれた。債務返済の代わりに、スリランカ政府はハンバントータ港とその周辺の一万五〇〇〇エーカーの土地の運営権を九九年間中国に貸与することに合意し、債務返済のための資金一〇億ドルを再び中国から借りた。[38] スリランカは中国の企業と銀行に一三〇億ドルを超える債務があるとされる。あるスリランカの外交官は、「一度『中国の罠』にはまったら、そこから抜け出すのは難しい」と嘆いた。[39]

中国は融資・援助・外交を組み合わせて、インド洋に戦略的接点（strategic nodes）をつくり出した。ハンバントータ港の貸与がその最たる例となる。スリランカ政府はインドに対し、スリランカの港は反インド活動に使用されることはないと確約してきたが、スリランカがその重い債務とエリートの取り込み（中国は主要な党の候補に選挙資金を融資している）のために、中国に「ノー」と言えなくなるという疑いは残る。インド政府は単独では中国のインフラ援助と融資には太刀打ちできないため、スリランカのインフラへの融資と援助においては日本やアメリカと手を組んだ。

しかし、二〇二〇年半ばにはインドと中国の間の緊張が高まり、スリランカは再び中国と運命を共にすることにした。スリランカ政府は、アメリカ、日本、インドといったインド太平洋の基軸国から距離をとるようにという中国の要求に従った。第一に、マッタラに中国が建設した空港の管理に関して、インドとの合弁事業計画を保留にした。第二に、コロンボ港の東コンテナターミナルの開発についても、インド、日本との三国間基本合意書を廃棄した。第三に、日本が出資するコロンボ・ライトレール鉄道計画も中止した。最後に、アメリカからの四億八〇〇〇万ドルのミレニアム・チャレンジ・コーポレーションの助成金を拒否した。[40] 沙汰止みになったこれらのプロジェクトは、中国と契約したどの取引よりもスリランカにとっては好ましいはずのものだった。

スリランカと同様に、モルディブも中国とインドの対立のもう一つの舞台となってきた。インド洋の主要なSLOCにまたがるモルディブは、長くインドの防衛の傘の下に収まってきた。インドが感じ始めたのは、モルディブがここ数年、中国寄りに流されているということだった。例えば、二〇一二年までは中国はこの国に大使館さえ持たなかった。その中国が、二〇一四年の習近平国家主席の訪問以来、モルディブの経済と政治に食い込んだ。親中国のアブドッラ・ヤーミン大統領はモルディブ憲法を改正し、外国資本による土地の所有を認め、それによってフェイドホ・フィーノルー島の中国企業への五〇年の貸与を可能にした。インフラ、住宅建設、観光業への莫大な投資が続き、モルディブはさらにインドから遠ざかり、中国に接近した。同時に、モルディブはスリランカ同様に中国に対して借金漬けになり、国際通貨基金（IMF）が推定する対外債務は、二〇一六年のGDPの三四・七パーセントから、二〇二一年には五一・二パーセントにもなり、対中国貿易赤字は二億八〇〇〇万ドルに上った。(41) モルディブの対外債務（およそ二六億ドル）のほぼ八〇パーセントが中国に対するものだ。

インド政府は二〇一七年八月に、モルディブの港に中国の軍艦三隻が停泊したのを受け、ヤーミン大統領への反対派への支持を強化した。地位を追われ亡命していたモハメド・ナシード元大統領は、モルディブを買収し尽くしたとして中国を非難し、インドの軍事的介入を求めた。インドが特別部隊を警戒態勢に入らせたという情報が表面化したことで、中国とインドの間の緊張が高まった。

中国の保護と寛大な援助を享受し、国内政治の手綱をしっかり握っていると自信を持っていたヤーミンは、二〇一八年九月に、自分が権力を保持できると確信して選挙を実施した。しかし、野党指導者イブラヒム・モハメド・ソーリフが思いがけない勝利を得て、ヤーミンと中国政府の両方を呆然とさせた。ヤーミンは当初、それでも権力の座に留まれるのではないかと漠然と考えていたが、インドやアメリカ、イギリスが声をそろえて、国民の審判を妨害してはならないと警告した。(42) ソーリフは中国を激しく非難しつつ、モルディブの最も友好的な同盟国はインドであると宣言し、「隣国ファースト」の外交政策をとると誓った。ソーリフ大統領が離島への住宅建設と上下水道設備の建設のための援助を求めると、インドは速やかに一四億ドルの財政援助を提供した。(43) インドはその後、モルディブ最大のインフラ開発となる、首都マレと近くの三つの島を結ぶ計画の資金として、五億ドルのパッケージを発表した[44]。インド政府はモルディブからの優遇的扱いを取り戻したものの、長期的には、二つのアジアの大国の間でバランスをとるというモルディブの戦略上の最重要課題を踏まえれば、モルディブの政治・安全保障の思惑において中国は重要な要素となるだろう。結局は、インドとの距離的な近さにかかわらず、モルディブが中国との関係を大幅に縮小するまでは至らない可能性がある。

競争に揺れる内政

中国の進出はセーシェルやモーリシャスなどの小島嶼国でも目にする。経済と開発で期待される利益はこれらの国々が中国と関与する要因となっているが、その中国は、巨大ながら経済的に弱いインドへの拮抗勢力として位置付けられる。他方で、大国同士を競わせることで利益を引き出そうとする小国の試みはブーメランとなり、小国の国内政治に影響を与え、自国に有利な方向に仕向けようとする外部勢力による干渉の餌食になってしまう。例えば、二〇一一年に中国の防衛大臣が来訪したとき、セーシェル諸島はアデン湾で作戦行動する人民解放軍海軍の船が再補給のために立ち寄る港を提供したとされる。これに対し、インドはすぐさま対抗手段をとった。アサンプション島の沿岸警備施設と滑走路の建設を申し出て、セーシェル諸島と独自の海洋協力を進めようとしたのである。セーシェル諸島でのプレゼンスを高めるというインドの計画は宙に浮いた状態だが、その一方で西インド洋、ジブチ、マダガスカル、コモロに解放軍海軍の軍艦係留施設と補給施設を建設する中国の計画は順調に進んでいる[45]。

モーリシャスも板挟みの状態にある。同国は人口一三〇万人、広さ二三〇万平方キロメートルの排他的経済水域を持つ、安定した民主国家である。防衛をインドに依存しており、インド海軍の船がモーリシャスの港に頻繁に停泊する。セーシェルに海軍基地を建設する試みが後退を余儀なくされたインドは、モーリシャス領アガレガ諸島の滑走路の延長と桟橋の建設を計画している。ところが、ここでもまた中国が積極攻勢に出て、「アフリカのシンガポール」になるという夢を売り込んでいる。

二〇一五年、中国はインドに代わって、モーリシャスへの最大の輸出国になり、二〇一七年には世界第二位の投資国になった。中国出資の主なインフラ計画には、モーリシャスの国際空港の新ターミナル建設への二億六〇〇〇万ドルの融資、スポーツ複合施設とスタジアム、漁港、首都ポートルイスから数キロ北の海岸線に延びる中国企業のためのジンフェイ・スマートシティ建設などがある。海運業大手の中国遠洋海運集団（COSCO）によるポートルイス港の運営権の入札についてある論者は、「インドは滑走路を保有し、中国は港を手に入れる」と指摘する。[46]中国、インドのいずれもモーリシャスとは自由貿易協定（FTA）を締結している。近隣の小島嶼国と同様に、モーリシャスは「チャインディア」（中国とインド）の板挟みになった状態で、常に変化する波の上を巧みに舵取りしなければならない。

インド洋の小島嶼諸国をめぐる競争は、インド太平洋全域で繰り広げられるさらに大きな地政学的ゲームの一部である。インドがその伝統的な勢力圏から後退または撤退すれば、小島嶼国は静かに中国の軌道へと滑り込み、「パクス・シニカ」、つまり中国を中心とする秩序がそこに出現するだろう。中国の一帯一路は小国に畏怖の念を生み出すが、中国のライバル国には妬みと不安を引き起こす。小国にとって、中国のような大国との経済関係は、国内政治に影響を与える戦略的な影響をもたらす。中国の影響力の増大、汚職の横行、そして縁故主義は、スリランカとモルディブでは野党の勝利に貢献した。一帯一路のプロジェクトに夢中になって契約を交わした多くの国は現在、契約内容に懐疑的になっているか、再交渉を要求しているかのどちらかである。またこれらの国々は、インドや他のインド太平洋諸国に安全保障と経済の支援を期待するようになった[47]。立場の弱い小国でさえ、主権に関しては敏感に反応するという点を中国政府は見落としていたようである。

おわりに

本章では、急速に変化する安全保障環境に中小国がどのように適応し、大国との関係を築いているのかを考察した。当然ながら、島嶼諸国の大部分が「すべての国の友人になり、どの国の敵にもならない」外交政策を取り入れている。主に国内の開発を課題とするこれらの国は、できるかぎり大国同士が互いに競い合うように仕向けている。太平洋でもインド洋でも、ヘッジング戦略が一般的ではあるものの、二つの海域にはいくつかの違いがある。太平洋の小島嶼国は中国との経済関係から利益を得る一方で、アメリカの防衛の傘の下にしっかりと留まりたいと考えている。中国がこの地域への投資を増すにつれ、アメリカやオーストラリア、ときには日本など既存の常駐勢力からの激しい抵抗に直面する。中国は太平洋諸島に水面下で育っている強い反中国感情にも配慮していかなければならないだろう。

インド洋の小島嶼国は、経済や安全保障上の利益のために、インドの対抗勢力としての「中国カード」を過度に利用する傾向がある。スリランカやモルディブ、モーリシャス、セーシェル諸島の忠誠は、中印どちらのアジアの大国にも重要である。新型コロナの世界的大流行は戦略的に重要な海域に位置する経済小国が、財政援助や債務軽減を通じて、中国の勢力圏に入り込む好機となっている。ただ一つの制約は、中国自体の経済の停滞と対外援助の減少である。

経済成長を望む多くの小島嶼国は中国へとなびきつつあるが、中国の言わば「新植民地主義外交」に対して不安も抱えている。それがしばしば、借金漬けの状況を生み出し、債務国側の外交政策の選択肢を狭める。最終的には、長期に及ぶ中国のプレゼンスという形での戦略的な罠にとらわれる。小島嶼国に対する中国の経済支配が増したことが、地域の結束を弱め、ＰＩＦといった地域的な組織の弱体化をもたらした。これらが組み合わさることで、「中国ファクター」が総選挙を二極化する問題にもなった。モルディブの例は、中国への過度な依存に対する国民の怒りが、投票箱を通して表現され、軌道修正という形で肯定的な結果を生み出しうることを示している。

新たな冷戦が始まるや、相互に敵対する大国は小島嶼国に対して陣営を選択するよう圧力をかけてきた。小島嶼国の多くは、巧みに立ち回る余地と行動の自由に制約を受けるだろう。トンガ、パラオ、ソロモン諸島、スリランカは、この傾向を表す格好の例となる。第二次世界大戦後の時代や冷戦後の時代が、戦争前の時代とはまったく異なるものになったように、武漢から始まった新型コロナ危機後の世界秩序もそのような道をたどるだろう。地政学のポーカーゲームにおいては、太平洋とインド洋の小島嶼国がどの大国が勝者となるかを定める決定的な役割を果たす。その際、ルールに基づく秩序だけが、力を持つ大国が力を持たない小国を犠牲にして利益を得ることのない世界を約束する。

（本章で表明された意見は筆者個人のものであり、筆者の所属する国立防衛学院またはアラブ首長国連邦政府の見解を反映したものではない）

注

（1）【監訳注】本章では「小島嶼国」として、両大洋に位置する国々で島嶼国または島嶼的な特徴を有する国に着目する。人口や面積の大きいパプアニューギニア（PNG）やスリランカを含めて考察を行うが、先進工業国であるニュージーランドは考察の対象には含めない。
（2）Malik (2018).
（3）Lacey (2018).
（4）【監訳注】米中の勢力が拮抗し、振り子のように揺れる国家を指す。アメリカの選挙で鍵を握る「スイングステート」に準えた表現。
（5）Baruah (2020).
（6）Chakradeo (2020).
（7）Kynge et al. (2017).
（8）Watanabe (2020).
（9）Childs & Waldwin (2018).
（10）Rees (2019).
（11）ただし、マーマウ大統領は「国際協力はキリバスの条件に基づく」と主張し、中国からの巨額の融資を受け入れることも、クリスマス島（ハワイの南に位置し、キリバスにとって戦略的に重要な島である）に中国が基地を建設するのを認めることもないと述べた（Pala, 2020）。
（12）オーストロネシア語族の遺産は台湾と太平洋島嶼国の人々の間に自然の絆をもたらすが、これらの島々は中国から台湾との国交を断つように圧力をかけられてきた。例えば、パラオが外交関係の台湾から中国への変更を拒否すると、二〇一七年の中国人観光客の数が大幅に減少した。

(13) Foukona (2020).

(14) Rees (2019).

(15) Kemish (2020).

(16) Pryke & McGregor (2020).

(17) Pacific Islands Forum (2018).

(18) 中国が最大の環境汚染国だが、アメリカも汚染国の上位に留まっている。オーストラリアは世界上位の石炭輸出国である。

(19) Wroe (2018).

(20) Corben (2020).

(21) Osborne (2019).

(22) Smyth (2018).

(23) Malik (2020).

(24) 【監訳注】第九回太平洋・島サミットは、二〇二一年七月にオンライン形式で開催された。

(25) 二〇一八年七月三十日に立ち上げられた「エネルギーを通じたアジアの開発と成長の促進（Asia EDGE）」は、持続可能で安全なエネルギー市場を育成するためのアメリカの全政府的な（whole-of-government）取り組みである。インド太平洋全体でエネルギーの安全を強化し、エネルギーの多様化、貿易とエネルギーへのアクセスの促進を目標とする。

(26) Panda (2020).

(27) Pamuk & Shalal (2020).

(28) China Daily (2018).

(29) 【監訳注】二〇一八年十二月に成立したアジア再保証推進法は、インド太平洋地域に対するアメリカの

「継続するコミットメント」を実現するための法律で、同地域におけるアメリカの利益、特に経済的利益とアメリカの価値の促進を目指す。同盟国やパートナー国との協働を重視するなかで、「ルールに基づく秩序」「国際法の遵守」「自由で開かれたインド太平洋」を促進するために四国間安全保障対話（クアッド）を重視する（第二〇七条）。

（30）Churchill (2020).
（31）Cancian (2020); Lague (2020).
（32）Carreon (2020).
（33）Baculinao et al. (2019).
（34）Inhofe & Reed (2020).
（35）Brewster (2018); Chandran (2018).
（36）The Times of India (2020).
（37）Johnson (2020).
（38）Schultz (2017); Rossi (2019).
（39）Smith (2016).
（40）Abeyagoonasekara (2020); Bhaumik (2020).
（41）Lo (2018).
（42）Bagchi (2018).
（43）Mandhana (2018).
（44）Miglani (2020).
（45）この情報は筆者とセーシェル諸島の政府高官との電子メールの交換に基づく（二〇一八年十一月から二〇一九年七月まで）。
（46）Clarke (2018).
（47）例えば、ケニア、モーリシャス、インド洋の一部の国は、インド太平洋のパートナー諸国の企業による5

Gネットワークの開発に関心を有していると伝えられる。中国のネットワークを利用した通信の安全性への疑念がその理由である（キャノン、2019: 44）。

第10章 EU
——独立した外交政策の模索

エヴァ・ペイショヴァ
（ブリュッセル・スクール・オブ・ガバナンス）

はじめに

「インド太平洋」という言葉は日々発展する議論と同義語になってきた。その議論はインド太平洋の地政戦略的な変動を軸に展開するが、アメリカと中国による大国間競争がインド太平洋地域（地図1参照）を形成しつつあるのは疑いない。インド太平洋概念に対する地域内外の国々の反応も、当該国の立場や意図、さらには地域の戦略的チェスボードを再定義するなかで各々が果たす役割を映し出す。翻ってヨーロッパに目を向ければ、これまでフランス、ドイツ、オランダをはじめ、多くのヨーロッパ諸国がこの議論に参入してきたものの、ヨーロッパを代表する一つの声はまだ欠けている。(1) こうした状況を踏まえて、本章では欧州連合（EU）内で進行するインド太平洋に関する活発な議論に光を当て、この地域へのアプローチを形作る内外のさまざまな要因の分析を試みたい。

ＥＵは外交政策の真新しい担い手である。政府間機関であるＥＵは、歴史的背景も経験もさまざまに異なる二七の加盟国の戦略的利益を調整し、バランスをとらなければならない。一方では、イギリスはもとより、フランス、ポルトガル、オランダ、スペインのように、貿易や植民地化、紛争という形でアジアと関わってきた長い歴史を持つ国がある。しかし、その種の関係は第二次世界大戦と「スエズ以東」からの撤退後にほとんど断ち切られた。もう一方のドイツ、ポーランド、スウェーデンなど東欧・北欧諸国の大部分は、伝統的にロシアの脅威に支配され、明らかに大陸中心の戦略的展望を共有する。

中国の台頭とともに現在のＥＵ諸国の国内政治と経済的な秤量《ひょうりょう》は、中国が支援または出資するプロジェクトへの依存の増加に繋がった。中国への依存と中国の政治的・経済的影響力の増大を受けて、最初にパリで、次にハーグで、そしてブリュッセルで警鐘が鳴らされた。確かに、西を向いているヨーロッパ諸国であっても、アジアとの波乱に満ちた歴史とともに海を舞台にした豊かな遺産を持つため、現在のインド太平洋地域の安全保障問題、あるいは中国への過度な依存がもたらす潜在的な問題には敏感である。対照的に、東欧や南欧（ギリシャなど）のＥＵ加盟国は、ヨーロッパにまで及ぶ中国の力と野心に対する不安をまだ見せていない。したがって、ブリュッセルのＥＵ本部はすべてのＥＵ加盟国を代表すると同時に、中国とインド太平洋に関するヨーロッパの統一された立場を示すという不可能としか思えない課題を抱えている。結果として、インド太平洋に関する現在の議論は、外交政策の本格的な担い手としてのＥＵのアイデンティティ構築の過程を反映するが、それと同時にＥＵが現在の複雑な安全保障環境において最後まで事を成し遂げられるかを試すのである。

本章ではまず、ＥＵが抱えるインド太平洋のジレンマの特徴を解き明かす。ＥＵにとっては古くからの同盟国であるアメリカと、新参で使い手のある（new and useful）パートナーである中国がインド太平洋で大国間競争を繰り広げるなか、ＥＵは競争の渦中で舵取りをするというジレンマを抱える。次に、中国との関係や認識の変化が作用するＥＵの対アジア政策のなかにインド太平洋の議論を位置付けてみたい。続けて、ヨーロッパの地理的な位置、さらにはユーラシアのハートランドへの歴史的な焦点を踏まえ、大陸の地政戦略的な中軸（geostrategic axis）がインド太平洋のアジェンダに果たす役割を掘り下げる。その役割とは並行的であり、競合的であり、あるいは補完的なものである。最後に、ヨーロッパ内の議論における政府間の駆け引きを分析し、インド太平洋と世界全体の情勢において「ヨーロッパ方式（European Way）」を促進するというＥＵの意図を評価して章を締めくくる。

1　米中の間で揺れるヨーロッパ――プレイヤーか、競技場か

インド太平洋の議論にいかにＥＵを位置付け、ＥＵがいかに独立した外交と安全保障の担い手としての役割を果たせるか――。その際に鍵となる課題は米中の戦略的対立の間で安全に舵取りをすることである。一方では、新たに定義された戦略的概念は、ヨーロッパの利害と完全に一致するように見える。この概念によってヨーロッパは、地政学的にこれまでになくアジアに近づく。アジアから見ても、インド太平洋の議論はインド洋と太平洋の自然な交わり（natural confluence）を強調するものである。アジアの西には拡大したＥＵの周辺地域や西インド洋、アフリカ、中東の伝統的な

利害地域があるため、アジアの伝統的な戦略バランスは西の方向に動く。そのため、ＥＵの役割として貿易や海洋安全保障、連結性に焦点を当てることは、この地域でＥＵが優先すべき戦略的課題に直結していく。何より重要なこととして、インド太平洋の「自由と開放性（freedom and openness）」という思想的メッセージ、自由の促進、自由貿易、そしてルールに基づく国際秩序の促進は、ヨーロッパのプロジェクト（European project）[2]の本質をなし、外交と安全保障政策の信頼性と継続性を下支えする。

その一方で、ＥＵの政策立案者はインド太平洋という概念がもたらす深い戦略的含意を警戒し、米中の対立がエスカレートするなかで中立を保とうとしてきた。実際に、アメリカが二〇一七年に「自由で開かれたインド太平洋」構想を採用し、同時にアメリカ・日本・インド・オーストラリアが「クアッド」として知られる四国間安全保障対話を復活させる決定をしたが、中国政府からは自国の台頭に対抗するための民主主義諸国による一致した努力と解釈されている。ＥＵは自由民主主義の価値を共有し、アメリカとの安全保障同盟の継続を大切にするものの、アメリカの国際公約からの撤退と、ドナルド・トランプ大統領任期中の多国間機関を軽視する態度を慎重に観察していた。同時に、ＥＵは中国との経済関係を断ち切ることも避けた。したがって、ＥＵがインド太平洋の概念を受け入れることも、さらには公式に言及することさえ躊躇したのも意識的な決定であり、それは世界情勢が揺れ動くなかで独立した外交方針を維持しようとした結果にほかならなかった。

新型コロナウイルスの世界的大流行は米中の大国間競争の激化を加速させ、ヨーロッパは悪循環に陥った米中間の貿易戦争とナラティブの争いの真ん中に身を置くことになった。大西洋の両岸関係はすでにトランプ政権の間に大きく損なわれていた。気候変動に関するパリ協定や、核に関するイランとの包括的共同行動計画（JCPOA）、中距離核戦力（INF）全廃条約からのアメリカの離脱に加え、北大西洋条約機構（NATO）やEUの統合に対するアメリカの批判など、原因は数多い。しかし同時に、中国の香港への締め付けの強化や新疆ウイグル自治区での人権侵害、感染症蔓延への不透明な対処は、「戦狼」外交や干渉主義的な外交と経済政策と相俟って、ヨーロッパの政策立案者たちに中国との積極的に関与し続けることの難しさを実感させた。米中双方からの圧力の高まりに直面する一方で、EUは世界的規模の大きな経済危機にも対応を迫られていた。その結果、米中のどちらも完全には信頼できないという結論に達するのである。

目下、ヨーロッパにある選択肢は、等距離（equidistance）、連携（alignment）、または自律（autonomy）の三つである。(3) 現在までのブリュッセルの政策は、等距離の維持、言い換えればインド太平洋の議論からは完全に距離をとるというものだった。EUはそのため韓国やカナダに代表される陣営に加わった。しかし、この種の政策はインド太平洋地域の議論を形作るEUの能力を制限し、外交政策の担い手としてのイメージを損なわせてしまう。

第二の選択肢である連携だが、EUの政策立案者は独立した外交政策を維持するべく、一方の側につくのを避ける態度を度々見せたことを考えれば、ありそうもない。(4) とはいえ、もしEUが合意できる政策があるとすれば、それは「インド太平洋に関するASEANアウトルック（AOIP）」に代表される東南アジア諸国連合（ASEAN）の方針とよく似たものになるだろう。(5)

インド太平洋の議論に潜む多くの利害関係を考えれば、EUはインド太平洋の内外におけるヨーロッパの利益を守るため、能動的な姿勢をとりつつ、独自の立ち位置を模索しなければならない。実際のところ、インド太平洋に関する議論は当初の地理的範囲を越え、その範囲もいくつもの国が参入したことで流動的になり、定義もさまざまに異なってきた。少なくとも言えるのは、インド太平洋概念に具体化される基本的原則が議論を形成し続けていることだろう。その議論は、全般的な自由民主主義の価値とともに、法の支配、航行と貿易の自由、多国間主義と協力など、ルールに基づくグローバルな秩序を下支えする基本的規範を中心に据えるものにほかならない。これは、一国主義や威圧、修正主義、権威主義といった高まる風潮に対抗することを意味する。この点を考えれば、インド太平洋への自律的な政策の追求はＥＵのとるべき最善の道筋に見えるだろう。こうした自律路線は、「現況においてヨーロッパは傍観することも、脇に追いやられるわけにもいかない」と指摘した現地の論者によっても提唱されてきた(6)。

ブリュッセルの外交政策のエリートたちの最近の発言から判断すれば、ヨーロッパは従来の純朴さが薄れ、自律的な外交・安全保障政策の確立に向けて決意したように見える。二〇一九年十一月に新たに欧州委員会委員長に就任したウルズラ・フォン・デア・ライエンは、「地政学的な」欧州委員会を率いることを約束した。米中の競争、多国間主義の危機、周辺地域におけるさまざまな安全保障上の緊張など、増える一方の世界的な課題に向き合える欧州委員会、ということである。同じ精神は、ＥＵの上級代表兼欧州委員会副委員長（以下、上級代表兼副委員長(7)）のジョセップ・ボレルとＥＵ域内市場担当のティエリー・ブルトンの発言にも見られる。新型コロナウイルス危機に関してなされた発言だが、二人はＥＵの「高潔な『ソフトパワー』は現在の世界ではもう十分ではない」と強調し、「ヨーロッパがその世界的ビジョンを行動に移し、独自の利益を守るために、影響力という強みを利用しうる時が来た」と述べる(8)。シャルル・ミシェル欧州理事会議長は、二〇二〇年九月のＥＵ・中国首脳会議の直後に、「ヨーロッパはプレイヤーになる必要がある。競技場

(playing field)ではなく」と力説した。(9)米中の勢力争いという背景のなかで、ヨーロッパは目的語ではなく主語になろうとしているのである。(10)

議論は結局のところ、独立した外交政策を維持するには、ヨーロッパは戦略的自律を強め、外部からの干渉と内部分裂で注意が逸れるのを防ぐ必要があるという点に行き着く。「シナトラ・ドクトリン」として知られるようになったものだが、ヨーロッパは「独自のやり方で」物事を行う必要があるという考えが存在する。つまり、「協力の場としての多国間体制を維持するため、志を同じくする(like-minded)パートナーとともに取り組むこと」、「EU・中国関係で正しいバランスを保つこと」、「EU・米・中のトライアングルで上手く立ち回ること」である。(11) したがって、インド太平洋に関するヨーロッパの展望(European outlook)を定めるための交渉は、独立した外交政策の担い手としてヨーロッパの自己決定過程の本質に関わる課題と言える。

2　ヨーロッパのアジア政策――能動的な関与に向けて

世界の強大な貿易圏であるヨーロッパの繁栄は、アジアの安全保障に依存している。北東アジアはEUの特に重要な輸出市場であり対外直接投資の源である。EUにとって中国はアメリカに次ぐ第二位の貿易相手国であり、EUは中国の第一位の貿易相手となっている。日・EU経済連携協定により生まれた世界最大の自由貿易圏のシェアは、世界のGDPの三〇パーセント近くに及ぶ。さらに、EUはASEANの第二位の貿易相手圏の地位を占める。アジアとの製品貿易の九〇パーセントは海上で輸送されるため、自由で安全なインド太平洋の海洋環境がヨーロッパにとっての重要な戦略的利益であるのは間違いない。秩序を統治する多国間制度に支えられた、安定したルールに基づいた地域秩序は、確実に自由貿易の将来の鍵を握る。高水準の経済的な利害が存在するにもかかわらず、ＥＵは政治と安全保障では限定的な影響力しかない。その乖離を埋めることが、二〇一〇年代、ＥＵにとってのアジアとの関与の推進力だった。

ただ、アジアに対する一貫した政策の形成過程は緩慢かつ困難なものだった。ＥＵの外交・安全保障政策の構築の歩みが段階的だったのを反映したものだろう。欧州経済共同体（European Economic Community）やその他の機関を基盤に、一九九二年のマーストリヒト条約によってＥＵが生まれ、同時に、共通外交・安全保障政策（ＣＦＳＰ）が策定された。それに続く旧ユーゴスラビアでの紛争と分裂は、ＥＵに共通のアプローチを模索させたものの、ＥＵが最初の安全保障戦略を取り入れたのは二〇〇三年になってからである。この戦略は、数多くの共通する戦略的目標を明らかにし、その一部は二〇〇九年のリスボン条約に繋がり、ＥＵの外交政策と防衛の両方を手掛ける本格的な外交機関として欧州対外活動庁（ＥＥＡＳ）が設立された。

ヨーロッパにとってのアジア回帰（pivot to Asia）は、アジア市場の重要性が高まった二〇〇〇年代初めに始まり、主に貿易、技術、協力、開発、基本的な安全保障対話が中心だった[12]。ヨーロッパにおけるアメリカ軍のプレゼンスに「ただ乗りしている」としばしば非難されるＥＵは、アジアの安全と安定を守るうえでもアメリカとの同盟に依存している。非難にもかかわらず、ＥＵは対アジアの外交・安全保障政策でアメリカと提携し協力することに関心を示してきた。「東アジア政策ガイドライン」でその概要が示され[13]、二〇一二年七月にプノンペンで開催されたＡＳＥＡＮ地域フォーラム（ＡＲＦ）の最後に、当時の上級代表兼副委員長だったキャサリン・アシュトンと、アメリカのヒラリー・クリントン国務長官による共同声明で確認された経緯がある(14)。

ＥＵとアメリカの協力は、海洋上での海賊行為や国際犯罪、大量破壊兵器の拡散など、明らかな共通の安全保障問題に取り組むことを意図したものだったが、ヨーロッパのアジアでの影響力の限界が明らかになる。例えば、中国の側から見れば、ＥＵの「アジア政策」は単にアメリカのアジアでの利害を復唱するだけで、それに替わる手法や解決策は示さないものだった(15)。その他の東アジアと東南アジア諸国にとっても、ハードパワーの資力を何ら投入していないＥＵは、地域の安全に果たす役割に関する従来の疑念を裏付けるものと映った。さらにアメリカとの関係では、ＥＵはソフトな問題を、アメリカはハードな問題を担うといった役割分担（「良い警官と悪い警官」のアプローチ）が想定されたものの、この分担はワシントンにとっては満足できるものではなく、ヨーロッパがさらなる責任を担うことを望んだのである。結果として、アメリカとＥＵの対アジア政策は、不定期に非公式の協議が開かれるだけで、具体的な形にはならなかった(16)。

二〇一四年にフェデリカ・モゲリーニがＥＵの外務・安全保障政策を担当する上級代表のポストに就任したことが、より積極的な政治・安全保障上の関与へと方針転換する契機となった。モゲリーニ上級代表兼副委員長の任期中に二つの大きな出来事が世界を揺るがす。イギリスでのＥＵ離脱（Brexit）を問う国民投票と、ドナルド・トランプのアメリカ大統領就任である。ヨーロッパが安定性、予測可能性、そしてさらなる独自性を備えた国際的なプレイヤーとして姿を現すにあたり、これらの変化が特別な勢いを与えたのは間違いない。例えば、二〇一六年のＥＵ離脱の国民投票の翌日に発表された「ＥＵグローバル戦略（ＥＵＧＳ）」は、ヨーロッパの防衛強化のほか、国際情勢に対しては、より「現実主義的な」手法を路線として定めている(17)。同年、ＥＵは常設軍事協力枠組み（ＰＥＳＣＯ）の改訂と、欧州防衛基金（ＥＤＦ）の設立により、[18]防衛協力体制を統合するとともに、ＥＵのシビリアン・パワーとしての地位への変化をアピールした。[19]

それからの数年間にＥＵ高官はアジア訪問を重ね、ヨーロッパが地域の安全保障により大きな役割を果たす決意と覚悟を説明した。しかし、多くのアジア諸国はＥＵの政治的主張については、地域の緊張緩和に資するような具体的な政策や行動で実証できる力があるのか疑念に思い続けた。[20]ヨーロッパの軍事的能力の不足は、軍事化と国家間の緊張が増す地域では大きな障害と見られ続けている。さらに、ＥＵは南シナ海（地図6参照）など東アジア最大のホットスポットで一致団結した強い立場を示せなかったが、このことが安全保障の提供者（security provider）としてはもちろんのこと、規範的な力としてのＥＵのイメージに傷を付けている。[21]中国の強硬攻勢への対応に関してもヨーロッパは分裂している、あるいは黙認さえしているという認識を強めることになった。[22]

この認識を覆すべく、ＥＵはアジアにおいて志を同じくするパートナー国との政治・安全保障協力を強化した。例えば二〇一八年七月、日本と戦略的パートナーシップ協定を締結し、インド太平洋地域の平和と安全の促進に協力・協調することを約束した。インドとの協力関係は、二〇一六年三月の二国間首脳会議で合意された「行動計画二〇二〇」で新たな勢いを得て、両国は海洋安全保障、対テロ、気候変動などの問題に関して一連の対話をスタートさせた。海洋安全保障に関する高官レベルの対話は、二〇一四年以降はＡＳＥＡＮとの間でも定期的に開かれている。二〇一九年十月、ＥＵはベトナムと「参加枠組み協定」を締結し、ＥＵの危機管理任務と作戦で、防衛の絆と協力を強化した。政治的には、これらの努力は二〇一八年五月に欧州理事会で採択された「アジアにおけるＥＵとアジアの安全保障協力の強化」に関する結論でも支持されている。[23]この文書では安全保障の四つの優先分野として、海洋の安全、対テロ、サイバーセキュリティ、危機管理が明示されている。

インド太平洋地域に関する戦略の発表を待つ間、ＥＵのこの地域への政策は「ＥＵグローバル戦略」を指針とし、テーマ別の戦略的見解で補完されてきた。なかでも二〇一四年の「ＥＵ海洋安全保障戦略」と、二〇一八年の「アジアとヨーロッパの連結性戦略（「ＥＵ連結性戦略」）は特筆すべきだろう。「ＥＵ海洋安全保障戦略」は、利害を有する多国間の協力と海洋の多国間主義に基づいて、世界の海と大洋の包括的な管理を目指す。これは、航行の自由の原則をＥＵの重要な戦略的利益として具体化し、海洋安全保障をアジアでの外交・安全保障政策のツールとして定める。その重要性に鑑み、上述の「ＥＵ連結性戦略」は中国の「一帯一路」構想へのヨーロッパの対応として広く論じられてきた[24]。これは、持続可能でルールに基づいた、透明性のある開かれた連結性という、ヨーロッパのビジョンを体現するものであり[25]、インド太平洋に関する多様な概念で促進される原則とも軌を一にする。

興味深いことに、最も提案が多かった連結性プロジェクトは、ユーラシア・中央アジア地域の開発（鉄道輸送システムや法制・安全措置の調整などを含む）に集中しており、海洋やインド太平洋には何の注意も向けられていない。ＥＵが海洋安全保障と海上輸送に強い関心を持っていることを考えれば、これは驚きであると同時に、ＥＵの本心を覗かせてもいる。以下に述べるように、大陸というものがヨーロッパの戦略思想を支配し続けていることは否定できない。

3　好機ではなく課題となった中国

ヨーロッパのインド太平洋パズルの最も重要なピースは中国だろう。ヨーロッパと中国の関係は、相互依存、競争、政府間の力関係が複雑に絡み合って、常に変化している。長い間、ヨーロッパ人は中国の台頭を何よりも経済的好機の拡大として歓迎してきた。二国間貿易の総額は一日平均一〇億ユーロに達し、ヨーロッパは中国の第一位の貿易市場で、中国はＥＵの主要輸入元でもあり、総輸入高の二〇パーセント近くを占める。[26]政治的には、両者はさまざまな国際問題、例えば気候変動緩和への取り組みや国際連合主導の多国間体制の支持、ＪＣＰＯＡの維持などで協調してきた。ヨーロッパでの中国のイメージも、どちらかといえば昔から肯定的なものだったが、これは中国の長年にわたる積極的な民間外交とＥＵの政治的エリートへの働きかけの成果でもあった。

二〇一〇年代のいくつかの情勢の変化はヨーロッパに警戒を促す。第一に、中国の重商主義的な外交政策と一帯一路の推進のための活動は、ユーラシア大陸に及ぼす中国の政治的影響力を実証した。西バルカン諸国だけでなく、いくつかのＥＵ加盟国への大規模なインフラ投資は、中国に政治的見返りをもたらし、ヨーロッパの結束と共通の立場の強化を危うくする。二〇一六年七月に常設仲裁裁判所（ＰＣＡ）が南シナ海をめぐるフィリピンと中国との係争に裁定を出した後にも、こうした傾向が目についた。ギリシャとハンガリーは中国政府との関係を危険に晒すのを恐れ、ＥＵが準備した強い声明に反対した後、最終的に決定を遅らせ、内容を弱めさせた。[27]例えば二〇一七年、ギリシャは国連人権理事会における中国の人権侵害に対するＥＵの共同声明に反対し、ハンガリーは中国の人権弁護士に対する不当な扱いに関するＥＵの共同書簡を妨害していた(28)。

二〇一三年に中国が立ち上げた「16プラス１」の枠組み（二〇一九年にギリシャが加わり17プラス1となった）(29)は、中東欧諸国を一つの対話プラットフォームに集めようというもので、ＥＵからは「分裂させて支配する（divide and rule）」戦略だと批判された。この構想が地域の貿易と投資に与えた実際の影響は控えめなものだったが、中国がこの地域への政治的、経済的足掛かりを固めるのには貢献している(30)。中国はまた、世論を形成し、肯定的なイメージを広めるため、重点的に投資してきた。二〇〇八年から二〇一八年の間に、ヨーロッパの地方メディアの株式を取得するために二八億ユーロをつぎ込み、中国関連のニュースや話題への批判的な報道を抑えるべく、親中国派のシンクタンクを増やそうとしている(31)。

さらに、二〇一七年十二月、新華社通信の子会社である中国経済情報社が、ヨーロッパのシンクタンクやメディア約二〇社（ドイツ通信社やイタリアのクラス・エディトリなどを含む）に対して、一帯一路について好意的な記事を載せるという合意を取り付けた(32)。例えば、香港での民主化要求の抗議運動への弾圧に関する報道において、ヨーロッパのメディア数社が、抗議運動についての中国大使の「公式説明」を論説ページに掲載し、舞台裏で他国が介入していたと主張するといった展開があったが、ここにも合意の成果が見られるかもしれない(33)。他にも、中国出資のシンクタンクやイニシアティブを通じて、一帯一路についての好意的な報道が促された例がある。

中国からの投資は、以前から二面性のあったヨーロッパの中国へのアプローチをさらに強めさせたと思われる。東・南欧諸国の大部分は中国政府の行動を日和見主義と見ているかもしれないが、脅威とは感じていない(34)。中国の投資から得られる目先の経済的利益の魅力は、長期的に見たどのような安全保障上の含意にも勝る。これはヨーロッパの発展途上国や小国に限られた反応ではない。実際に中国資本の最大の受益者はヨーロッパの三大経済大国、フランス、ドイツ、イギリスであり、イギリスは総額で五〇〇億ユーロを受け取り、首位に立っている。二〇一九年には、北欧諸国が中国からヨーロッパへの投資総額の五三パーセントという、最大の分け前を得た。[35] ヨーロッパからの重要な資産や技術の購入に加えて、エネルギー、電気通信、海港など戦略的インフラへの中国の投資は、ヨーロッパの安全保障と主権に及ぼす影響という点で懸念を引き起こしてきた。

中国の通信大手ファーウェイをめぐるスキャンダル、スパイ行為とそれに関連した5Gネットワーク導入についての安全保障上の懸念も浮き彫りになった。さらに知的所有権の窃盗に関する不満の増大や、技術移転と投資の互恵主義に欠けていることと相俟って、ヨーロッパの指導者たちの忍耐が尽き始めた。二〇一九年三月発表の文書「ＥＵ・中国関係の戦略的展望」は、初めて中国をパートナーとしてだけでなく経済的ライバル、また「制度的ライバル」として公式に言及し、ヨーロッパはより冷静で毅然とした新たな対中国政策へとシフトするのである。[36]

姿勢の変化

「信頼、透明性、互恵」に基づくよう貿易の不均衡を改善することが、ＥＵ諸国の指導者の優先課題となった。[37] 実際に、二〇二一年一月に締結されたＥＵと中国の「包括的投資協定（ＣＡＩ）」には、ヨーロッパ企業の中国市場へのアクセス、戦略的に機微な買収についての投資審査、国営企業への助成金に関する透明性の向上といった条項が盛り込まれる。だが、何よりもこの協定が中国の人権侵害やその他の不正について触れるのを避けていることで、ヨーロッパの安全保障機関と従来の同盟国から幅広い批判を浴びた(38)。

二〇二〇年初めから、新型コロナウイルス危機のために、ヨーロッパでの中国の評価は大きく下がった。感染症発生への責任、特に中国政府が発生源の調査に乗り出そうとしなかったことが、批判を招く一つの原因になった。しかし、「戦狼」外交と呼ばれるようになる中国の外交官のますます攻撃的な発言は、ヨーロッパの政治的エリートにとってさらに厄介な問題になる。二〇二〇年四月、ニューヨーク・タイムズ紙は、ヨーロッパの高官が中国の圧力に屈し、新型コロナウイルスに関連した偽情報工作についての報告を発表間際になって修正し、文言を和らげたことを明らかにしている(39)。

この点に関しては、二〇二〇年八月末のチェコ共和国上院議長の台北訪問が引き金となった出来事は示唆的であり(40)、EUの中国に対する自衛行動に勢いを与えたと考えられる。親中国で知られるチェコ政府から公式に認められた訪問ではなかったものの、九〇人の代表団を率いて台北を訪れた野党リーダーのミロシュ・ビストルチルは、台湾立法院で民主的な台湾の中国との闘争を支持する画期的な演説をした。これが世界的に注目され、メディアで大々的に報じられた。中国政府は強い言葉で反応し、ビストルチルはその挑発のために「重い代償を払う」ことになるだろうと威嚇した。この中国の発言はすぐさま、ほとんどのヨーロッパの指導者たちから非難される。ある意味で、この出来事はヨーロッパ諸国に大きな一体感を生んだだけでなく、中国の「一つの中国」政策へのEUのアプローチを見直す必要についての議論を刺激した(41)。

ジョセップ・ボレル上級代表兼副委員長が発表した、より強硬な対中国戦略は、ヨーロッパ域外で起きている難題についてヨーロッパ全体の結束を求めるものだった。なかでも、新疆ウイグル自治区のウイグル人に対する人権侵害や、中国の研究者や反体制派へのあからさまな弾圧は、ＥＵの民主的なリーダーたちが取り組まなければならない深刻な問題である。加えて、香港での民主化要求運動の取り締まりと国家安全維持法の制定は、「一国二制度」政策に自ら違反する中国の限界を表すものだった。台湾の再統一に関して中国が見せる威嚇的な態度と台湾海峡での軍事的脅しも、東アジアの地政学的現状の持続可能性に疑いを投げかける。南シナ海と東シナ海での中国による軍事化と挑発行動と、インド国境での暴力的な衝突が増していることに対して、ＥＵは無視するわけにいかなくなったのである。

ヨーロッパが対中国の強い統一政策を形作るうえでの最大の課題は、加盟国間の分裂にある。実際に、中国に事が及ぶと、ヨーロッパは内部で対立することがある。戦略的な優先課題も経済発展の度合いも違う国々が中国の投資を求めて競い合い、結果的に意見の不一致を招き、協力と結束の欠如を生んでいる(42)。開発の遅れる東・南欧の国々がしばしばその責任を負わされるものの、中国との最も贅沢な投資関係を築いているドイツのような経済大国にも、それ以上とは言わずとも同等の責任がある。ＥＵとしてより強固な対中国政策を定めるにはもう少し時間が必要かもしれないが、ヨーロッパはインド太平洋の志を同じくする他の民主主義国と、意味のある政治的・安全保障関係を築く努力はできるだろう。こうした努力を通じて、進行中のインド太平洋の議論に正式な形で加わることが可能となるはずだ。

4　ユーラシア――インド太平洋と対をなす大陸

ユーラシアのハートランドはインド太平洋に関する議論で今もなお取り残されている。インド太平洋という概念は、一つには一帯一路を軸とした中国の拡張的な経済政策への対応と認識されているが、その焦点は主に海洋の地政戦略的中軸に向けられている。世界貿易にとってインド洋地域の安全がきわめて重要であることと、この地域の主役である大国（アメリカ、日本、インド、オーストラリア）の戦略的プレゼンスと利害を総合すれば、この点は理解できるだろう。しかし、ヨーロッパ諸国が歴史的に大陸を重視してきたことに加え、一帯一路が海洋と大陸両方を視野に入れた構想であることを考えれば、ユーラシア大陸とインド太平洋の対比は考察に値する。例えば、インド太平洋のアジェンダは、ヨーロッパのユーラシア戦略の展望とどのような関係で捉えられるのだろうか。並行するのか、競合するのか、あるいは補完するものなのか。

インド太平洋とユーラシアの二つの地域には多くの類似点がある。どちらも広大で多様性があり、複雑で不安定な地域である。どの地域も大国主導の政治と再燃する帝国主義の遺産を抱え、ロシアと中国による一方的な行動が、自由民主主義の価値、開かれた市場、ルールに基づいた既存の秩序への直接の脅威となっている。中国とロシア、この二つのユーラシア国家は類似した戦略を用いて、連結性と経済繁栄に焦点を置いた地域統合を促進している。それはユーラシア大陸へのヨーロッパや西洋の影響力に対抗するためのものであり、中国は一帯一路のシルクロード経済ベルトを通じて、ロシアはユーラシア経済連合（ＥＡＥＵ）を率いて目指してきた[43]。中国とロシアは似通った手段を使い、地域の小国に圧力をかけ、ハイブリッド的な戦術を通じて国内政策に干渉している。政治的反対派を排除するための不正な行動をそそのかすこともある。

したがって、中国とロシアの接近は、多くのヨーロッパ諸国にとって憂慮すべき傾向となってきた。上海協力機構（ＳＣＯ）の流れで始まった中露両国の接近は、主に中央アジアへのアメリカの影響力に対抗する共同の努力によって導かれ、二〇一四年のウクライナ危機とその後の欧米からのロシアの孤立を経て勢いを増した。中露関係は相互信頼に欠ける「便宜的な関係（relationship of convenience）」と描かれることが多いものの、(44)中央アジアにおけるエネルギー、貿易、連結性での協力は、中露が共通の利益と見なす主要分野になった。(45)この協力関係は、領土の半分以上がアジアに属するロシアが「ユーロ太平洋（Euro-Pacific）」国家(46)のアイデンティティを自負し、ヨーロッパとアジアの架け橋として自国を位置付けたことで、より目立ったものになっている。二〇一五年に発表されたＥＡＥＵと一帯一路の協調と、二〇一六年にロシアが発表した「拡大ユーラシア（Greater Eurasia）」の基本構想も、中露の協力関係をユーラシア地域統合の中心に据えるものだった。(47)ユーラシアの地域統合は中露の相互理解と「互いの利益の考慮」に基づくものとされた。ヨーロッパが中央アジア諸国にとって好ましい貿易相手であることは変わらないものの、中露が浮上させる連結性の構造と地域の統合は、ヨーロッパの貿易と投資を通した影響力だけでなく、地域を統制する規範的な力も弱体化させかねない。

中国とロシアのユーラシアでの協力は、出現しつつあるポスト西洋型の多極的世界秩序における論理的な戦略的中軸を形成する。アメリカの二〇一七年「国家安全保障戦略（ＮＳＳ）」の発表と、米中貿易戦争によって、ロシアと中国がともにアメリカとの関係を悪化させたことが、両国の安全保障と防衛での協力を後押しした[48]。二〇一八年以降は、共同軍事演習が複数回実施され、防衛技術協力も盛んになった。バルト海、地中海、南シナ海での共同海軍演習のほか、二〇一八年九月には、中国がロシアのヴォストーク演習に参加している[49]。二〇一九年十二月のペルシャ湾でのイランも含めた三国間の海軍演習など、イランやトルコといった第三国との防衛協力も強化されたが、これは熾烈になる対米競争を示すものでもあるし、中露がインド太平洋の海域諸国と相互関係を深め、これらの国々に対して影響力を強める可能性も窺わせる。

ロシアと中国の類似点や不安な徴候はあるものの、両国の権威主義的体制はヨーロッパに与える脅威や戦略的景観（strategic landscape）という点では異なる位置を占める。負の歴史的経験とその地理的距離の近さのために、ロシアはヨーロッパ諸国に対して伝統的な意味での安全保障上の差し迫った脅威をなしている。二〇一四年三月のロシアによるクリミア併合とウクライナへの大々的な武力侵攻後も、EU諸国はロシアに制裁を課すなど、容易に共通の政策と行動で合意を見た。他方で、中国に対しては、地理的距離と具体的な歴史的経験が欠如するため、遠くにある制度的脅威という認識である。そのため直ぐにでも対処が必要な脅威と捉えられることはない。結果として、ヨーロッパ諸国の多くは中国からの投資と広大な市場がもたらす短期的利益を優先したため、国々の間に結束を生み出すのは容易ではなかった。

伝統的にヨーロッパの戦略的文脈において優先的な位置を占めていたロシアとユーラシア大陸は、戦略的にインド太平洋のアジェンダとは競合すると受け止められるかもしれない。ただ、これまでのところ、ユーラシアの地政学はインド太平洋とは並行するものとして扱われてきた。欧州対外活動庁[50]（EEAS）では別の部門がユーラシアを担当し、中国、東アジア、東南アジア、南アジアを扱うＥＵの「アジア政策」とは切り離されている。とはいうものの、中国がもたらす安全保障上の課題の増大、ユーラシアとインド太平洋の両地域に見られる多くの類似した戦略的傾向、そして中国とロシアの接近を考えれば、それぞれの政策が補完し合う余地はある。

喫緊に必要なのは、包括的で能動的な（つまり反応的ではない）アプローチを展開することだろう。それは制度的な挑戦者である中露の両方に対応するもので、ヨーロッパの戦略的思考において大陸（ユーラシア）と海洋（インド太平洋）に橋を架けるものである。ただそれでも、ＥＵの「連結性戦略」は、中国あるいはロシアへのアプローチで具体的な戦略目標を定義できず、必要な政治的リーダーシップを欠いている。そのため、中露両国がもたらす共通する脅威、例えばハイブリッド戦の戦術や反民主主義的な行為の活用に対する政策を協調していくことで、効果的な政策とともに、インド太平洋の課題に対するヨーロッパの統一した対応が容易になるかもしれない。

5　「ヨーロッパ方式」で対応できるか

ＥＵは加盟国の総計以上の存在だが、外交と安全保障政策は各国政府の権限内に留まる。インド太平洋との「ヨーロッパ方式」の交渉はそのため、加盟国それぞれが抱える課題と安全保障上の関心が複雑に絡み合って決定される。二〇二一年の公式発表に向けて審議中のＥＵのインド太平洋戦略(51)に関しても、この傾向が顕著である。

ヨーロッパのインド太平洋に関する議論の主な先導役はフランスだった。フランスはヨーロッパで唯一のインド太平洋の常駐勢力（resident power）である。両地域に居住する一六〇万以上のフランス市民に加え、ビジネスや戦略的利益、常設の軍事プレゼンスを有する、政治・安全保障上の本格的なプレイヤーである。インド洋と太平洋に海外領土を有するフランスは、九〇〇万平方キロメートルに及ぶ排他的経済水域（EEZ）を有し、その九〇パーセントはインド太平洋地域に位置する。フランスのインド太平洋のアジェンダは、まず二〇一七年の「戦略見直し（Revue stratégique）」文書で発表され、二〇一九年に「フランスとインド太平洋の安全保障（France and Security in the Indo-Pacific）」のタイトルで公式戦略として採用された(52)。ただ、フランスのこの地域への利益は以前から継続してきたもので、二〇〇八年の国防白書のなかですでに地域間の連結性のためのインド太平洋の戦略的重要性が増していることが言及されていた。

多くの面で、フランスのインド太平洋のアジェンダは、EUが促進したいと考える価値を映し出す。環境問題と気候変動の悪影響への対処の必要のほか、危機の平和的解決、協力と既存の多国間構造に基づいた包摂的な地域安全保障のアーキテクチャーなどの原則が重視され、これらが、EUのこの地域における課題の中核となる。フランスの主要な防衛パートナー国――オーストラリア、インド、インドネシア、日本、マレーシア、シンガポール、韓国、ベトナム――も、EUが政治・安全保障協力を強めてきた国々である。フランスはまた、必要とされる政治的リーダーシップや運営能力、地域の利益と価値を守るためのハードパワーを持つ。二〇一六年からは、航行の自由の堅持を目的として南シナ海に軍を展開している。このように、フランスのインド太平洋における戦略と行動はEU全体の利益を直接支えるものとなるため、EUは政治声明を発する必要はなかった。

二〇二〇年九月初めにドイツが発表した「インド太平洋政策ガイドライン（Policy guidelines for the Indo-Pacific）」は、ヨーロッパのインド太平洋議論への画期的な貢献となった。国際的な安全保障への関与に躊躇することで知られていた国にしては驚きの行動で、ドイツは「国際的に行動的な貿易国、そして、ルールに基づいた国際秩序を支持する国として、ドイツは脇役に留まることに満足していてはならない（……）」と宣言した。[53] フランスの戦略と同様に、ドイツのガイドラインは多国間主義の促進や気候変動の緩和、ルールに基づいた自由貿易、人権の尊重、連結性と安全に焦点を当てるものとなっている。「ドイツ・ヨーロッパ・アジア――二十一世紀をともに形作る（Germany–Europe–Asia: Shaping the 21st Century Together）」という副題が付けられたドイツのガイドラインは、ヨーロッパのインド太平洋地域との背景や利害、関与を幅広く捉え、統一された戦略の基礎として役立つ可能性を示している。[54] その後、二〇二〇年十一月に発表されたオランダのインド太平洋に関するガイドラインも、[55] ドイツと同じ路線のもので、ヨーロッパのインド太平洋「戦略」の構築がさらに実現に近づいた。

ＥＵの外交政策の継続性と正当性を維持するうえで、ＥＵのいかなる「戦略」も、必然的に自由貿易だけでなく、多国間主義、協調的安全保障、人権の原則、そしてルールに基づいた秩序とそれを支える制度を包含するものとなるだろう。機能的な安全保障の分野に関して言えば、ヨーロッパが最も貢献できるのは、連結性、危機防止、海洋の安全保障など、包括的なアプローチが求められる超国家的な課題ではなかろうか。

インド太平洋の海洋安全保障はヨーロッパにとっても重要な戦略的利益である。その観点で、ＥＵ本部は海洋状況把握（ＭＤＡ）の強化に取り組んできた。この取り組みは、重要海上航路（Critical Maritime Routes）プログラムを通じてインド洋地域全体で促進されるものだが、沿岸諸国の能力を向上させ、地域の海洋多国間主義の運用を助けることになる。二〇二一年まで「ＡＳＥＡＮ地域フォーラム海洋安全保障に関する会期間支援グループ（ARF‐ISG）」の共同議長を務めたEUは、法執行での協力とさまざまな非伝統的な海洋安全保障の問題の管理を、地域の当事国間で対処できるように後押ししてきた。(56) 違法・無報告・無規制（IUU）漁業や人身取引、武器、薬物の密輸などは問題の一例である。

「ヨーロッパ方式」は、国際安全保障へのEUのこれまでの特徴的な貢献のいくつかを踏襲すると思われる。具体的には、共通安全保障・防衛政策（CSDP）の一部である多くの任務や危機の防止と管理、あるいはそれほど目にはつかない紛争回避のメカニズムなどである。例えば、EUはインドネシアのアチェ州の安定化に際しては監視の役割を成功裏にこなし、ミャンマーの和平プロセスを財政的に援助し、ミンダナオでは市民社会とコミュニティの調停役を務めた。(57) CBRN（化学・生物・放射能・核）不拡散の取り組みでの経験と、開催地の設定（JCPOA交渉で試された役割）は、朝鮮半島を含め、インド太平洋地域で進行中の多くの危機にとって価値あるものになるかもしれない。

インド太平洋の安定と繁栄を形作るために最も必要なのは、高品質のインフラと透明性のある投資を保証する、持続可能でルールに基づいた連結性の促進である。中国の一帯一路の腐食的な側面が明らかになった以上、EUは「連結性戦略」を能動的に用いて、質の高い連結インフラの開発のために、志を同じくする地域諸国との二国間協力を増やせるだろう。二〇一九年九月に日本と結んだ「持続可能な連結性および質の高いインフラに関する日・EUパートナーシップ」がその一歩である。もっとも、EUの連結性戦略は一帯一路に代わる統治モデルを目指す一方で、中国の参加を否定するものではない。むしろ透明性や財政の持続可能性の欠如など、中国の既存モデルに見られる欠陥に対処するものである。(58) ヨーロッパ企業がインド太平洋地域の連結プロジェクトでいくつかの中心的役割を担うなか、公正でルールに基づいた投資環境を保証することがＥＵにとっての利益にもなる。

おわりに

ＥＵは独立しかつ一貫した、強固な外交政策を追求できるのか――。インド太平洋地域へのヨーロッパのアプローチは、その政治的意図を試すものとして認識され、精査されてきた。しかし、ＥＵはいくつかのジレンマに直面している。

第一に、ＥＵ本部は自らの利益や優先課題、アジアへのアプローチを反映する独立した外交・安全保障政策を打ち出す必要があるものの、それと同時に、アメリカとの長きにわたる安全保障同盟を維持しなければならないことである。第二に、ＥＵは中国との良好な経済関係を維持し、中国との政治的な関与も継続したいと考える一方で、中国の重商主義的な外交政策とヨーロッパへの影響力の増大がＥＵに警戒感を与え、自らの利益を守る方向に向かわせていることである。第三に、ロシアの脅威は伝統的にヨーロッパの戦略環境を支配してきたが、大陸（ユーラシア）と海洋（インド太平洋）の戦略的な関係性や課題の類似性が、ユーラシアとインド太平洋の双方のアジェンダに橋を架ける可能性を示すことである。それは包括的で相互に補完的な政策においてである。最後に、大国政治が主流となり、新型コロナウイルス危機によってヨーロッパでの米中の競争の悪影響が加速されたことで、危機感がもたらされたことである。

本章で考察したように、ＥＵにとっての選択肢はこれまで以上に明確になっている。つまり、もしＥＵが翻弄されたくなければ、インド太平洋地域のプレイヤーになる必要があるということだ。こうした展開のなかで、インド太平洋への対応についてのＥＵ内部の議論は、ドイツとオランダの政策ガイドラインからも勢いを得て、熱を帯びたものになっている。その構想と実施は、ＥＵがアジアと世界の問題に対して能動的な安全保障上の役割を果たす能力について多くを語ることだろう。

究極的には、すべてのＥＵ加盟国は、以前よりも強く、自律的なＥＵの外交・安全保障および防衛政策への現在のシフトを支持している。だが、個々の国の戦略的方向性には違いがあり、大まかにいえば大陸国と海洋国で分かれている。オランダやフランスのような海洋国はＥＵの海洋安全保障で主導的役割を果たし、インド太平洋へのシフトを奨励する傾向にある。その一方で、ＥＵ加盟国でも歴史的に大陸ユーラシアを中心にしてきた国々は、インド太平洋の概念にはさほど関心を示さない。となれば、インド太平洋とユーラシア大陸の双方の課題の並行性を指摘することが、内部の政治的結束を生むのには有益かもしれない。

もしインド太平洋がイデオロギー紛争の舞台になれば、ヨーロッパもまた、正統なアクターとして舞台に上がるだろう。中国とアメリカが責任ある国際的プレイヤーとしての信用を失った現在、ヨーロッパの評価は社会・経済・政治的安定という点でトップの地位を維持しており、投資先としても好まれている。アンドリュー・モラフチークが表現したように、ＥＵの「静かで忍耐強い外交政策（quiet and patient style of foreign policy）[59]」はニュースの見出しにはならないかもしれないが、実利的で、最終的にはヨーロッパの利益に効果的に貢献する。

ヨーロッパがインド太平洋の議論に参加すれば、勢力のバランサーとしての役割を担うかもしれない。国際機関への影響力を通して世界秩序を安定させ、予防外交と危機管理、人権と環境問題を促進する「善き市民」になれるだろう。一つにまとまった能動的なヨーロッパが、安定的で繁栄した民主主義の力になるのは間違いない。強大な軍事力は持たないかもしれないが、ヨーロッパの外交政策は全般的に多国間主義による解決や紛争の平和的解決、国際規範の遵守、ルールに基づく秩序の維持を求めるものである。現実には、中国のような修正主義国家がインド太平洋をのみ込もうとするなか、これらの理想は失われつつある。ＥＵは大切な価値を取り戻し、正当性を示すことを通じて世界の安定に能動的に貢献できるだろう。

注

（1）本章はＥＵとそのインド太平洋に対する行動に焦点を当てる。したがって、ＥＵ加盟国の役割と立場を議論する際にはイギリスを含めない。なお、イギリスは二〇二〇年十二月三十一日でＥＵを離脱したものの、インド太平洋地域に関してはきわめて行動的である。
（2）【監訳注】ヨーロッパの統合を意味する言葉。ＥＵの形成や発展を指すことが多い。
（3）Heiduk & Wacker (2020: 41-42).
（4）Borrell (2020a).
（5）二〇一九年に発表された「インド太平洋に関するＡＳＥＡＮアウトルック（ＡＯＩＰ）」は、この地域の平和と経済協力を促進する必要を主張しているが、中国やアメリカには言及していない。多国間主義の重要性を強調し、地政学的競争を否定している。
（6）Mohan (2019); Pejsova (2018).
（7）【監訳注】ＥＵの「外務大臣」に相当する。正式にはＥＵの外務・安全保障政策上級代表兼欧州委員会副委員長（High Representative of the Union for Foreign Affairs and Security Policy / Vice-President of the European Com-

mission）と呼ばれる。外務・安全保障政策を担当する上級代表が充て職で欧州委員会の副委員長を兼任する。
（8）Borrell & Breton (2020).
（9）Michel (2020).
（10）Simón (2019).
（11）Borrell (2020b).
（12）Casarini (2013).
（13）Council of the European Union (2012: 8).
（14）US Department of State (2012).
（15）Berkofsky (2013).
（16）Berkofsky (2013).
（17）Biscop (2016).
（18）ＰＥＳＣＯもＥＤＦも、安全保障と防衛の分野でのＥＵ加盟国の密接な協力を促進するために設立された。ＰＥＳＣＯは能力向上計画を共同で策定し、作戦即応性を高めるための法的枠組みを提供し、ＥＤＦはこれらのプロジェクトの財政的協調を支える。
（19）Pejsova (2019a).
（20）Duchâtel (2016).
（21）Pejsova (2019b).
（22）Cottey (2019).
（23）Council of the European Union (2018).
（24）Brattberg & Soula (2018).
（25）European Economic and Social Committee (2019).
（26）Eurostat(n.d.).
（27）Pejsova (2019b).

（28）Marques (2019).

（29）【監訳注】第1章の注51の監訳注でも記したとおり、本書の脱稿後、二〇二一年三月にリトアニアが脱退し、ヨーロッパ側の数は一六に戻ったと見られる。ただ、参加国の間で対中姿勢に隔たりがあるため、「16＋1」のフォーマットは従来のようには機能していない。

（30）Karásková et al. (2020).

（31）Hanemann et al. (2019).

（32）Xinhua (2017). 新華社通信によれば、シンクタンクのパートナーには欧州アジア研究所（ベルギー）、国際関係研究所（ギリシャ）、トマス・モア研究所（フランス）、シルクロード連結性研究センター（セルビア）、ポーランド・アジア研究センター（ポーランド）、経済産業研究基金（ギリシャ）などがある。

（33）Karásková (2019).

（34）Le Corre (2018).

（35）Kratz et al. (2020).

（36）European Commission (2019).

（37）Borrell (2020b).

（38）Godement (2021).

（39）Apuzzo (2020).

（40）【監訳者注】二〇二一年十月の総選挙の結果、ペトル・フィアラ氏率いる野党勢力が勝利し、連立政権が発足した。その結果、チェコ政府は伝統的な外交に回帰し、対中姿勢にも変化が生じている。

（41）Bütikofer et al. (2020).

（42）Huotari et al. (2015).

（43）Pepe (2019).

（44）Kaplan (2017).

（45）Kashin et al. (2019).

（46）Trenin (2013).
（47）Ministry of Commerce of the People's Republic of China (2017).
（48）The White House (2017).
（49）Kendall-Taylor et al. (2020).
（50）欧州対外活動庁（ＥＥＡＳ）内では、ＥＵＲＣＡ（ヨーロッパと中東）ＥＡＳＴ部が、東方パートナーシップ諸国、ロシア、中央アジアを担当し、ＡＳＩＡＰＡＣ部が南アジア、中国とその周辺地域、東アジア、東南アジア、太平洋地域を担当する。
（51）【監訳注】二〇二一年四月にはＥＵ理事会が「インド太平洋における協力のためのＥＵ戦略（EU Strategy for cooperation in the Indo-Pacific）」（理事会結論 7914/21）を示し、同年九月に欧州委員会と外務・安全保障政策上級代表が同名の文書を共同で発表している。
（52）French Ministry of Defense (2019).
（53）Government of Germany (2020: 2).
（54）Government of Germany (2020).
（55）Government of the Netherlands (2020).
（56）Pejsova (2019c).
（57）Banim & Pejsova (2017).
（58）Esteban & Armanini (2020).
（59）Moravcsik (2020).

第11章 湾岸諸国
——曖昧なヘッジング戦略

ジャン＝ルー・サマーン
（シンガポール国立大学）

はじめに

インド太平洋の概念は政策文書で広く使われるようになったものの、アラビア半島においてこの用語が公式の演説で使われる例は驚くほど少ない。湾岸協力会議（GCC）[1]諸国の外交官や政治指導者は全般にこの言葉の使用を避け、地域のシンクタンクもこれをテーマに議論することはほとんどない。[2]GCC諸国がインド太平洋の主要な大国すべてと関係を築いている事実を考えれば、この状況は矛盾しているように映る。躊躇の理由はと問われれば、湾岸アラブ諸国（以下、湾岸諸国とも）の政府が伝統的に地政学の概念を受け入れることも、独自の戦略や信条を主張することもためらってきたという事実、そしてより具体的には、湾岸諸国の意思決定者が「インド太平洋はアメリカの太平洋岸からインドの海岸までの海域であり、ペルシャ湾は含まれない」と考えていたことに

あるのかもしれない。(3)

湾岸諸国の首都でインド太平洋の議論は聞かれないが、だからといってこの地域がインド太平洋に関係もなく、関心もないというわけではない。実際には、二〇一〇年代の湾岸の外交政策は、インド太平洋地域の勢力争い、特にアメリカと中国との競争がいかに第三国のグルーピングに影響を与えるかという点を反映しており、その意義は小さくない。ある意味で、GCC諸国は東南アジア諸国連合（ASEAN）の加盟国よりも、インド太平洋のパワープレイに影響されているかもしれない。湾岸諸国は、安全保障に関しては全面的にではなくても主にアメリカに、そして国際貿易では中国に依存しているからである。(4)それゆえ難題に直面することは避けられない。すなわち、中国によってもたらされる経済的繁栄と、アメリカとの協約やアメリカ軍の展開によって満たされる安全保障上の必要を、どの程度まで切り離すことができるのかという問題である。

アメリカとの伝統的な同盟を受け入れる態度をより明確にするよう湾岸諸国に求める研究者もいる。ハッサン・アルハサン(5)は、「中国を牽制するために、アメリカは（……）湾岸諸国との協力関係を維持し利用する必要があるだろう」と述べる。しかし、湾岸の統治者たちはここしばらくの間、中国に対するバランシング（balancing）(6)行動を避け、その代わりに中国の成長に便乗しつつ、自国の外交政策を再定義し、いわゆる「ヘッジング（hedging）」戦略をとってきた。インド太平洋地域での勢力争いが激しくなるにつれ、「湾岸アラブ諸国は潜在的に分極化を招くような政策から距離を置く努力を強いられてきた」のである。(7)言い換えれば、湾岸諸国では、中国とアメリカの対立によって分極化が進むなか、分極化に対して戦略的に曖昧な立場を維持しないと、ほとんど利益を得られず、多くを失う恐れさえある、というのが主流の見方だ。

本章ではその観点から、インド太平洋における大国間の競争に関して、湾岸諸国が外交政策を見直すうえでの課題を検証する。伝統的に湾岸諸国は欧米の大国に安全保障を依存してきたが、湾岸諸国は同時に中国とも緊密な関係になることで、対立する米中の間に自らを巧みに位置付け、両方から利益を得ようと考えた。このアプローチは単なる経済的な協力関係の多様化でも、完全な政策のリバランス（再均衡化）でもない。控えめな形でのヘッジング戦略に分類されるものである。そこで本章では湾岸諸国の外交政策を四つに分けて検証し、これらの国のヘッジング戦略の展開と限界を論じてみたい。第一に、湾岸諸国のヘッジング戦略の論理を分析し、その結果として必然的に引き起こされるアメリカのインド太平洋戦略との摩擦を考察する。第二に、湾岸諸国が中国の台頭にいかに接し、特に「一帯一路」構想をどう受け入れているのかを分析する。第三に、湾岸諸国による中国への接近（rapprochement）が時期的には安全保障面でのアメリカ依存の維持または深化と重なっていたことを明らかにする。第四に、新型コロナウイルスの危機が、湾岸諸国が米中の脆弱な均衡を混乱させることなく、むしろ定着させた経緯を説明する。

1　アメリカの戦略に対するヘッジング論理

すでに示したように、アメリカのインド太平洋戦略が湾岸諸国で議論されない理由には、アラビア半島では政治問題についての公の議論が伝統的に制限されていることがある。特に、インド太平洋地域の外交政策についての重要な意見交換はされてこなかった。その沈黙状態は、インド太平洋での米中の競争に関して、湾岸の指導者たちが意図的な計算で曖昧な態度を保った結果とも言えよう。そこで考えたいのが、現在のアメリカのインド太平洋戦略の背景にある前提が、米中双方に対する湾岸の政策とどのように衝突するかである。

アメリカ政府の言説で明確にされるインド太平洋の概念は、二つの大洋を舞台に繰り広げられる典型的な大国間競争を前提とする。(8)GCC諸国は、このようなナラティブやゼロサムゲーム的な意味合いからは注意深く距離を保ってきた。アメリカとの歴史的な政治・安全保障同盟を継続しつつ、中国の経済的台頭からも利益を刈り取るためである。さらに、もしアメリカのインド太平洋戦略が、さまざまな協力関係と同盟の上に築かれる地域の論理を暗に意味するのなら、湾岸諸国はインド太平洋地域の国々に対し、伝統的な二国間関係のアプローチを維持し続けるだろう。湾岸諸国はインド、日本、オーストラリア、韓国との絆を深めてきたが、それぞれ個別の関係とみなしているため、湾岸諸国のインド太平洋政策として一括りにすることは難しい。例えば、二〇一五年から二〇二〇年にかけて、インドと中国の間の緊張が高まった時期にも、アラブ首長国連邦（UAE）とサウジアラビアは印中両国との関係を同時に強化することができた。湾岸諸国の指導者たちはそれぞれの国との親交を個別に扱ったため、結果的にインド太平洋における共通の安全保障政策という前提を軽視してきたように見える。(9)

インド太平洋での米中の競争に注意を払わない湾岸諸国の態度は、ヘッジング戦略と言うに相応しい。この特殊な立ち位置は、勝ち馬に乗ること（bandwagoning）やバランシングなどのより典型的な政策オプションとは異なる。国際関係（IR）研究において通常、現実主義の理論は「小国は大国に対してシンプルなジレンマを持つ」と論じる。つまり、競争相手の側について覇権国に対してバランシングを行うか、あるいは覇権国の庇護を受ける、つまり「勝ち馬に乗る」か、どちらかを選択しなければならない[10]。

「ヘッジング」という表現がIR研究で使われるようになったのは比較的最近のことである。この語はもともと、場合によっては競合する別々の資産に投資することで、一つの資産の価値が失われる可能性に備えるポートフォリオの構成を意味した。同じ市場のシェアを奪い合う株式への投資を意味するため、極端な分散投資として理解される。このヘッジングの考え方を外交政策の分野に移せば、互いに敵対するかもしれない国それぞれと安全保障の協力関係を築くことと説明できる[11]。しかし、バランシングや勝ち馬に乗ることが大国間の対立に小国が明確な態度を示す動きであるのに対し、ヘッジングはより慎重なアプローチを採用することでジレンマを回避することを可能とする。二大国間の全面的な紛争に巻き込まれたり、片方の支持を失ったりすることなく、両方の選択肢の利益を天秤にかける、すなわち支配的勢力または新興勢力のどちらかの支援を得て、不利な状況を先延ばしにするのである[12]。

湾岸アラブ諸国にとっては、このようなアプローチによって自らを非常に好都合な中間的地位に置き、どちらかの側を選ぶことなく戦略の選択肢を多様化できるという利点がある。例えば、中国から兵器を購入すると同時に、アメリカの武器市場へのアクセスも得ることができる。もっとも、ヘッジングが公式の政策であると考えるのは誤った理解となる。これまでのところ、湾岸諸国の公式書類や指導者の発言に「ヘッジング」という語はまったく使われていない。また、この種の行動はすべてのGCC諸国に広く応用可能であるものの、GCC加盟国が協調体制のなかで採用している戦略ではない点にも留意すべきだろう。これらのヘッジング戦略は実際には相互に対して行われることも多いが、君主制国家が追求している一方的なイニシアティブに留まっており、それぞれが独自に行っているものである。この種の戦略はインド太平洋と関係しているというよりも、むしろ多国間協調に対する湾岸諸国の従来の不信感と関係している。(13)

ヘッジング戦略は戦略的自律を望む最近の湾岸政治の傾向を反映したものだが、自律の追求は国益を守るべく外部からの支援に対する依存を減らそうとする努力にほかならない。湾岸諸国、特にサウジアラビア、ＵＡＥ、カタールがこの二〇年ほどの外交政策で見せた新たな自己主張は、他国の危機への介入に見てとれる。リビアやイエメンなどに対して軍事力を使うこともあれば、その国の特定の派に財政的支援を与えることもあった。(14) ここでのヘッジング戦略は湾岸諸国にとっていくつかの目的を果たしうる。アラビア半島の戦略的価値を中国に示す一方で、米中間の競争が第三国に与える制約を避け、最終的により大きな戦略的自律を手にできるよう外交政策の選択肢を再定義するのである。

このアプローチが持続可能であるためには、国際体制が緩やかな勢力均衡を認めることが条件となる。それは、大国が形成する極（poles）の間で厳格な連携（alignment）を選択する必要がなく、大国間で争われるゼロサムゲームへの参加も強制されないというものだ。ある研究者が的確に指摘したように、ヘッジング戦略は一極体制における力の「分散（deconcentration）」の原則に導かれる。それは「二番手の国々が一極主義の状況下で遭遇しかねない脅威と制約に対処するのを助け、同時に、その体制のリーダー国が相対的に衰退したときに出現しかねない新たな脅威と機会への準備をさせる」のである。(15)

ヘッジング戦略という湾岸の手法は、支配的勢力であるアメリカの衰退を前提としたならば機能するかもしれないが、現実には、アメリカが設計した現在のインド太平洋戦略の論理そのものと衝突する。実際のところ、これらの戦略の含意はアメリカのドナルド・トランプ前大統領の下での対中政策という文脈のなかで考えてみるべきだろう。中国との関係を描き出すためにトランプ政権は対決的なレトリックを用い、インド太平洋を競争の場と描写した。アメリカはこれまで中国と関与するべく協力的な枠組みを築こうとしたが、トランプ政権がそうした過去の試みと決別したことは明らかだろう。アメリカの政策は米中両国の競争のために周辺地域の分極化が進んだことを意味し、この傾向はジョー・バイデン新政権になってからも続いている（第4章参照）。

アメリカのアプローチの変化は、二〇一七年の「国家安全保障戦略（NSS）」にも顕著に見られる。NSSは中国との関係を「自由な世界秩序のビジョンと抑圧的なそれとの間の地政学的競争」と表現し、「中国はインド太平洋地域からアメリカを締め出そうとしている」と非難した。[16] 太平洋軍（PACOM）のインド太平洋軍（INDOPACOM）への再編に加え、インド太平洋戦略の方向性は、より広範な地域への中国の拡大に対抗して均衡を図ろうとするアメリカの意図を伝えるものである。

アメリカのインド太平洋戦略はその点で示唆的である。より広範な地域で中国のプレゼンスに対抗することを明確に目指し、インド太平洋地域のパートナー国、特に東南アジアの国々に対し、アメリカとならんでオーストラリア、インド、日本が主導する計画に集結するように呼びかける。しかし、アメリカ政府から放たれる報告や発言は、湾岸アラブ諸国については言及していない。湾岸諸国は明らかに不在の状態だが、それゆえに地域の安全保障に関するアメリカの新たな構想を単に無視し、アメリカと中国の双方に対する政策を切り離し続けることができた。インド太平洋の震源地として描かれるASEAN諸国とは対照的に、湾岸の君主制諸国は議論の一部とはならず、その結果として湾岸諸国がこの話題について沈黙を保つこともできた。それは距離をとり続けようという意思の表れでもある。次に例示するように、インド太平洋戦略からの分離が功を奏し、ヘッジングという選択肢が可能になったものの、米中間での分極化が進むなか、GGC諸国が享受してきた微妙な均衡を維持するのが難しくなる可能性も否めない。

2　中国との接近が示す地政学

湾岸と中国の関係をいかに見るかについて研究者の見解は最近まで分かれていた。従来の湾岸研究においては、湾岸・中国関係はエネルギー供給が中心であり、重要な地政学的な含意をさほど持たないものとして軽視する傾向があった。[17] その一方で、新たな「湾岸とアジアの結合（Gulf-Asia nexus）」について語り、最終的には両地域間の地政学的地図を書き直すことになるかもしれないと論じる研究者もいた。[18]

実際には、GCC諸国と中国を筆頭とするアジアの大国との関係が地政学上の輪郭を表すようになったのは、二〇一〇年から二〇二〇年の間、細かくいえば二〇一五年以降のことである。これは突然の変化というよりは、さまざまな要素が絡み合う緩やかなプロセスの積み重ねの結果だった。湾岸とアジアのエネルギー需給の相互依存は、ホルムズ海峡（地図5参照）とマラッカ海峡（地図4参照）というチョークポイントとともに、インド洋全体で支えられてきた。そのようななか、繁栄する中国市場への湾岸諸国の反応は、湾岸とアジアの両地域の関係をより重要なものとした。アメリカが湾岸諸国に安全保障を提供し続ける熱意を失ったように見えたため、湾岸諸国の不安が増したことも変化の一因にある。中国共産党総書記の習近平が国内で権力を掌握し、一帯一路を打ち出したこともそうした感情を強めた。

実際に、湾岸地域は二〇一〇年代、エネルギー輸出を欧米諸国からアジア諸国へと一気にシフトさせた。それまでの一〇年間に、湾岸の石油産出国はすでに大きな変化の始まりを目にしていた。アメリカが湾岸への輸入依存を減らし続ける一方で、中国はその経済成長を支えるために石油消費を増やした。中国は世界最大の原油消費国で、GCC加盟国のうちの四か国（サウジアラビア、オマーン、クウェート、UAE）が対中国の輸出上位一五か国に含まれる。液化天然ガス（LNG）に関しては、オマーンが中国への最大の輸出国で、中国の輸入の三三パーセントを占める。また二〇一八年、中国とカタールは二二年間のLNG供給協定に署名し、カタールがこの領域で優位に立つことが確実となった。

湾岸と中国のエネルギー貿易の密度が高くなったことは、関係をさらに深める動機を与えた。しかし、政治的な協力関係はと言えば、緩慢にしか実現しなかった。一時的に関係構築が加速した二〇〇六年、サウジアラビアの当時のアブドッラー国王が（サウジの指導者として初めて）中国を訪問し、三か月後には胡錦濤国家主席もサウジアラビアを訪問した。この相互訪問がすぐに何らかの実質的な政策イニシアティブが実ったわけではないものの、胡錦濤はこの二人が「新しい世紀に、中国とサウジアラビアの友好協力の新たな章を書く」だろうと、自信ありげに予言した[19]。結果的に、中国と他のGCC諸国の間にも同様の外交関係が築かれ、二〇一〇年の「中国・GCC戦略対話（China-GCC Strategic Dialogue）」の創設に繋がった。この戦略対話は中国の北京か湾岸諸国のいずれかの国の首都で不定期に開催され、戦略問題を話し合う場となるが、その公式コミュニケは、主に中国とGCCの自由貿易合意（FTA）の交渉の場として使われることを示唆している。[20]

二〇一三年に一帯一路の概要が明らかにされた当初、湾岸アラブ諸国は議論の対象ではなかった。一帯一路について説明した最初の地図と報告において、東アフリカ、イラン、あるいはパキスタンでの中国のプロジェクトが強調されていたが、アラビア半島自体には言及されないままだった。GCC諸国の指導者を特に不安にさせたのは、一帯一路の最初の地図にイラン・イスラム共和国が含まれ、GCC諸国が排除されたことだった。

この数十年の間、中国はイランとの良好な経済的、政治的関係を維持しながらも、湾岸地域で起こる地政学的紛争において特定の側につくのを注意深く避けていた。中国はイランへの主要な武器供給国の一つであり、同時にイランから大量の石油を輸入していた。最近では、その地理的な位置のため、イランが一帯一路の一拠点となる可能性も出てきている。イランをトルクメスタンやアフガニスタンと結ぶ鉄道や橋などインフラの改善が進められ、中国人労働者が従事しているところである。また、首都テヘランとイラン北東部にあるマシュハドを結ぶ鉄道の電化計画には中国からの一六億ドルの融資が決まり、テヘランを中国西部の新疆ウイグル自治区のウルムチと結ぶ新しい路線（距離にして三五〇〇キロ）の計画も浮上した。[21] その後も、二〇一六年の包括的戦略パートナーシップの調印と、二〇二〇年に広域の協力を詳細に定めた二五年間の合意で、両国関係は制度化された。

もっとも、北京とテヘランの関係は、すべてが戦略的な問題に収斂するわけではない。中国の指導者はアラブ諸国とイスラエル両方との野心的関係を損なわないために、イラン高官との密接すぎる関係は注意深く避けてきた。[22] 同様に、二〇二〇年三月の「中国イラン合意」の外交・軍事的側面は控えめなものだった[23]。中国政府を引き寄せたいGCC加盟国の政策は、中国とイランの親交に対して均衡を図るものとなった。現に一帯一路に関する湾岸諸国の巧言は、イランが優遇され自分たちが脇に追いやられることへの不安に導かれたものである。

GCC諸国はまた、同じ時期に始められた一帯一路関連の投資が、地元経済の多様化計画を後押しするという考えに励まされた。折しもサウジアラビアの代表たちは、中国の投資家との相乗効果をもたらす格好の機会として「サウジ・ビジョン2030」を公式の場で売り込んでいた。ムハンマド・ビン・サルマン皇太子は一帯一路を、「中国を我が国の最大の経済的パートナーとして期待するサウジ・ビジョン2030の主柱の一つ」と表現している[24]。サウジアラビア政府は後に、中国が出資して建設したパキスタンのグワダル深海港に一〇〇億ドルを投資すると発表した。ここは中国の二十一世紀海上シルクロード構想の主要港で、一帯一路と結びついた中国・パキスタン経済回廊（CPEC）のターミナルとなる。

他の湾岸の君主制国家も、自国の港湾施設を中国の海運会社と一帯一路投資のための理想的な場所になるとアピールした。オマーンでは、アラビア海に面したドゥクムの漁村が中国の投資と建設を呼び込み、海上シルクロード構想のさらなる拠点として宣伝されている。港湾開発の一部として、オマーンは中国の合弁企業に対してドゥクムに産業都市の建設を認める一〇七億ドルの合意に調印した[25]。カタールは、ハマド港の拡張と近代化に続いて、将来の共同投資を促進するための中国港湾工程（China Harbour Engineering Company）との了解覚書を取り交わした。新たな協力関係は「中国の一帯一路構想とカタールの国家ビジョン2030の目的に役立つ[26]」とされた。

同じ論理がUAEにも当てはまる。同国政府は首都アブダビとドバイの間に位置するハリファ港の能力を拡充してきた。そのプロセスで最も重要だったのは、中国の海運大手、中国遠洋海運集団（ＣＯＳＣＯ）がハリファ港のターミナル一つの株式九〇パーセントを取得したことである。それは、これまでの慣習からは大きく逸脱したものだった。湾岸諸国は伝統的に商業施設の所有については少なくとも五〇パーセントの権利を維持してきたからだ。[27]この出来事が物語るのは、ＵＡＥの指導者が湾岸諸国における一帯一路の最優先の経済アクセスポイントとしての自国の位置付けに熱心だったことである。両国関係が強化され、二〇一八年七月には習主席がＵＡＥを公式訪問した。その後、ＵＡＥは二〇一九年春の第二回一帯一路フォーラムに高官レベルの代表団を派遣したが、この代表団はドバイの首長でありＵＡＥの外相のシェイク・ムハンマド・ビン・ラーシド・アール・マクトゥームが率いている。湾岸での中国の特権的パートナーの役割を果たそうとするＵＡＥの明確な意図が読み取れよう。同じ年の七月にはＵＡＥと中国との間で一六の基本合意書が署名されたが、その一つは防衛・軍事協力に関するものだった。

中国の投資家に自国の港湾施設の株式の取得を促す湾岸諸国の競争は、ＧＣＣ諸国が中国の一帯一路を全面的に受け入れた証拠と言える。ただ、一帯一路が湾岸諸国とイランの間だけでなく、湾岸の国同士の間にも間接的に競争を煽っていることも事実である。湾岸の各国は地域で最も中国に相応しいパートナーとして自らをアピールするのに余念がない。しかし、その結果として湾岸の港の間で生じたのは、実際の倉庫のニーズや余剰のリスクを無視した拡大と近代化プロジェクトの競争の過熱だった。[28]

中国の一帯一路は過剰な宣伝文句が先行し、実際の成果はさほど大きくない外交政策かもしれないが、中国と湾岸アラブ諸国との間の対話の中身を変えてきたのは確かである。[29]湾岸の指導者たちが独自の経済改革と多様化プロジェクトを立ち上げ、その一方で防衛に関してはアメリカへの伝統的な依存に疑念が増しているときに、一帯一路は願ってもない機会の到来に見えたことだろう。

3　変わらないアメリカの優位

中国と湾岸アラブ諸国の貿易・外交関係の強化は、安全保障面での実質的な協力体制にはまだ還元されていない。それでも、アメリカは中東問題から手を引いたという湾岸の認識が深まったこともあって、中国に接近するという考えが湾岸諸国に生まれた。そのような認識は、二〇一一年のエジプトでの革命とバーレーンでの社会的騒乱に対するバラク・オバマ大統領の政策によって焚きつけられた。時を同じくして、アメリカ政府がシリア内戦への介入を渋ったことや、「アジア回帰（Pivot to Asia）」が唱えられたことは、湾岸諸国の意思決定者たちにアメリカはこの地域から撤退するつもりだと確信させた。しかし、この一〇年間の湾岸での安全保障の流れを注意深く分析してみると、別の現実が浮かび上がる。この地域におけるアメリカの優位は継続されているということである。この事実は、湾岸地域における中国の必然的な台頭という大勢の見方とは矛盾していることだろう。

湾岸におけるアメリカの現在の軍事プレゼンスの規模は、GCC諸国が受け入れているアメリカの軍事基地のネットワークに見てとれる。カタールにはアメリカ中央軍（CENTCOM）の地域本部がある。アメリカ海軍第五艦隊の地域作戦はバーレーンから指揮される。クウェートとUAEはアメリカの軍関係者をそれぞれ一万五〇〇〇人と五〇〇〇人受け入れている。二〇一九年には、アメリカ海軍がドゥクム港へのアクセスを認められた。すでに述べたように、このオマーンの港は大部分が中国の資金によって中国企業が建設したものだ。二〇二〇年にはGCC諸国におよそ四万三〇〇〇人のアメリカ軍関係者が駐留していた。規模の上では、アメリカの配備はクウェート、カタール、バーレーンの軍の部隊を合わせた数よりも多く、オマーン軍とほぼ同じである。

質に関しては、湾岸に駐留するアメリカ軍は、世界でも最高レベルの武器システムとプラットフォームを持つ。ミサイル防衛システムから戦闘機、軍艦まで、アメリカがこの地域に保有する軍事技術は他の追随を許さない(30)。この変わらない軍事プレゼンスに加え、GCC諸国はアメリカと複数の防衛合意に調印してきた。その内容は、GCC各国の軍にアメリカが訓練を提供するだけでなく、地域の現体制を支持することになる安全保障の供与を含むことが多い。これは、パトリオットミサイル、F-16戦闘機、沿海域戦闘艦などのアメリカ製の武器を特に好む湾岸の調達政策とも一致する。

湾岸地域での現在のアメリカ優位の起源は、まずは第二次世界大戦後に定義されたアメリカとサウジアラビアとの特別な関係に見出せる。それを象徴するのが、一九四五年二月十四日のアメリカ海軍の巡洋艦の艦上でのアブドゥルアジズ・イブン・サウド国王とフランクリン・D・ローズヴェルト大統領の会見である。これによってこの地域におけるアメリカの重要性がはっきりしたが、アメリカの軍事的関与が着実に増大したのはその二〇年後、イギリス帝国の衰退と、一九六八年の「スエズ以東」からのイギリス軍撤退という出来事の後のことである(31)。実際には、湾岸でのアメリカ軍の増強は、部分的にはイギリスの撤退への反応として起きたにすぎない。例えば、アメリカ中央軍が創設されたのは一九八三年だった。これは、イラン・イラク戦争（一九八〇〜一九八八年）

においてテヘランがクウェートとサウジの船を標的にし、湾岸諸国がアメリカ政府に軍事援助を要請した、わずか三年後にあたる。ちなみに、アメリカはクウェートの船舶に対する攻撃を防ぎ、アメリカ海軍の保護を受けられるよう、アメリカへの船籍変更（reflagging）を認める措置をとった。

次の一九九〇年代は、一九九〇〜一九九一年の湾岸戦争後にアメリカのプレゼンスが強化された時代だった。イラクのクウェート侵攻により、湾岸の統治者たちは自分たちの体制が確実に生き残るための最善の道はアメリカとの密接な関係だと考えた。そして、一九九一年から一九九四年の間に、すでに存在していたサウジアラビアとオマーンとの協定に続き、アメリカはクウェート、バーレーン、カタール、UAEと個別の防衛協定を結んだ。アメリカは一九九五年に海軍第五艦隊の司令部をバーレーンに置き、湾岸、紅海、アラビア海、インド洋の一部を管轄下に置いた。その後、アメリカ軍のプレゼンスは二〇〇三年のイラク侵攻後、二十一世紀の最初の一〇年の間にさらに拡大した。しかし、イラク侵攻は湾岸の安全保障にとって二つの影響をもたらした。一つは、アメリカへの依存を高めたことで、自国の防衛のための軍の構築の重要性を軽視させたこと。もう一つは、GCC全体に集団防衛メカニズムを強化する勢いを削いだことである。

湾岸の指導者のなかには、アメリカのイラク侵攻を自分たちの体制にとっての安全保障上の懸念材料と見る者もいた。ただ、二〇一一年に始まった「アラブの春」の間とそれ以降、湾岸のメディアと意思決定者たちは、地域の安全保障に対するアメリカの熱意は薄れていると感じ、表立ってその懸念を表明するようになった。地域安全保障の展望に対するアメリカと湾岸の君主たちの間での食い違いは、二〇一一年にエジプトで抗議運動が全国に広まった時期に、オバマ大統領がホスニ・ムバラク大統領に退任を要求したことで浮き彫りになった。ムバラクは三〇年以上にわたってアラブ世界で最もアメリカに友好的な同盟者の一人と見なされていたにもかかわらずのことだった。さらに、バーレーンでの反政府デモに対する抑圧はUAEとサウジアラビアの部隊が支援したものだったが、この抑圧に対してアメリカが不満を示したことがさらなる相互不信を深めた。ただ、当時のオバマ大統領とGCC諸国の統治者との対話が減り、信頼が薄れたのが確実でも、湾岸諸国の首都で信じられていることとは違い、この地域におけるアメリカの強大な軍事プレゼンスは影響を受けていない(32)。

関係をさらに複雑にしたのは、オバマ政権が勢いを増す中国への対応を最優先して、「アジア回帰」を発表したことだろう。湾岸アラブ諸国のリーダーたちはこれを、アメリカが中東の安全保障と政治から手を引こうとする暗黙の決定と読み取った。もっとも、これを中東から東アジアへのアメリカ軍の「回帰」とするのは誤った考えで、湾岸の安全保障に向けられた軍の配備にはほとんど影響がなかった。とはいえ、中東からのアメリカの撤退という誤った解釈が、その埋め合わせとして、また湾岸アラブ諸国の戦略的自律、特に軍事的安全保障の自律を強化する手段として、中国との接近を深める議論の引き金になったことは間違いない。それでも、こうしたナラティブと理由付けは、湾岸アラブ諸国、とりわけ軍事大国であるサウジアラビアとUAEの軍が構造的にどれだけアメリカに依存しているかを考慮に入れていない。また、アメリカと湾岸諸国の関係、特に安全保障の責任分担に関して、中国がいかに競争を望んでいないかについても矮小化するものだろう(33)。

4　米中で異なる安全保障関係の理由

湾岸地域のアメリカ軍のプレゼンスは、既述のとおり、中国を含めて他のどの外部勢力とも比較にならない規模である。中国は武器製造と販売という点でアメリカの足元にも及ばない。それどころか、中国はこの地域ではイギリスやフランスの防衛産業とさえ競争していない。アメリカが提供している陸・海・空の軍事プラットフォーム、例えばロッキード社のF－16戦闘機やレイセオン社のパトリオットミサイルなどに中国は到底太刀打ちできない。したがって、中国がGCC諸国に売りつけるものは、無人航空機（UAV）やミサイルなどの「ニッチな」武器や機能が中心になる。この行動は特別に新しいものではない。慎重な扱いを要するものだからであれ、使途に大きなリスクが伴うからであれ、アメリカ政府と議会が特定の武器の移転や購入を承認することは期待できないという理由のため、湾岸諸国は代わりに中国から購入してきたにすぎない。

例えば、サウジアラビアは一九八八年に、中国からDF－3A中距離弾道ミサイル五〇基を購入したが、その旧式のミサイルは精度が悪く、移動性も制限されていたという。[34]最近では、サウジアラビアとUAEが中国製の「翼竜」無人航空機を購入したが、それも同様の理由からだ。アメリカが武器を搭載した無人航空機を湾岸諸国に売ることはおよそありえなかった。アメリカ政府はその使用について政治的懸念を抱いており、さらに「ミサイル技術管理レジーム（Missile Technology Control Regime）」[35]により輸出制限も課されていたからである。[36]同様に、カタールはアメリカとの政治的関係への悪影響を避けるべく、二〇一七年に中国製の単距離弾道ミサイルを購入している。これらの売買は調達多様化のための努力ではあるが、その影響は小さくない。ヨーロッパ諸国がアメリカから中国との武器貿易をやめるように圧力をかけられたのと同様に、湾岸諸国も中国の軍事技術を獲得したことで、アメリカからの潜在的な圧力に自らを晒すのである。もっとも、アメリカとの武器貿易は安定し、相当な規模になっており[37]、中国から湾岸諸国への武器輸出がアメリカからの武器購入に代わるものではない。

中国はジブチの海軍基地の建設で使ったのと同じ方法で、UAEやオマーンの港湾施設へのアクセスを利用して、海軍を常駐させるのではないかと観測する向きもある[38]。しかし、現在のところは大きな推論に留まっているが、たとえそのとおりのシナリオになったとしても、中国のアセットは湾岸地域でアメリカ海軍の制御下にあるものにはかなわないだろう。能力という点では、現在の米中の軍事力バランスと将来の道筋を考えれば、中国がアメリカに代わる効果的な代替案になる（あるいはそうなりうる）ための必要な人員や資源を配備することは、端的に言って不可能だろう。ただ、この状況は最終的に、湾岸のヘッジング政策の真の規模と範囲に疑問を持たせかねない。

中国の政治的意図に関して言えば、中国は現在の湾岸への控えめな軍事的関与をさらに引き上げるという考えは一切示してこなかった。湾岸諸国のアメリカに対するヘッジング政策は、少なくともいくつかの国への安全保障の供与を含め、中国との協力関係の強化には繋がらなかった。全体として、中国は湾岸地域への関わりについては慎重な態度を保っている。例えば、曖昧な政治的声明を発することで、この地域の安全保障に縛りつけられるのを避け、不定期の寄港や大臣の訪問などの軍対軍の対話に留めている。中国は一九九五年にクウェートと最初の軍事協定を結び、二〇〇八年にはUAEと防衛協力協定を締結したが、ほとんどが戦術と運用面での協力に集中していた[39]。サウジアラビア政府へのアプローチも同様で、二〇一六年十一月にリヤドが発表した中国との安全保障協力の五か年計画は、主に「対テロ協力と軍事演習」に集中していた[40]。さらに、中国は二〇一七年九月に、対テロ共同行動を中心とした安全保障協力の合意をカタールと結んだ。すでに述べたように、UAEとの防衛軍事協力の合意も二〇一九年七月に調印された。

中国の二〇一六年の「アラブ政策文書」は、GCCを地域の主要な外交対話の相手と明示したが、湾岸の安全保障に関しては、中国は相変わらずほぼ何の役割も果たしていない。現在の湾岸の安全保障問題へのアメリカと中国の関与の度合いを比較してみれば、その違いは明らかだろう。オバマ、トランプ両政権下でのアメリカは、イエメン内戦ではサウジが率いる連合勢力を主に支援した。[41] アメリカはサウジとUAE軍の両方に情報と軍事援助を提供したが、その作戦の効果とイエメンで続く人道危機については議論が巻き起こっていた。もっとも、この状況はジョー・バイデン大統領の政権では変化するかもしれない。その一方で、中国はサウジが率いる勢力へは静かな支持を表明するだけだった。例えば、二〇一五年二月には、武装組織フーシに対してイエメンの首都サヌアからの撤退を要求する国連安全保障理事会の決議に賛成票を投じたが、その後のサウジの空爆を表立って支持することは差し控えている。[42] 中国は一部地域への人道支援を提供し調停役も務めたが、全体として、中国の反応は世界の大国に期待されるレベルには至らなかった。[43]

GCC諸国とイランの間の紛争では、中国は常に中立的な立場を保ってきた。イランの核プログラムに対する国連決議には従ったが、イランの湾岸政策を非難してはいない。同様に、アメリカとは対照的に、GCC諸国間の紛争に巻き込まれるのを注意深く避けてきた。二〇一七年六月には、カタールがサウジアラビア、UAE、バーレーンなど他のGCC諸国からボイコットされる危機が始まったが、その際、中国外務省はサウジアラビアとカタールの両方を「包括的戦略パートナー」とする、詳細を省いた曖昧な声明を出すだけだった。この反応は、この地域へのより大きな関与を中国に期待する者たちに大きな不満を与えた。[44] 中国のGCC危機に対する政治的沈黙は、二〇一七年末のカタールとの安全保障協力協定の決定にも示された。

過去二〇年を振り返ると、中国はGCC内での集団防衛の強化に取り組むことにはほとんど関心を示してこなかった。これはアメリカの歴代政権の数多くの取り組みとは——一部しか成功しなかったとはいえ——非常に対照的である。例えば、アメリカの試みとしては、ジョージ・W・ブッシュ政権が始めた「湾岸安全保障対話」、オバマ政権が組織した「米・GCC戦略フォーラム」、トランプ政権が支援した「中東戦略同盟」のプロジェクトなどが挙げられる。(45) アラビア半島および中東全域での圧倒的なアメリカの優位に加えて、中国がこの優位への対抗やさらなる安全保障の責任を負うことへの関心を示す兆候がないことは、湾岸アラブ諸国のヘッジング政策の限界を露呈する。UAEやカタール、その他湾岸諸国の行動は単なるパートナーの多様化の試み以上になるかもしれないが、根本的な安全保障体制のリバランスにはなっていないし、そうなる見込みも今のところはない。

5　コロナ危機——湾岸地政学の転換点

本章の執筆時点で、新型コロナ感染症の世界的大流行が国際体制に与える影響の本当の規模はまだ不確かである。ただ、すでに得られた知見から、インド太平洋の勢力争いという点でコロナ危機が湾岸諸国に与える影響について仮説を立ててみたい。新型コロナの世界的大流行は、国際体制を混乱させた危機と見るよりも、過去の緊張を再生産し、危機に先立って現れた傾向を固め、場合によっては加速させた新たな要素として理解するほうが良い。実際のところ、コロナ危機はインド太平洋に存在する断層をあらわにした。米中をさらに分極化させた一方で、中国と湾岸諸国との密接な政策協調をもたらした点も否定できない。ただ、こうした展開は最終的には従来のヘッジング戦略の理論的前提を覆す方向に作用する。その戦略は、二極の間に厳密な線引きがされない、緩やかな勢力均衡を国際体制が許すかぎりにおいて持続可能となるからである。

トランプ政権はコロナ危機への反応の一部として、攻撃的なレトリックで中国政府を非難した。その声高な主張は単なる威嚇ではなく、インド太平洋での米中の競争をあらためて強調するものだった。軍事レベルでは、すでにコロナ以前から、インド太平洋軍は国防総省によって主要戦区に宛がわれていたが（地図9〔一一六頁〕参照）、危機の最中にインド太平洋地域でのアメリカの優位をあらためて唱える手段が講じられた。例えば、二〇二〇年春、アメリカ議会は「太平洋抑止イニシアティブ（PDI）」を設立した。PDIは「中国を抑止するための重要な軍事能力への資源の集中」を目的としたものだったが、コロナ危機によってアメリカの戦略コミュニティが安全保障問題から注意を逸らすことはなかった[46]。それどころか、中国の拡大主義への懸念が高まり、スティーヴン・E・ビーガン国務副長官がアメリカ・日本・オーストラリア・インドによる「四国間安全保障対話」（クアッド）を拡大する方向に動かした。しばしば「クアッド・プラス」と呼ばれる二〇二〇年三月のオンライン協議は、ニュージーランド、韓国、ベトナムなどインド太平洋地域の同盟国に暫定的にクアッドを拡大したものだった[47]。

トランプ政権の方針に対する中国の反応は断固たるものだった。中国の政府高官や体制側メディアは、新型コロナウイルスが実際にはアメリカで製造されたもので、その後、中国に密輸されたのだという説を流布させた。同じ時期に、中国とインドの軍が係争中のラダック地域で衝突し、人民解放軍海軍は南シナ海などの係争海域でのプレゼンスを増強した。[48]

米中間で明白な緊張状態が生じたものの、湾岸諸国は即座に戦略的計算を変えなかったように映る。実際のところ、コロナ危機についてアラブの指導者たちは、中国と密接な関係を築く潜在的な好機と捉えていた可能性がある。危機の初期の段階で、ウイルスの拡散がほぼ中国国内に留まっていた頃、カタール、クウェート、サウジアラビア、UAEなどの湾岸諸国は、医療品を中国に送っていた。[49] UAEでは、中国との団結を示すため、世界で最も高いランドマーク的な建築物であるドバイのブルジュ・ハリファが、中国国旗の色を表す赤と金のイルミネーションを点灯した。その後、新型コロナが世界的に大流行になると、湾岸諸国と中国は積極的に協力し、湾岸諸国は中国の経験と、マスク、検査キット、診断・医療技術という形で恩恵を得ることができた。サウジアラビアはコロナ危機の間に、中国から医療の専門知識を提供してもらうために二億六五〇〇万ドルを支払ったと報じられた。[50] さらに、コロナの世界的大流行の間でさえ、この地域への中国の投資はほぼ持続された。例えば、中国のシルクロード基金はサウジアラビアのACWAパワー再生可能エネルギーの四九パーセントの株式を取得したと発表した。[51]

アメリカ政府はまだ公式にはこれらの最新の情勢について明確な態度を示していない。ただ、アメリカ政府がUAEの指導者たちに不快感をはっきりと示したのは、UAEの医療スタッフによるアメリカ大使館スタッフへのウイルス検査の申し出を受けたときだった。検査施設の開発に中国企業が参加していることに不信感を持ち、アメリカは検査を拒絶したのである。[52] さらに、アメリカはUAEの兵士に訓練を施していたアメリカの士官に対して、同様の疑いのために、UAE軍が提供する検査を拒否させるように指示を与えた。[53] このエピソードは米・UAE間の軍事協力を危険に晒しはしなかったものの、ヘッジング政策が湾岸諸国とアメリカの摩擦に繋がる恐れがあることを示す具体例となった。湾岸と中国の接近、特に安全保障問題が関わる領域での協力が持つ含意についても警鐘を鳴らすものだった。

おわりに

今も昔も、湾岸の地政学的な重要性は外部勢力に影響力を競わせてきたが、それはこの地域をパワー・ポリティクスに巻き込むこととなった。もっとも、インド太平洋概念は世界の他の地域では戦略に関する議論の主題となっているものの、アラビア半島の政治に大きな摩擦を引き起こしてはいない。これは一つには、湾岸諸国の意思決定者たちが、自分たちの地域はインド太平洋の境界線の外に位置すると考えていることによる。だが、本章で示したように、アラブ湾岸諸国の慎重さは米中双方に対する政策を詳細に分析することで捉えられる。この選択は、インド太平洋での米中の争いに対する湾岸諸国の指導者たちの計算づくの曖昧な態度と言えるだろう。

この一〇年間、GCC諸国の君主たちは中国との関係の幅を広げ、中国からのエネルギー需要を基礎に、初期段階の政治的協力関係を形成した。二〇一三年以降は、習近平主席が提唱した一帯一路が、湾岸諸国との新しい絆を固めるうえで重要な役割を果たしている。湾岸の各国が中国の投資家に対し、自らを最も魅力的な地域拠点としてアピールした。一つには、湾岸の指導者たちは中国をイランから引き離そうとしていたからである。実際、イランでは主要なインフラ計画が進んでいた。しかし、より広く考えれば、中国との関係を通じて、湾岸諸国はインド太平洋地域での信頼できるパートナーとしての戦略的価値を中国に伝えることができた。この過程で湾岸の指導者たちは、数十年にわたって地域の安全を監視してきたアメリカの軍事力の傘から恩恵を受け続けた。事実、本章で示したように、アメリカ軍の湾岸地域でのプレゼンスは揺らいでいない。とはいえ、アメリカと中国の間で微妙な均衡を保つ湾岸諸国の限界も見え始めている。特にサウジアラビアとUAEは中国と軍事協力の対話を始めた。これは単なる協力関係の多様化でも、完全なリバランスでもない。むしろ、GCC諸国が大国間の争いに巻き込まれずにいられることを可能にする、限定的なヘッジング戦略と言えるかもしれない。

インド太平洋は、アメリカによって肯定的に描かれるのであれ、中国によって否定的に描かれるのであれ、緩やかだが確実に地域を分極化させている。地域諸国が大国間の競争の影響を避ける能力を損なう展開になりつつある。そのような状況下では、湾岸諸国は二大国のどちらかの側に身を置くことが必要になっていくだろう。コロナ危機が発生するまで、湾岸の政策決定者たちは、この選択は簡単に遠ざけるか、先延ばしにできるだろうと考えていたかもしれない。コロナ危機は水面下の緊張を表面化させた。米中の分極化を進め、GCC諸国に中国との関係を深める動きを促した。もっとも、湾岸でのアメリカの軍事プレゼンスの規模は大きく、今のところ中国がそれと競争する意欲もなければ、湾岸諸国の軍隊にアメリカ軍に代わるだけの能力もない。これらを考えると、湾岸の王国はすぐにヘッジング戦略の限界に達し、アメリカと連携する以外の選択肢はないことに気付くだろう。

注

（1）一九八一年に創設された湾岸協力理事会は、バーレーン、クウェート、オマーン、カタール、サウジアラビア、アラブ首長国連邦（UAE）で構成される。

（2）Cannon (2020: 280).

（3）こうした見解は、二〇一九年から二〇二〇年の間に筆者が行ったUAE、クウェート、サウジアラビアの外交官との非公式のインタビューで度々示された。

（4）Fulton (2018).

（5）Alhasan (2020).

（6）【監訳注】脅威となる特定の大国に対して均衡（balance）を図るための牽制や対抗の行為を指す。バランシングの語は中小国について用いられることも多く、その場合は、脅威となる特定の大国の反対側の大国と同盟を組んだり、連携を結んだりして牽制や対抗を行うことになる。

（7）Farahat (2020).

（8）Tellis et al. (2020).

（9）Samaan (2018).

（10）Waltz (1979).

（11）Tessman (2012).

（12）Kuik (2008).

（13）Samaan (2018).

（14）湾岸諸国はこれらの紛争の大義を間接的に支援するため、非国家主体（non-state actors）への資金援助を増やしてきた。例えば、UAEはリビアのハリファ・ハフタル元帥の武装組織や、イエメンの「セキュリティーベルト隊」を支援している。

（15）Tessman (2012: 203).

（16）The White House (2017: 25).

（17）Davidson (2010); Legrenzi (2012).

（18）Ehteshami & Miyagi (2015).
（19）China Daily (2006).
（20）Qian & Fulton (2017).
（21）Erdbrink (2017).【監訳注】ただし、二〇二二年五月時点で、いずれの計画も進展した様子はない。
（22）Garver (2006: 292).
（23）Gurol & Scita (2020).
（24）Arab News (2016).
（25）Shepard (2017).
（26）Qatar Ministry of Transport and Communications (2018).
（27）Becker et al. (2019: 88).
（28）Ardemagni (2018).
（29）Rolland (2019).
（30）Cordesman (2020).
（31）Palmer (1992: 40).
（32）Samaan (2016).
（33）Tellis et al. (2020).
（34）Mieck (2014: 2).
（35）【監訳注】核兵器の運搬手段となりうるミサイルや無人航空機および関連技術の輸出規制を目的とする非公式な枠組み。一九八七年四月にG7主導で発足し、現在三五か国が参加する。
（36）Al-Monitor (2020).
（37）この数字はストックホルム国際平和研究所のウェブサイトで入手可能な武器貿易のデータを使ってまとめたもの。http://armstrade.sipri.org/armstrade/page/values.php
（38）Becker et al. (2019). このシナリオは二〇一九年秋に、湾岸地域で任務に従事していたアメリカとフランスの軍関係者や外交官との非公式の会話の間に何度か指摘された。
（39）Olimat (2014: 256).
（40）Ramani (2016).
（41）Congressional Research Service (2020).
（42）二〇一五年二月の決議２２０１。アンサール・アッラーとしても知られるフーシは、イスラム教シーア派のザイド派の政治組織で、北部のサアダ県で二〇〇〇年代に結成され、それ以来、国際的に承認された政府に対して何度か軍事行動を起こしてきた。
（43）Chang (2018).
（44）El-Said (2017).
（45）Thomas (2019).
（46）Inhofe & Reed (2020).
（47）Panda　(2020).「クアッド・プラス」は最終的にはインド太平洋の他の国も受け入れるかもしれず、おそらく湾岸諸国も含まれるだろう。ときには疑念をもって見られることもあるが、この拡大クアッドの構造は、アメリカと良好な関係を保っているＵＡＥからは、好意的に受け入れられるかもしれない（Cannon, 2020)。
（48）Mandhana (2020).
（49）Fulton (2020).
（50）Siddiqui (2020).
（51）Mogielnicki (2020).
（52）Kerr (2020).
（53）二〇二〇年春にＵＡＥで訓練任務についていたアメリカ軍のスタッフとの非公式の会話より。

第12章
東アフリカ
――中国の影響力は圧倒的なのか

ブレンドン・J・キャノン
（ハリファ大学）

はじめに

東アフリカの地政学的状況は、社会・経済、安全保障、そして政治的な要因によって複雑で流動的なものとなっている。これらの要因は貧困からテロリズム、海洋の危険に至るまで、多岐にわたる。広大な東アフリカは多様性に富んだ国と人々を擁し、石油やガスなどの天然資源にも富む。ただ、港は少なく、離れているため、内陸国に限らず地域のすべての国の経済と政治の安定に港湾が果たす役割は決定的に大きい。さらに世界の航路のチョークポイントとなるバブ・エル・マンデブ海峡がアフリカの角（Horn of Africa）三国の目前の沖合にある。[1]世界貿易の大きな部分が紅海から地中海、ヨーロッパ、北米を通るため、アフリカの角は安全保障の面で世界にとって重大な意味を持つ。域外の国々が東アフリカの政治・経済に関与したことに伴い、地政学的状況は次第に熱を帯び、地域の安全保障の方向性を形作るまでになっている。

東アフリカ地域（地図5参照）の役割を考える際、前記の地域環境を背景として捉えながら、インド太平洋における勢力分布の変化との関係で考察する必要がある。この地域には中国からの融資とインフラ建設が集中しており、感じる変化は著しい。中国のこうした行動は、「東アフリカへの影響力が失われるのではないか」という不安を東京やニューデリー、ワシントンに広げている。二〇〇〇年以降、中国はアフリカを特に重視し、進歩的なアフリカ政策三か年計画を公表するとともに、中国・アフリカ協力フォーラム（FOCAC）を設立した。中国は現在、アフリカのインフラ出資国として突出しており、プロジェクト五件のうち一件、建設の三件のうち一件は中国が出資していると言われる。中国のインフラ向け融資の組み合わせは大変「成功」したとされ、今では二〇〇以上のアフリカのインフラ計画への取り組みが報告されている。

それに比べれば、インド太平洋の西部において日本、アメリカ、インド、オーストラリアが残した足跡は確かに見劣りがする。ただ、これは「クアッド」と呼ばれる非公式の安全保障対話を構成する四か国の存在感がないという意味ではない。それどころか、日本は一九六〇年代以降のアフリカ開発の原動力だった。日本の多国籍企業はエチオピアからモザンビークまで、大規模なプロジェクトに参加してきた。さらに、日本政府が主催するアフリカ開発会議（TICAD）は長きにわたる日本のアフリカへの関与をアピールするうえで貢献している。中国のFOCACの手本になった存在でもある。TICADは一九九三年から二〇一三年までは五年に一度、それ以降は三年に一度開催されているが、日本の政財界のエリートだけでなく、アフリカ人も参加する注目のイベントとなっている。(2)

インドも、インド洋地域への中国の影響力拡大への対応の一部として、この地域に強い関心を持つ。インドは東アフリカを自らの安全保障に不可欠な地域と見なし、インド太平洋の政策と戦略に含めている。その観点から、インド政府は一方では環インド洋連合（ＩＯＲＡ）、もう一方では「地域のすべての人のための安全保障と成長（ＳＡＧＡＲ）」という新旧の制度を運用する。[3]インド洋の常駐勢力（resident power）であるアメリカは、アフリカを安全保障というレンズを通して見ているが、実際、パワーを投射する拠点をインド洋地域に保持している。日本やインドと同様に、アメリカは東アフリカへの中国の影響力と軍事プレゼンスの拡大に懸念を強めた。実際に、日本やインド、アメリカでは、アフリカでの中国の勢いは止められないという認識が広まりつつある。

しかし、本章はこの認識に異議を唱え、通常とは異なる見方を提供してみたい。それはインド太平洋の基軸国の強靭性とともに、地域諸国による自主的行動を強調する見方である。まず、影響力とパワーの分析から始め、それに続いて東アジアへの中国の影響力の認識と、現地の実情の間の食い違いについて論じる。さらに、「自由で開かれたインド太平洋（ＦＯＩＰ）」を元にした東アフリカ地域での日本の役割を検証する。そして、ケニアでの最近の調査に注目し、中国についての認識がこの地域で急速に変化していることを示す。最後は筆者の処方的分析で章を締めくくる。東アフリカへの中国の関与の手段が変わったことには警戒が必要ではあるものの、この地域への影響力とパワーに関して中国に負けているというクアッドの懸念は具体性に欠け、誤った認識であることを示したい。

1　中国との相互関係が織りなす政治経済

日本の政治家や官僚、メディア、アナリストの多くが抱くのは、インド太平洋地域において猪突猛進の中国に押され、日本が影響力を大きく失ったという感覚である。[4] アメリカが経済・軍事的超大国であることに変わりはないが、影響力の喪失という認識はワシントンでも多かれ少なかれ共有されている。[5] ただ、影響力と、少し遅れて訪れるパワーは、周知のとおり測定が難しい。パワーは愛と同じく「経験するのは簡単だが、定義や測定は難しい」というジョセフ・ナイの言葉が有名である。[6] 確実に言えるのは、パワーは部分の総計という形でのみ測定可能になるということである。その「部分」、例えば、GDPや金の埋蔵量、R&Dは、せいぜい曖昧な説明を提供するにすぎない。融資の金額、インフラ計画、外交上の合意を通じて他国の影響力を測ることも、推測と伝聞にしか繋がらない。

ケニアや他のどの東アフリカの国でも、日本人やアメリカ人より中国人が多いという結論を出すのにさほど時間はかからない。ただ、その見方は事実を述べたものかもしれないが、そこから中国が今や日米両国より大きな影響力を持っていると結論付けるには留保が求められる。確かに経済の領域では、エチオピアのアジスアベバから南はモザンビークのマプートまで、中国企業は他の追随を許さないように見える。中国の銀行からの融資を受けているプロジェクトや、中国企業と中国人労働者によって完成されるプロジェクトの数は、他のすべての国のプロジェクトを合わせたものを上回る。結局のところ、中国は世界第二位の経済大国で、地理的にも人口の面でも巨大な国である。

そう捉えれば、インド太平洋地域での貿易、投資、プレゼンスは、国力に見合ったものと考えられるのではなかろうか。

中国の経済力が成長するとともに投資やプロジェクトも増え、今では中国の海岸から遠く離れた土地にまで達している。国営メディアの新華社通信はアフリカの報道機関に浸透し、アフリカ人記者を雇用しているが、国営通信社に加え、ファーウェイやシャオミなど中国製のデバイスを通じた影響力が間違いなく強まっている。その一方で、西インド洋地域の安全保障と政治に関しては、中国のプレゼンスとハードパワーの資源は世界第二位の規模に釣り合ったものとは言いがたい。例えばケニアでは、指導者や政治的エリートが数十年の間、アメリカで高等教育を受け、冷戦時代の遺産を共有している。軍事訓練や対テロ、情報活動という点で、アメリカはケニアの安全保障のパートナーの選択肢であり続けている。もっとも、ケニア政府はイスラエルやセルビアのような他のパートナーからも武器を購入している。(7) ソ連の影響下でマルクス主義革命を経験したエチオピアでさえ、中国の投資とインフラが圧倒的な量を占める一方で、軍需品の調達においてはフランスとロシアを好む傾向がある。(8)

しかし、タンザニアとウガンダのストーリーは、東京やニューデリーから見ると、それほど明るい絵には映らない。独立後のタンザニアが得た数少ない友好国の一つとして記憶されているのは中国である。初代大統領のジュリウス・ニエレレとその一党体制の国は、「ウジャマー」として知られる自主的な社会経済開発政策を推し進めた。これは、中国を含む当時の共産主義国が行っていたのと同種の政策にほかならない。タンザニアは現在、中国の「一帯一路」構想の重要な拠点であり、タンザニアに点在する橋や道路、港湾建設のプロジェクトの最大の契約相手は中国が担っている。

その隣のウガンダでは、中国が融資し、建設したダムが水力発電を提供し、中国企業がエンテベ国際空港を拡張し、エンテベと首都カンパラを結ぶ高速道路を建設した。中国海洋石油集団（CNOOC）がウガンダの石油を輸出用に採掘し、ウガンダは関連するインフラ計画のために中国から一億一八〇〇万ドルの融資を引き出している。

複雑な構図を醸し出す東アフリカだが、多様で広大な地域であることを考えれば驚くにはあたらない。問題なのは、その構図から認識される影響力とパワーが、中国のような新興大国に何ができて何ができないかについて、確かな情報に基づかない仮定を導いてしまうということだろう。それに関連して、国家間関係の学術的理論の中心にあり、これを特徴付けるパワーの概念を考えてみたい。この点に着目するのはごく自然なことである。新興勢力に関して言えば、いずれも経済的・政治的資源を使って必然的に既存の秩序に対抗するため、恐怖と疑念を持たれてしまう。この状況はパワー・トランジション（権力移行）理論で説明できる。これは経済力・軍事力のバランスの変化がそれまでは何も存在しなかった場所に対立関係を生み出す引き金になると考える国際関係（IR）理論である。

中国の台頭と年々増大するパワーは否定できない現実であるとしても、どの国に関しても、行使するパワーは第三者が常に感じるものでもなければ、当該国が常に世界中に投射できるものでもない。そこで問わなければならないのが、東アフリカで認識される中国のパワーと、実在する中国のパワーの違いについてである。例えば、中国はインド太平洋地域に広がる国々、特に地理的に中国から離れているケニアやエチオピアなどに対する影響力（認識されるパワーに対して現実のパワー）から何を得られるだろうか。そう問いかけることで、アフリカにおける中国のパワーについて、インド、日本、アメリカで受け入れられるようになった認識やナラティブに必要な修正を施すことが可能となる。それこそが本章が試みるところである。世界の勢力分布が変化する時代にあって、これらの問いへの回答は、この時代の外交政策を考案するうえで有益だろうと思われる。

中国の一帯一路、増大するパワー、それによってアメリカや日本など既存の大国が感じる影響力と特権の喪失――これについてはあらゆる言説が存在する。東アフリカ地域での中国の一帯一路を分析すれば、確かに投資やインフラ建設などの中国の具体的な関与と、この地域への中国の経済的、政治的影響力の間には因果関係があると仮定できる。(9) 一帯一路についての文献には、東アフリカに限らず、一貫した戦略と政策を一手に引き受ける単一のアクターが北京に存在するかのように論じるものが多い。

ただ、その種の前提は、一帯一路プロジェクトの実施場所や担い手、手法を掘り下げて考えると、あまりにも単純化されたものである。何よりも、個人と企業が特別な目的のための参入していることを考慮に入れていない。(10) さらに問題なのは、中国政府、より正確には中国共産党の指導部が、なぜそれほど危うく経費のかさむプロジェクトを支持するのかを説明しえないことである。中国政府の論理的根拠を注意深く見ないことで、それが今度はワシントンの多くの政府関係者に、「中国はアフリカの資源を盗み、腐敗した企業と取り引きし、低品質のインフラ計画を推し進めようとしている」と断定させてしまう。(11)

アメリカの政策担当者は、アフリカ大陸での中国の地政学的ギャンブルが最終的にはアフリカとアフリカ人に悪影響を与えると考え、特に強硬路線をとりがちである。悪影響があると考えるのは、ケニアやウガンダが中国に負う債務と、中国の指示に従う指導者たちの間に因果関係を認めるからである。もっとも、このような考察はあまりにも単純で、中国の力を過大評価している。結局のところ、中国は東アフリカから九〇〇〇キロ以上も離れた国で、ケニアやウガンダに対してはほとんどパワーも形成力（agency）も持っていない。アメリカで見受けられる中国に関する考察は地政学的、あるいは社会的レベルで問題が多いものの、それでもアフリカ諸国と世界の大国との関係を描いた文献では定番の要素となっている。[12]アフリカの多くの指導者や政府が、一帯一路に関連した中国の多くのプロジェクトに支持を表明し、門戸を開いてきたのは間違いない。ただ、最後にはアフリカの人々は主権と防衛の大部分で勢力均衡を保ち、自らが考える国益に従って行動すると思われる。むろん、それが結果的に中国の利益と一致するかどうかは、まったく別の話ではある。

2　中国の影響力の高まりと減退

アフリカの角だけでなく東アフリカでも、中国は港湾と輸送回廊の建設と操業への投資に重きを置いてきた。ケニアのモンバサ・ナイロビ標準軌鉄道（SGR）とともに、アジスアベバ・ジブチSGRに推定四五億ドルを出資し、鉄道施設を建設した。エチオピアの首都アジスアベバからジブチの港までの八〇〇キロ近くの旅は、車で三日の道のりが鉄道で一二時間に短縮した。このプロジェクトは港までのアクセスを容易にし、陸地に囲まれた人口一億のエチオピアで、輸出入品の九〇パーセントの輸送に利用されている。中国はまたジブチにある既存の港湾インフラの改修と拡大にも重点的に参入している。さらに南に目を向ければ、ケニア沿岸部のラムにある新港の開発に中国企業が携わり、タンザニアのバガモヨでも同様の開発を手掛けていたが、説明責任、透明性、国家安全保障をめぐる懸念のためにプロジェクトが中断された。

本書の他の章も示すように、一帯一路を通じて中国は国内市場をインド太平洋地域の市場に統合することを図っている。理論的には地域の国々を政治・経済的に中国に近づけ、多くの研究者は安全保障においても中国への依存を高めるだろうと考えている。[13] 一帯一路に関する大半の分析が、中国が投資と建設の提供を通じて、アフリカでも他の地域でも政治的・経済的な影響力を持つようになるという仮定に基づいている。中国の（あるいは他の国の）投資、代理人、プロジェクトが流入するのだから、大まかに言えばそのとおりだが、影響力のメカニズムはそれほど明快ではない。しばしば引用されるスリランカの事例は多くを物語る。スリランカのインフラ開発における中国の役割はこの島の難しい政治的対立と大きく関係する。例えば、ラジャパクサ一族は中国を優遇しているが、政敵は異なる立場をとる。スリランカの内政自体が厄介なものだが、中国が問題の一部となり、輪をかけて問題を複雑にしている現状がある。[14]

本章の事例研究として扱う中国のケニアへの影響力に関しては、「中国の影響力とパワーは留まることがない」といった分析に疑問を投げかけるデータがいくつかある。例えば、ケニアの国際連合での投票記録は必ずしも中国の意向に沿っているわけではない。[15] ケニアの市場には中国製品が溢れているものの、中国の経済力の大きさを考えれば必然の結果と言えるだろう。中国の大量のインフラ建設計画とそれに伴う融資があってもなくても、である。それらを勘案すれば、インド洋地域周辺への数十億ドルに上る投資が増大する中国の影響力とパワーについての認識を促すものだとしても、現実の中国のパワーは思ったより少ないか、不確かなままだと考えられる。

確かに国際組織において中国の影響力が拡大した状況は、中国の影響力とパワーに関する認識を助長する。例えば、中国は国連での存在感を増し、四つの国連機関――国連食糧農業機関（FAO）、国際民間航空機関（ICAO）、国際電気通信連合（ITU）、国連工業開発機関（UNIDO）――のトップを中国人が務めている[16]。順当に考えれば、一帯一路が国連機関での選挙にいくらかの役割を果たしたと考えるのが理にかなっているが、それが決定的な要因なのかという疑問は生じうる。また、中国人トップの選出が単に中国のパワー・富・存在感に見合ったものではないかという見方もありうる。一帯一路を副次的な役割に留める国内政治の駆け引き、とりわけ中国依存への懸念から生じる留保を考慮に入れれば、答えは自ずと複雑なものとなる。

確かに中国は新型コロナウイルス感染症の発生への対応において、世界保健機関（WHO）を上手く活用したように見えた。ただ、東アフリカ地域との関係では、習近平国家主席と中国共産党が一帯一路関連の融資や債務、インフラを通じて、新しい地政学的現実を操作できるかは疑問のままである。その点とリンクするのは、中国の影響力とパワーがもたらす新たな現実が、アメリカや日本にとって重要な国家安全保障上の懸案事項にまで至るかという問いである。これについてはおそらく冷戦時代の事例が示唆に富む。ソ連陣営からアメリカ陣営へと鞍替えしたばかりのソマリアが一九七八年、ソ連が支援するエチオピアに侵攻したとき、アメリカは明確なソマリア支援というよりは受け身の姿勢をとった。というのも、侵攻するソマリア軍の部隊をエチオピアの土地から排除するのをソ連が援助しても、アメリカの安全保障上の脅威になるとは考えられなかったからである[17]。

中国の強大なパワーと国土の大きさを考えると、この国が自らに相応しい大国としての地位を得られるようにと国際規範や制度を形作ろうとするのは驚くことではない[18]。その主張には異議を挟《さしはさ》む余地はあるが、中国は歴史的背景から自らを東アジアにおける天賦の覇権国と見なしている。インド太平洋において超大国の役割を演じるにも適任であると中国は自認するようになった。中国の一帯一路にもやはり複合的な論拠があり、習主席の個人的野心のみならず、政治的、戦略的、経済的理由も一帯一路の論拠となっている。だが、中国の一帯一路に強い説得力を与えるのは、地政学あるいは安全保障上の動機よりも、国内の余剰労働力、過剰な生産能力、国内成長の失速などの経済的動機だろう[19]。言い換えれば、一帯一路は「過剰な投資資本と中国の経済成長の勢いを保とうと必死な中国企業のためのはけ口」なのである[20]。

興味深いことに、影響力の高まりが語られる一方で、実際には中国政府は東アフリカの特定の国に対する影響力が減退していることに悩まされている。研究者たちはこれを「契約陳腐化説(obsolescing bargain model)」と呼ぶ。外国投資家がある国への投資を増やすほど、交渉力は衰えるとする理論である[21]。この潜在的な影響力喪失の可能性に加えて、中国企業が建設し、中国の銀行が出資する鉄道、ダム、港湾のプロジェクトで中国が利益を上げるという保証もない。それどころか、中国はインド太平洋地域における一帯一路関連の融資とプロジェクトのために、数十億ドルの損失を出す可能性すらある[22]。その可能性は二〇一九年末に中国の武漢で新型コロナ感染症の発生が起こった後でさらに現実味を帯びている。ウイルス感染は中国から急速に、最初はアジアの近隣諸国に、次には世界に広まり、長引く感染症の蔓延が世界経済を停滞させた。本章の執筆時点で、世界経済は少なくとも五パーセントの縮小が見込まれ、中国経済は一九七〇年代以降はじめて縮小し、二〇二〇年の第1四半期には経済成長が九パーセントも低下した[23]。中国の主要輸出市場、特に北米とヨーロッパでの経済の回復は緩慢になると予想される。中国製品の需要も少なくなるため、それがさらに中国経済を沈ませ、一帯一路のプロジェクトに投資する資金が少なくなる可能性がある。

新型コロナ危機に誘発された世界的な経済停滞の結末として、中国の一帯一路は打撃を受けるだろう。どれだけの打撃になるかはまだ分からないが、二つの相互に関連した状況をもたらしうる。第一に、中国はほぼ間違いなく新型コロナ感染症の世界的蔓延により大きな責任を負わされるだろう。当初、中国当局はこの事実を隠していたが、場合によっては一帯一路を通じて改善された地域間の連結性のために、さらに急速に広まっていたかもしれない[24]。第二に、一帯一路参加国の中国への高金利の融資の返済は、新型コロナ感染症が引き起こした経済的惨事のために、さらに深刻になるかもしれない。パキスタンは南アジアにおける中国の最大の友好国で、世界最大の一帯一路プロジェクトの受益国だが、アジア開発銀行（ADB）の初期評価によれば、同国は八二億ドルの損失を被ると予想される[25]。また、現時点ではバングラデシュの損失予想は三〇億ドルであり、タイは二〇二〇年の二・八パーセントの成長目標を諦め、景気後退を覚悟しているという[26]。多くのアフリカ諸国、特にナイジェリア、ウガンダ、モザンビーク、ニジェールも、中国からの輸入品とサプライチェーンへの依存を考えれば、それ以上とはいわずとも同程度の打撃を受けるだろう[27]。この状況はすでに世界のリーダーとG20のような非公式機関に、世界の最貧国に対する債務免除についての議論を始めさせている。これら最貧国のほぼすべてが、中国に多額の債務を抱える一帯一路参加国でもある。

中国が出資、建設した一帯一路のインフラが、カンボジアやタンザニアの経済成長を後押しするといった主張については疑念が付いて回るが、こうした疑念の上に前述のデータを積み上げなければならない。経済成長説を支える証拠は驚くほど欠けていて、ある研究が指摘するように、ホスト国の中国への返済能力は、比較的安定した経済成長の時期でさえ、きわめて疑わしい[28]。東アフリカにおける一帯一路の代表的プロジェクトとしてケニアのSGRの例を挙げてみたい。SGRは二つの区間で構成され、すでに完了した第一区間はケニアの港町モンバサから首都ナイロビまで延び、さらに地溝帯にあるナイバシャへ向かう。中国が建設し運営する鉄道の第一区間は、三六億ドルの資金で建設され、その九〇パーセントは中国輸出入銀行（エクシム・バンク）からケニア政府への融資を資金源にした。SGRや貨物輸送（二〇一八年以降）、旅客輸送（二〇一七年以降）に関するコスト・建設・運営慣習についての筆者自身の調査結果は、深刻な構造上、運用上の問題があることを指し示す。第一区間の完成後に初めて明るみに出たシステムと構造上の欠陥に対処しないままでいれば、ケニア政府が中国に返済するのはほぼ不可能になるかもしれない(29)。新型コロナ感染症後には、その不安が当然ながら増している。

新型コロナ感染症を原因とする人々の死と経済的破綻をめぐり、世界各地では中国への怒りが見られた。この怒りが見当違いかどうかは別として、東アフリカにも顕著になってきた。例えば二〇二〇年二月末、二三九人の乗客を乗せた中国南方航空の旅客機がナイロビへの着陸許可を得たときに、ケニア人の多くは激怒した。ケニア人活動家の一人がウフル・ケニヤッタ大統領に質問を投げかけた。「ウフルはこの国を愛しているのか。もしそうなら、新型コロナが脅威となっているかぎり、ケニアに中国の旅客機が着陸を認められることなどありえない。わが国の保健医療システムではコロナのアウトブレイクに対処できないのだから(30)」。

怒りはケニア政府の裏切りとも思えるものによっても焚きつけられた。ケニア航空の中国行きの便がケニア当局によって運航停止された後に再離陸しようとして、再び止められた。さらに、中国人の仲介業者が二〇二〇年二月末に、中国へ送るためにケニア製のマスクを買い占めたと伝えられる[31]。ケニア政府はその後、マスクの輸出を禁止した[32]。さらに、二〇二〇年四月に中国の路上でアフリカ人の居住者が追い立てられ攻撃されたが、そのなかにはケニア人も含まれていた。これは人種的偏見とともに、彼らがコロナ感染者だという根拠のない恐怖が重なったことによる。「私たちは差別されています。中国人はわれわれがウイルスを拡散していると考えているのです」と、中国に住むケニア人女性が嘆いた。「何の理由もなく私たちを憎んでいる人もいます。正直なところ、私たちは故郷に戻る必要があります[33]」。

3　利害を見据える日本

コロナ後の世界は、中国に代わるパートナーとしてクアッドがインド太平洋地域に関われる望ましい環境を生むだろうか。その可能性があるとしても、いかなる利害がクアッドをさらなる関与に駆り立てるのか。これら四か国は中国と同じく、余剰労働力や産業能力をインド太平洋地域に移転させるという動機を持つだろうか。これまでのところ、クアッドのどの国にとっても、労働力の移転や海外へのインフラ投資は、中国と同じほどには喫緊の課題となっていない。コロナ後の世界では、その種の動きはこれまで以上に無謀な行為となるだろう。中国の影響力とパワーへの懸念が日本やアメリカ、インドを現在のインド太平洋政策に駆り立てているが、そのような懸念は東アフリカに関しては消えるかもしれない。そうでなくても、世界がコロナ後に前進を始め、優先順位の見直しを迫られれば、間違いなく形を変えるだろう。

前節での考察から明らかなように、インド太平洋での中国のパワーの高まりと、その結果としての影響力の喪失に関するインド太平洋の基軸国の認識は、遠く離れた地域への誤ったインフラ投資の競争を誘発するものであってはならない。二〇二〇年以前の中国の成長という特殊な状況以外で、中国に対して巻き返しを図ろうと意味のない（コロナ後の世界ではますます意味を持たなくなるだろう）戦術に費用をかけるのは愚行にほかならない。というのも、中国がもたらす重大な安全保障上の脅威から注意を逸らすことになりかねないからである。この点に関して言えば、日本は自国の特異な国益だけでなく、東アフリカへの影響力を保つための中間の道を見出したと思われる。日本の企業はインド太平洋全域で、確かな情報に基づいた投資を行い、利益を上げ続け、現地の政治指導者から的確な政治的・財政的な後押しを得ている。(34)

東アフリカでのプロジェクトと投資という点では、ケニアは日本の意図を的確に察し、日本企業との関係を優先してきた。ケニアはすでに日本の投資と商業的利益が向けられる場所になっている。例えば日本港湾コンサルタント（ＪＰＣ）は、二億四七〇〇万ドルを超える予算でモンバサの港を整備・拡張している。日本工営はナイロビに事務所を構え、ドンゴ・クンドゥ港湾エリアに経済特別区、埠頭、橋、バイパスを開発・建設する大規模なプロジェクトに携わっている。ＪＰＣは二〇〇六年からモンバサの開発事業を進め、港の拡張は第五区域まで延び、今後四〇年にわたって継続される可能性のある事業に発展している。(35)日本企業はナイロビのンゴング・ロードなどの主要道路の建設を続け、ケニアが地熱資源を開発して再生可能エネルギーのリーダーになる後押しをした。

日本の独立行政法人である石油天然ガス・金属鉱物資源機構（ＪＯＧＭＥＣ）の行動は、アフリカ大陸への重点投資、この場合はレアアースへの投資についての興味深い事例である。ＪＯＧＭＥＣと契約した日本人地質学者が、ナミビアやボツアナで現地の研究者と協力し、採掘と投資の好機を追っている。日本の国会で二〇一六年十一月にＪＯＧＭＥＣ法の改正案が可決し、日本企業による外国の石油・天然ガス企業の買収にＪＯＧＭＥＣが参加し、あるいは独自に外国の国有石油会社の株式を購入することが認められるようになった。その目的に向け、ＪＯＧＭＥＣはアフリカ諸国と炭化水素や石炭、レアアースの開発を進める複数の合意をとりつけ、大量のジスプロシウムが埋蔵されているナミビアのロフダル鉱床に資本参加している。日本経済だけで世界のジスプロシウム生産の九パーセントを消費しているが、ロフダル鉱床は中国以外では二番目に大きいレアアース鉱床であり、日本の展開はインド太平洋での戦略的関与の格好の例と言えるだろう。ＪＯＧＭＥＣは金属企画部の他に希少金属備蓄部を設けた。レアメタルの供給を断つことのできる中国の能力に対し、日本政府が実利的かつ効果的に対応していることの証でもある。

ＪＯＧＭＥＣが南アフリカやコンゴ民主共和国を含めたアフリカ諸国と交わした一連の合意は、「資源・エネルギー外交の枠組みに上手く適合する。政治的・外交的ルートが将来の投資のための道を切り開くために使われている[36]」と指摘する研究者もいる。日本の関与は単なる一方通行の働きかけではない。ボツワナにはＪＯＧＭＥＣセンターが開設され、ＪＯＧＭＥＣは地域全域で好機を追求している。同時に、現地への見返りとして、ＪＯＧＭＥＣの高度な訓練を受けた地質学者らが、短期の訓練コース、ワークショップ、セミナー、共同研究プロジェクトを通じて、最新の日本の技術、例えば地質遠隔探知技術をアフリカの参加国に提供している[37]。

4　ケニア人の見方――実地調査が示すこと

すでに述べたとおり、東アフリカであれ他の地域であれ、中国は主に中国輸出入銀行を通してプロジェクトに出資している。ケニアのSGRに関連して言及したように、この銀行は日本の国際協力機構（JICA）のような開発機関ではなく輸出信用機関である。二国間ベースで融資を提供し、プロジェクトの性質とリスクに応じて鉄道や港湾の管理などの利権について交渉する。中国輸出入銀行は速やかに融資を実行する一方で、現金の代わりに天然資源やインフラの全面的な管理権という形での返済を受け入れることが多い[38]。

中国は無用の長物のようないくつかのプロジェクトについて非難されたほかにも、利権を引き出すことを目的とする融資の性質、すなわちインフラ管理権の放棄という形で融資を「返済」させることも激しく非難されてきた。これらの非難は主に欧米からのものだが、アフリカ諸国のリーダーや市民からの反発も高まっている。例えば二〇二〇年四月半ばに、ケニアの主要紙『デイリー・ネーション』の社説が、「ケニアとアフリカ諸国は中国に裏切られたと強く感じている」と書いた[39]。あるケニアの活動家はツイッターに次のように投稿した。「中国はいつも、最高品質の製品をヨーロッパとアメリカに送り、劣悪な製品をアフリカに送っている。（……）中国がヨーロッパに送った新型コロナ感染症の検査キットは、八〇パーセントが不良品で、ヨーロッパはそれらを送り返している。（……）それでは、〔中国の実業界の大物の〕ジャック・マーがわれわれに送ったキットについてはどうだろう。欠陥率は一〇〇パーセント、それとも一二〇パーセントだろうか[40]」。

ケニアやエチオピアは二〇〇〇年代半ば頃から、中国のインフラ建設と融資を持続的かつ一斉に受けてきた。その結果、今では大勢が中国や中国人、中国経済、地政学的陰謀に対して強い意見を持っている。実際に、新型コロナ感染症が引き起こした経済破綻に続いて、アフリカのリーダーたちは突然、特に中国への債務について、一枚岩となって債務免除を要求し始めたように見えた。ガーナのケン・オフォリ＝アタ財務大臣はこう述べた。「中国は〔債務免除について〕強い姿勢を見せなければならない。（……）アフリカの中国への債務額は一四五〇億ドルほどで、今年は八〇億ドル以上の返済を求められている。（……）それを見直す必要がある」[41]。少なくとも一部のアフリカ諸国では中国の影響力とインフラが絶頂期を過ぎた徴候を示す変化も見受けられる。ただ、多くの研究者にとっての課題は、これらの推測を裏付ける現地の観察に基づいた証拠がほとんどないことである。

その観点から、筆者は二〇二〇年の前半に、中国とその開発プロジェクトに対するケニア人の態度を測ることを目的として、ケニアで実地調査を行った。ここで言及するのは現地での調査結果の一部にすぎないが[42]、新型コロナの発生と一致していたため、有益な情報を得られると考える。回答からはおおまかに四つの結果が得られた。第一に、二〇二〇年前半におけるケニア人の中国および同国との貿易に対する態度は、二〇一五年と比べて下降傾向が見られた。回答者の六五パーセント近くが中国に対して好ましくない、あるいは非常に好ましくないと感じていると回答した。その上位の理由には、ケニアの中国に対する負債や、不公正な労働慣習、ケニアに滞在する中国人が見せるあからさまな人種的偏見などがあった。第二に、ケニア人回答者の七〇パーセント近くが、中国を全面的な友好国とは見なしていなかった。第三に、回答者の九〇パーセント近くが中国のプロジェクトや中国のケニアとの関係について、ケニアの政治的エリートとその中国のパートナーだけを利するものと考えていた。要は一般のケニア人はこの協力関係からほとんど何の恩恵も受けていないと考えていたのである。最後に、回答者の八〇パーセント近くが、中国はケニアの良い安全保障（軍事、対テロリズム）のパートナーになると思うかという質問に「ノー」と答えた。

最後の回答は、安全保障に関しては中国への信頼が明らかに欠け、安全保障パートナーとしては中国以外の他国との関係構築を望んでいることを示す。ケニアや西インド洋の一部の国が西側の企業が提供する5Gネットワークに関心を示してきたのもこの理由のためだろう[43]。これらの西側企業が中国のファーウェイよりも安く代替サービスを提供するからではなく、ケニア政府の場合、中国のネットワークを利用した通信の安全性を心配したからだとされる。インド太平洋の全域で、アメリカ、日本、インドがリソースを共同利用すべきなのは、ハイテク分野に加え、通信プラットフォームや防衛システムなど、国家安全保障にとって重要な特定の分野である。

調査データが示すとおり、中国がケニアでのプレゼンスと影響力を増しているという見解は疑わしい。しかし、ケニアへの過去の開発援助や構造調整計画[44]、法の支配についての一方的指導を考えれば、主要国のインド太平洋政策が手放しで歓迎されるわけではない。例えば、二〇一三年のケニアの選挙で有権者を操ろうとしたアメリカ政府による無神経な試みや、「民主的、構造的改革が実施されなければ、援助を削減する」といった欧米の拠出国からの表立った脅しは常に反動を引き起こし、むしろ逆効果だった。ケニアの大衆も政治家も、媚びへつらうことを拒んだ[45]。ケニアや東アフリカの近隣国が被ったと感じるさまざまな不当な扱いと相俟って、こうした欧米の言動は他国からの開発援助（中国からであれ欧米からであれ）への根深い不安に置き換わる[46]。現在のところ、アメリカ、日本、インド（あるいはその組み合わせ）による投資モデルはそのままの状態である。ナイバシャからウガンダ国境までのケニアSGRの第二区間を完成させる必要性とその理由も示されていない（これは中国が新型コロナ感染症以前から言葉を濁してきたことでもある）。それが変わらないかぎり、クアッド・プラスや二〇一九年末に発足した「アジア・アフリカにおける日印ビジネス協力プラットフォーム」のようなインド太平洋の枠組みがケニアでの関心を刺激することもないだろう。

日本の安倍晋三首相が二〇一六年にナイロビで明示した「自由で開かれたインド太平洋」はその基盤としてルールに基づく秩序（rules-based order）を強調する。これは中国の好戦的な行動、例えば南シナ海（地図6参照）での人工島建設とは対極にある。ただ、中国の好戦的な行動が中国に対する国家安全保障上の懸念を日本やインド、アメリカにもたらしたとしても、これらはケニア人や他のアフリカ人にとってはほとんど重要ではない。ケニアは複数の地域安全保障の枠組みに属しているため、遠く離れた東アジアよりも、自らの位置する東アフリカの懸案に対処する必要がある。実際、ケニア政府が中国とその意図に関して、安全保障上の深い懸念を持つには、地理的、地政学的に東アジアから遠く離れすぎている。ただ、その代わりに、ケニア人が気づき始めているのは、特定の中国製品と慣行にはすべて不利な条件が付いて回るという事実である。一帯一路で推進された連結性のために新型コロナ感染症が急速に広まったことや、北京からの政治的圧力のために中国からの航空便の運行中止をケニアの政治的エリートが拒否したことはその一端にすぎない。ケニアがSGRのための融資の返済ができなければ、モンバサ港の権利を中国に譲渡するという裏取引といったスキャンダルも典型的である。[47]

中国による「開発」はケニアの政治指導層の多くには人気があるかもしれないが、非エリート層からは歓迎されなくなっている。中国とケニアの両国で中国人による人種差別の話が広まると同時に、中国はケニア人の雇用を奪い、地元の製造業の競争力を減退させているという認識も広まっている。実際に、何年も前に、三人のアフリカ人研究者は賢明にもこう指摘した。「貿易不均衡（……）、中国からアフリカへの低水準の製品の輸出、統治と人権問題についての軽視、産業の空洞化への中国の加担が、両地域の長期的な関係継続を不可能にする」(48)。

おわりに

東アフリカは地政学的に戦略的な西インド洋に位置する。その東アフリカは近年、域外の国々、特に中国による影響力とパワーの奪い合いを経験してきた。地域の指導者たちは多かれ少なかれ、外国から提供される援助や開発、インフラという「棚ぼた」の利益を歓迎した。そのプロセスで、日本やアメリカのように東アフリカに長く関わってきた国は、特定の分野でライバルからの厳しい競争に直面した。大規模なインフラの分野では、西側の国は（そもそもそうしたプロジェクトに関心を示していたと仮定するなら）完全に脇へ追いやられた。中国の銀行からの融資を受け、中国企業と中国人労働者が建設するダムや鉄道、スタジアム、港湾施設でこの地域はおおむね覆いつくされた。中国の一帯一路が始動してすでに年月が経った現在、東アフリカは一方には中国、もう一方にはクアッド諸国が陣を構える争いの場となっている。

その背景に照らし合わせ、本章はインド太平洋で進行中の勢力分布の変化において、その要所に位置する東アフリカ諸国が競い合うように重要な役割を果たしている側面を考察してきた。インド洋地域の他の国々と同様に、これら東アフリカ諸国が、一帯一路と関連した中国の融資やインフラ開発の受益国となってきたのは明らかだが、クアッドを構成する四か国が自分たちの特権的地位とパワーが中国に奪われていると強い不安を抱えているという見解は誤ったものかもしれない。実際のところ、中国の影響力は、エチオピアやタンザニアなどでは確かに強いかもしれないが、それは、インド太平洋諸国がこれらの国の国内経済、政治、安全保障問題から排除されることを意味しない。これはゼロサムゲームではないのである。また、仮に中国が特定の東アフリカ諸国に最も影響力を持つ域外のパートナー国だったとしても、インド太平洋諸国の安全保障上の優先課題に影響を与えるわけではない。安全保障上の課題はアフリカではなく、そもそも中国に隣接した場所に存在する。

クアッド諸国のリーダーたちは、中国の影響力を縮小させるために、一帯一路と似た戦術を使って中国と競争する誘惑に駆られるかもしれないが、これは一貫性のない誤った手法だろうと思われる。なぜなら、インド太平洋の主要国は中国を真似るような国家安全保障上の根拠も資源も持たないし、これらの国の出資とその結果のプロジェクトを合わせても、インド太平洋地域での中国の一帯一路と同等の効果や影響力を生み出すことはないからである。日本の東・南アフリカでの重点投資とプロジェクトは、おそらくクアッド諸国がアフリカとインド太平洋に関与するためのより良い手本になる。というのも、これらのプロジェクトは日本の国益を考慮し、導かれてきた官民共同事業を主としたものだからである。

日本のプレイブック――実際にはインド太平洋に関する政策やクアッド創設よりも早い時期に生まれた――のページを参照すれば、インド太平洋の主軸国が、共通の国益と安全保障問題だけでなく、それぞれに固有の強みを生かすような外交政策を形作るうえで大いに参考になるだろう。日本を除く国は、巻き返しを図るため、中国を真似たようなコストのかかるその場しのぎの政策を実施してきたが、日本のプレイブックは持続可能で合意を得やすいものとなるだろう。本章ではケニアの例を挙げつつ、中国の東アフリカへの影響力が徐々に衰えている可能性を指摘した。この影響力の喪失はますます加速しているように見える。現にコロナ危機とそれに関連した世界規模の経済停滞により、中国が提示したすでに疑わしい仮説、つまりケニアやタンザニアなどの国が融資で背負った数十億ドルの債務を返済できるだろうという仮説は潰れつつある。そう考えれば、クアッド諸国が（個々の国でも集団でも）、自国の重要な安全保障上の関心と利益を支えるものでないかぎり、インド太平洋で中国を真似た政策を試す理由はほとんどない。

注

（1）【監訳注】「アフリカの角」は視覚的に角の形をなしている東アフリカの地域を指す。アラビア半島南端のイエメンを囲むように位置する。「アフリカの角」はエチオピア、エリトリア、ジブチ、ソマリアを含むが、そのうち紅海の沿岸国はソマリア、ジブチ、エリトリアである。文中の「三国」には、一般的に国家と承認されていないソマリランドを含めていない。

（2）日本の外交政策におけるアフリカの重要性を示すべく、TICADは現在、日本国内とアフリカ大陸の都市で交互に、三年に一度開催されている。例えば、二〇一九年の第七回TICADは横浜で開催され、二〇二二年の第八回TICADはチュニジアで開催される。ナイロビ開催の二〇一六年の第六回TICADが、アフリカの都市を会場にした最初の回だった。

（3）後者はインド洋地域における海上協力政策の一つで、インドの海上外交を前進させ、インド太平洋での安全保障を管理することを目的とする。これは、インド洋地域での海上安全保障と統治を管理したいというインドの願望を反映する。

（4）これらの結果は、筆者が二〇一八年夏に成蹊大学のアジア太平洋研究センター（CAPS）への招聘研究員として、また二〇一九年夏に東京大学大学院新領域創成科学研究所の客員教授として、日本を訪問したときの調査に基づいている。産経新聞（2018）も参照。
（5）Beckley (2018: 40-44).
（6）Nye (1990: 177).
（7）Olingo (2020).
（8）Malyasov (2019).
（9）Eisenman & Heginbotham (2018).
（10）Greer (2018). 一帯一路プロジェクトの「手当たり次第」の性格は、どのプロジェクトが中国の一帯一路と同義語かを実際に特定すれば明らかになる。中国の機関または企業によって出資、建設、あるいは計画されたという理由だけで、一帯一路プロジェクトと銘打っているものもある（Hurley et al: 2019: 146-147）。
（11）Slayton (2020).
（12）この種類の文献の例や、必要とされる批評については、Cannon & Donelli (2020: 110-114) を参照。
（13）Huang & Shih (2016); Yu (2018).
（14）Malik (2020: 136-138).
（15）Mourdoukoutas (2019).
（16）【監訳注】第1章の注42の監訳注でも記したとおり、ICAOの柳芳事務局長は二〇二一年七月に退任したので、二〇二二年五月時点では三名である。
（17）Mayall (1978: 339-341).
（18）Chatzky & McBride (2019).
（19）ケニアの新しい鉄道建設のための仕事が、この国に流入した数千人の中国人の未熟練労働者に与えられると知ったケニア人労働者から、多くの不満の声が上がった。
（20）Boucher (2019).

（21）Huang (2019); Lu et al. (2018).
（22）Boucher (2019); Meyer & Zhao (2019).
（23）Bloomberg (2021).
（24）Brînză (2020).
（25）Tonchev (2020).
（26）Tonchev (2020).
（27）Cascais (2020).
（28）Warner (2014).
（29）これにはケニア港湾公社（ＫＰＡ）が所有する内陸部の乾ドックの人員の訓練と能力が欠けていること、モンバサ港のガントリークレーンの設置と修理の問題などを含む。これらの問題は港から鉄道、乾ドック、トラックへの物資の輸送に支障を与えており、ケニア人にも、中国の経営・管理責任者たちにもよく知られている。ただ、ケニア政府の指導者たちは改善の政治的意思を示さず、中国はまだ財布を開こうとしていない（日本のコンサルティング関係者との個人的な情報交換、二〇一九年六月十九日）。
（30）Shimanyula (2020).
（31）Williams (2020).
（32）二〇二〇年四月半ばの買い占めからおよそ八週間後、中国は委託された医療機器をケニア航空の飛行機でナイロビに送った。三層のマスク五〇万枚も入っていたと伝えられる（Mboga, 2020）。
（33）Shikanda (2020).
（34）Cannon (2018); Manatsha (2018).
（35）Cannon (2020: 121).
（36）Manatsha (2018).
（37）Manatsha (2018).
（38）Sun (2014).

（39）Fifeld (2020).
（40）Kipkorir (2020).
（41）Bavier & Wu (2020).
（42）【監訳注】ケニアでの調査結果は次の文献で詳しく述べられている。Cannon, B. J; Nakayama, M; & Pkalya, D. R. (2022). Understanding African views of China: analyses of student attitudes and elite media reportage in Kenya. Journal of Eastern African Studies.
（43）キャノン (2019: 44).
（44）【監訳注】政府主導型の経済制度を構造的に改革する目的で、一九八〇年代頃から世界銀行や国際通貨基金（IMF）が途上国で進めた計画を指す。融資（ファシリティ）の提供は、民営化を含む市場経済の導入など、劇的な構造改革の実施を条件とした。
（45）Brown & Raddatz (2014).
（46）Wetengere (2018: 132). ケニアでは、日本は費用対効果の高い開発と質の高いインフラの提供者として高く評価されている。唯一の不満は、日本企業と援助機関がプロジェクトの認可と建設に時間をかけすぎることである。また、多国よりも費用がかかるが、金利は低い（Cannon, 2018）。
（47）二〇一八年、ケニアの主要紙が、もしケニア鉄道公社（KRC）がSGR建設のための中国輸出入銀行への二二七〇億シリングの債務の返済ができなければ、モンバサ港が中国に引き渡されるかもしれないと報じた(Mwere, 2018)。ケニア政府と中国政府は否定したが、この新聞が監査局の報告書を引用したという事実は、政府の否定がほぼ無視されたことを意味する。
（48）Mlambo et al. (2016: 272).

補　章

大国間競争の地政学
――「インド太平洋プラス」の展望

墓田　桂
（成蹊大学）

はじめに

インド太平洋地域の地政学的現象は大国間競争と連動しながら複雑に推移している。二〇二〇年一月以降、新型コロナウイルスが世界に広がり、混乱が起きるかたわらで、進行していた政治的変化が加速した。アメリカの主導力に陰りが見え、中国とならんでロシアの修正主義が世界のリスク要因となるなか、世界は液状化とも言える状況に陥っている。世界史の転換期を刻むかのように、二〇二二年二月のロシアによるウクライナへの侵略は新しい現実を突きつけながら、対立的な情勢を決定付けた。未来を予測することは困難だが、二〇二〇年代初頭の混迷はこれからも続くと思われる流動的で不確実な世界を暗示しているようでもある。

ウクライナ戦争が西ユーラシア地域への関心を高めたとはいえ、二〇一〇年代、中国の台頭に伴って国際政治の重心はインド太平洋地域に移っていった。インド太平洋は「地理化された政治的現実」、すなわち政治的に焦点化した地域が地理として示されたものにほかならない。中国の膨張とそれに対するアメリカの反応が競争を生み、地域情勢を流動的なものにしてきたが、そうした状態こそがインド太平洋地域の政治的・戦略的重心を高めた。「自由で開かれたインド太平洋（FOIP）」を唱える各国の言説がこの地域を顕在化するなか、実態としてもインド太平洋は世界の中核を占めつつある。この地域には世界人口の半数以上、世界のGDPの六〇パーセントが集まり[1]、アラビア海や南シナ海を含めた重要海域が点在する。主要な海上交通路はもとより、国際政治のプレイヤーが集中しているのがインド太平洋である。とりわけ西太平洋には広範な排他的経済水域を有し、各国の海上拠点ともなる島嶼諸国が散在する（第9章参照）。この海域が米中対立の前線となるのは自明だろう。西太平洋の戦略的重要性はこの海域で繰り広げられた太平洋戦争も示すところだが、現代の大国間競争に際してその意義が再浮上したと言える。

本書が論じたように、「インド太平洋」という地理的概念は各国の地政戦略に有益な心象地図（mental map）を提供した。各国の対外政策に戦略的な含意と座標軸を与えたという点でも「戦略の地理」の効能は大きい。事実、民主主義諸国が中国と向き合うなかでインド太平洋概念は画期的な役割を果たしてきた。その一方で課題も見えてきた。インド太平洋という地理的範囲はそれ以外の範囲を後景化させてしまう。しかも地理的な視点だけでは、膨張する中国の対外政策の全容は捉えきれない。国力の変化に伴って伸縮する同国の「戦略的辺境」の概念は、伝統的な地理的境界に限定されるものではない[2]。数多ある地理的、非地理的空間に目配りをしなければ、中国への対応はおろか、その戦略の理解は覚束ない。地政学的発想を「空間の戦略（strategy of spaces）」に更新しながら、視界を広げた「インド太平洋プラス」を意識する段階にあるように思われる。

本章は二〇二一年初頭から二〇二二年五月までの時期を中心に、主要国の動向と戦略的競争を考察するものである。英語原書が扱うのは二〇二一年一月までの出来事であるため、それ以降の展開は登場しない。そこで補章ではコロナ後の大国間競争を概観しつつ、インド太平洋時代の戦略的課題を多角的に論じることとする。なお、本編の第1章では地政学の非地理的領域への拡大の可能性に言及したが、本章では地政学を「空間の戦略」と読み替えつつ、地理的および非地理的領域で生じた大国間の戦略的競争を考察していく。

1　挑戦を受ける大国アメリカ

アラスカでの米中の諍いは今後の世界の姿を映し出したものだったのだろうか。二〇二一年三月十八日、アメリカのアントニー・ブリンケン国務長官と中国の楊潔篪共産党政治局員は州都のアンカレジで会談した。アメリカ側からはジェイク・サリヴァン大統領補佐官が、中国側からは王毅外務大臣が同席した。会談のテーブルに座ったブリンケンと楊は各々の立場を主張する。口火を切ったブリンケンに楊は演説のごとき発言を返した。「米国や西側諸国が国際世論を代表することはない。（……）世界の圧倒的多数の国々は、米国が提唱する普遍的な価値観や米国の意見が国際世論を代表すると認識していないだろう[3]」と反論し、アメリカを強く牽制した。中国側の発言にはアメリカと肩を並べるようになった大国意識と過信が目立つ。ショーアップされた場面だけにジョー・バイデン新政権と習近平政権の対立の幕開けを感じさせるものだったが、アラスカ会談はすでに始まっていた米中間の軋轢の延長にすぎなかった。

ドナルド・トランプ政権がとった中国への「競争的アプローチ」[4]をバイデン政権はおおむね受け継いだ。二〇二一年四月、バイデン大統領は就任後初となる議会の上下両院合同会議での演説で「私たちは二十一世紀を勝ち抜くために中国や他の国々と競争している。私たちは歴史の大きな転換点にいる」[5]と述べて、中国と競合する姿勢を明確にした。二〇二一年十一月にオンラインで開かれた米中首脳会談にはアラスカ会談のような荒々しさはなく、協調を模索する場面もあったが、バイデンが基本的立場で譲歩することはなかった。バイデン政権と前政権との大きな違いがあるとすれば、アメリカが唱える価値を前面に押し出すとともに、多国間の協調を意識しながら中国の修正主義と対峙しようとしている点だろう。特にインド太平洋の関係国との連携にバイデン政権は積極的な姿勢を見せている。むろんトランプ政権が同盟や協力関係をまったく蔑ろにしたわけではなく、日本やインドなどとはむしろ良好な関係を築いた経緯はある。インド太平洋地域におけるアメリカの軍事的プレゼンスを増強し、対中抑止力の強化に努めたのも事実である。ただ、北大西洋条約機構（NATO）や東南アジア諸国連合（ASEAN）に対する軽視が目立ち、中国に対して孤軍奮闘していた一面は否めない。

では、現在進行中の米中間の競争はどのように分析すれば良いのか。本質としては、平和的とは言いがたい中国の台頭とこれに反応したアメリカの対抗措置が生み出した相乗的な現象だが、国際秩序の今後を占う決定的な局面ともなっている。大国間競争は「戦略的競争（strategic competition）」でもあり、細かく見れば競争や対立、分離（decoupling）、あるいはまったく逆の協力といった力学が生まれていることも指摘できよう。さらに米中の確執が両国の緊密な経済関係を背景として、かつ中国とロシアが連携するなかで起きているのも重要な分析軸である。現在の米中対立に冷戦的な側面が多々見受けられるとしても、米中間の経済の結びつきや主要国の外交関係において米ソ冷戦とは構造的に異なることに留意が必要だろう。

米中の対立が顕著になったのは近年のことだが、マイケル・ピルズベリーが『China2049』[6]で描いたように、息の長い「マラソン戦略」を中国が秘密裡に遂行していたのは周知の事実である。中国は共産主義を標榜しながら、国家資本主義に乗り出し、軍事強国を築くべく力を蓄えてきた。「韜光養晦」[7]、あるいは『兵法三十六計』の「瞞天過海《まんてんかかい》」（天をあざむいて海をわたる）という言葉のように、狡知に長けた共産党指導部の長期戦略は悟られないように進められた。中国が経済と人的交流を武器とする静かな戦いを挑む一方で、アメリカや日本、ドイツをはじめとする西側諸国は積極的に中国に関与し、この国の発展と軍備増強に手を貸した。その結果、どの国も「経済的相互依存」という罠に嵌ってしまう[8]。アメリカは中国の台頭を制度的な挑戦と受け止め、従来の対中関与からは脱却したものの、中国の術中からは抜け出せずにいる。

特筆すべきは、米中の競争が政治・経済、科学技術、デジタル・サイバー、医療・保健衛生、軍事、宇宙開発を含めた多岐にわたる領域で起きていることであり、またそれらが国際秩序の主導権争いと連動して展開していることである。特に政治的領域においては米中双方の相容れない価値や規範、政治体制、そして世界観を映し出した断絶があらわとなっている。その意味においては、イデオロギーと体制をめぐる冷戦期の米ソ対立の根深さに通じるものがあるかもしれない。

米中間の確執は二〇二一年から二〇二二年にかけても際立った。戦略的競争が多岐にわたるものとはいえ、経済分野での軋轢は耳目を集めやすい。米中間の貿易摩擦はトランプ政権時代に加速したが、バイデン政権は追加の関税措置はとらないとしつつも、前政権の制裁措置を踏襲した。それどころかアメリカ側では中国の「経済的な国政術（economic statecraft）」を警戒した対抗・防衛策が加速した。ちなみに、ここでも主導権争いという性質が見受けられる。例えば、バイデン政権は二〇二一年三月末、今後八年間にわたる大型の経済計画（「アメリカ雇用計画」）を発表したが、それは雇用を創出し、インフラを再建し、「中国を打ち負かす（out-compete China）ようアメリカを位置付ける」ものと示された。[9] とりわけ半導体、コンピューター、通信技術、エネルギー技術、バイオ技術などの研究開発への投資、重要物資の製造サプライチェーンの強化といった項目は、技術立国として台頭した中国を意識したものと言える。

バイデン政権は中国に関連する禁止・規制措置を次々と講じていく。[10] 中国企業に対するものだけではなく、中国からの輸入に関するものも含まれるが、これらはトランプ政権の措置に匹敵する、あるいはそれ以上の厳しい内容のものである。国家安全保障の含意はもとより、新疆ウイグル自治区での人権弾圧への加担を理由にするなど、価値や規範を重んじる傾向が色濃い。日本でも大きく取り上げられたが、二〇二一年十二月、アメリカ政府は中国のハイテク企業に対する一連の制裁を発表した。[11] 財務省は中国のAI大手のセンスタイム（商湯科技）の証券取引を禁止するとともに、「軍産複合体企業」であるとしてAI企業のイートゥ（依図科技）、クラウドウォーク（雲従科技）、メグヴィー（曠視科技）、ドローンの首位企業DJIを含む八社への投資を禁止した。商務省も中国企業三四社をエンティティリストに追加した。こうした制裁は中国企業五九社に対する措置を課した二〇二一年六月の大統領令（行政命令）に連なるものである。

ただ、戦略的競争の一方で、アメリカにとって中国が最大級の貿易相手国となる状況が続いている。二〇二一年を通じた財貿易では、アメリカの輸入相手国の一位は中国（全体の一七・九パーセント）であり、アメリカの対中貿易赤字は国別の赤字額としては最大の三五五三億ドルに上った。[12]全体としては二パーセント程度の比率だが、アメリカから中国に向けた海外直接投資（ＦＤＩ）は二〇二〇年までの四年間で続けて増加した。[13]政府レベルでの競争が激化し、アメリカが特定分野での中国からの分離を図る一方で、両国が経済的な繋がりを断ち切れない現実がある。

米中の競争を考える際に、ロシアの存在も無視しえない。冷戦期には中国とソビエト連邦の不協和音が米中両国を近づけたため、アメリカはソ連への対応に集中することができた。現在、米露接近の可能性はほぼ皆無である。確かに二〇一七年末の「国家安全保障戦略（ＮＳＳ）」の発表以降、対中シフトが目立っていたし、二〇二一年六月の米露首脳会談でもアメリカがロシアとの「戦略的安定性」を模索する機運があった。何よりも同年八月のアフガニスタンからの撤退は、アメリカがインド太平洋に注力することを可能にするはずだった。しかし、国防総省が「グローバルな態勢の見直し（Global Posture Review）」[14]で意識したであろうロシアの脅威は、ウクライナ戦争で現実のものとなる。この戦争はアメリカをユーラシアに連れ戻し、中国とロシアの二正面での対応を強いる状況を招いている。「便宜的な結婚」[15]とも言われた中国とロシアの連携だったが、二〇二二年二月以降、新たな地政学的条件で推移し始めている。中国がロシアをしたがえて勢力を拡大するような展開になれば、アメリカばかりか民主主義陣営にとっての深刻な脅威となる。これについてはインド太平洋戦略の新たな課題として後述したい。

2　高まる中国の覇権主義と強権主義

中国による夢の追求が世界をかき乱してやまない。二〇一二年十一月に中国共産党総書記に就任した習近平はあらゆる分野で中国の強国化を図ってきた。第7章が示したように、習政権は「中華民族の偉大な復興」という「中国の夢」の実現に向けた政策を次々と打ち出した。古代のシルクロードと重ね合わせた「一帯一路」構想はその一端にすぎない。憲法の序言で「習近平時代の中国の特色ある社会主義」を新たに謳い、二〇四九年までに「社会主義現代化強国」を実現する国家目標も示された。国民のナショナリズムを煽るような言説も積極的に用いられている。中国は平時であっても一種の開戦状態にあるが、二〇二〇年代に入ってからもその闘争的な姿勢は留まるところを知らない。新型コロナの危機は中国の高圧的な振る舞いに拍車をかけ、「戦狼外交」なるものを生み出した。コロナ危機からの立ち直りは早かったが、現在の指導部に高飛車な姿勢を悔い改める気配はない。「愛される中国」[16]を目指せとする国家主席の号令にもかかわらず、である。

二〇二一年は中国共産党の創設から百年を迎えた年である。七月一日、北京の天安門広場で開かれた党創立百周年祝賀大会で習総書記は「中国共産党がなければ新中国はなく、中華民族の偉大な復興はなかった」[17]と喧伝した。「中華民族」概念の妥当性への疑念は残るにせよ[18]、一党支配を敷く中国共産党が国の政策を一手に担っているのだから、党の役割という点においては習の発言に誤りはない。だが、誇大で画一的な式典が象徴するように、共産党指導部が目指す中国の姿は対外的には覇権主義、そして対内的には強権主義を意味するものである。国内外に害をもたらしながら自国の夢を追求するものの、共産党の役目は「覇権主義と強権政治に反対し、歴史の歯車が光明の目標へ前進するよう後押しする」[19]ことだとして、党総書記は意に介さない。

共産党体制の正統性を請け負ってきた経済成長が減速したとはいえ、二〇三〇年までにGDPで世界一位になるとの予測はすでに定着している。新型コロナの世界的大流行で一旦は落ち込んだが、中国経済の回復は早かった。二パーセントに落ち込んだ二〇二〇年からの反動もあり、当局の発表によれば二〇二一年には八パーセント台の経済成長率を達成した。[20]一帯一路を通じた対外進出も続けられた。当初の勢いをすでに失い、安定期に入ったとも見られる一帯一路だが、それでもイラクを最大の融資先として二〇二一年には五九五億ドルの融資が実施された。[21]「債務の罠」は指摘されてきたところだが、ある調査によると一帯一路を通じて三八五〇億ドルの隠れ負債が生じており、インフラ案件の三五パーセントが何らかの問題を抱えているという。[22]

ただ、熱気が完全に失せたようでもない。二〇二一年十二月には七七の国や地域、機関から六〇〇人余りの参加者（オンラインを含む）を得て「一帯一路貿易投資フォーラム」が北京で開催されている。二〇二二年二月にはアルゼンチンが一帯一路への参加を表明した。[23]南大西洋のアルゼンチンはインド太平洋という地理の死角にあるが、イギリスへの対抗国、資源国、スペイン語圏国、G20加盟国、さらには南極への足掛かりとしての地政戦略的価値は計り知れない。ちなみに、北極海と南極への積極的な進出はすでに始まっていたが、二〇二一年三月にはグローバル海洋ガバナンスへの参加と称して「氷上シルクロード」を建設する方針が重ねて示された。[24]

すでに知られるとおり、中国人民解放軍の肥大化は近代化を伴いながら進んでいる。二〇二一年度の国防予算は約一兆三五五三億元（約二〇兆三三〇一億円）で、公開される範囲では国防予算の規模は一九九一年度からの三〇年間で約四二倍となっている[25]。多数の弾道・巡航ミサイルに加えて、三五〇発と推定される核弾頭を保有する国であることは言うまでもない[26]。近年、人民解放軍が陸海空に宇宙・サイバー・電磁波などの新領域を加えた「一体化統合作戦」の能力を高めたことも指摘されている[27]。国防体制の強化のための法的基盤も整えられた。二〇二一年一月には習近平の「強軍思想」を貫徹するとした改正国防法が施行された[28]。軍事大国化は具体的な行動としても現れている。中国が「核心利益」と位置付ける近隣の海域で威圧的な行動が続いたが、インドやネパールなど陸続きの近隣諸国に対する軍事的な圧迫も強まっている[29]。

中国の「見えない侵略[30]」が日本を蝕む一方で、日本へのあからさまな挑発行為は常態化した。目立ったところでは二〇二一年十月下旬、中国とロシアの一〇隻の軍艦が津軽海峡から太平洋に抜け、太平洋沿岸を南下した後に大隅海峡から東シナ海に抜ける動きを見せた[31]。翌月には中国とロシアの軍機が共同で日本の周辺を飛行している。ちなみに、ウクライナが中国に武器提供を行ってきたことは周知の事実だが、中国が同国から購入し、改修したヴァリャーグ級空母「遼寧」は軍事演習や日本に対する示威行動でも活躍している。中国海警局による尖閣諸島周辺での侵犯行為はもはや日常化した。海上保安庁の発表によると、二〇二一年、海警局の船による同諸島の領海侵入は計四〇日間、接続水域内での航行は計三三二日間にそれぞれ達した[32]。同年二月に中国海警法が施行され、海警局に武器使用を含めた強力な権限が与えられた。中国当局は尖閣諸島を奪取する体制を整えるとともに、周辺海域での恒常的な活動によって既成事実化を図っていると見られる。

東シナ海では台湾海峡をめぐっても緊張が高まっている。二〇二一年三月、アメリカのインド太平洋軍（INDOPACOM）のフィリップ・デイヴィッドソン司令官は連邦議会上院の公聴会で、二〇五〇年の前に中国が遂げたい野望の一つが台湾であると指摘したうえで、「この一〇年の間に、実際には六年以内に脅威が明らかになる」との見方を示した[33]。中国共産党が「終始変わらぬ歴史的任務[34]」と位置付ける台湾統一に向けて、中国は一方的に緊張を高めている。二〇二一年十月、台湾の国防省は同国の防空識別圏（ADIZ）への中国の侵犯行為がこれまでにない規模で行われたと公表した。アメリカの抑止力が弱まる南シナ海（地図6参照）では、軍事力を背景とした中国によ る不法な実行支配が進み、海上戦力による威圧も常態化している。二〇二一年十一月、中国はASEANと「包括的戦略パートナーシップ」を結ぶと表明したが、友好的とは言いがたい行動を南シナ海の沿岸諸国に対して行っている。さらに二〇二二年二月にはオーストラリアの艦船に対して中国の艦船がレーザーを照射するという事件が発生した。

中国国内に目を向ければ、習主席への権力集中が進むかたわらで、一党独裁の政治体制はますます強権的なものとなっている。ディストピアさながらの「デジタル権威主義」と称されるハイテクを用いた抑圧的な統治システムがすでに構築された。民主主義の欠如と自由の制限は中国国内のどの地域も同じだが、政治的に遠心力の働く香港行政特別区、新疆ウイグル自治区、チベット自治区、内モンゴル自治区はとりわけ厳しい管理下に置かれている[35]。

香港での政治的弾圧と共産党支配の強化は、二〇二〇年六月末の国家安全維持法（国安法）の施行を境に進み、一国二制度の崩壊をもたらした。国安法での逮捕者は民主活動家の周庭氏（アグネス・チョウ）や黄之鋒（ジョシュア・ウォン）氏を含めすでに一五〇人を超えている。『リンゴ日報』創業者の黎智英（ジミー・ライ）氏も同法違反で起訴されていたが、二〇二一年六月には同紙の発刊が禁止され、関係者も逮捕された。同紙に限らず言論媒体に対する締め付けは加速した。集会の自由や大学での学問の自由も規制された。同年十二月には香港の立法会選挙が行われたが、民主派が事前に除外され、親中派が圧勝する結果となった。

新疆ウイグル自治区におけるウイグル人に対する人権弾圧も続いている。再教育を目的とした強制収容や綿花産業での強制労働、強制的な不妊手術の問題はジェノサイドの性質も帯びており、国際的な批判が高まっている。二〇二二年五月には流出した内部資料がアメリカの研究者によって公開され、「再教育」の実態が明るみに出た。しかし、中国当局は外からの批判をはねのけ、自らの措置の正当性を主張している。二〇二一年十月に中国共産党の新疆ウイグル自治区全国代表大会が開かれた際、自治区のトップを務める陳全国書記は「社会的安定」と「イスラム教の中国化」を堅持する方針を示した[36]。陳は新疆ウイグル自治区のみならずチベット自治区でも制度的な弾圧を推し進めた人物として知られるが、二〇二〇年七月、アメリカのトランプ政権によってマグニツキー法が適用され、制裁の対象となっている。

ところで現在の体制を率いる習近平は二〇二二年六月に六十九歳の誕生日を迎える。合議に基づく部分があるとはいえ、権力の集中した習体制ゆえに最高指導者の年齢が意味を持つ。一九五三年六月十五日生まれの習は、六十八歳とされる共産党の不文律の定年を超えたことになる。二〇一三年三月に国家主席に就任した習は二〇二三年三月に二期目の終了を迎える予定である。ただ、すでに憲法改正を通じて国家主席を二期以上務めることが可能となっている。二〇二一年十一月には中国共産党の第一九期中央委員会第六回全体会議（六中全会）でいわゆる「歴史決議」が採択され、習近平は毛沢東、鄧小平とならんで神格化された。この決議を習が三期目を実現するための布石と見る向きは多い。二〇二二年後半に予定されている党大会の動向次第だが、半ば皇帝と化した習主席が三期目を務めるならば、習の年齢が共産党体制の今後を占ううえでの鍵となる。確かに一九七八年末に全権を掌握した鄧小平がすでに七十四歳だった先例に鑑みれば、健康さえ伴えば年齢は関係ないのかもしれない。しかし、鄧が導入した集団指導体制は中国共産党の独裁体制を持続可能なものにする「知恵」でもあった。それがなき今、習体制、ひいては共産党体制の将来には不確実性がつきまとう。

3　言説の戦いと国際場裡における中国の動き

古典地政学で扱われることのなかった「言説（discourse）」や「国際場裡（international arena）」は「空間の戦略」の一角をなす。どの盟主が唱える国際秩序の言説が優勢になるかは今後の世界を占ううえでの試金石である。その観点から中国は「話語権」を重視し[37]、自身の秩序観や世界観を国際場裡で広めようとしてきた。二〇二二年二月に北京で開催された冬季オリンピックもその一つだが、国際連合に代表されるグローバル・ガバナンスの空間は中国にとって理想的な舞台である。

一九七一年十月に中華民国に代わって国連の代表権を得て以降、中国は国連での様子見の姿勢が目立ったものの、二〇一〇年代、積極姿勢に転じた。経済力に応じた分担金の増額は当然としても、専門機関の事務局長人事のみならず、平和維持活動（ＰＫＯ）への人民解放軍の派遣、事務総長との関係構築、人権理事会における非難の封じ込め、議題設定に至るまで、国連システムでの存在感を重層的に高めてきた。習体制が唱える「中国の特色のある大国外交[38]」が国連でも蠢動している。確かに国連は大国政治に左右されるものだし、一部の国際機関の重要ポストを米欧諸国が占有してきた経緯もある。国際機関における中国人の国際公務員の数も決して多くはない[39]。だとしても、国際秩序を簒奪しようとする中国が国連を侵食する一方で、国連が中国の覇権主義の傀儡《かいらい》となり、ルールに基づく国際秩序が揺らぐ一因をなしている状態は蔑ろにできない。

国際場裡での中国の増長は多国間主義に後ろ向きだったアメリカのトランプ政権時代に加速した。反米志向が残存する欧州連合（EU）の理解も得て、中国は多国間主義の擁護者として、あるいはトランプ大統領に対抗する「正義」として振る舞おうと努める。アントニオ・グテーレス国連事務総長も多国間主義を重んじるとする中国を称賛した。もちろん構造的にも中国は有利な立場にある。中国が国連安全保障理事会の常任理事国であるのは多言を要しないが、この議席は中国に狭義の拒否権のみならず、国際秩序における正統性を唱えるための特権を与えている。その意味では武力の不行使を謳う国連憲章の条文よりも、憲章が定めたアーキテクチャーが価値を持つ。途上国と中進国が大勢を占める国連総会も中国にとって利用価値は高い。中国も一票しかもたないものの、現在では一三〇あまりの国を数える「G77」グループとの連携（「G77プラス中国」）など、有利に働く素地もある。国際政治で周縁化されたかのように見えた国連だが、中国外交では国連の主流化が図られ、習体制の覇権主義にお墨付きを与えている。

では、国連などの国際場裡で中国が唱える言説とは何か。「中国の夢」が国内向けとするならば、「人類運命共同体」は世界を視野に入れた標語である。「人類運命共同体」は壮大な言葉だが、全方位で「大国外交」に取り組む中国が唱えるならそれも一つの理屈だろう。二〇一七年の中国共産党第一九回全国代表大会での報告で習総書記は次のように述べる。

人類運命共同体の構築の促進を堅持する。中国人民の夢は各国の人々の夢と相通じており、中国の夢の実現は、平和な国際環境、安定した国際秩序と切り離しては考えられない。国内と国際という二つの大局を統一的に考慮し、あくまでも平和的発展の道を歩み続け（……）常に世界平和の建設者、世界発展の貢献者、国際秩序の擁護者として役割を果たさなければならない。[40]

加えて習総書記は「人類運命共同体の構築を唱導し、グローバル・ガバナンス体系の変革を促した」と述べ、「［中国の］国際的影響力・感化力・形成力が一段と高まり、世界の平和と発展に新たな重要な貢献をした」[41]と自負した。中国は一帯一路やアジアインフラ投資銀行（ＡＩＩＢ）という自らが創出したプラットフォームのみならず、既存の多国間外交の空間でも存在感の誇示に成功している。「グローバル・ガバナンス（全球治理）体系の変革を促した」と主張したくなるのも無理はない。ただ、ルールに基づく国際秩序までも乱しているから、修正主義的な中国の行動が問題視されるわけである。国際場裡ではそれを包み隠すかのように自己演出がなされるものの、目的は隠蔽にとどまらない。現状維持国、習の言葉を借りれば「国際秩序の擁護者」として世界の目に映り、かつその役割を果たすことが望ましいのである。

これに関連して、中国政府が「国際秩序」と「世界秩序」を切り分けて考えているという指摘がある。[42]中国が変えようとしているのはアメリカ、あるいは西洋主導の世界秩序であって、国連を中心とする国際秩序はむしろ利用すべき存在ということである。現に自由貿易や国際貿易機関（ＷＴＯ）といった既存の秩序からは最大限の利益を得てきた。国連中心の秩序を堅持する立場は二〇二二年二月に北京オリンピック直前に開かれた中露首脳会談の共同声明でも明示された。英語版によれば、ロシアと中国は「国連主導の国際的なアーキテクチャーと国際法に基づく世界秩序を防護する」とし、「国連と安全保障理事会が中心的かつ調整的な役割を果たす真の多極化を追求する」と主張する。[43] ただ、声明のロシア語版が「世界秩序（миропорядк）」と記す一方で、中国語版は「国際秩序」としているところに中国の独自の姿勢が見て取れよう。

では、習の言う「グローバル・ガバナンス体系の変革」とはどのようなものなのか。一帯一路やAIIBなどの新たなイニシアティブは注目の集まるところだが、既存の枠組みを中国が抜け目なく活用している点にも着目したい。国連システムはその好例だろう。二〇二二年六月時点で国連食糧農業機関（FAO）、国際電気通信連合（ITU）、国連工業開発機関（UNIDO）の三つの専門機関で中国出身者がトップを務める。エチオピア出身のテドロス・アダノム国際保健機関（WHO）事務局長が身をもって示したように、親中的な人物がトップを務める事例もある。国連PKOには二〇〇〇人規模で派遣を続けており、安保理常任理事国では首位にある。国務院新聞弁公室が発表した白書によると、一九九〇年以降の三〇年間で四万人の要員をPKOに送り込んでいる。[44] PKO予算と通常予算への拠出も日本を抜いてアメリカに次ぐ二位にある。

議題設定も中国外交の主戦場である。中国は議題の売り込みに余念がないが、既存の議題にも卒なく絡みつく。国際機関の決議や文書は記録性のあるものだから、国際的な言説形成の一助となる。その点でも関与する意味は大きい。国連憲章第一〇〇条の精神に反する行為だが、中国人がトップを務める機関においては中国の政策がそのまま機関の議題に設定されることがある。国際機関として旬を過ぎたUNIDOは一帯一路の広告塔として復活した。[45] さらに中国外務省の努力が実り、「人類運命共同体」は人権理事会を含めた国連機関の決議に盛り込まれるようになった。[46] 中国メディアは人権理事会決議について「この理念が国際人権用語の中で重要な位置を占めたことが分かる」と喧伝する。[47] 今後は習主席が二〇二一年九月の国連総会で唱えた「グローバル発展イニシアティブ（Global Development Initiative）」を国連の「持続可能な開発のための2030アジェンダ」と絡めていくものと考えられる。すでに二〇二一年十一月にセネガルで開催された中国・アフリカ協力フォーラム（FOCAC）でそのような兆しが表れている。[48]

深刻な問題は、国連人権理事会が人権を蹂躙する中国政府を擁護する場となり、国際的な規範の侵食を許してしまったことである。人権が中国共産党体制のアキレス腱であるなら、中国にとって人権理事会は国防の要衝となる。二〇一九年から香港と新疆ウイグル自治区での人権弾圧をめぐる問題が人権理事会における争点の一つとなったが、中国は数の力とともに首尾よく対処した。二〇二一年六月の会合では、新疆や香港、チベットにおける人権弾圧に関する問題をめぐって、ベラルーシが六五か国を代表して中国を擁護する共同声明を出した。[49] このなかにはロシアや北朝鮮ばかりか、アラブ首長国連邦（UAE）やフィリピンなどインド太平洋戦略で重要となる国も含まれる。しかも六五の数は中国を非難した四四か国を上回る。中国の新疆、香港政策の段階が変化し、情勢がすでに「統制下における沈黙状態」にあるため非難の理由が少なくなったという背景があるにせよ、[50] 中国の影響力を感じさせる一件に変わりはない。声明への支持と不支持の構図に現在の世界の縮図を見て取ることも不可能ではない。

「戦狼外交」で名を馳せた中国外務省の趙立堅報道官の言動が物議を醸すかたわらで、穏健路線の外交官たちは習指導部の外交政策を地道に形にしている。そもそも中国はプロパガンダを得意とする全体主義国家であり、グローバル・ガバナンスにおける工作や宣伝は応用問題にすぎない。人権問題についても圧倒的な擁護の布陣を築くなど、国連での数の力も巧みに利用している。一九四五年に作られた国連が根腐れしているとしても、こうした空間での趨勢も大国間競争での優劣を左右することを忘れてはならない。

4 「パクス・インドパシフィカ」は実現するか

威圧的な中国の台頭はインド太平洋戦略という対抗措置を誕生させた。「特定の国を対象にしたものではない」として国名は伏せられるものの、中国の存在はその不在によって暗示されている。打ち出される政策を地政戦略の観点で見たとき、ユーラシア大陸（地図2参照）に構える中国を二つの大洋から牽制しようとする意図は否定しづらい。FOIPや日米豪印からなるクアッドを「中国包囲網」と読み解くことの是非はともかく、中国の覇権主義への警戒と対抗策が透けて見えるのは事実である。古代中国において秦（紀元前二二一年に中国を統一）が勃興した際、周辺諸国は合従して対抗するが、それにも似た構図が再び生まれている。二十一世紀の現在、対中脅威意識の高まりはインド太平洋の海洋国家に合従策を促し、これらの国を中国に対する集団的な抵抗へと導いている。共通の認識のもと、クアッドを通じた日米豪印の連携や民主主義諸国の協調は確実に加速しつつある。ミニラテラルの協調枠組みであるクアッドは機動性に富み、即効力も高い。ただ、クアッド内での垂直的な発展が見られた一方で、クアッド諸国を中心とした外交のダイナミズムをいかに水平的に広げていくかという課題は残ったままとなっている。(51)

インド太平洋構想の原動力となってきたクアッドは大きく育った。安倍晋三元首相の提唱した日米豪印の枠組みは首脳会談が開かれるまでに至ったが、二〇一七年十一月にクアッドが復活して以降の展開は中国の増長に応じたものと言えよう。具体的な成果は後述するとして、近年のクアッドの流れを概観しておこう。

第1章の冒頭でもふれたように、二〇二〇年十月に東京でクアッドの第二回外相会合が開かれた。これは二〇一九年九月に国連総会の機会を利用して開かれたクアッド初の外相会合（閣僚級協議）に続くものとなった。アメリカで民主党のバイデン政権が誕生した二〇二一年一月以降もクアッドの枠組みは引き継がれるが、党派を超えた継続性の意味は大きい。同年二月に行われた四か国の外相による電話会談に次いで、三月には初の首脳会議がオンラインで開かれた。日本からは菅義偉首相が出席している。初めての共同声明も発表された。同年九月にはワシントンで第二回首脳会議が初の対面形式で開かれ、菅首相を含め四人の首脳が顔を揃える。二〇二二年一月には第三回の首脳会議がオンラインで開催され、岸田文雄首相が出席した。二〇二二年二月には第四回のクアッド外相会合がオーストラリアのメルボルンで開かれた。林芳正外務大臣を含む四人の外相は共同声明を発出している。そして同年三月にはウクライナ戦争を受けて首脳レベルで臨時のオンライン会談が、さらに五月には東京でクアッド首脳会合が対面で開かれている(52)。

また重要なことに、ミニラテラルの枠組みとして、二〇二一年九月にはオーストラリア・イギリス・アメリカの三か国によるAUKUS（Australia-UK-US）が創設された。その際にバイデン大統領が「自由で開かれたインド太平洋」に言及したように(53)、AUKUSもインド太平洋戦略の主要なアーキテクチャーを構成している。クアッドが外交と国際協力を主眼においたものとすれば、AUKUSは軍事協力を企図するものである。オーストラリアのスコット・モリソン首相が会見で説明したとおり、現段階では原子力潜水艦の供与を中心とした協力が予定されている。なお、「ネットワーク型の同盟」を目指す日本はイギリスとの安全保障面での協力を進めてきており[54]、二〇二一年にはイギリスのクイーンエリザベス空母打撃群が日本を含めた複数国間での演習を行い、九月には横須賀に停泊している。将来的にAUKUSが日英協力と連動しながら発展する可能性も否定できない。

クアッドとは別の枠組みだが、日米豪印の四か国が参加するマラバール演習もミニラテラルの一形態として定着している。二〇二一年にも演習が実施された。海上幕僚監部の発表によれば、八月から十月にかけて二つのフェーズに分けてグアム島とその周辺海域、西太平洋のフィリピン海、ベンガル湾で海上演習が行われた。四か国の海軍の相互運用性を図るとともに、海洋秩序を保つための定期的な演習が定着している。なお、ユニラテラル（一国的）ながら重要度の高い措置として、アメリカ海軍による「航行の自由作戦（FONOP）」も展開中である。公表される範囲では、南シナ海でのFONOPは二〇二一年に五回行われた。また同年の春から複数回にわたり、日本の海上自衛隊が南シナ海で独自に同様の航行を遂行していたことも報じられた[55]。

クアッドの中核をなす日米の二国間関係も中国の膨張を受け止めたものとなった。二〇二一年四月、ホワイトハウスを訪れた菅首相はバイデン大統領との共同声明[56]で中国への強い警戒感を示している。両首脳は中国を名指しし、「経済的なもの及び他の方法による威圧の行使を含む、ルールに基づく国際秩序に合致しない中国の行動」を戒めた。そして「台湾海峡の平和と安定の重要性」を強調するとともに、「香港及び新疆ウイグル自治区における人権状況への深刻な懸念」を表した。共同声明は「普遍的価値及び共通の原則に対するコミットメントに基づく自由で開かれたインド太平洋」を唱えているが、これは「自由と開放性（freedom and openness）」を謳うFOIP概念の求心力とともにアメリカ外交の継続性を示すものでもあった[57]。

注目すべきは、インドが三国間協調（trilateral）や四国間協調（quadrilateral）の枠組みを弾力的に運用している点である。第4章も示すように、「戦略的自律[58]」を重んじ、「自由で開かれた包摂的な（inclusive）インド太平洋」を志向してきたインド外交の面目躍如と言える。インドは二〇二一年を通じてUAEとフランスとの三国間の協力[59]を試みたほか、同年四月には日本およびオーストラリアとともに「サプライチェーン強靭化イニシアティブ（SCRI）」を立ち上げた。中東の新たな政治力学に種を蒔くかのように、同年十月にはイスラエル、UAE、アメリカ、そしてインドの四国間の枠組み（これも「クアッド」である）を打ち出した。

なお、インド太平洋地域において実効性を有するかは不透明だが、アメリカは「繁栄のためのインド太平洋経済枠組み（IPEF）」を打ち出している。二〇二一年十月の東アジア首脳会議（EAS）でバイデン大統領から方針が示された後、二〇二二年五月、クアッド首脳会合の前日に東京で同大統領から公表され、日本やインドを含む一三の参加国とともに発足した[60]。緩やかな取り決めを念頭に置いた枠組みであり、関税の引き下げなどを想定したものではない[61]。現時点では、中国が入った「地域的な包括的経済連携（RCEP）協定」にインドは加入しておらず、「環太平洋パートナーシップに関する包括的及び先進的な協定（CPTPP）」にバイデン政権が参加する見込みも低い。急速に進化するインド太平洋の地経学においてインドとならんでアメリカの不在が目立つなか、アメリカ政府主導のIPEFは次善の策といった趣が強い。バイデン政権として何らかの策を講じたかったのであろうが、CPTPPとRCEPが動き出したなかでIPEFがインパクトをもちうるかは未知数である。

クアッドの成果と課題

クアッドの本体は具体的に何を成し遂げたのか。クアッドについては本書の本編で縷々論じているが、ここでは二〇二一年以降の動向を中心に進捗状況を整理しておきたい。今や定例化され、日米豪印の外相と首脳レベルで会合が開かれた意義は大きいが、四国間協調の思想や行動が文書化されたことも重要だろう。原則に基づく地域主義（principled regionalism）の実現に向けたクアッドの主導的な役割を一層強調するものである。二〇二〇年十月の外相会合では概要の公表にとどまったものの、二〇二一年三月の首脳会合では「クアッドの精神（The Sprit of the Quad）」と題した共同声明[62]とファクトシートが発表された。続く同年九月の対面での首脳会談でも共同声明とファクトシートが出されている。二〇二二年五月の首脳会合でも共同声明が発出された。

初の共同声明である「クアッドの精神」には主張したかったことのすべてが詰まっていると言えるかもしれない。四か国は「自由で開かれたインド太平洋のための共通のビジョンの下で結束している」とし、「自由で開かれ、包摂的で健全であり、民主的価値に支えられ、威圧によって制約されることのない地域のために尽力する」と旗幟《きし》を鮮明にした。また特定の国を名指しすることなく、次のように言明した[63]。

我々は、インド太平洋及びそれを超える地域の双方において、安全と繁栄を促進し、脅威に対処するために、国際法に根差した、自由で開かれ、ルールに基づく秩序を推進することに共にコミットする。我々は、法の支配、航行及び上空飛行の自由、紛争の平和的解決、民主的価値、そして領土の一体性を支持する。我々は共に協力し、そして様々なパートナーと協力することにコミットする。

二〇二一年以降、クアッドが優先課題としてきたのは、①新型コロナ対策、②気候変動、③重要・新興技術（サプライチェーンを含む）、④インフラ協力である。中国との協力が可能な気候変動分野を除けば、中国との競争が必須の分野と言える。新型コロナの世界的大流行にあってワクチン供与が重視されたのも順当と言えるだろう。クアッド諸国は二〇二一年三月の首脳会合で「安全で有効なワクチンの供給」を誓約し、クアッド・ワクチン・パートナーシップを立ち上げた。インフラ協力の場合と同じく、競合する計画（「健康シルクロード」など）を実施する中国への対抗策を示した格好である。二〇二二年末までに一〇億回分のワクチン製造を予定しているが[64]、ワクチン協力は国連機関やCOVAXファシリティ[65]などの制度を通じて進められている。

二〇二二年五月に東京で開かれた首脳会合は、四国間協力の具体的な進展を確認するとともに、宇宙や海洋状況把握などの領域での協力を打ち出した[66]。しかし、これに留まらず、クアッドの継続性と中心性を再確認するなど、首脳会合の象徴的な意義も大きい。岸田首相、バイデン大統領、インドのナレンドラ・モディ首相とならんで、オーストラリアから労働党政権のアンソニー・アルバニージー新首相が参加した。モディ首相はクアッドを引き続き重視する姿勢を示し、ウクライナ戦争後に揺らいだように見えた結束は固まり、クアッドの焦点も絞り込まれた。四か国の共通項を模索し、それらを力強い言葉で打ち出したことは文書にも窺える。共同声明は「包摂的で強靭な、自由で開かれたインド太平洋（a free and open Indo-Pacific that is inclusive and resilient）[67]」への揺るがないコミットメントを新たにすると宣言し、「国家間で一方的な行動をとる傾向が呈され、ウクライナでの悲劇的な紛争が激しさを増すなか、我々は揺るがない」と言明した。そのうえで、「我々は、各国がいかなる形態によっても軍事、経済、及び政治的に威圧されることのない、国際的なルールに基づく秩序を支持するという我々の決意を再確認する」と述べている。[68]

クアッドは垂直的に進化したものの、水平的な連合構築（coalition building）は課題として残っている。二〇二一年十月には一六回目となるEASがオンラインで開催され、同年十二月にはバイデン政権主催の「民主主義サミット（The Summit for Democracy）」が開かれた。アメリカによる東南アジア回帰を印象付けたEASに続いて、民主主義サミットは多国間主義への同政権の関心を際立たせた。日本も第九回となる太平洋・島サミット（PALM9）を同年七月にオンラインで開催した。他方で、公開される範囲では、ASEANや欧州連合（EU）とクアッドとの関係構築は大きく進展していない。前述の「クアッドの精神」がASEANへの強い支持を表明する一方で、クアッドのASEANへの片思いが目立つ。

注意を要するのはEUの動向である。二〇二一年四月にEU理事会が「インド太平洋における協力のためのEU戦略（EU Strategy for cooperation in the Indo-Pacific）[69]」を示し、同年九月に欧州委員会と外務・安全保障政策上級代表が同名の文書を共同で発表している。第10章が論じるように、ルールに基づく国際秩序を促進するうえでEUの関与には意味があるものの、中国との向き合い方においてクアッド、特にアメリカとは隔たりがあったため、連携における課題は多い。ただ、二〇二一年五月には欧州議会が中国との「包括的投資協定（CAI）」の凍結を決定するなど、中国に対する

EUの姿勢は厳しさを増した。なお、フランスはEU理事会の議長国として二〇二二年二月にインド太平洋協力に関する閣僚フォーラムを開催しているが、ウクライナ戦争以降も欧州諸国のインド太平洋への関心が続くか、あるいは万が一、EUがロシアを封じ込めようとして中国との宥和に向かわないかは注視すべき点である。

クアッドにとっての最大の難所は国連だろう。国連でクアッドが優位性を得ていくのは至難の業だが、方策は考えられる。クアッドの存在を国連で可視化するのは一つの考えである。単独では中国と向き合えないとしても、理論的には四つの国が集まれば一定の数や存在感は演出できる。国連でのインド太平洋概念の定着も必要だろう。国連ですでに定着した「アジア太平洋」に比べれば、「インド太平洋」は存在感に乏しい。事務総長がこの言葉に言及する様子も見られない。そうであるなら、日本が国連に設置した「人間の安全保障基金」のように、クアッド諸国の拠出に基づく「インド太平洋基金」の設立も考えられる。

ただ、国連を重視すればするほど、国連を力の源泉とする中国を利することにも注意しなければならない。現実を直視するなら、「自由で開かれたインド太平洋」の実現を阻んでいるのはほかでもない国連体制である。その点に鑑みれば、国連に限定的に関与しつつも、ポスト国連時代の多国間外交の枠組みを編み出していくことが望ましい。連合構築という意味では、主要国首脳会議（G7）の枠組みを強化するのも一案だが[70]、経済協力開発機構（OECD）や環太平洋パートナーシップ（TPP）[71]の加盟国の布陣も土台となりうる。さらに言えば二〇二一年十二月の「民主主義サミット」も示唆に富む。招待国の選定に課題が残ったとはいえ、一一二か国が集まったフォーラムは多国間主義の新しい形態だった。

中国を仮想敵と見なすにせよ、「特定の国を対象にしたものではない」と考えるにせよ、クアッドが訴える自由と開放性に根差したインド太平洋は「原則に基づく地域主義」の実現を目指すものである。無条件に包摂的であろうとする地域主義とは異なり、メンバーシップが精査される条件付きの地域主義（conditional regionalism）にほかならない。国際法のルールを守り、力による現状変更は行わないという条件を受け入れる国々がともに創り上げる地域であり、それがインド太平洋思想の根幹にある。その境地を言い換えるならば「パクス・インドパシフィカ（*Pax Indo-Pacifica*）」、つまりルールに基づくインド太平洋秩序である。未だ萌芽的だとしても、弱り衰えるパクス・アメリカーナを新たにし、ルールに基づく国際秩序を擁護する構想としての具体性がある。その構想においてクアッドは確実に推進力の役割を果たしているものの、国際政治の厳しい現実は楽観主義を許さない。

5　「パクス・ユーラシアーナ」の台頭

中国とロシアの一方的な行動がルールに基づく国際秩序を動揺させてやまない。その状況が如実に表れているのがインド太平洋とユーラシアにおいてである。自らの勢力圏に執着するという点で両者は共通しているが、中国の攻勢は多国間外交の場を含めて世界的な規模になっている。では騎虎の勢いの中国はこのまま世界的な覇権を得ていくのだろうか。中国は民主主義陣営を凌駕し、諸国家の共同体が培ってきた価値と規範を塗り替えてしまうのか。規律的なインド太平洋秩序はそもそも実現できるのか——。米中両陣営の攻防が二極的な対立を浮かび上がらせるなか、インド太平洋戦略を進めるにあたっての直近の背景と課題を整理しておきたい。

二〇二二年二月のロシアによるウクライナ侵略は、法に基づく国際秩序の命運に関わる危局を招いた。この種の侵略行為がまかり通れば、インド太平洋地域のみならず、世界の安定は大きく損なわれる。ドイツのオラフ・ショルツ首相の「歴史の転換点」[72]という主張は正しい。二月二四日、ロシアのウラジーミル・プーチン大統領は隣国のウクライナに対して「特別軍事行動」と称する軍事侵攻に乗り出した。政治的にも軍事的にも合理性を欠く行動だが、ロシア的な勢力圏思想、あるいは帝国の版図に取り憑かれた権力者の妄想は多くの犠牲者を出している。[73]国際刑事裁判所による捜査の行方にかかわらず、戦争犯罪者としてプーチンが歴史に名を遺すことは確実だろう。プーチンの戦争は従前の戦略環境を大きく変容させ、西ユーラシア地域に歴史的な変化さえもたらした。確かにプーチンによる核恫喝はNATOによる軍事介入を抑止したが、ロシアという共通の敵はむしろ欧州に結束を促し、低迷していたNATOを蘇らせた。直接の軍事介入を行わないまでも欧州各国はウクライナに武器支援を行い、抑制的な安全保障政策を見直し始めた。いずれも法に基づく国際秩序の維持のための行動と言えよう。

侵略戦争の結果、西側諸国からのロシアの孤立が進み、プーチン大統領の目論見とは逆に自国が弱体化していく流れとなった。十九世紀的なロシアの行動は主にG7やEU諸国による経済制裁を招き、ロシアは北朝鮮やイラン以上の制裁項目の対象国となった。安保理決議はロシアの拒否権によって葬られたものの、三月上旬の国連総会の特別会合で一四一の国がロシア非難決議に賛同した。[74]国際社会からは孤立した格好だが、インドやベトナムを含め、三五か国が非難を避けて棄権に回るなど、国際場裡で一致した姿勢を得ることの難しさを示した。ただ、ロシアが西側諸国から切り離されたのは明らかだろう。そこで焦点となるのがロシアの生存戦略である。消去法で考えれば、ロシアは今後、ヨーロッパ以外の地域との関係のなかで生き残りを模索するしかない。インドとの繋がりを保ち、太平洋地域への関与を増してきたロシアによる「インド太平洋戦略」の展開が予想されるが、そこで鍵となるのが中国の存在である。ロシアが中国への依存を高めていくならロシアは生殺与奪の権をこの隣国に与えることになり、ロシアにとって望ましい選択肢ではない。ウクライナを属国にしようとした企てが、最も警戒すべき隣国による自国の属国化を促すとしたら皮肉でしかないが、ロシアはその状況を避けるべくインドを対中牽制に活用する可能性もある。

とはいえ、やはり留意すべきは、中国がロシアをしたがえて地域覇権を強めていき、ユーラシアの広域を制するような展開である。「パクス・ユーラシアーナ（*Pax Eurasiana*）」と呼べるだろう。「拡大ユーラシア（Greater Eurasia, Большая Евразия）」[75]を主導したかったプーチン大統領の地政学的願望とは違う形で、すなわちロシアが中国のジュニアパートナーとして付き従う形で中国の支配が進むならば、パクス・シニカの異形として見ることもできる。名称はともかく、想定すべき一つの地政学的シナリオである。中露の便宜的な関係性が指摘されてきたが、北京オリンピックの際の会談では習とプーチンが両国の関係に「限界はない（no limit）」[76]と表明するなど、蜜月ぶりが目立った。ただ、猜疑心に満ちた連携が、ウクライナ戦争の余波で非対称的な関係へと変わる可能性も否めない。ウクライナ戦争以降のロシアは中国にとって長短半ばする相手でもある。中国はすでにロシアの最大の貿易相手国だったが、その中国が影響力を高めていくうえでロシアの弱体化は悪いことではなかろう。しかし、侵略戦争を仕掛けたロシアは中国にとって厄介者となりかねない。その前提で考えれば、西側諸国の戦略としては習とプーチンの両体制の思想的な共通性を強調するのが適切だろう。

ウクライナ戦争後の中国の動向は、多極化する世界のなかの二極対立という観点からも把握しなければならない。中国の権威主義や修正主義に対するアメリカの抵抗が戦略的競争の一端をなすが、その対立的な構図は完全に定着した。対立という点では、二〇二一年六月のG7サミットに先立って発表された英米共同の「新大西洋憲章（New Atlantic Charter）」[77]が西洋の秩序の側に立つものだとすれば、前述の中露共同声明[78]はこれへの対立軸を高らかに布告するものだった。マイケル・ベックリーはこうした図式を「システムの衝突」と捉え、アメリカと中国による二つの異なる秩序が築かれつつある状況を指摘した[79]。当然だが、多極化に向かう現在の世界は単純な二元論で説明できるものではない。中間的な立場の国、特に「ヘッジング・ミドル」[80]の国は多く存在するし、中国の行動に理解を示す国のすべてが同じ政治体制をとっているわけでもない。

ただ、米中が「秩序の競争」を展開するなかで、それぞれが一定の求心力のある極を形成していることは否定できない。その構図を前提とするなら、秩序の競争はどのように展開しているのだろうか。冷戦期におけるワシントン主導の「支配的な秩序」とモスクワを中心とした「より貧弱な秩序」というベックリーの描写に倣うなら[81]、二〇二〇年代、ワシントンと北京のどちらが「支配的な秩序」を導いているのか。それとも均衡する二つの秩序が併存しているのか。国連人権理事会での応酬は中国が理解する「国際秩序」における同国の支配的な力を感じさせるが、アメリカをはじめとした民主主義陣営の底力と抵抗力に照らし合わせれば、現時点では両者は拮抗していると見ることも可能である。今後、台頭するインドが多極化を加速させる可能性はあるが、少なくとも現時点で指摘できるのは、権威主義に導かれるパクス・ユーラシアーナを地域的な一例として、二つの緩やかな秩序が局所的に優劣や濃淡をつけながら多極的な世界を後押ししている状況だろう。もちろん、流動的な世界ではそのような構図さえも容易に変わりうる。

二〇二二年二月以降、ユーラシアの戦略環境は大きく変わったが、焦点となるのがインド太平洋戦略の今後である。ホワイトハウスはウクライナ戦争の二週間ほど前に「米国のインド太平洋戦略(Indo-Pacific Strategy of the United States)」[82]を公表していた。文書に「ロシア」や「ユーラシア」は現れないものの、ロシアをめぐる状況や中露関係は不確定要素としてインド太平洋戦略に影を落とす。将来予測は困難だが、可能性の次元でインド太平洋の戦略環境を展望してみたい。ロシアの軍事的脅威はアメリカに西ユーラシアへの対応を迫ることになったが、今後もその傾向が続くとなれば、対中戦略に影響が生じかねない。欧米諸国が欧州正面に貼りつくようなら、インド太平洋への関与の度合いは必然的に低くなる。しかもロシアに対する欧州の対立姿勢が明確である一方で、欧州は中国に対して同様の厳しい姿勢では臨んではいない。対立姿勢を避ける方向性はEUのインド太平洋関連の文書でも明らかだった。つまり、アメリカが中国とロシアの二正面(あるいはそれ以上)への対応を余儀なくされたとしても、欧州の協力が得られないまま中国と対峙せざるをえないのである。

そのなかで注意すべきは、台湾や日本の島嶼地域への中国の軍事侵攻が現実味を増すなかで、アメリカの力に空白が生じ、中国が侵略の衝動に駆られるような展開である。アメリカの安全保障コミュニティのなかでも「ロシアか中国か」の二者択一ではなく、両方への対応を求める声があるが[83]、両方の場合は東アジアにおけるアメリカの抑止力を低下させないことが必須となる。それと同時に、日本やオーストラリアがこれまで以上に軍事的に関与することも必要不可欠となる。アメリカの軍事介入の可能性には不透明さがつきまとうが[84]、中国による台湾侵攻を含めた東アジアでの有事を警戒しつつ、アメリカとの同盟や防衛協力の強化が当然ながら図られていくことだろう。

既存の枠組みも巧みに運用しなければならない。二正面を考えたとき、クアッドは対中牽制に、NATOは対露牽制（および付随的に対中牽制）にとそれぞれ使い分けていくのが正解だろう。冷戦時代からインドはロシアと緊密な関係を保っており、二〇二一年十二月にはナレンドラ・モディ首相がプーチン大統領との会談で武器調達を含む防衛協力を確認している。戦略的自律に囚《とら》われている側面もあるとはいえ、インドのロシアとの結びつきを踏まえればクアッドの枠組みを対露牽制に運用するのは現実的に難しい。ただ、クアッドを対中牽制に用いるとしても、ロシアが絡む場面で独自外交を唱えるインドが支障となる可能性は排除できない。となれば、インドが外れる「クアッド・マイナス[85]」の局面を想定しつつ、目的に応じてさまざまなグルーピングを使い分ける発想が定着するだろう。その意味でもAUKUSの進化が予定以上に進むかもしれないし、中露両国を牽制できる日英協力には大きな潜在性がある。NATOの極東地域への進出も然りである。その場合は、太平洋と北大西洋の国々のダイナミズムから生まれる「大洋の交わり[86]」がユーラシアを囲むことにもなるだろう。

ユーラシア大陸を拠点にした中国が世界的に影響力を高めるなか、インド太平洋の基軸国にとってはインド太平洋以外の地理的・非地理的空間への対処が急務となっている。国連に代表されるグローバル・ガバナンスの空間は既述のとおりだが、地理的空間の課題について一言触れておきたい。本書の本編が示すように、二つの大洋から東ユーラシアを捉えるインド太平洋概念は展望性に富む一方で、死角も伴う。例えば、インド太平洋の裏側にあたる環大西洋はもとより、中央アジアや中東欧などのユーラシアの重要地域は視界に入りづらい。言説と秩序の競争で中国と対峙するには広範な取り組みが必要となる。FOIP概念の妥当性が変わらないとしても、「インド太平洋」を超えた空間の戦略が求められる段階にあるのではなかろうか。

そこで重要なのは、「インド太平洋プラス」[87]の展望である。インド太平洋という主軸を維持しつつも、それ以外の多様な空間に目配りをして、水平的な連合を拓くのが「インド太平洋プラス」の意味するところである。日本が得意としてきた創造的外交の応用にほかならない。さまざまな展開が構想できるだろう。

インド太平洋概念が地理的な死角を生むならば、「インド太平洋」の語を冠さないブルー・ドット・ネットワーク（BDN）のように、地理的に汎用性のある概念を用いるのも一案である。例えば、「自由で開かれた海洋イニシアティブ（Free and Open Maritime Initiative）」を創設し、インド太平洋地域内外との連携を模索するのも有益だろう。その一環として「自由で開かれた南シナ海」のための海洋能力プロジェクトをクアッドが提唱するのも良い。「自由で開かれた海洋イニシアティブ」の有無にかかわらず、中東欧諸国で構成する三海洋イニシアティブ（Three Seas Initiative）はFOIPの有望な相手となるはずである。[88] ASEANを競争の激しい「レッドオーシャン」とするなら、三海洋は未開拓の「ブルーオーシャン」と言える。三海洋の構想には対露牽制の地政学的含意もあるので、インドの入るクアッドに拘泥する必要はない。三海洋イニシアティブの主導国であるポーランド、さらにはスウェーデンをパートナー国に加えて、FOIPの提唱国の日本が「自由で開かれたバルト海」を共同提案しても良いだろう。インド太平洋からは離れた地域だが、成功例を増やすことがFOIPの浸透に繋がるに違いない。

どの手法をとるにせよ、大国間競争の新たな次元を認識しながら、訴求力のある政策ブランド——「自由と開放性」はブランドの命である——を唱え続け、視界を広げた大戦略を実行していくことが肝要である。

おわりに

インド太平洋戦略が生み出したうねりは小さくない。中国外相の王毅が「海の泡」と蔑んでみたものの、インド太平洋概念は消えることなく、二つの海にまたがって秩序維持の土台を築いてきた。自由と開放性に導かれるインド太平洋の姿を追求し続けたからこそ、民主主義陣営はルールに基づく国際秩序を曲がりなりにも維持することができた。威圧的な中国を牽制し、均衡状態を作り出した地政戦略と数多の活動はその点からも評価されるべきものだろう。インド太平洋構想の提唱者である安倍晋三が本書の序文で記すように、民主主義国家は力を合わせて国際的な公共財を守っていかなければならない。すでに定着した「自由で開かれたインド太平洋」の考えは共通認識であり続けるだろう。その一方で、中国の勢いが止むことがないのも厳然とした事実である。ウクライナ戦争以降の混沌とした世界のなかで中国がますます一方的な行動をとることも考えられる。その中国とはどう向き合えば良いのか。

鄧小平が遺した戦略的な思考はその点で参考になるかもしれない。「韜光養晦」の言葉の前には「冷静観察、沈着応付、穏住陣脚」の文字がある。[89]「冷静に観察し、落ち着いて対応し、立場を固めよ」という意味である。この一二文字を民主主義陣営がとるべき姿勢に読み替えれば、辛抱強く立場を固めながら、長期戦に臨む、ということになろうか。さらに長期戦を考えるなら、インド太平洋戦略の「終盤戦（endgame）」も論点として生じうる。[90]「ルールに基づく国際秩序の形成」といった目標を除けば、クアッド諸国の政策でこの問題が表向きに論じられることはなかった。だが、戦略思想は既存の政策の枠を超えて模索されるべきものである。従前の対応は症状の改善を目指したものだったが、『兵法三十六計』で言うところの「釜底抽薪《ふていちゅうしん》」、すなわち中国の覇権主義の根本的な解決は戦略としてありうるのか――。

中国がピークアウトし始めていることは多々指摘されている。となれば中国の衰退と戦略的余波を想定しながら、同国の覇権主義を粘り強く牽制し、大国間競争での勝利を目指すのも一つの考えとなる。先例を顧みれば、絶対的な権力を握った始皇帝の帝国も長くは続かなかった。近現代においても帝国主義には限界が付き物である。むろん、現代中国の体制が変更したとしても、漢民族の覇権主義的志向は簡単には変わらないだろう。過去との安易な類推も避けるべきだが、俯瞰的な視点は無意味ではない。二〇三〇年代が見えてきた現在、中国の政治体制・経済・人口構造の推移を冷静に観察することには戦略的な含意がある。「釜の火」もいつまでも全力で燃え続けるものではなかろう。

二十一世紀の世界の趨勢を決しうる二〇二〇年代、クアッド諸国、特に日本は主体的に行動しなければならない。コロナ後を上書きする「ウクライナ後（post Ukraine）」[91]の世界は曖昧模糊であり続けると考えるのが妥当だろう。パクス・インドパシフィカの実現も決して自明のものではない。多極化する世界のなかで日本がなすべきは、自由と開放性の旗幟のもと、インド太平洋地域の平和を維持するための強靭な外交を展開することにほかならない。防衛体制の強化、さらにはアメリカに守られた平和を当然視してきた人々の意識改革も喫緊の課題である。だが、核保有国に囲まれるという安全保障環境はもとより、安全保障の礎《いしずえ》ともなる経済と人口の展望は日本にとってきわめて険しい。しかも世界は未知の領域に入りつつある。民主国家の体制は危機的状況に弱くもあり、強くもある。そのどちらに転ぶかは予測できないとしても、中国をはじめとする修正主義国家が起こす危機への対応が日本を待ち受ける試練であることは疑いない。インド太平洋の情勢は厳しく、この時代を生きる者の責任は大きい。

注

（1）The White House (2022a: 5).
（2）平松 (2002: 15-19). 平松によると、「戦略的辺境」は国家と民族の「生存空間」を決定付けるものとして一九八七年に中国の研究者から示された概念で、当時は海洋と宇宙空間を想定したものだった。現在でも戦略概念として用いられているかは不明だが、現在までの中国の膨張は「戦略的辺境」を体現するものと言えるだろう。「戦略的辺境」については渡部（2018: 31-33）も参照のこと。
（3）日本経済新聞 (2021).
（4）The White House (2020).
（5）Biden (2021).
（6）ピルズベリー (2015).
（7）ピルズベリー (2015).
（8）寺田 (2018).
（9）The White House (2021a).
（10）China Briefing (2022).

（11）China Briefing (2022).
（12）US Census Bureau (2022).
（13）US Department of Commerce (2021).
（14）US Department of Defense (2021).
（15）Legarda (2021).
（16）第7章の注63の監訳注でも記したとおり、二〇二一年五月末に開かれた学習会で習近平が「信じられ、愛され、敬われる（可信、可愛、可敬的）」中国を目指すようにと語った旨が伝えられている。
（17）中華人民共和国駐日本国大使館 (2021).
（18）平野 (2014); 阿南 (2017: 57–60).
（19）中華人民共和国駐日本国大使館 (2021).
（20）中国国家統計局 (2022).
（21）Nedopil (2022: 3).
（22）Malik et al. (2021).
（23）平田 (2022).
（24）国家発展改革委員会 (2021: 80–81).
（25）防衛省 (2021: 20).
（26）Stockholm International Peace Research Institute (2021: 369).
（27）杉浦 (2021).
（28）中華人民共和国国防部 (2020).
（29）森 (2022).
（30）読売新聞取材班 (2021).
（31）統合幕僚監部 (2021).
（32）読売新聞 (2022b).

（33）Shelbourne (2021).
（34）中華人民共和国駐日本国大使館 (2021).
（35）Human Rights Watch (2022: 159–177).
（36）兵団網 (2021).
（37）Atlantic Council (2020).
（38）新華網 (2018).
（39）Fung & Lam (2021: 1155).
（40）習 (2017). 原文では「国际秩序的维护者」、つまり「国際秩序の維持者」となっている。
（41）習 (2017).
（42）川島 (2019).
（43）President of Russia (2022a).
（44）国務院新聞弁公室 (2020).
（45）United Nations Industrial Development Organization (2019).
（46）例えば二〇一七年三月に採択された「食糧への権利」に関する人権理事会決議。Res. A/HRC/RES/34/12, April 6, 2017.
（47）中国網日本語版 (2017).
（48）人民網日本語版 (2021).
（49）Ministry of Foreign Affairs of the People's Republic of China (2021).
（50）熊倉 (2021).
（51）Hakata & Cannon (2021).
（52）首相官邸 (2022).
（53）Thie White House (2021b).
（54）秋元 (2017: 266–270).

(55) 読売新聞 (2022a).
(56) 外務省 (2021c).
(57) バイデン政権が誕生する際に、トランプ政権が同意した「自由で開かれた」インド太平洋が継承されるか否かが焦点となった。大統領就任前のバイデンからは「平和な」または「繁栄した（prosperous）」といった枕詞が聞かれたが、日本政府からの働きかけもあり、結果的には「自由で開かれた」インド太平洋を受け継いだ。
(58) 伊藤 (2020: 44–48).
(59) Lawale & Ahmad (2022).
(60) The White House (2022b).
(61) Goodman & Reinsch (2022).
(62) 外務省 (2021a). 外務省による仮訳はＱＵＡＤを「日米豪印」と訳しているが、筆者にて「クアッド」と訳出した。
(63) 外務省 (2021a).
(64) 外務省 (2021b).
(65) COVAX は COVID-19 Vaccine Global Access の略。新型コロナワクチンへのアクセス促進を目的とした多主体の取り組みであり、ファシリティは「資金提供」などを意味する。
(66) 外務省 (2022).
(67) ここにもクアッドの合議的な側面が見て取れる。すなわち、インドが唱えてきた「包摂的（inclusive）」と、モリソン政権時代からオーストラリアが加えるようになった「強靭な（resilient）」が「自由で開かれたインド太平洋」に付け加えられている。しかし、基本的な「自由で開かれた」の部分には変更はない。ちなみに、二〇二一年九月の共同声明でも「包摂的で強靭でもある、自由で開かれたインド太平洋（a free and open Indo-Pacific, which is also inclusive and resilient）」との表現が見られる。
(68) 外務省 (2022).
(69) 第10章の注51の監訳注でも記したとおり、理事会が採択した結論 7914/21 として示された。Council of the

European Union (2021).

（70）秋田 (2022).

（71）正式名称は「環太平洋パートナーシップに関する包括的及び先進的な協定（Comprehensive and Progressive Agreement for Trans-Pacific Partnership）」である。

（72）Scholz (2022). ただし、ショルツは「我々の大陸の」と限定している。

（73）「帝国」の勢力圏の論理については小泉（2019）の分析が詳しい。プーチン大統領自身の思考については次の文献を参照のこと。President of Russia (2021); President of Russia (2022b).

（74）「ウクライナに対する侵略（Aggression against Ukraine）」と題した決議。Res. A/ES-11/L.1, March 1 2022. 反対票を投じたのはエリトリア、北朝鮮、シリア、ベラルーシ、そしてロシアの五か国のみだった。

（75）President of Russia (2016).

（76）President of Russia (2022a).

（77）Prime Minister's Office (2021).

（78）President of Russia (2022a).

（79）Beckley (2022).

（80）Mazarr (2022).

（81）Beckley (2022).

（82）The White House (2022a).

（83）Cohen (2022).

（84）二〇二二年五月の訪日中、アメリカのバイデン大統領は記者会見の場において、台湾有事の際の軍事介入について肯定的な発言を行っている。バイデンは同様の発言をすでに二回行っているが、この三度目の発言を打ち消すかのように、ロイド・オースティン国防長官はその後、従来のアメリカの政策に変更はないと述べている。台湾に関する戦略的曖昧さ（strategic ambiguity）に変更はないというのがアメリカ政府の表向きの姿勢であると見られる。台湾有事に関しては、本書冒頭の安倍元首相のメッセージも参照のこと。

（85）Hakata & Cannon (2022).

（86）その場合は、「大西洋太平洋（Atlantico-Pacific）」のような形で大洋間の地理的概念の融合が進むかもしれない。ちなみに、海と海が地理的に融合する事例は、「インド太平洋」や、バルト海・アドリア海・黒海を繋ぐ「三海洋」を除けば、そう多くはない。

（87）Hakata & Cannon (2022).

（88）二〇二一年五月にワルシャワで開かれた日本とポーランドの外相会談において、茂木外務大臣から「ポーランドが推進する三海域イニシアティブを日・EU連結性協力の推進や欧州の結束に資する有意義な取組と評価し、日本の関与のあり方を検討していく」旨が述べられている（外務省HP「日・ポーランド外相会談」二〇二一年五月六日）。三海洋イニシアティブのウェブサイト（https://3seas.eu/）も参照のこと。【監訳注】ここで言う三海洋とは、バルト海、アドリア海、黒海を指し、オーストリア、ブルガリア、クロアチア、チェコ、エストニア、ハンガリー、ラトヴィア、リトアニア、ポーランド、ルーマニア、スロヴァキア、スロヴェニアの一二か国が参加している。

（89）ここでは銭其琛の表現に従った。「韜光養晦」が記録されている『鄧小平年譜（下）』の当該ページ（一三四六頁）にこの標語があるわけではない。この点については第7章の解説を参照ありたい。

（90）インド太平洋戦略の「エンドゲーム」については二〇二一年七月に行われた早稲田大学国際平和戦略研究所主催の報告会での質問に示唆を受けた。この場を借りて謝意を表したい。

（91）二〇二二年二月二十四日のはるか以前にもウクライナがロシアから弾圧や攻撃を受けた経緯があるが、ロシアによるウクライナ侵略が国際政治の転換点であることに変わりはない。あくまでもその点を踏まえた言葉である。

資料

二つの海の交わり　Confluence of the Two Seas

――インド国会における安倍総理大臣演説、平成十九（二〇〇七）年八月二十二日

モハンマド・ハミド・アンサリ上院議長、

マンモハン・シン首相、

ソームナート・チャタジー下院議長、

インド国民を代表する議員の皆様と閣僚、大使、並びにご列席の皆様、

初めに私は、いまこの瞬間にも自然の大いなる猛威によって犠牲となり、苦しみに耐えておられる方々、ビハール州を中心とする豪雨によって多大の被害を受けたインドの皆様に、心からなるお見舞いを申し上げたいと思います。

さて、本日私は、世界最大の民主主義国において、国権の最高機関で演説する栄誉に浴しました。これから私は、アジアを代表するもう一つの民主主義国の国民を代表し、日本とインドの未来について思うところを述べたいと思っています。

The different streams, having their sources in different places, all mingle their water in the sea.

インドが生んだ偉大な宗教指導者、スワーミー・ヴィヴェーカーナンダ（Swami Vivekananda）の言葉をもって、本日のスピーチを始めることができますのは、私にとってこのうえない喜びであります。

皆様、私たちは今、歴史的、地理的に、どんな場所に立っているでしょうか。この問いに答えを与えるため、私は一六五五年、ムガルの王子ダーラー・シコー（Dara Shikoh）が著した書物の題名を借りてみたいと思います。

すなわちそれは、「二つの海の交わり」（Confluence of the Two Seas）が生まれつつある時と、ところにほかなりません。

太平洋とインド洋は、今や自由の海、繁栄の海として、一つのダイナミックな結合をもたらしています。従来の地理的境界を突き破る「拡大アジア」が、明瞭な形を現しつつあります。これを広々と開き、どこまでも透明な海として豊かに育てていく力と、そして責任が、私たち両国にはあるのです。

私は、このことをインド一〇億の人々に直接伝えようとしてまいりました。だからこそ私はいま、ここ「セントラル・ホール」に立っています。インド国民が選んだ代議員の皆様に、お話ししようとしているのです。

＊

日本とインドの間には、過去に幾度か、お互いを引き合った時期がありました。

ヴィヴェーカーナンダは、岡倉天心なる人物――この人は近代日本の先覚にして、一種のルネサンス人です――が、知己を結んだ人でありました。岡倉は彼に導かれ、その忠実な弟子で有名な女性社会改革家、シスター・ニヴェーディター（Sister Nivedita）とも親交を持ったことが知られています。

明日私は、朝の便でコルカタへ向かいます。ラダビノード・パール（Radhabinod Pal）判事のご子息に、お目にかかることとなるでしょう。極東国際軍事裁判で気高い勇気を示されたパール判事は、たくさんの日本人から今も変わらぬ尊敬を集めているのです。

ベンガル地方から現れ、日本と関わりを結んだ人々は、コルカタの空港が誇らしくも戴く名前の持ち主にせよ、ややさかのぼって、永遠の詩人、ラビンドラナート・タゴールにしろ、日本の同時代人と、いずれも魂の深部における交流を持っていました。まったく、近代において日本とインドの知的指導層が結んだ交わりの深さ、豊かさは、我々現代人の想像を超えるものがあります。

にもかかわらず、私はある確信を持って申し上げるのですが、いまインドと日本の間に起きつつある変化とは、真に前例を見ないものです。第一に、日本における今日のインド熱、インドにおける例えば日本語学習意欲の高まりが示しているように、それは一部特定層をはるかに超えた国民同士、大衆相互のものです。

背後にはもちろん、両国経済が関係を深めていくことへの大きな期待があります。その何より雄弁な証拠は、今回の私の訪問に、日本経団連会長の御手洗富士夫さん始め、二〇〇人ちかい経営者が一緒に来てくれていることです。

第二に、大衆レベルでインドに関心を向けつつある日本人の意識は、いま拡大アジアの現実に追いつこうとしています。利害と価値観を共にする相手として、誰に対しても透明で開かれた、自由と繁栄の海を共に豊かにしていく仲間として、日本はインドを「発見」（The Discovery of India）し直しました。

インドでは、日本に対して同じような認識の変化が起きているでしょうか。万一まだだとしても、今日、この瞬間をもって、それは生じたと、そう申し上げてもよろしいでしょうか。

＊

ここで私は、インドが世界に及ぼした、また及ぼし得る貢献について、私見を述べてみたいと思います。当の皆様に対して言うべき事柄ではないかもしれません。しかし、すぐ後の話に関連してまいります。

インドが世界史に及ぼすことのできる貢献とはまず、その寛容の精神を用いることではないでしょうか。いま一度、一八九三年シカゴでヴィヴェーカーナンダが述べた意味深い言葉から、結びの部分を引くのをお許しください。彼はこう言っています。

“Help and not Fight”, “Assimilation and not Destruction”, “Harmony and Peace and not Dissension.”

今日の文脈に置き換えてみて、寛容を説いたこれらの言葉は全く古びていないどころか、むしろ一層切実な響きを帯びていることに気づきます。

アショカ王の治世からマハトマ・ガンディーの不服従運動に至るまで、日本人はインドの精神史に、寛容の心が脈々と流れているのを知っています。

私はインドの人々に対し、寛容の精神こそが今世紀の主導理念となるよう、日本人は共に働く準備があることを強く申し上げたいと思います。

私が思うインドの貢献とは第二に、この国において現在進行中の壮大な挑戦そのものであります。あらゆる統計の示唆するところ、二〇五〇年に、インドは世界一の人口を抱える国となるはずです。また国連の予測によれば、二〇三〇年までの時期に区切っても、インドでは地方から大小都市へ、二億七〇〇〇万人にものぼる人口が新たに流れ込みます。

インドの挑戦とは、今日に至る貧困との闘いと、人口動態の変化に象徴的な社会問題の克服とを、あくまで民主主義において成し遂げようとしている、それも、高度経済成長と二つながら達成しようとしているという、まさしくそのことであろうと考えるのです。

一国の舵取りを担う立場にある者として、私は皆様の企図の遠大さと、随伴するであろう困難の大きさとに、言葉を失う思いです。世界は皆様の挑戦を、瞳を凝らして見つめています。私もまた、と申し添えさせていただきます。

＊

皆様、日本はこのほど貴国と「戦略的グローバル・パートナーシップ」を結び、関係を太く、強くしていくことで意思を一つにいたしました。貴国に対してどんな認識と期待を持ってそのような判断に至ったのか、私はいま私見を申し述べましたが、一端をご理解いただけたことと思います。

このパートナーシップは、自由と民主主義、基本的人権の尊重といった基本的価値と、戦略的利益とを共有する結合です。

日本外交は今、ユーラシア大陸の外延に沿って「自由と繁栄の弧」と呼べる一円ができるよう、随所でいろいろな構想を進めています。日本とインドの戦略的グローバル・パートナーシップとは、まさしくそのような営みにおいて、要《かなめ》をなすものです。

日本とインドが結びつくことによって、「拡大アジア」は米国や豪州を巻き込み、太平洋全域にまで及ぶ広大なネットワークへと成長するでしょう。開かれて透明な、ヒトとモノ、資本と知恵が自在に行き来するネットワークです。

ここに自由を、繁栄を追い求めていくことこそは、我々両民主主義国家が担うべき大切な役割だとは言えないでしょうか。

また共に海洋国家であるインドと日本は、シーレーンの安全に死活的利益を託す国です。ここでシーレーンとは、世界経済にとって最も重要な、海上輸送路のことであるのは言うまでもありません。

志を同じくする諸国と力を合わせつつ、これの保全という、私たちに課せられた重責を、これからは共に担っていこうではありませんか。

今後安全保障分野で日本とインドが一緒に何をなすべきか、両国の外交・防衛当局者は共に寄り合って考えるべきでしょう。私はそのことを、マンモハン・シン首相に提案したいと思っています。

＊

ここで、少し脱線をいたします。貴国に対する日本のODAには、あるライトモティーフがありました。それは、「森」と「水」にほかなりません。

例えばトリプラ州において、グジャラート州で、そしてタミル・ナード州で、森の木を切らなくても生計が成り立つよう、住民の皆様と一緒になって森林を守り、再生するお手伝いをしてまいりました。カルナタカ州でも、地域の人たちと一緒に植林を進め、併せて貧困を克服する手立てになる事業を進めてきました。

それから、母なるガンジスの流れを清めるための、下水道施設の建設と改修、バンガロールの上下水道整備や、ハイデラバードの真ん中にあるフセイン・サーガル湖の浄化——これらは皆、インドの水よ、清くあれと願っての事業です。

ここには日本人の、インドに対する願いが込められています。日本人は、森をいつくしみ、豊富な水を愛する国民です。そして日本人は、皆様インドの人々が、一木一草に命を感じ、万物に霊性を読み取る感受性の持ち主だということも知っています。自然界に畏れを抱く点にかけて、日本人とインド人にはある共通の何かがあると思わないではいられません。

インドの皆様にも、どうか森を育て、生かして欲しい、豊かで、清浄な水の恩恵に、浴せるようであってほしいと、日本の私たちは強く願っています。だからこそ、日本のODAを通じた協力には、毎年のように、必ず森の保全、水質の改善に役立つ項目が入っているのです。

私は先頃、「美しい星50（Cool Earth 50）」という地球温暖化対策に関わる提案を世に問いました。温室効果ガスの排出量を、現状に比べて「五〇」％、二〇「五〇」年までに減らそうと提案したものです。

私はここに皆様に呼びかけたいと思います。「二〇五〇年までに、温室効果ガス排出量をいまのレベルから五〇％減らす」目標に、私はインドと共に取り組みたいと思います。

私が考えますポスト京都議定書の枠組みとは、主な排出国をすべて含み、その意味で、いまの議定書より大きく前進するものでなくてはなりません。各国の事情に配慮の行き届く、柔軟で多様な枠組みとなるべきです。技術の進歩をできるだけ取り込み、環境を守ることと、経済を伸ばすことが、二律背反にならない仕組みとしなくてはなりません。

インド国民を代表する皆様に、申し上げたいと思います。自然との共生を哲学の根幹に据えてこられたインドの皆様くらい、気候変動との闘いで先頭に立つのにふさわしい国民はありません。

どうか私たちと一緒になって、経済成長と気候変動への闘いを両立させる、難しいがどうしても通っていかなくてはならない道のりを、歩いて行ってはくださいませんでしょうか。無論、エネルギー効率を上げるための技術など、日本としてご提供できるものも少なくないはずであります。

＊

先ほどご紹介しましたとおり、私の今度の旅には、日本を代表する企業の皆様が２００人ちかく、一緒に来てくれています。まさに今、この時間帯、インド側のビジネスリーダーとフォーラムを開き、両国関係強化の方策を論じてくださっているはずです。

こうなると、私も、日本とインドとの間で経済連携協定を、それも、世界の模範となるような包括的で質の高い協定を一刻も早く結べるよう、日本側の交渉担当者を励まさなくてはなりません。インドの皆様にも、早く締結できるようご支持を賜りたいと、そう思っております。

両国の貿易額はこれから飛躍的に伸びるでしょう。あと三年で二〇〇億ドルの線に達するのはたぶん間違いないところだと思います。

シン首相は、ムンバイとデリー、コルカタの総延長二八〇〇キロメートルに及ぶ路線を平均時速一〇〇キロの貨物鉄道で結ぶ計画に熱意を示しておいでです。あと二ヵ月もすると、開発調査の最終報告がまとまります。大変意義のある計画ですから、これに日本として資金の援助ができるよう、積極的に検討しているところです。

そしてもう一つ、貨物鉄道計画を核として、デリーとムンバイを結ぶ産業の大動脈をつくろうとする構想については、日本とインドの間で今いろいろと議論を進めています。とくにこの構想を具体化していくための基金の設立に向けて、インド政府と緊密に協力していきたいと考えています。

今夕、私はシン首相とお目にかかり、日本とインドの関係をこれからどう進めていくか、ロードマップをご相談するつもりです。会談後に、恐らくは発表することができるでありましょう。

この際インド国民の代表であられる皆様に申し上げたいことは、私とシン首相とは、日本とインドの関係こそは「世界で最も可能性を秘めた二国間関係である」と、心から信じているということです。「強いインドは日本の利益であり、強い日本はインドの利益である」という捉え方においても、二人は完全な一致を見ています。

＊

インド洋と太平洋という二つの海が交わり、新しい「拡大アジア」が形をなしつつある今、このほぼ両端に位置する民主主義の両国は、国民各層あらゆるレベルで友情を深めていかねばならないと、私は信じております。

そこで私は、今後五年にわたり、インドから毎年五〇〇人の若者を日本へお迎えすることといたしました。日本語を勉強している人、教えてくれている人が、そのうちの一〇〇人を占めるでしょう。これは、未来の世代に対する投資にほかなりません。

しかもそれは、日本とインド両国のためはもとよりのこと、新しい「拡大アジア」の未来に対する投資でもあるのです。世界に自由と繁栄を、そしてかのヴィヴェーカーナンダが説いたように異なる者同士の「共生」を、もたらそうとする試みです。

それにしても、インドと日本を結ぶ友情たるや、私には確信めいたものがあるのですが、必ず両国国民の、魂の奥深いところに触れるものとなるに違いありません。

私の祖父・岸信介は、いまからちょうど五〇年前、日本の総理大臣として初めて貴国を訪問しました。時のネルー首相は数万の民衆を集めた野外集会に岸を連れ出し、「この人が自分の尊敬する国日本から来た首相である」と力強い紹介をしたのだと、私は祖父の膝下《しっか》、聞かされました。敗戦国の指導者として、よほど嬉しかったに違いありません。

また岸は、日本政府として戦後最初のODAを実施した首相です。まだ貧しかった日本は、名誉にかけてもODAを出したいと考えました。この時それを受けてくれた国が、貴国、インドでありました。このことも、祖父は忘れておりませんでした。

私は皆様が、日本に原爆が落とされた日、必ず決まって祈りを捧げてくれていることを知っています。それから皆様は、代を継いで、今まで四頭の象を日本の子供たちにお贈りくださっています。

ネルー首相がくださったのは、お嬢さんの名前をつけた「インディラ」という名前の象でした。その後合計三頭の象を、インド政府は日本の動物園に寄付してくださるのですが、それぞれの名前はどれも忘れがたいものです。

「アーシャ（希望）」、「ダヤー（慈愛）」、そして「スーリヤ（太陽）」というのです。最後のスーリヤがやって来たのは、二〇〇一年の五月でした。日本が不況から脱しようともがき、苦しんでいるその最中、日本の「陽はまた上る」と言ってくれたのです。

これらすべてに対し、私は日本国民になり代わり、お礼を申し上げます。

＊

最後に皆様、インドに来た日本人の多くが必ず目を丸くして驚嘆するのは、なんだかご存知でしょうか。

それは、静と動の対照も鮮やかな「バラタナティアム」や、「カタック・ダンス」といったインドの舞踊です。ダンサーと演奏家の息は、リズムが精妙を極めた頂点で、申し合わせたようにピタリと合う。――複雑な計算式でもあるのだろうかとさえ、思いたがる向きがあるようです。

インドと日本も、そんなふうに絶妙の同調を見せるパートナーでありたいものです。いえ必ずや、なれることでありましょう。

ご清聴ありがとうございました。

【注】演説の文章は次の外務省ウェブページよりそのまま転載した。ただし、文中のアラビア数字は漢数字に修正した。https://www.mofa.go.jp/mofaj/press/enzetsu/19/eabe_0822.html

あとがき

本書『インド太平洋戦略——大国間競争の地政学』は故安倍晋三氏に捧げる書物となってしまった。言葉を失わせる惨《むご》い事件であった。あまりにも早い死が無念でならない。七月八日の悲劇は同氏の記憶とともに歴史に刻まれることだろう。政治の支柱であり、外交の羅針であった安倍氏を失った日本はこれからどこに行くのか。空白はあまりにも大きいが、同氏の遺産に指針を得ながら、我々は不確実な時代を生き抜くしかない。

安倍氏の存在はインド太平洋戦略に決定的な役割を果たした。その点は、アメリカのバイデン大統領、オーストラリアのアルバニージー首相、インドのモディ首相が発した安倍氏を悼む声明が記すところである。確固たる国家観と洞察力を備えた安倍首相は、国政選挙での連勝を通じて安定した政権を築き、優れた指導力を発揮した。条件の備わった安倍政権だからこそ、画期的な外交政策が実現したのである。その好例がインド太平洋構想であり、安倍氏の戦略観を象徴するものとして語り継がれるだろう。

本書では安倍氏が英語原書 *Indo-Pacific Strategies: Navigating Geopolitics at the Dawn of a New Age* に寄せた序文（Foreword）の日本語文に加えて、遺稿となった日本語版読者へのメッセージ「自由で開かれたインド太平洋構想について」を収録した。メッセージではウクライナ戦争勃発後の安倍氏の情勢分析と日本にとっての課題が綴られている。激変する世界がもたらす厳しい現実を直視するよう安倍氏は我々に促す。地球儀を俯瞰しながら、日本のことを常に考えてきた同氏の遺言である。メッセージの価値は計り知れない。また序文では、安倍元首相が第一人者となったインド太平洋構想について、広がりのある豊かな言葉で自らその意義を語っている。インド太平洋構想を読み解く重要な鍵となるもので、根源的な価値を有していくことだろう。さらに本書には、日本のインド太平洋構想の嚆矢となった安倍氏の演説「二つの海の交わり」の原文を掲載した。二〇〇七年八月にインド議会で行ったこの演説は、日本の外交史に残るものである。世界史的な意義さえ見出せる。

ささやかながら、筆者が執筆した日本に関する章では、日本のインド太平洋構想を論じつつ、安倍晋三氏の歴史的役割を描いた。同章では安倍氏の著書『美しい国へ』とともに、「二つの海の交わり」をはじめ重要な演説を引用した。中国の脅威を早くから認識し、現在のクアッドに繋がる構想を二〇〇六年の時点で唱えていたことには感嘆せざるをえない。戦略的思考を日本外交に導入し、それを粘り強く実現していった功績は大である。しかも種々の制約があるなかで、民主主義の流儀に則り、一つひとつ着実に課題を解決し、政策を実現していった。平和安全法制はその好例である。安倍氏は卓越した指導力と先見性で日本の外交を導いた。いや、導いたのは日本だけではない。「自由で開かれたインド太平洋」を提唱し、他の先進諸国やインド太平洋地域の国々、さらにはルールに基づく国際秩序をも導いた。二国間や多国間のさまざまな外交を通じ、二十一世紀前半の世界史的潮流を作り出したと言っても過言ではない。拙稿で記したように、真のアーキテクトであった。現実と向き合った平和主義者でもあった。今は亡き安倍晋三氏が日本と世界の平和を強く願い、地道に形にしていった足跡を読者の皆さんと共有したい。

本書の背景について少し触れておきたい。本書はラウトリッジ社から刊行された原書 *Indo-Pacific Strategies* の日本語版である。出版にあたり、副題を「大国間競争の地政学」とした。我々が身を置いているのは紛れもなく大国間競争の時代である。原書と表現は異なるものの、副題が意図するところは違わない。さらに日本語版には前述の安倍氏の演説「二つの海の交わり」の原文とともに、補章「大国間競争の地政学——『インド太平洋プラス』の展望」を掲載した。補章は原書が触れていない二〇二一年二月以降の展開を追うものだが、概説の役割も果たせるようにしている。

英語原書の共編著者を務めた筆者は日本語版の監訳も請け負った。自然な日本語訳を心掛けるなど、一般の読者層を想定してさまざまな工夫を加えた。原文と訳文とで本質的な差異が生じない範囲で、冗長に感じられる英語由来の表現や技巧を簡素化したり、足りない記述を補ったりした。必要に応じて各章執筆者に了承をとって大きく修正した箇所もある（ただし、筆者が原書の編集中に疑問を抱いた主張については、修正をせず、日本語版でもそのまま残した）。原書の文中注を章末注に直し、第II部では章の順番を日米豪印に変更するなどの改編も行った。各章のタイトルにも大幅な修正を加えた。

原書成立の経緯もここで説明しておきたい。*Indo-Pacific Strategies* は共編著者である筆者とブレンドン・J・キャノン氏との知的交流から生まれた。二〇一七年十一月、「アブダビ戦略ディベート（Abu Dhabi Strategic Debate）」に招かれた筆者は、現地のハリファ大学で教鞭を執るブレンドンと初めて会った。共通の友人に事前にメールで紹介されてのことだったが、意気投合した二人は国際情勢を中心に議論し始める。二〇一八年六月、ブレンドンは成蹊大学に客員研究員として一ヵ月にわたり滞在する。両者の関心は「地政学」と「インド太平洋」に収斂していく。ブレンドンの離日後、すぐに共同研究のコンセプトを共に練った。目指す最終成果物は日米豪印を含めた国別・地域別の分析を主軸とし、そのタイトルは Indo-Pacific Strategies とすることを決めた。知り合いの研究者に声をかけ、最終的に一一人の研究者によるプロジェクトに発展したものの、新型コロナウイルスの影響で対面での研究会は実現していない。英語原書の刊行、特に入稿後の制作プロセスも影響を受けた。著作権年は二〇二一年となっているが、実際の刊行は二〇二二年に入ってからだった。ただ、コロナ禍の厳しい条件のなかで原書の共編著、さらには日本語版を刊行できたことは、ひとえに執筆者たちの貢献によるものである。この場を借りて執筆者全員にお礼を述べたい。

黄泉の客となってしまったが、日本語版読者へのメッセージおよび序文を執筆してくださった故安倍晋三元首相には心よりお礼を申し上げる。どちらも安倍氏に直にお目にかかって執筆を依頼したところ、快く引き受けてくださった。インド太平洋構想をはじめ外交や内政についてじっくり話を伺う機会もあった。五月にブレンドンとともに原書を安倍氏に贈呈できたのは僥倖だった。フェイスブックで同書を紹介していただいた際には、筆者のことを友人と呼んでくださった。限られた時間でしかなかったが、安倍氏との交流を記憶に刻みたい。安倍氏の学友であり成蹊学園理事である武藤正司氏には、仲介の労を取ってくださったことに深く感謝申し上げたい。日本語版の刊行を強く勧めてくださったのも武藤氏である。安倍氏の事務所に同行くださったり、励ましの言葉をかけてくださったりするなど、細やかにお気遣いいただいた。大学時代からの安倍氏の親友である武藤氏の心中を察するに余りある。本書の刊行が心痛の癒しになればと願うばかりである。

さらに、紀伊國屋書店の高井昌史社長、森啓次郎副社長、ならびに同社の関係者の方々に深い感謝の念をお伝えしたい。英語原書のプロモーションと本書の刊行にあたって多大なお骨折りをいただいた。ブレンドンを筆者に紹介した堀江正伸氏（元世界食糧計画職員、現青山学院大学教授）にも深く感謝申し上げる。原書が刊行されるまでの道程で永田伸吾氏（金沢大学客員研究員）、山﨑周氏（キャノングローバル戦略研究所研究員）、山本哲史氏（航空自衛隊幹部学校研究員）にお力添えをいただく場面があった。ここにお礼申し上げたい。早稲田大学国際平和戦略研究所の大門毅教授および上杉勇司教授にも感謝申し上げる。同研究所では有意義な研究の機会をいただいている。そのご縁で、防衛省統合幕僚学校の海老澤文衛氏（総括主任研究官）から、同校の国際平和協力センター主催のシンポジウムにお声をかけていただいた。有益な意見交換の場に与れたことに深く感謝している。安倍元首相が全幅の信頼を寄せた側近の谷口智彦氏（元内閣官房参与、現慶應義塾大学大学院教授）からは折に触れて温かい言葉を頂戴した。記してお礼申し上げたい。

本書の記述や説明、分析については、筆者を含めた一一人の執筆者がそれぞれの章に対して個別に責任を負うものである。お名前を記した右の方々は、本書の内容に対して一切の責任を負わない。原書および本書の刊行に関連していかなる政府や政党からも助成を受けていないこと、さらに本書の内容が諸政府、特に日本政府の見解を代弁するものではないことを付言しておく。

勤務先の大学関係者にも謝意を伝えたい。成蹊大学アジア太平洋研究センター（ＣＡＰＳ）には大変お世話になった。二〇二〇年九月にはＣＡＰＳ主催で原書に関連したシンポジウムを企画していたが、新型コロナウイルスの影響により中止を余儀なくされた。予定の段階でご支援いただいたことに感謝したい。また二〇一八年度にはブレンドンをＣＡＰＳの招聘外国人研究員として招くことを認めていただき、その際、ブレンドンによる研究報告会を開催していただいた。CAPSの関係者各位に深謝申し上げる。また、情報図書館事務室の職員の方々には文献の手配で多大なお力添えをいただいた。文学部共同研究室と研究助成課の職員の方々には研究のさまざまな場面でお世話になっている。この場を借りて、関係者全員にお礼を申し上げたい。

この度、本書の編集を担当してくださった中央公論新社の吉田大作氏に深く感謝申し上げる。短い期間で日本語訳が調い、日本語版刊行に漕ぎつけたのも吉田氏のご尽力のおかげである。いただいたご助言は的確で示唆に富むものばかりだった。翻訳を手掛けていただいた小林朋則氏と田口未和氏にも深謝申し上げたい。研究者が書いた難解な英語を手早く正確に日本語に訳してくださった。漏れのない丁寧な訳文には感銘を受けた。監訳者の側で両氏の訳文に修正を加えたが、何らかの不備があったとすれば、それはすべて監訳者の責任である。原書での地図作成はイギリス・オックスフォードシャーにあるLovell Johns社と埼玉県川越市にあるダブリュ・オフィス社に依頼した。日本語版作成にあたりダブリュ・オフィス社にあらためて依頼をしたが、代表の中野真治氏には細かい指示にも丁寧にご対応いただいた。おかげで本書の地図が光彩を放っている。ここに謝意を記したい。

天国にいる安倍晋三氏も本書の刊行を喜んでいるに違いない。故人の蒔いた種はここでも芽吹いた。謹んで本書を献じたい。

令和四年七月

成蹊大学教授　墓田　桂

平野聡（2014）．『「反日」中国の文明史』筑摩書房．

平松茂雄（2002）．『中国の戦略的海洋進出』勁草書房．

防衛省（2021）．『令和３年度版 防衛白書 日本の防衛』．

森浩（2022, １月26日）．「中国、ヒマラヤでも領土拡張　ブータン係争地に『村』建設」『産経新聞』．

読売新聞（2022a, １月11日）．「【独自】海自護衛艦、南シナ海で日本版『航行の自由作戦』…中国をけん制」．

読売新聞（2022b, ２月３日）．「中国海警船、尖閣沖の航行が常態化…武器使用認めた法施行から１年・『海軍化』強める」．

読売新聞取材班（2021）．『中国「見えない侵略」を可視化する』新潮社．

渡部悦和（2018）．『中国人民解放軍の全貌――習近平 野望実現の切り札』扶桑社
ピルズベリー, マイケル（2015）．野中香方子［訳］『China 2049――秘密裏に遂行される「世界覇権100年戦略」』日経BP社．

兵団網（2021, 10月22日）．「聚焦自治区第十次党代会」．

国家発展改革委員会（2021, ３月）．「中華人民共和国国民経済和社会発展 第十四个五年規劃和2035年遠景目標綱要」．

国務院新聞弁公室（2020, ９月）．『中国軍隊参加聯合国維和行働30年』．

新華網（2018, ６月23日）．「習近平：努力開創中国特色大国外交新局面」．

中国国家統計局（2022, １月17日）．「2021年国民経済持続恢復発展預期目標較好完成」．

中華人民共和国国防部（2020, 12月27日）．「中華人民共和国国防法」．

(Release).
秋田浩之(2022, 3月14日).「国連、これでいいのか　ロシアの安保理追放も検討を」『日本経済新聞』.
秋元千明(2017).『戦略の地政学――ランドパワーvsシーパワー』ウェッジ.
阿南友亮(2017).『中国はなぜ軍拡を続けるのか』新潮社.
伊藤融(2020).『新興大国インドの行動原理――独自リアリズム外交のゆくえ』慶應義塾大学出版会.
外務省(2021a, 3月13日).「日米豪印首脳共同声明『日米豪印の精神』」.(※開催は3月12日)
外務省(2021b, 3月13日).「日米豪印首脳会議 ファクトシート」.(※開催は3月12日)
外務省(2021c, 4月16日).「日米首脳共同声明『新たな時代における日米グローバル・パートナーシップ』」.
外務省(2022, 5月24日).「日米豪印首脳会合共同声明」.
川島真(2019, 11月).「習近平政権の国際秩序観――国際政治は国際連合重視、国際経済は自由主義擁護」第19回安全保障外交政策研究会.
熊倉潤(2021, 8月23日).「新疆、香港の人権をめぐる共同声明と中国」(研究レポート)日本国際問題研究所.
小泉悠(2019).『「帝国」ロシアの地政学――「勢力圏」で読むユーラシア戦略』東京堂出版.
習近平(2017, 10月18日).「小康社会の全面的完成の決戦に勝利し、新時代の中国の特色ある社会主義の偉大な勝利をかち取ろう――中国共産党第19回全国代表大会における報告」.
首相官邸(2022, 5月24日).「日米豪印首脳会合」(特設サイト).
人民網日本語版(2021, 12月2日).「王毅部長が中国アフリカ協力フォーラム第8回閣僚級会議の5つのコンセンサスを説明」.
杉浦康之(2021, 11月).『統合作戦能力の深化を目指す中国人民解放軍』(『中国安全保障レポート2022』[別冊])防衛研究所.
中華人民共和国駐日本国大使館(2021, 7月2日).「中国共産党創立100周年祝賀大会における習近平総書記の演説全文」.
中国網日本語版(2017, 3月24日).「人類運命共同体、国連人権理事会の決議に明記」.
寺田貴(2018, 12月).「『経済相互依存の罠』と環太平洋経済連携協定」『JFIR World Review』(特集「『地経学』とは何か」) *2*, 54-65.
統合幕僚監部(2021, 10月23日).「中国及びロシア海軍艦艇の動向について」(報道発表資料).
日本経済新聞(2021, 3月22日).「米中外交トップ会談、異例の応酬　冒頭発言全文(上)」.
平田雄介(2022, 3月3日).「アルゼンチンが露中接近　米国との対立、中南米に波及」『産経新聞』.

Goodman, S. (2021, September). *Banking on the Belt and Road: Insights from a new global dataset of 13,427 Chinese development projects*. AidData at William & Mary.
Mazarr, M. J. (2022, May 6). How to save the postwar order: The United States should rethink its defense of the system, *Foreign Affairs*.
Ministry of Foreign Affairs of PRC. (2021, July 1). *Joint Statement delivered by Permanent Mission of Belarus at the 44th session of Human Rights Council.*（※人権理事会での発表は６月22日）
Nedopil, C. (2022, January). *China Belt and Road Initiative (BRI) investment report 2021*. Green Finance & Development Center, FISF Fudan University, Shanghai.
President of Russia. (2016, June 17). *Plenary session of St Petersburg International Economic Forum* [Speech transcript].
President of Russia. (2021, July 12). *Article by Vladimir Putin "On the historical unity of Russians and Ukrainians."*
President of Russia. (2022a, February 4). *Joint statement of the Russian Federation and the People's Republic of China on the international relations entering a new era and the global sustainable development.*
President of Russia. (2022b, February 21). *Address by the President of the Russian Federation* [Speech transcript].
Prime Minister's Office. (2021, June 10). *The New Atlantic Charter* [Joint declaration].
Scholz, O. (2022, February 27). *Regierungserklärung von Bundeskanzler Olaf Scholz am 27. Februar 2022.*
Shelbourne, M. (2021, March 9). Davidson: China could try to take control of Taiwan in 'next six years.' *USNI News*.
Stockholm International Peace Research Institute. (2021). *SIPRI yearbook 2021: Armament, disarmament and international security.*
The White House. (2020, May 26). *United States strategic approach to the People's Republic of China* [Report].
The White House. (2021a, March 31). *Fact sheet: The American jobs plan.*
The White House. (2021b, September 15). *Remarks by President Biden, Prime Minister Morrison of Australia, and Prime Minister Johnson of the United Kingdom announcing the creation of AUKUS.*
The White House. (2022a, February). *The Indo-Pacific strategy of the United States.*
The White House (2022b, May 23). *Statement on Indo-Pacific Economic Framework for Prosperity.*
United Nations Industrial Development Organization. (2019, April 25). *UNIDO further engages with the Belt and Road Initiative* (News).
US Census Bureau. (2022, March). *Top trading partners - December 2021* [Data set].
US Department of Commerce. (2021, July). *Direct investment by country and industry, 2020* (News Release). Bureau of Economic Analysis.
US Department of Defense. (2021, November 29). *DoD Concludes 2021 Global Posture Review*

Warner, A. M. (2014, August). *Public investment as an engine of growth* (IMP Working paper). International Monetary Fund.

Wetengere, K. K. (2018). Is the banning of importation of second-hand clothes and shoes a panacea to industrialization in east Africa? *African Journal of Economic Review*, *6* (1), 119-141.

Williams, A. (2020, February 20). Chinese middlemen are stockpiling facemasks from Kenya and Tanzania for export to China. *Quartz Africa*.

Yu, L. (2018). China's expanding security involvement in Africa: A pillar for "China-Africa community of common destiny. *Global Policy*, *9* (4), 489-500.

キャノン, ブレンドン・J (2019, 12月).「自由で開かれたインド太平洋とリベラルな国際秩序――評論」『国際問題』(焦点:「インド太平洋構想の可能性」) *687*, 37-48.

産経新聞 (2018, 4月16日).「アフリカが信頼する国 中国33%、日本7% 対日世論調査」.

《補章》

Atlantic Council. (2020, December). *Chinese discourse power: China's use of information manipulation in regional and global competition*.

Beckley, M. (2022, March/April). Enemies of my enemy: How fear of China is forging a new world order. *Foreign Affairs*, *101* (2), 68-85.

Biden, J. (2021, April 29). *Remarks by President Biden in address to a Joint Session of Congress* [Speech transcript].

China Briefing. (2022, February 22). *US-China relations in the Biden-Era: A timeline*.

Cohen, R. S. (2022, February 21). The false choice between China and Russia. *The Hill*.

Council of the European Union. (2021, April 16). *EU Strategy for cooperation in the Indo-Pacific* (Council conclusions, 7914/21).

Fung, C. J., & Lam, S. (2021, July). Staffing the United Nations: China's motivations and prospects. *International Affairs*, *97* (4), 1143-1163.

Goodman, M. P., & Reinsch, W. (2022, January 26). *Filling in the Indo-Pacific Economic Framework* (Report).

Hakata, K., & Cannon, B. J. (2021, September 27). Why the Quad is crucial. *The Diplomat*.

Hakata, K., & Cannon, B. J. (2022, May 25). Where Does Central Asia Fit in the Quad's Indo-Pacific Plans? *The Diplomat*.

Human Rights Watch. (2022). *World Report 2022: Events of 2021*.

Lawale, S., & Ahmad, T. (2021). UAE-India-France trilateral: A mechanism to advance strategic autonomy in the Indo-Pacific? *Asian Journal of Middle Eastern and Islamic Studies*, *15* (4), 468-488.

Legarda, H. (2021, August 24). *From marriage of convenience to strategic partnership: China-Russia relations and the fight for global influence* [Analysis]. MERICS.

Malik, A., Parks, B., Russell, B., Lin, J., Walsh, K., Solomon, K., Zhang, S., Elston, T., &

Huang, Y. (2019, May 22). Can the Belt and Road become a trap for China? *Project Syndicate.*

Hurley, J., Morris, S., & Portelance, G. (2019). Examining the debt implications of the Belt and Road Initiative from a policy perspective. *Journal of Infrastructure, Policy and Development, 3* (1), 139-175.

Kipkorir, D. B. [@DonaldBKipkorir]. (2020, March 30). China normally sends its highest quality products to Europe & US then its inferior ones to Africa ... The Covid-19 Test Kits it sent to Europe have been found 80% defective & Europe has returned them ... So, what does it say about the kit Jack Ma gave us? 100% or 120% defective?

Lu, J. W., Li, W., Wu, A., & Huang, X. (2018). Political hazards and entry modes of Chinese investments in Africa. *Asia Pacific Journal of Management, 35* (1), 39-61.

Malik, M. (2020). China and India: Nautical games in the Indian Ocean. In A. Rossiter & B. J. Cannon (Eds.), *Conflict and cooperation in the Indo-Pacific: New geopolitical realities* (pp. 133-154). Routledge.

Malyasov, D. (2019, March 17). Russian Pantsir-S1 anti-aircraft defense systems spotted in Ethiopia. *Defence Blog.*

Manatsha, B. T. (2018). Japan's resource and energy diplomacy in southern Africa: Botswana as a conduit. *Botswana Journal of Business, 11* (1), 1-16.

Mayall, J. (1978). The battle for the Horn: Somali irredentism and international diplomacy. *The World Today, 34* (9), 336-345.

Mboga, J. (2020, April 17). 500,000 masks among donation from China to boost coronavirus fight. *The Daily Standard.*

Meyer, M. W., & Zhao, M. (2019, April 30). *China's Belt and Road Initiative: Why the price is too high* [Podcast script]. The Wharton School, University of Pennsylvania.

Mlambo, C., Kushamba, A., & Simawu, M. B. (2016). China-Africa relations: What lies beneath? *The Chinese Economy, 49* (4), 257-276.

Mourdoukoutas, P. (2019, September 5). Japan cannot stop China from owning Africa—It's too late. *Forbes.*

Mwere, D. (2018, December 20). China may take Mombasa port over Sh227bn SGR debt: Ouko. *Nation.*

Nye, J. S., Jr. (1990, Summer). The Changing Nature of World Power. *Political Science Quarterly, 105* (2), 177-192.

Olingo, A. (2020, April 4). Ethiopia, Kenya raise military spend as East Africa arms budget hits $104 million. *The East African.*

Shikanda, H. (2020, April 10). Kenyans cry out as Chinese turn on Africans. *The East African.*

Shimanyula, A. W. (2020, February 28). Uproar as Chinese plane lands in Kenya with 239 onboard. *AA.*

Slayton, C. (2020, February 3). Africa: The first U.S. casualty of the new information warfare against China (Commentary). *War on the Rocks.*

Sun, Y. (2014). China's aid to Africa: Monster or messiah? *Brookings.*

Tonchev, P. (2020, April 7). The Belt and Road after COVID-19. *The Diplomat.*

competition for global influence. National Bureau of Asian Research.
Tessman, B. F. (2012, May). System structure and state strategy: Adding hedging to the menu. *Security Studies, 21* (2), 192-231.
The White House. (2017, December 18). *The national security strategy of the United States of America.*
Thomas, C. (2019, April 11). *Cooperative security in the Middle East: History and prospects* (CRS Report No. IF11173).
Waltz, K. (1979). *Theory of International Politics*. McGraw-Hill.

《第12章》
Bavier, J., & Wu, H. (2020, April 7). China must step up on Africa debt relief, Ghana finance minister says. *Reuters.*
Beckley, M. (2018). The power of nations: Measuring what matters. *International Security*, *43* (2), 7-44.
Bloomberg. (2021, January 18). China's growth beats estimates as economy powers out of Covid.
Boucher, R. (2019, March 29). China's Belt and Road: A reality check. *The Diplomat.*
Brînză, A. (2020, April 2). Some say China's Belt and Road helped create this pandemic. Can it prevent the next one? *The Diplomat.*
Brown, S., & Raddatz, R. (2014). Dire consequences or empty threats? Western pressure for peace, justice and democracy in Kenya. *Journal of Eastern African Studies, 8* (1), 43-62.
Cannon, B. J. (2018). Grand strategies in contested zones: Japan's Indo-Pacific, China's BRI and Eastern Africa. *Rising Powers Quarterly*, *3* (2), 195-220.
Cannon, B. J. (2020). Japan's Indo-Pacific: Operationalizing Tokyo's vison in Eastern Africa. In A. Rossiter & B. J. Cannon (Eds.), *Conflict and cooperation in the Indo-Pacific: New geopolitical realities* (pp. 115-132). Routledge.
Cannon, B. J., & Donelli, F. (2020). Asymmetric alliances and high polarity: Evaluating regional security complexes in the Middle East and Horn of Africa. *Third World Quarterly*, *41* (3), 505-524.
Cascais, A. (2020, March 3). Coronavirus infects Africa's economy. *Deutsche Welle.*
Chatzky, A., & McBride, J. (2019, March 21). *China's massive Belt and Road Initiative* (Backgrounder). Council on Foreign Relations.
Eisenman, J., & Heginbotham, E. (2018). China and the developing world: A new global dynamic. In J. Eisenman & E. Heginbotham (Eds.), *China steps out: Beijing's major power engagement with the developing world* (pp. 3-22). Routledge.
Fifield, A. (2020, April 13). Africans in China allege racism as fear of new virus cases unleashes xenophobia. *The Washington Post.*
Greer, T. (2018, December 6). One Belt, One Road, one big mistake. *Foreign Policy.*
Huang, C. C., & Shih, C. Y. (2016). *Harmonious intervention: China's quest for relational security*. Routledge.

Washington Press.

Gurol, J., & Scita, J. (2020, August 4). *China's balancing act in the Gulf relies on ties to Iran and Arab States* (Blog post). The Arab Gulf States Institute in Washington.

Inhofe, J., & Reed, J. (2020, May 28). The Pacific Deterrence Initiative: Peace through strength in the Indo-Pacific (Commentary). *War on the Rocks.*

Kerr, S. (2020, June 2). US and China vie for influence in UAE as coronavirus increases tension. *Financial Times.*

Kuik, C. (2008). The essence of hedging: Malaysia and Singapore's response to a rising China. *Contemporary Southeast Asia: A Journal of International and Strategic Affairs, 30* (2), 159-185.

Legrenzi, M. (Ed.) (2012). *Security in the Gulf: Historical legacies and future prospects.* Routledge.

Mandhana, N. (2020, May 13). U.S. Warships support Malaysia against China pressure in South China Sea. *Wall Street Journal.*

Mieck, E. (2014). *China's reported ballistic missile sale to Saudi Arabia: Background and potential implications* (Staff Report). U.S.-China Economic and Security Review Commission.

Mogielnicki, R. (2020, June 10). *China strengthens its presence in Gulf renewable energy.* Arab Gulf States Institute in Washington.

Olimat, M. (2014). *China and the Middle East since World War II: A bilateral approach.* Lexington.

Palmer, M. (1992). *Guardians of the Gulf: A history of America's expanding role in the Persian Gulf, 1833-1992.* Macmillan.

Panda, J. P. (2020). Quad Plus: Form versus substance. *Journal of Indo-Pacific Affairs, 3* (5), 3-13.

Qatar Ministry of Transport and Communications. (2018, November 8). QTerminals Signs MoU with China Harbour Engineering Co. on Ports Investment [News].

Qian, X., & Fulton, J. (2017). China-Gulf economic relationship under the "Belt and Road" initiative. *Asian Journal of Middle Eastern and Islamic Studies, 11* (3), 12-21.

Ramani, S. (2016, November 16). China and Saudi Arabia's burgeoning defense ties. *The Diplomat.*

Rolland, N. (2019). Beijing's response to the Belt and Road Initiative's "pushback": A story of assessment and adaptation. *Asian Affairs, 50* (2), 216-235.

Samaan, J.-L. (2016). Les États-Unis dans le golfe Persique: La *realpolitik* d'Obama en action? [The United States in the Persian Gulf: Obama's realpolitik in action?]. *Hérodote, 149* (2), 22-36.

Samaan, J.-L. (2018). *Strategic hedging in the Arabian Peninsula: The politics of the Gulf-Asian rapprochement.* Routledge.

Shepard, W. (2017, September 8). Why China is building a new city out in the desert of Oman. *Forbes.*

Siddiqui, S. (2020, May 5). China ramps up COVID-19 diplomacy in Mideast. *Al-Monitor.*

Tellis, A., Szalwinski, A., & Wills, M. (Eds.) (2020, January). *Strategic Asia 2020: U.S.-China*

America.

Trenin, D. (2013). *Russia, a Euro-Pacific nation* [Commentary]. Carnegie Moscow Center.

US Department of State. (2012, July 12). *U.S.-EU statement on the Asia Pacific region* [Media note].

Xinhua. (2017, December 2). *Xinhua launches Belt and Road info partnership with European media, think-tanks.*

《第11章》

Alhasan, H. (2020, June 16). To counter China's rise, US still needs its Gulf allies. *Asia Times.*

Al-Monitor. (2020, July 27). Trump loosens rules on armed drone exports amid rivalry with China. *Al-Monitor.*

Arab News. (2016, September 3). Fusing Vision 2030 with Belt Road Initiative.

Ardemagni, E. (2018, April 13). *Gulf powers: Maritime rivalry in the Western Indian Ocean* (Analysis). Italian Institute for International Political Studies.

Becker, J., Downs, E., DeThomas, B., & DeGategno, P. (2019, February). *China's presence in the Middle East and Western Indian Ocean: Beyond Belt and Road.* Center for Naval Analyses.

Cannon, B. J. (2020). The Middle East and the Quad Plus. *Journal of Indo-Pacific Affairs, 3* (5), 269-284.

Chang, I. J. (2018, January 16). *China and Yemen's forgotten war* (Peace Brief 241). United States Institute of Peace.

China Daily. (2006, January 24). China, Saudi Arabia forge closer relationship.

Congressional Research Service. (2020, June 19). *Congress and the war in Yemen: Oversight and legislation 2015-20* (CRS Report No. R45046).

Cordesman, A. (2020, March 26). *Iran and the changing military balance in the Gulf: Net assessment indicators* (Report). Center for Strategic and International Studies.

Davidson, C. (2010). *The Persian Gulf and Pacific Asia: From indifference to interdependence.* Hurst.

Ehteshami, A., & Miyagi, Y. (Eds.) (2015). *The emerging Middle East-East Asia nexus.* Routledge.

El-Said, M. (2017, July 17). How is China involved in Gulf crisis? *Daily News Egypt.*

Erdbrink, T. (2017, July 25). For China's global ambitions, "Iran is at the center of everything." *The New York Times.*

Farahat, M. F. (2020, June 8). *Indo-Pacific as a new theater for international policies and its impact on the Arabian Gulf Region.* Emirates Policy Center.

Fulton, J. (2018). The Gulf between the Indo-Pacific and the Belt and Road Initiative. *Rising Powers Quarterly, 3* (2), 175-193.

Fulton, J. (2020, April 16). *China's soft power during the coronavirus is winning over the Gulf states* (MENASource). Atlantic Council.

Garver, J. (2006). *China and Iran: Ancient partners in a post-imperial world.* University of

Kaplan, R.D. (2017, November 3). The quiet rivalry between China and Russia. *The New York Times.*

Karásková, I. (2019, November 19). How China influences media in Central and Eastern Europe. *The Diplomat.*

Karásková, I., Bachulska, A., Szunomár, A., Vladisavljev, S., Bērziņa-Čerenkova, U. A., Andrijauskas, K., Karindi, L., Leonte, A., Pejić, N., & Šebok, F. (2020, April). *Empty shell no more: China's growing footprint in Central and Eastern Europe* (Policy paper). China Observers in Central and Eastern Europe.

Kashin, V., Ma, B., Tatsumi, Y., & Zhang, J. (2019, May). *Sino-Russian relations: Perspectives from Russia, China and Japan* (NBR Special Report No. 79). The National Bureau of Asian Research.

Kendall-Taylor, A., Shullman, D., & McCormick, D. (2020, August 5). Navigating Sino-Russian defense cooperation (Commentary). *War on the Rocks.*

Kratz, A., Huotari, M., Hanemann, T., & Arcesati, R. (2020, April). *Chinese FDI in Europe: 2019 update* (MERICS paper on China). Rhodium Group/Mercator Institute for China Studies.

Le Corre, P. (2018, November). *China's Rise as a geoeconomic influencer: Four European case studies* (Asia Focus No. 93). The French Institute for International and Strategic Affairs.

Marques, D. (2019, April 2). *The EU, China and human rights in Xinjiang: Time for a new approach* (Commentary). European Council on Foreign Relations.

Michel, C. (2020, September 15). *Remarks by President Charles Michel after the EU-China leaders' meeting via video conference* [Speech transcript].

Ministry of Commerce of the PRC. (2017). *China and Russia sign the joint declaration of feasibility study on Eurasian economic partnership agreement* [News].

Mohan, G. (2019). *A European approach to the Indo-Pacific?* (Study). Global Public Policy Institute.

Moravcsik, A. (2020, September 24). Why Europe wins. *Foreign Policy.*

Pejsova, E. (2018). *The Indo-Pacific: A passage to Europe?* (Brief Issue). European Union Institute for Security Studies.

Pejsova, E. (2019a, January). *Europe: A new player in the Indo-Pacific* (Policy Forum). Asia & The Pacific Policy Society.

Pejsova, E. (2019b, June). Between principles and pragmatism: The EU and the South China Sea. *Global Asia, 14* (2), 98-103.

Pejsova, E. (2019c, December). *The EU as a maritime security provider* (Brief 13). European Union Institute for Security Studies.

Pepe, J. M. (2019, November). *Eurasia: Playing field or battlefield?* (DGAP Analysis No. 2). German Council on Foreign Relations.

Simón, L. (2019, May 30). *Subject and object: Europe and the emerging great-power competition* (Expert Comment 17/2019).

The White House. (2017, December 18). *National security strategy of the United States of*

Brattberg, E., & Soula, E. (2018, October 19). *Europe's emerging approach to China's Belt and Road Initiative* (Article). Carnegie Endowment for Democracy.

Bütikofer, R., Godement, F., Maull, H. W., & Stanzel, V. (2020, September 14). Evropa se musízamysletnadsvou "politikoujednéČíny" [Europe needs to think about its "One China policy"]. *Aktuálně.cz.*

Casarini, N. (2013, March). *The European 'pivot'* (Alerts). European Union Institute for Security Studies.

Cottey, A. (2019). Europe and China's sea disputes: Between normative politics, power balancing and acquiescence. *European Security, 28* (4), 473–492.

Council of the European Union. (2012, June 15). *Guidelines on the EU's foreign and security policy in East Asia.*

Council of the European Union. (2018, May 28). *Enhanced EU security cooperation in and with Asia* [Council conclusions].

Duchâtel, M. (2016). Europe and maritime security in the South China Sea: Beyond principles statements? *Asia Policy, 21.*

Esteban, M., & Armanini, U. (2020, February 4). *The EU-Japan connectivity partnership: A sustainable initiative awaiting materialisation* (ARI 12/2020). Elcano Royal Institute.

European Commission. (2019, March 12). *EU-China: A strategic outlook* [Joint communication].

European Economic and Social Committee. (2019). *Connecting Europe and Asia: Building blocks for an EU strategy* [Joint communication].

Eurostat. (n.d.). *EU-China international trade in good statistics* [Data set].

French Ministry of Defence. (2017, October). *Revue stratégique de défense et de sécurité nationale.* [Strategic review of defense and security].

French Ministry of Defence. (2019, May). *France and security in the Indo-Pacific.*

Godement, F. (2021, January). *Wins and losses in the EU-China investment agreement (CAI)* (Policy paper). Institut Montaigne.

Government of Germany. (2020, September). *Policy guidelines for the Indo-Pacific. Germany-Europe-Asia: Shaping the 21st century together.*

Government of the Netherlands. (2020, November). *Indo-Pacific: Guidelines for strengthening Dutch and EU cooperation with partners in Asia.*

Hanemann, T., Huotari, M., & Kratz, A. (2019, March). *Chinese FDI in Europe: 2018 trends and impact of new screening policies* (MERICS paper on China). Rhodium Group/ Mercator Institute for China Studies.

Heiduk, F., & Wacker, G. (2020). *From Asia-Pacific to Indo-Pacific: Significance, implementation and challenges* (SWP Research Paper 9). German Institute for International and Security Affairs.

Huotari, M., Otero-Iglesias, M., Seaman, J., & Ekman, A. (Eds.) (2015, October). *Mapping Europe-China relations: A bottom-up approach.* European Think Tank Network on China (ETNC).

rise. *The Guardian*.
Pamuk, H., & Shalal, A. (2020, May 4). Trump administration pushing to rip global supply chains from China. *Reuters*.
Panda, J. P. (2020). India, the Blue Dot Network, and the "Quad Plus" calculus. *Journal of Indo-Pacific Affairs, 3* (3), 3-21.
Pryke, J., & McGregor, R. (2020, April 23). China's coronavirus aid to Pacific islands is part of geopolitical game. *Nikkei Asian Review*.
Rees, E. (2019, February 26). China sets a course for the US' Pacific domain. *Stratfor*.
Rossi, M. (2019, May 12). Next Hambantota? Welcome to the Chinese-funded US$1.4 billion port city Colombo in Sri Lanka. *South China Morning Post*.
Schultz, K. (2017, December 12). Sri Lanka, struggling with debt, hands a major port to China. *The New York Times*.
Smith, J. M. (2016, May 23). China's Investments in Sri Lanka: Why Beijing's bonds come at a price. *Foreign Affairs*.
Smyth, J. (2018, May 2). Macron pledges to counter China power in Pacific. *Financial Times*.
The Times of India. (2020, January 6). China may deploy aircraft carrier in Indian Ocean Region.
Watanabe, S. (2020, January 5). China drops $11bn anchors to expand Maritime Silk Road. *Nikkei Asian Review*.
Wroe, D. (2018, April 9). China eyes Vanuatu military base in plan with global ramifications. *Sydney Morning Herald*.
キャノン, ブレンドン・J (2019, 12月).「自由で開かれたインド太平洋とリベラルな国際秩序――評論」『国際問題』(焦点:「インド太平洋構想の可能性」) *687*, 37-48.

《第10章》
Apuzzo, M. (2020, April 24). Pressured by China, E.U. softens report on Covid-19 disinformation. *The New York Times*.
Banim, G., & Pejsova, E. (Eds.) (2017, May). *Prevention better than cure: The EU's quiet diplomacy in Asia* (Report No. 33). European Union Institute for Security Studies.
Berkofsky, A. (2013). *The EU in Asian security: Too much for Beijing, not enough for Washington* [Analysis]. EU-Asia Centre.
Biscop, S. (2016). *The EU Global Strategy: Realpolitik with European characteristics* (Security Policy Brief No. 75). Egmont Institute.
Borrell, J. (2020a, June 14). *In rougher seas, the EU's own interests and values should be our compass* [Blog]. European External Action Service.
Borrell, J. (2020b, May 14). *Trust and reciprocity: The necessary ingredients for EU-China cooperation* [Op-eds]. European External Action Service.
Borrell, J., & Breton, T. (2020, June 9). *For a united, resilient and sovereign Europe* [Op-eds]. European External Action Service.

Chandran, N. (2018, February 28). Indian military scrambles to keep up after China moves to put forces in Africa. *CNBC*.

Childs, N., & Waldwin, T. (2018, May 1). *China's naval shipbuilding: Delivering on its ambition in a big way* (Military balance blog). International Institute for Strategic Studies.

China Daily. (2018, February 4). Tillerson exposes US paranoia by calling China "imperialist power."

Churchill, O. (2020, April 7). US military asks for US$20 billion to counter Beijing's influence in the Indo-Pacific. *South China Morning Post*.

Clarke, H. (2018, December 8). In "Asia's gateway to Africa" Mauritius, rivals China and India compete for the upper hand. *South China Morning Post*.

Corben, T. (2020, April 17). The US-Australia alliance and deterrence in the Pacific Islands region. *The Diplomat*.

Foukona, J. D. (2020, June 29). Solomon Islands gets a lesson in Chinese diplomacy. *The Interpreter*.

Inhofe, J., & Reed, J. (2020, May 28). The Pacific Deterrence Initiative: Peace through strength in the Indo-Pacific (Commentary). *War on the Rocks*.

Johnson, K. (2020, January 29). China leaps into breach between Myanmar and West. *Foreign Policy*.

Kemish, I. (2020, July 3). China's push into PNG has been surprisingly slow and ineffective. Why has Beijing found the going so tough? *The Conversation*.

Kynge, J., Campbell, C., Kazmin, A., & Bokhari, F. (2017, January 12). Beijing's global power play: How China rules the waves. *Financial Times*.

Lacey, J. (2018, August 22). Great strategic rivalries: The return of geopolitics. *The Strategy Bridge*.

Lague, D. (2020, May 6). U.S. rearms to nullify China's missile supremacy. *Reuters*.

Lo, K. (2018, February 9). China seeks "healthy" ties with troubled Maldives amid India rivalry. *South China Morning Post*.

Malik, M. (2018). China and India: Maritime maneuvers and geopolitical shifts in the Indo-Pacific. *Rising Powers Quarterly, 3* (2), 67-81.

Malik, M. (2020, March 23). Countering China's maritime ambitions. *Indo-Pacific Defense Forum*.

Mandhana, N. (2018, November 28). Maldives' new leaders confront a Chinese-funded building binge. *Wall Street Journal*.

Miglani, S. (2020, August 13). India announces $500 million for Maldives project to counter China influence. *Reuters*.

Osborne, P. (2019, July 23). Australia creating Pacific support force. *The Canberra Times*.

Pacific Islands Forum. (2018). *Boe declaration on regional security*. Pacific Islands Forum Secretariat.

Pala, C. (2020, August 10). Kiribati's president's plans to raise islands in fight against sea-level

from Washington. *Asian Survey, 52* (6), 995-1018.
Simon, S. W. (2015, November-December). The U.S. rebalance and Southeast Asia: A work in progress. *Asian Survey, 55* (3), 572-595.
Singh, B., & Henrick, T. Z. (2020). *ASEAN Outlook on Indo-Pacific: Seizing the Narrative?* S. Rajaratnam School of International Studies.
Sutter, R., & Huang, C. (2020, September) . Assessing China's expanding influence amid strong counter-currents. *Comparative Connections: A Triannual E-Journal of Bilateral Relations in the Indo-Pacific, 20* (2), 53-61.
Thayer, C. A. (2012, August). ASEAN's Code of Conduct in the South China Sea: A litmus test for community-building. *The Asia-Pacific Journal, 10* (34), 1-12.
Thayer, C. A. (2017, July 18). ASEAN's long march to an ASEAN Code of Conduct. *Maritime Issues.*
The White House. (2017, December 18). *National security strategy of the United States of America.*
US Department of Defense. (2019). *The Indo-Pacific strategy report: Preparedness, partnership and networked region.*
Wuthnow, J. (2020, July). Beyond imposing costs: Recalibrating U.S. strategy in the South China Sea. *Asia Policy, 24*, 123-38.
Yahuda, M. (2013). *The international politics of the Asia-Pacific.* Routledge.
Yeo, A. (2019). *Asia's regional architecture: Alliances and institutions in the Pacific century.* Stanford University Press.

《第 9 章》

Abeyagoonasekara, A. (2020, July 30). Regional powerplays in Sri Lanka's backyard. *Daily News.*
Bagchi, I. (2018, October 3). Abdullah Yameen tries to stay in power. *The Times of India.*
Baculinao, E., Liu, D., & Chen, L. (2019, December 16). Why is this tiny Pacific Ocean nation getting VIP treatment in Beijing? *NBC.*
Baruah, D. M. (2020, January 9). Geopolitics of Indian Ocean islands in 2019. *South Asian Voice.*
Bhaumik, A. (2020, July 4). China's role suspected, as Sri Lanka reviews role of India, Japan in Colombo port project. *Deccan Herald.*
Brewster, D. (2018, February 15). The Indian Ocean base race: India responds. *The Lowy Interpreter.*
Cancian, M. F. (2020, March 25). *The Marine Corps' radical shift toward China* (Commentary). Center for Strategic and International Studies.
Carreon, B. (2020, September 4). Palau invites US military to build bases as China seeks regional clout. *AFP.*
Chakradeo, S. (2020, April 28). *How does the India-China rivalry affect secondary state behaviour in South Asia?* (Up Front). The Brookings Institution.

Emmers, R. (2014). ASEAN's search for neutrality in the South China Sea. *Asian Journal of Peacebuilding, 2* (1), 61-77.

Gertz, B. (2019, February 13). U.S. bolstering Pacific military forces to counter massive Beijing buildup: Pacific Commander calls China greatest long-term threat. *Real Clear Defense.*

Glaser, B. S., & Flaherty, K. (2020, September). U.S-China relations in free fall. *Comparative Connections: A Triannual E-Journal of Bilateral Relations in the Indo-Pacific, 22* (2), 23-38.

Heiduk, F., & Wacker, G. (2020, July). From Asia-Pacific to Indo-Pacific: Significance, implementation and challenge (SWP Research Paper 9). German Institute for International and Security Affairs.

Huang, A. C. (2015). The PLA and near seas maritime sovereignty disputes. In A. Scobell, A. S. Ding, P. C. Saunders & S. W. Harold (Eds.), *The People's Liberation Army and contingency planning in China* (pp. 279-299). National Defense University Press.

Jian, Z. (2015). China's South China Sea policy: Evolution, claims and challenges. In L. Buszynski & C. B. Roberts (Eds.), *The South China Sea maritime dispute: Political, legal and regional perspectives* (pp. 60-82). Routledge.

Kelly, T., Gompert, D. C., & Long, D. (2016). *Smarter power; stronger partners, Volume I: Exploiting U.S. advantages to prevent aggression.* RAND Corporation.

Kupchan, C. A. (2010). *How enemies become friends: The sources of stable peace.* Princeton University Press.

National Institute for Defense Studies. (2016). *NIDS China security report 2016: The expanding scope of PLA activities and the PLA strategy.*

National Institute for Defense Studies. (2017). *East Asian strategic review 2017.*

National Institute for Defense Studies. (2019a). *East Asian strategic review 2019.*

National Institute for Defense Studies. (2019b). *NIDS China security report 2019: China's strategy for reshaping the Asian order and its ramifications.*

Poling, G. (2018, September 6). South China Sea Code of Conduct: A speck on the horizon. *Asian Maritime Transparency Initiative.*

Przystup, J. J., & Saunders, P. C. (2017). *Asia and the Trump administration: Challenges, opportunities, and a road ahead.* National Defense University Press.

Roberts, C. B. (2015). ASEAN: The challenge of unity in diversity. In L. Buszynski & C. B. Roberts (Eds.), *The South China Sea dispute: Political, legal and regional perspectives* (pp. 130-149). Routledge.

Scott, D. (2007). *China stands up: The PRC and the international system.* Routledge.

Sharman, C. H. (2015). *China moves out: Stepping stones to a new maritime strategy.* The National Defense University.

Simon, S. W. (2008). ASEAN and the new regional multilateralism: The long and bumpy road to community. In D. Shambaugh & M. Yahuda (Eds.), *International relations of Asia* (pp. 195-214). Rowman and Littlefield Publishing Group.

Simon, S. W. (2012, December). Conflict and diplomacy in the South China Sea: The view

袁鵬 (2007, 4 月).「“和諧世界”与中国“新外交”」『現代国際関係』*2007* (4), 1-8.
張貴洪 (2019, 2 月).「“一帯一路”倡議与印太戦略構想的比較分析」『現代国際関係』*2019* (2), 26-34.
趙華勝 (2019, 4 月).「印太戦略与大欧亜:認知与応対」『俄羅斯東欧中亜研究』*2019* (2), 27-46.
趙青海 (2013, 7 月).「“印太”概念及其対中国的含義」『現代国際関係』*2013* (7), 14-22.
中共中央文献研究室 (2004).『鄧小平年譜1975-1997（下）』中央文献出版社
中国共産党 (2020, 10月29日).「中国共産党第十九届中央委員会第五次全体会議公報」『新華網』.
中国日報 (2019, 12月13日).「王毅出席2019年国際形勢与中国外交研討会」.
中国新聞網 (2020, 12月 5 日).「外交部副部長楽玉成：“戦狼外交” 是 “中国威脅論” 的又一翻版」.

《第 8 章》
Acharya, A. (2012, December). Crunch time for Asia-Pacific multilateralism. In M. J. Montesano & P. Lee (Eds.), *Regional outlook: Southeast Asia 2012-2013* (pp. 20-25). ISEAS Publishing.
Association of Southeast Asian Nations. (2019, June). *ASEAN outlook on the Indo-Pacific*.
Ba, A. D. (2009). A new history? The structure and process of Southeast Asia's relations with a rising China. In M. Beeson (Ed.), *Contemporary Southeast Asia* (pp. 192-207). Palgrave.
Ba, A. D. (2016, January). ASEAN's stakes: The South China Seas challenge to autonomy and agency. *Asian Policy, 21*, 47-53.
Buszynski, L. (2013). The South China Sea maritime dispute: Legality, power, and conflict prevention. *Asian Journal of Peacebuilding, 1* (1), 39-63.
Choi, A., & Tow, W. T. (2013). Bridging alliances and Asia-Pacific multilateralism. In W. T. Tow & B. Taylor (Eds.), *Bilateralism, multilateralism and Asia-Pacific security: Contending cooperation* (pp. 21-38). Routledge.
Chung, C. (2004). Southeast Asia's hedging relationship with major powers of the Asia-Pacific. In A. T. Tan, M. L. R. Smith & K. Kim (Eds.), *Seeking alternative perspectives of Southeast Asia* (pp. 287-318). Perak Academy.--
Cossa, R., & Glosserman, B. (2018). The pivot is dead, long live the (Indo-Pacific) pivot. *Comparative Connections: A Triannual E-Journal on East Asian Bilateral Relations, 20* (2), 1-13.
De Castro, R. C. (2020). The limits of intergovernmentalism: The Philippines' changing strategy in the South China Sea dispute and its impact on the Association of Southeast Asian Nations (ASEAN). *Journal of Current Southeast Asian Affairs, 39* (3), 335-358.
Dalpino, C. (2020, September). Diplomatic doldrums: ASEAN loses momentum in the pandemic as security tensions rise. *Comparative Connections: A Triannual E-Journal of Bilateral Relations in the Indo-Pacific, 22* (2), 51-60.

Chinese characteristics.
Xinhua. (2018b, October 26). Xi stresses deepening reform, opening-up in new era.
Yang, Y., & Liu, N. (2019, December 9). Beijing orders state offices to replace foreign PCs and software. *Financial Times*.
Zhao, Q. (1996). *Interpreting Chinese foreign policy: The micro-macro linkage approach*. Oxford University Press.
Zheng, B. (2005, September/October). China's "Peaceful Rise" to great-power status. *Foreign Affairs*, *84* (5), 18-24.
Zhu, Z. (2019). *A critical decade: China's foreign policy (2008-2018)*. World Scientific Publishing Co.
山﨑周 (2018, 10月).「中国外交における『韜光養晦』の再検討――1996年から用いられるようになった国内の対外強硬派牽制のための言説」『中国研究月報』*72* (10), 1-16.
胡鞍鋼・高宇寧・鄭雲峰・王洪川 (2018, 6 月).「論大国興衰与中国機遇：国家綜合国力評估」『民弁高等教育』*15* (2), 98-106.
劉建飛 (2018, 2 月).「新時代中国外交戦略基本框架論析」『世界経済与政治』*2018* (2), 4-20.
劉建飛 (2019, 1 月).「新時代中国外交既需韜光養晦也要奮発有為」『中国党政幹部論壇』*2019* (1), 46-48.
銭其琛 (1996, 3 月).「深入学習鄧小平外交思想，進一歩做好新時期外交工作――在外交部《鄧小平外交思想研討会》開幕式上的講話」『外交学院学報』*1996* (1), 1-5.
人民網 (2020, 12月10日).「外交部発言人回応 "戦狼外交"：難道中方隻能做 "沈黙的羔羊"嗎?!」.
史志欽 (2019, 4 月).「百年未有之大変局与中国身份的変遷」『学術前沿』*2019* (7), 13-20.
王緝思 (2011, 3 月).「中国的国際定位問題与"韜光養晦、有所作為"的戦略思想」『国際問題研究』*2011* (2), 4-9.
呉建民 (2015, 9 月20日).「抛棄"韜光養晦"会把中国引向災難」『人民網』（※オリジナルはリンク切れ）
習近平 (2014).『習近平談治国理政（第一巻）』外文出版社.（習近平 (2014).『習近平　国政運営を語る』外文出版社）
習近平 (2017, 10月18日)「決勝全面建成小康社会 奪取新時代中国特色社会主義偉大勝利――在中国共産党第十九次全国代表大会上的報告」.
新華網 (2013, 10月25日).「習近平在周辺外交工作座談会上発表重要講話」.
新華網 (2017, 2 月17日).「習近平主持召開国家安全工作座談会」.
徐進 (2013, 12月16日).「中国外交進入"奮発有為"新常態」『中国日報』.
閻学通 (2014).「従韜光養晦到奮発有為」『国際政治科学』*2014* (4), 1-35.
楊潔勉 (2018, 9 月).「改革開放40年中国外交理論建設」『国際問題研究』*2018* (5), 1-15.

changing vocabulary reveals about its future. *The New York Times.*

Cabestan, J. P. (2010). China's new diplomacy: Old wine in a new bottle? In S. Breslin (Ed.), *Handbook of China's international relations* (pp. 1-11). Routledge.

Campbell, K. M., & Rapp-Hooper, M. (2020, July 15). China is done biding its time: The end of Beijing's foreign policy restraint? *Foreign Affairs.*

Chen, D., & Hu, J. (2020, September 9). Is China really embracing "wolf warrior" diplomacy? *The Diplomat.*

Defense Intelligence Agency. (2019). *China military power: Modernizing a force to fight and win* [Report].

Glaser, B. S., & Medeiros, E. S. (2007, July). The changing ecology of foreign policy-making in China: The ascension and demise of the theory of "peaceful rise." *The China Quarterly, 190,* 291-310.

Jacques, M. (2009). *When China rules the world: The end of the Western world and the birth of a new global order.* The Penguin Press.

Kuo, L. (2018, August 4). Cracks appear in "invincible" Xi Jinping's authority over China. *The Guardian.*

Liu, C. (2018, August 2). Tsinghua alumni call for firing of prominent economist. *Global Times.*

Pillsbury, M. (2015). *The hundred-year marathon: China's secret strategy to replace America as the global superpower.* Henry Holt and Company.

Reuters. (2020, May 4). Exclusive: Internal Chinese report warns Beijing faces Tiananmen-like global backlash over virus.

Rolland, N. (2020, April 27). *A World Order Modeled by China. Testimony before the U.S.-China Economic and Security Review Commission The "China Model."* The National Bureau of Asian Research.

Shen, S. (2011). Foreign Policy. In W. S. Tay & A. Y. So (Eds.). *Handbook of contemporary China* (pp. 173-204). World Scientific Publishing Co.

Shi, J. (2020, April 27). Coronavirus: They're only answering Xi Jinping's call but are China's "wolf warrior" diplomats doing more harm than good? *South China Morning Post.*

State Council Information Office of the People's Republic of China. (2005, December 22). *China's peaceful development road* [White paper].

Stiglitz, J. E. (2014, December 9). The Chinese century. *Vanity Fair.*

The Economic Times. (2020, June 23). A look into the growing anti-China sentiments in India.

Wang, W. (2020, April 16). West feels challenged by China's new "wolf warrior" diplomacy. *Global Times.* https://www.globaltimes.cn/content/1185776.shtml

Wang, Y. (2020, August 6). *Full text of Chinese FM Wang Yi's exclusive interview with Xinhua News Agency on current China-U.S. relations* [Transcript].

Westcott, B., & Jiang, S. (2020, May 29). China is embracing a new brand of foreign policy. Here's what wolf warrior diplomacy means. *CNN.*

Xinhua. (2018a, June 24). Xi urges breaking new ground in major country diplomacy with

Modi, N. (2018a, June 1). *PM Modi's keynote address at the Shangri-La Dialogue in Singapore* [Speech transcript].
Modi, N. (2018b, August 31). *Translation of Prime Minister's statement at BIMSTEC plenary session* [Speech transcript]. Ministry of External Affairs, Government of India.
Panda, J. P. (2016). Narendra Modi's China policy: Between pragmatism and power parity. *Journal of Asian Public Policy, 9* (2), 185-197. https://doi.org/10.1080/17516234.2016.1165334
Panda, J. P. (2020a). India, the Blue Dot Network, and the "Quad Plus" Calculus. *Journal of Indo-Pacific Affairs, 3* (3), 3-21.
Panda, J. P. (2020b, April 8). *The strategic imperatives of Modi's Indo-Pacific Ocean Initiative* (Asia-Pacific Bulletin No. 503). East West Center.
Panda, J. P. (2020c, June 12). *India and the "Quad Plus" Dialogue* [Commentary]. RUSI.
Panda, J. P. (2020d, June 28). India's China policy signals a shift post-Galwan. *India Global Business.*
Panda, J. P. (2020e, September 28). A moving partnership of consequential democracies. *Japan Forward.*
Pejsova, E. (2018). *The Indo-Pacific: A passage to Europe?* (Brief Issue). European Union Institute for Security Studies.
Press Trust of India. (2015, October 5). Sagarmala project: Government to spend Rs 70,000 crore on 12 major ports, says Nitin Gadkari. *The Times of India.*
Press Trust of India. (2019, November 4). PM Modi proposes new initiative to secure maritime domain in Indo-Pacific. *The Times of India.*
Raghavan, P. S. (2020, July 29). RIC, a triangle that is still important. *The Hindu.*
Roy-Chaudhury, R., & Sullivan de Estrada, K. (2018, June). India, the Indo-Pacific and the Quad. *Survival, 60* (3), 181-194.
Sahakyan, M. D. (2020, September 17). Rebuilding interconnections: Russia, India and the international North-South Transport Corridor. *Asia Global Online.*
Schöttli, J. (2019). "Security and growth for all in the Indian Ocean"-maritime governance and India's foreign policy. *India Review, 18* (5), 568-581.
Singh, R. (2020, June 17). A timeline: India-China's deadliest border clash since 1975 explained. *Hindustan Times.*
The White House. (2017, December 18). *National security strategy of the United States of America.*
Thoker, P. A., & Singh, B. (2018). India in the Asia-Pacific power dynamics. *World Affairs: The Journal of International Issues, 22* (3), 82-93.

《第 7 章》
Ali, I., & Packham, C. (2019, August 4). China destabilizing Indo-Pacific: U.S. Defense Secretary. *Reuters.*
Buckley, C., & Ryan, O. P. (2017, October 17). Environment, security, power: What China's

does India stand in terms of CNP ranking? (Ask an Expert). Manohar Parrikar Institute of Defence Studies and Analysis.

Das, U. (2019, December 8). *Indo-Pacific Oceans Initiative: Ideational continuity with challenges ahead* (Scholars' Point). Kalinga Institute of Indo-Pacific Studies.

Garrett, G. (2015, December 3). 3 Reasons India isn't the 'next China.' *Wharton Magazine.*

Gilani, I. (2016, December 13). Cotton route to counter China's silk route. *DNA.*

Government of India. (n.d.). *Bharatmala Pariyonana* [Project website].

Haldar, S. (2018). Mapping substance in India's counter-strategies to China's emergent Belt and Road Initiative. *Indian Journal of Asian Affairs, 31* (1/2), 75-90.

Híjar-Chiapa, M. A. (2020). Australia and the construction of the Indo-Pacific. In A. Rossiter & B. J. Cannon (Eds.), *Conflict and cooperation in the Indo-Pacific: New geopolitical realities* (pp. 78-93). Routledge.

Hussain, N., & Tan, M. (2018, August 21). The Indo-Pacific: Clarity, inclusivity and ASEAN centrality. *The Asia Dialogue.*

Indian Navy. (2015). *Ensuring secure seas: Indian maritime security strategy* [Naval strategic publication].

Kim, M. J., & Nangia, R. (2010). Infrastructure development in India and China: A comparative analysis. In W. Ascher & C. Krupp (Eds.), *Physical infrastructure development: Balancing the growth, equity, and environmental imperatives* (pp. 97-139). Palgrave Macmillan.

Medcalf, R. (2020). *Indo-Pacific empire: China, America and the contest for the world's pivotal region.* Manchester University Press.

Miltimore, J. (2019, September 14). *China's triumph over poverty was spearheaded by privatization* [Commentary]. Foundation for Economic Education.

Ministry of Defence of India. (2020, December 10). *Raksha Mantri Shri Rajnath Singh, addresses ASEAN Defence Ministers' Meeting Plus online; Need to address threats to rules based order, maritime security, cyber related crimes and terrorism: Rajnath Singh* [Speech transcript].

Ministry of External Affairs of India. (2019, October 9). *Official Launch of e-VidyaBharti and e-ArogyaBharti project by External Affairs Minister* [Press release].

Ministry of External Affairs of India. (2020, June 4). *Joint declaration on a shared vision for maritime cooperation in the Indo-Pacific between the Republic of India and the Government of Australia.*

Ministry of Foreign Affairs of Japan. (2020). Opening special features: Free and Open Indo-Pacific (FOIP). *Diplomatic Bluebook 2020.*

Ministry of Ports, Shipping and Waterways of India. (2018). *About Sagarmala: Mission* [Project website].

Mishra, R. (2019). *India.* In R. Huisken, K. Brett, A. Milner, R. Smith, P. Vermonte & J. Wanandi (Eds.), *CSCAP regional security outlook + ARF: The next 25 years* (pp. 21-23). CSCAP.

Modi, N. (2016, February 7). *SAGAR stands for security and growth for all in the region: PM Modi at international fleet review in Vishakhapatnam* [Speech transcript].

Carr, A. (2019, February 25). Re-examining the Australia-US alliance (part 2): The Menzies and MacArthur models. *ASPI Strategist.*

DeSilva-Ranasinghe, S. (2010, June 3). *First person: Kim Beazley* (Strategic Analysis Paper). Future Directions International.

Dibb, P. (1992). *The conceptual basis of Australia's defence planning and force structure development* (Canberra Papers on Strategy and Defence No.88). Strategic and Defence Studies Centre, Australian National University.

Goldrick, J. (2020, July 2). Defence Strategic Update 2020: A first assessment. *Lowy Interpreter.*

Hamilton, C. (2018). *Silent invasion: China's influence in Australia.* Hardie Grant.

Hill, R. (2000). *Medium power strategy revisited.* Royal Australian Navy Sea Power Centre.

Jennings, P. (2019, February 19). Suspicion for parliamentary hack must fall on China. *ASPI Strategist.*

Lyon, R., & Maley, W. (2007). *Australia and the Middle East* (ASPI Special Report, Issue 3).

McLennan, B. (2020, July 17). Australia's growing defence relationship with France. *ASPI Strategist.*

Medcalf, R. (2019). Australia and China: Understanding the reality check. *Australian Journal of International Affairs, 73* (2), 109-118.

Nagao, S. (Ed.) (2019). *Strategies for the Indo-Pacific: Perceptions of the U.S. and like-minded countries.* Hudson Institute.

Stevens, D. (Ed.) (1997). *In search of a maritime strategy: The maritime element in Australian defence planning since 1901* (Canberra Papers on Strategy and Defence No. 119). Australian National University.

Tillet, A. (2020, November 18). New dawn for Australia, Japan defence ties. *The Australian Financial Review.*

《第 6 章》

Abe, S. (2012, December 27). Asia's democratic security diamond. *Project Syndicate.*

Association of Southeast Asian Nations. (2019, June). *ASEAN outlook on the Indo-Pacific.*

Bagchi, I. (2019, April 14). In a show of intent, external affairs ministry sets up Indo-Pacific wing. *The Times of India.*

Chandramohan, B. (2017, June 15). *The growing strategic importance of the Andaman and Nicobar Islands* (Strategic Analysis Paper). Future Directions International.

Chaudhury, D. R. (2019, June 28). India treads a fine line in Indo-Pacific region. *The Economic Times.*

Confederation of Indian Industry. (2017, December 11). *Trilateral highway and the Kaladan multi-modal project to boost connectivity to ASEAN: Nitin Gadkari* [Press release].

Contessi, N. P. (2020, March 3). In the shadow of the Belt and Road: Eurasian corridors on the North-South axis. *Reconnecting Asia.*

Dahiya, R. (n.d.). *Vipin asked: What is the concept of comprehensive national power and where*

Address by U.S. Secretary of State Rex Tillerson [Speech transcript].
Trump, D. (2017, November 10). *Remarks by President Trump at APEC CEO Summit, Da Nang, Vietnam* [Speech transcript].
USAID. (n.d.). *USAID's role in advancing the U.S. vision for a Free and Open Indo-Pacific.*
US Department of Defense. (2015, July 27). *Asia-Pacific maritime security strategy.*
US Indo-Pacific Command. (2020). *National Defense Authorization Act (NDAA) 2020, Section 1253, Assessment* [Unclassified document].
William M. (Mac) Thornberry National Defense Authorization Act for Fiscal Year 2021. (2021).

《第 5 章》

Australian Department of Defence. (1987, March). *The Defence of Australia 1987.*
Australian Department of Defence. (2009). *Defending Australia in the Asia Pacific century: Force 2030* (2009 Defence white paper).
Australian Department of Defence. (2013). *2013 Defence white paper.*
Australian Department of Defence. (2016). *2016 Defence white paper.*
Australian Department of Foreign Affairs and Trade. (2017). *2017 Foreign policy white paper.*
Australian Government. (2012). *Australia in the Asian Century white paper.*
Australian Senate Foreign Affairs, Defence and Trade References Committee. (2013). *The importance of the Indian Ocean rim for Australia's foreign, trade and defence policy.*
Australian Strategic Policy Institute. (2018). *Huawei and Australia's 5G network: Views from ASPI* (Report No.8/2018).
Bateman, S., & McPherson, K. (1998). The scope for cooperation in the East Indian Ocean: Neglected regionalism? *Pacifica Review, 10* (2), 141-8.
Bateman, S., & Bergin, A. (2010). *Our western front.* Australian Strategic Policy Institute.
Beazley, K. (2014). Navies, diplomacy and power projection 1983-96. In A. Forbes (Ed.), *Navies, diplomacy and power projection: Proceedings of the Royal Australian Navy Sea Power Conference 2013, Commonwealth of Australia* (pp. 95-101).
Brewster, D. (2014). Developments in Australia-India relations: The odd couple of the Indo-Pacific. *Journal of Indian Ocean Studies, 22* (2), 167-186.
Brewster, D. (2015). The rise of the Bengal Tigers: The growing strategic importance of the Bay of Bengal. *Journal of Defence Studies, 9* (2), 81-103.
Brewster, D. (2017a). New maritime governance and cooperation arrangements in the eastern Indian Ocean: Challenges and prospects. In J. Schottli (Ed.), *Maritime governance in South Asia and the Indian Ocean* (pp. 117-130). World Scientific.
Brewster, D. (2017b). Thinking outside the box with India. In P. Ivanov (Ed.), *Disruptive Asia: Asia's rise and Australia's future* (pp. 25-28). Asia Society Australia.
Brewster, D. (2020, February 19). Australia can't continue to divide the Indian Ocean in two. *Lowy Interpreter.*
Brewster, D. (2021, January 5). Australia's view of the Indo-Pacific concept. *India Foundation.*

Davidson, P. (2019, October 1). *China's challenge to a Free and Open Indo-Pacific* [Speech transcript].

Engman, M., & Stünkel, L. (2020, December). *The question of Guam: A pivotal island's changing realities* (Issue Brief). Institute for Security & Development Policy.

Erickson, A. S, Ladwig III, W. C., & Mikolay, J. D. (2013). Diego Garcia. Anchoring America's future presence in the Indo-Pacific. *Harvard Asia Quarterly*, *25* (2), 20-28.

Erickson, A. S., & Mikolay, J. D. (2014). Guam and American security in the Pacific. In C. Lord & A. S. Erickson (Eds.), *Rebalancing U.S. forces: Basing and forward presence in the Asia-Pacific* (pp. 15-36). Naval Institute Press.

Erickson, A. S., & Wuthnow, J. (2016, February 5). Why islands still matter in Asia: The enduring significance of the Pacific "island chains." *National Interest.*

Helvey, D. F. (2020, May 17). Indo-Pacific network must evolve to meet changing threats. US is working with partners to defend a free and open region. *Nikkei Asia.*

Mattis, J. N. (2018, May 30). *Remarks at U.S. Indo-Pacific Command change of command ceremony* [Speech transcript]. U.S. Department of Defense.

Middle East Institute. (2020, June 10). *A Conversation with CENTCOM Commander Gen. Kenneth F. McKenzie Jr.* [Video file]. You Tube.

Ministry of External Affairs of India. (2020, February 25). *Joint statement: Vision and principles for India-U.S. Comprehensive Global Strategic Partnership.*

Panda, J. P. (2020). India, the Blue Dot Network, and the "Quad Plus" calculus. *Journal of Indo-Pacific Affairs*, *3* (3), 3-21.

Scobell, A. (2020, May 15). Constructing a U.S.-China rivalry in the Indo-Pacific and beyond. *Journal of Contemporary China*, *30* (127), 69-84.

Scott, D. (2018). The Indo-Pacific in US strategy: Responding to power shifts. *Rising Powers Quarterly*, *2* (2), 19-43.

Song, Z. (2020, November 19). US uses "aggressive" China excuse to expand navy. *Global Times.*

Statement by Randall G. Schriver, Assistant Secretary of Defense for Indo-Pacific Security Affairs, Office of the Secretary of Defense, before the U.S. House Committees on Foreign Affairs and Natural Resources. U.S. House Committees on Foreign Relations, 116th Cong. (2019, September 26) (testimony of Randall G. Schriver).

Statement for the Record before the United States Senate Committee on Foreign Relations, U.S. Senate Committee on Foreign Relations, 116th Cong. (2021, January 19) (testimony of Antony Blinken).

Testimony of David R. Stilwell, Assistant Secretary of State, Bureau of East Asian and Pacific Affairs, U.S. Department of State, before the Senate Committee on Foreign Relations. Senate Committee on Foreign Relations, 116th Cong. (2020, September 17).

The White House. (2017, December 18). *National security strategy of the United States of America.*

Tillerson, R. (2017, October 18). *Defining our relationship with India for the next century: An*

は行われず）
安倍晋三（2013b, 2月22日）.「日本は戻ってきました」日本国内閣総理大臣　安倍晋三平成25年2月22日／米ワシントンDC, CSIS.
安倍晋三（2014）.『日本の決意』新潮社.
安倍晋三（2016, 8月27日）.「TICAD VI開会に当たって」安倍晋三日本国総理大臣基調演説 ケニア・ナイロビ, ケニヤッタ国際会議場.
海上保安庁（n.d.）.「尖閣諸島周辺海域における中国海警局に所属する船舶等の動向と我が国の対処」.
神谷万丈（2019, 4月）.「『競争戦略』のための『協力戦略』——日本の『自由で開かれたインド太平洋』戦略（構想）の複合的構造」『安全保障研究』*1*（2）, 47-64.
外務省（2017, 4月）.「平成29年度開発協力重点方針」.
外務省（n.d.）.「自由で開かれたインド太平洋（Free and Open Indo-Pacific）」（外務省ウェブページに掲載された「基本的な考え方の概要資料」）.
高坂正堯（1964, 9月）.「海洋国家日本の構想」『中央公論』*79*（9）, 48-80.（※『海洋国家日本の構想』として翌1965年に中央公論社より刊行）
財務省（n.d.）.「貿易相手国上位10カ国の推移（輸出入総額：年ベース）」.
鈴木美勝（2017）.『日本の戦略外交』筑摩書房.
滝崎成樹（2018, 11/12月）.「インド太平洋の『成功物語』を積み重ねよ——カギとなるのは連結性の強化」『外交』*50*, 20-27.
谷口智彦（2020）.『誰も書かなかった安倍晋三』飛鳥新社.
内閣官房（2013, 12月17日）.「国家安全保障戦略」.
内閣官房（2018年, 12月18日）.「平成31年度以降に係る防衛計画の大綱」.
日本海事広報協会（2020）.『日本の海運 Shipping now 2020-2021』.
谷内正太郎・高橋昌之（2009）.『外交の戦略と志——前外務事務次官 谷内正太郎は語る』産経新聞出版.
山本吉宣（2016, 5月）.『インド太平洋と海のシルクロード——政策シンボルの競争と国際秩序の形成』（PHP特別レポート）.

《第4章》

Asian News International. (2021, January 20). US, India have “very strong” potential to work together, says state secretary nominee Blinken. *The Times of India*.
Biden, J. (2013, July 19). *Remarks on Asia-Pacific policy* [Speech transcript].
Campbell, K. M., & Sullivan, J. (2019, September/October). Competition without catastrophe: How America can both challenge and coexist with China. *Foreign Affairs, 98* (5), *96-110.*
Clark, C. (2017, March 27). China base sparks “very significant security concerns.” *Breaking Defense.*
Clinton, H. (2010, October 28). *America's engagement in the Asia-Pacific* [Speech transcript].
Clinton, H. (2011, October 11). America's Pacific century. *Foreign Policy.*

Yachi, S. (2013, August 8). Behind the new Abe diplomacy: An interview with cabinet advisor Yachi Shotaro. *Nippon.com.*

Zapfe, M. (2017). Deterrence from the ground up: Understanding NATO's enhanced forward presence. *Survival, 59* (3), 147-160.

Zeng, J., Xiao, Y., & Breslin, S. (2015). Securing China's core interests: The state of the debate in China. *International Affairs, 91* (2), 245-266.

Zhang, Z. (2018). The Belt and Road Initiative: China's new geopolitical strategy? *China Quarterly of International Strategic Studies, 4* (3), 327-343.

安倍晋三 (2018, 1月22日).「第百九十六回国会における安倍内閣総理大臣施政方針演説」

谷内正太郎［編］(2011).『【論集】日本の外交と総合的安全保障』ウェッジ.

《第3章》

Abe, S. (2012, December 27). Asia's democratic security diamond. *Project Syndicate.*

Aizawa, T., & Rossiter, A. (2020). Decoding Japan's "Free and Open Indo-Pacific" concept. In A. Rossiter & B. J. Cannon (Eds.) (2020). *Conflict and cooperation in the Indo-Pacific: New geopolitical realities* (pp. 39-54). Routledge.

Biegun, S. (2020, August 31). *Deputy Secretary Biegun remarks at the U.S.-India Strategic Partnership Forum* [Speech transcript].

Cannon, B. J. (2020). Japan's Indo-Pacific: Operationalizing Tokyo's vision in eastern Africa. In A. Rossiter & B. J. Cannon (Eds.) (2020). *Conflict and cooperation in the Indo-Pacific: New geopolitical realities* (pp. 115-132). Routledge.

Hosoya, Y. (2018). FOIP 2.0: The evolution of Japan's Free and Open Indo-Pacific strategy. *Asia-Pacific Review, (26)* 1, 18-28.

Panda, J. P. (2020). Quad Plus: Form versus substance. *Journal of Indo-Pacific Affairs, 3* (5), 3-13.

PwC. (2017, February). *The long view: How will the global economic order change by 2050?*

Smith. J. M. (2020, July 6). *The Quad 2.0: A foundation for a free and open Indo-Pacific* (Backgrounder, No. 3481). The Heritage Foundation.

Spykman, N. J. (1944). *The geography of the peace.* Harcourt, Brace and Company.（スパイクマン, ニコラス (2008). 奥山真司［訳］『平和の地政学――アメリカ世界戦略の原点』芙蓉書房出版）

麻生太郎 (2006, 11月30日).「『自由と繁栄の弧』をつくる――拡がる日本外交の地平」外務大臣　麻生太郎 日本国際問題研究所セミナー講演.

安倍晋三 (2006/2013).『美しい国へ』/『新しい国へ――美しい国へ 完全版』文藝春秋.（※後者は再刊版）

安倍晋三 (2007, 8月22日).「二つの海の交わり」インド国会における安倍総理大臣演説.（※本書にも掲載）

安倍晋三 (2013a, 1月18日).「開かれた，海の恵み――日本外交の新たな5原則」平成25（2013）年1月18日，ジャカルタにて，安倍晋三総理大臣.（※実際に

Mackinder, H. J. (1904). The geographical pivot of history. *The Geographical Journal, 23* (4), 421-437.（マッキンダー, H・J (2008). 曽村保信［訳］『マッキンダーの地政学――デモクラシーの理想と現実』原書房に所収（pp. 251-284））
Mackinder, H. J. (1919/1942). *Democratic ideals and reality: A study in the politics of reconstruction.* National Defense University.（マッキンダー, H・J (2008). 曽村保信［訳］『マッキンダーの地政学――デモクラシーの理想と現実』原書房）
Mahan, A. T. (1890). *The influence of sea power upon history, 1660-1783.* Little Brown.
Mead, W. R. (2014, May/June). The return of geopolitics: The revenge of the revisionist powers. *Foreign Affairs, 93* (3), 69-79.
Mearsheimer, J. J. (2001). *The tragedy of great power politics.* WW Norton.
Ó Tuathail, G. (1999). Understanding critical geopolitics: Geopolitics and risk society. *The Journal of Strategic Studies, 22* (2-3), 107-124.
Owens, M. T. (2015). In defense of classical geopolitics. *Orbis, 59* (4), 469-478.
Panda, J. P. (2020). Quad Plus: Form versus substance. *Journal of Indo-Pacific Affairs, 3* (5), 3-13.
Posen, B. R. (2003). Command of the commons: The military foundation of US hegemony. *International Security, 28* (1), 5-46.
Russett, B. (1983). Prosperity and peace: Presidential address. *International Studies Quarterly, 27* (4), 381-387.
Sloan, G. (2017). *Geopolitics, geography and strategic history.* Routledge.
Snyder, G. H. (2002). Mearsheimer's world—Offensive realism and the struggle for security: A review essay. *International Security, 27* (1), 149-173.
Spykman, N. J. (1942). *America's strategy in world politics.* Harcourt, Brace and Company.（スパイクマン, ニコラス・J (2021). 小野圭司［訳］『米国を巡る地政学と戦略――スパイクマンの勢力均衡論』芙蓉書房出版）
Taniguchi, T. (2019, April 29). *Interview: Tomohiko Taniguchi* [Transcript]. *E-International Relations.*
US Department of Defense. (2019, June 1). *Indo-Pacific strategy report: Preparedness, partnerships, and promoting a networked region.*
US National Security Council. (2018, February). *U.S. Strategic framework for the Indo-Pacific* [Declassified on January 5, 2021].
Walt, S. M. (2005). The relationship between theory and policy in international relations. *American Review of Political Science, 8,* 23-48.
Waltz, K. N. (2010). *Theory of international politics.* Weaveland Press.
Wang, J. (2011). China's search for a grand strategy: A rising great power finds its way. *Foreign Affairs, 90* (2), 68-79.
Wang, Y. (2017, November 22). Wang Huning: China's antidote to strongman politics. *The Diplomat.*
Wu, Z. (2018). Classical geopolitics, realism and the balance of power theory. *Journal of Strategic Studies, 41* (6), 786-823.

A. Rossiter & B. J. Cannon (Eds.), *Conflict and cooperation in the Indo-Pacific: New geopolitical realities*. Routledge.

Art, R. J. (2003). *A grand strategy for America*. Cornell University Press.

Barbieri, K. (2002). *The liberal illusion: Does trade promote peace?* University of Michigan Press.

Bassin, M. (2004). The two faces of contemporary geopolitics. *Progress in Human Geography*, *28* (5), 619-640.

Blackwill, R. D., & Harris, J. (2016). *War by other means: Geoeconomics and statecraft*. Harvard University Press.

Bradford, J. (2011). The maritime strategy of the United States: Implications for Indo-Pacific sea-lanes. *Contemporary Southeast Asia*, *33* (2), 183-208.

Brill, H. (1994). *Geopolitik heute: Deutschlands chance?* Frankfurt am Main: Ullstein.

Flint, C. (2011). *Introduction to geopolitics* (2nd ed.). Routledge.

Gerace, M. P. (1991). Between Mackinder and Spykman: Geopolitics, containment, and after. *Comparative Strategy*, *10* (4), 347-64.

Gholz, E., Friedman, B., & Gjoza, E. (2019). Defensive defense: A better way to protect US allies in Asia. *The Washington Quarterly*, *42* (4), 171-189.

Government of the People's Republic of China. (2015, March 28). *Vision and actions on jointly building Silk Road Economic Belt and 21st-Century Maritime Silk Road* [Issued by the National Development and Reform Commission, Ministry of Foreign Affairs, and Ministry of Commerce of the People's Republic of China, with State Council authorization].

Gray, C. S. (2004). In defense of the heartland: Sir Alfred Mackinder and his critics a hundred years on. *Comparative Strategy*, *23* (1), 9-25.

Gray, C. S. (2015). Nicholas John Spykman, the balance of power, and international order. *Journal of Strategic Studies*, *38* (6), 873-97.

Grygiel, J. J. (2011). *Great powers and geopolitical change*. Johns Hopkins University Press.

Harper, T. (2019). China's Eurasia: The Belt and Road Initiative and the creation of a new Eurasian power. *The Chinese Journal of Global Governance*, *5* (2), 99-121.

Haverluk, T. W., Beauchemin, K. M., & Mueller, B. A. (2014). The three critical flaws of critical geopolitics: Towards a neo-classical geopolitics. *Geopolitics*, *19* (1), 19-39.

Kaplan, R. D. (2012). *The revenge of geography: What the map tells us about coming conflicts and the battle against fate*. Random House.

Jervis, R. (1997-1998, Winter). Complexity and the analysis of political and social life, *Political Science Quarterly*, *112* (4), 569-593.

Levy, J. (2004). What do great powers balance against and when? In T. V. Paul, J. J. Wirtz & M. Fortmann (Eds.), *Balance of power: Theory and practice in the 21st century* (pp. 29-51). Stanford University Press.

Liff, A. P. (2018). Japan's security policy in the "Abe Era": Radical transformation or evolutionary shift? *Texas National Security Review*, *1* (3), 8-34.

Maçães, B. (2018). *Belt and road: A Chinese world order*. Hurst & Company.

Jaushieh Joseph Wu, Minister of Foreign Affairs of the Republic of China (Taiwan), at the Foreign and National Defense Committee of the Legislative Yuan on October 22, 2018.
Modi, N. (2018, June 1). *PM Modi's keynote address at the Shangri-La Dialogue in Singapore* [Speech transcript].
Mohan, C. R. (2018, June 9). From Indo-Pacific to Eurasia. *The Indian Express.*
Panda, J. P. (2020a). India, the Blue Dot Network, and the "Quad Plus" calculus. *Journal of Indo-Pacific Affairs, 3* (3), 3-21.
Panda, J. P. (2020b). Quad Plus: Form versus substance. *Journal of Indo-Pacific Affairs, 3* (5), 3-13.
People's Daily. (2018, April 10). Guterres: China is the pillar of multilateralism of the world.
Rossiter, A., & Cannon, B. J. (Eds.) (2020). *Conflict and cooperation in the Indo-Pacific: New geopolitical realities.* Routledge.
Singh, A. (2015, October 28). Malabar 2015: Strategic power play in the Indian Ocean. *The Diplomat.*
Spykman, N. J. (1944). *The geography of the peace.* Harcourt, Brace and Company.（スパイクマン, ニコラス(2008). 奥山真司［訳］『平和の地政学――アメリカ世界戦略の原点』芙蓉書房出版）
Terada, T. (2001). Nagano Shigeo: Business leadership in the Asia Pacific Region and the formation of the Pacific Basin Economic Council. *Australian Journal of Politics and History, 47* (4), 475-489.
The Heritage Foundation. (n.d.). *Quad Plus dialogue* [Website for roundtable conferences].
US Embassy in the Republic of Korea. (2019, November 2). *U.S. & ROK issue a joint factsheet on their regional cooperation efforts.*
US National Security Council. (2018, February). *U.S. Strategic framework for the Indo-Pacific* [Declassified on January 5, 2021].
Xinhua. (2018, March 8). Inciting bloc confrontation will find no market: Chinese FM.
安倍晋三 (2007, 8月22日).「二つの海の交わり」インド国会における安倍総理大臣演説.
外務省 (2020, 10月6日).「第2回日米豪印外相会合」(報道発表).
キャノン, ブレンドン・J (2019, 12月).「自由で開かれたインド太平洋とリベラルな国際秩序――評論」『国際問題』(焦点：「インド太平洋構想の可能性」) *687*, 37-48.
神保謙 (2019, 12月).「インド太平洋の安全保障――戦略空間としての収斂」『国際問題』(焦点：「インド太平洋構想の可能性」) *687*, 7-16.
細谷雄一 (2020).「新しい地政学の時代へ――冷戦後における国際秩序の転換」北岡伸一・細谷雄一［編］『新しい地政学』(pp. 34-72). 東洋経済新報社.

《第2章》
Abe, S. (2012, December 27). Asia's democratic security diamond. *Project Syndicate.*
Aizawa, T., & Rossiter, A. (2020). Decoding Japan's "Free and Open Indo-Pacific" concept. In

参考文献リスト

英語原書の参考文献リストは *Publication Manual of the American Psychological Association* (7th edition, 2020) に基づき作成した。各章の末尾に掲載したリストを日本語版では一つに収めた。その際、URLを割愛するとともに、ローマ字で記された日本語と中国語の文献をそれぞれの言語で記した。

《第 1 章》

Association of Southeast Asian Nations. (2019, June). *ASEAN outlook on the Indo-Pacific*.

Auslin, M. R. (2020). *Asia's new geopolitics: Essays on reshaping the Indo-Pacific*. Hoover Institution Press.

Biegun, S. (2020, August 31). *Deputy Secretary Biegun remarks at the U.S.-India Strategic Partnership Forum* [Speech transcript].

Brady, A. M. (2017). *China as a polar great power*. Cambridge University Press.

Brands, H. (2019, November 4). Beijing is determined to reshape the globe. *The Japan Times*.

Brzezinski, Z. (1997, September/October). A geostrategy for Eurasia. *Foreign Affairs, 76* (5), 50-64.（ブレジンスキー, ズビグニュー (1997, 11月).「ユーラシアの地政学」『中央公論』*112* (12), 395-409）

Cannon, B. J., & Rossiter, A. (2018). The "Indo-Pacific": Regional dynamics in the 21st century's new geopolitical center of gravity. *Rising Powers Quarterly, 3* (2), 7-17.

Gresh, G. F. (2018). Why maritime Eurasia? In G. F. Gresh (Ed.), *Eurasia's maritime rise and global security: From the Indian Ocean to Pacific Asia and the Arctic* (pp. 1-14). Springer.

Grossman, D. (2020, August 5). What does Vietnam think about America's Indo-Pacific strategy? *The Diplomat*.

Híjar-Chiapa, M. A. (2020). Australia and the construction of the Indo-Pacific. In A. Rossiter & B. J. Cannon (Eds.), *Conflict and cooperation in the Indo-Pacific: New geopolitical realities* (pp. 78-93). Routledge.

Huang, Y., & Kurlantzick, J. (2020, June 25). China's approach to global governance. *The Diplomat*.

Mead, W. R. (2014, May/June). The return of geopolitics: The revenge of the revisionist powers. *Foreign Affairs, 93* (3), 69-79.

Medcalf, R. (2020). *Indo-Pacific empire: China, America and the contest for the world's pivotal region*. Manchester University Press.（メドカーフ, ローリー (2022). 奥山真司・平山茂敏［監訳］『インド太平洋の地政学――中国はなぜ覇権をとれないのか』芙蓉書房出版）

Ministry of Foreign Affairs, Republic of China (Taiwan). (2018, October 22). *Report by*

NED	National Endowment for Democracy	全米民主主義基金
NSS	National Security Strategy	国家安全保障戦略
ODA	official development assistance	政府開発援助
OECD	Organisation for Economic Co-operation and Development	経済協力開発機構
OPIC	(US) Overseas Private Investment Corporation	（アメリカ）海外民間投資公社
PACOM	(US) Pacific Command	（アメリカ）太平洋軍
PALM	Pacific Islands Leaders Meeting	太平洋・島サミット
PCA	Permanent Court of Arbitration	常設仲裁裁判所
PDI	(US) Pacific Deterrence Initiative	（アメリカ）太平洋抑止イニシアティブ
PECC	Pacific Economic Cooperation Council	太平洋経済協力会議
PESCO	(EU) Permanent Structured Cooperation	（EU）常設軍事協力枠組み
PIF	Pacific Islands Forum	太平洋諸島フォーラム
PKO	peace-keeping operation(s)	平和維持活動
PNG	Papua New Guinea	パプアニューギニア
RCEP	Regional Comprehensive Economic Partnership	地域的な包括的経済連携
RIC	Russia-India-China (trilateral)	ロシア・インド・中国（の三国間協調）
RIMPAC	Rim of the Pacific Exercise	環太平洋合同演習
SAARC	South Asian Association for Regional Cooperation	南アジア地域協力連合
SAGAR	(India's) Security and Growth for All in the Region	（インドの）地域のすべての人のための安全保障と成長
SCO	Shanghai Cooperation Organisation	上海協力機構
SCRI	Supply Chain Resilience Initiative	サプライチェーン強靭化イニシアティブ
SGR	standard gauge railway	標準軌鉄道
SLOC	sea line(s) of communication	海上交通路
TICAD	Tokyo International Conference on African Development	アフリカ開発会議
TPP	Trans-Pacific Partnership	環太平洋パートナーシップ
UAE	United Arab Emirates	アラブ首長国連邦
UAV	unmanned aerial vehicle(s)	無人航空機
UNIDO	UN Industrial Development Organization	国連工業開発機関
USAID	US Agency for International Development	米国国際開発庁
VFA	Visiting Forces Agreement	訪問軍に関する協定
WHA	World Health Assembly	世界保健総会
WHO	World Health Organization	世界保健機関

G7	Group of 7	主要国首脳会議
GCC	Gulf Cooperation Council	湾岸協力会議
GDP	gross domestic product	国民総生産
HR/VP	High Representative of the Union for Foreign Affairs and Security Policy / Vice-President of the European Commission	（EUの外務・安全保障政策）上級代表兼（欧州委員会）副委員長
ICAO	International Civil Aviation Organization	国際民間航空機関
IJUS	India-Japan-US (trilateral)	インド・日本・アメリカ（の三国間協調）
IMF	International Monetary Fund	国際通貨基金
INDOPACOM	(US) Indo-Pacific Command	（アメリカ）インド太平洋軍
INF	Intermediate-Range Nuclear Forces (Treaty)	中距離核戦力（全廃条約）
IPEF	Indo-Pacific Economic Framework (for Prosperity)	（繁栄のための）インド太平洋経済枠組み
IORA	Indian Ocean Rim Association	環インド洋連合
IPOI	(India's) Indo-Pacific Oceans Initiative	（インドの）インド太平洋海洋イニシアティブ
IR	international relations	国際関係（論）
ITU	International Telecommunication Union	国際電気通信連合
IUU	illegal, unreported, and regulated (fishing)	違法・無報告・無規制（漁業）
JBIC	Japan Bank for International Cooperation	国際協力銀行
JCPOA	Joint Comprehensive Plan of Action	包括的共同行動計画（いわゆる「イラン核合意」）
JICA	Japan International Cooperation Agency	国際協力機構
JOGMEC	Japan Oil, Gas and Metals National Corporation	石油天然ガス・金属鉱物資源機構
JPC	Japan Port Consultant	日本港湾コンサルタント
KPA	Kenya Ports Authority	ケニア港湾公社
KRC	Kenya Railways Corporation	ケニア鉄道公社
LNG	liquefied natural gas	液化天然ガス
MDA	maritime domain awareness	海洋状況把握
MSG	Melanesian Spearhead Group	メラネシア・スピアヘッド・グループ
NATO	North Atlantic Treaty Organization	北大西洋条約機構
NAVAF	(US) Naval Forces Africa	（アメリカ）アフリカ海軍
NAVCENT	(US) Naval Forces Central Command	（アメリカ）中央海軍
NDAA	National Defense Authorization Act	国防授権法

BRICS	Brazil, Russia, India, China, South Africa	ブラジル・ロシア・インド・中国・南アフリカ
CAI	(China-EU) Comprehensive Agreement on Investment	(中国・EU) 包括的投資協定
CBRN	chemical, biological, radiological, nuclear	化学・生物・放射能・核
CENTCOM	(US) Central Command	(アメリカ) 中央軍
CFSP	(EU) Common Foreign and Security Policy	(EU) 共通外交・安全保障政策
CICIR	China Institutes of Contemporary International Relations	中国現代国際関係研究院
CNOOC	China National Offshore Oil Corporation	中国海洋石油集団
COFA	Compact of Free Association	自由連合盟約
COVAX	COVID-19 Vaccine Global Access	COVID-19ワクチン・グローバルアクセス
CPEC	China-Pakistan Economic Corridor	中国・パキスタン経済回廊
CPTPP	Comprehensive and Progressive Agreement for Trans-Pacific Partnership	環太平洋パートナーシップに関する包括的及び先進的な協定
CSDP	Common Security and Defence Policy	共通安全保障・防衛政策
CSIS	Center for Strategic and International Studies	戦略国際問題研究所
DF	Dongfeng	東風 (中国の弾道ミサイル)
DFAT	(Australia's) Department of Foreign Affairs and Trade	(オーストラリア) 外務貿易省
DFC	(US International) Development Finance Corporation	(アメリカ) 国際開発金融公社
EAEU	Eurasian Economic Union	ユーラシア経済同盟
EAS	East Asia Summit	東アジア首脳会議
EDF	European Defence Fund	欧州防衛基金
EEAS	European External Action Service	欧州対外活動庁
EEZ	exclusive economic zone	排他的経済水域
EPA	economic partnership agreement	経済連携協定
EU	European Union	欧州連合
EUGS	EU Global Strategy	EUグローバル戦略
FAO	Food and Agriculture Organization	(国連) 食糧農業機関
FDI	foreign direct investment	海外直接投資
FOCAC	Forum on China-Africa Cooperation	中国・アフリカ協力フォーラム
FOIP	Free and Open Indo-Pacific	自由で開かれたインド太平洋
FONOP	freedom of navigation operation	航行の自由作戦
FTA	free trade agreement	自由貿易協定

略語一覧

A2/AD	anti-access/area denial	接近阻止・領域拒否
ACSA	acquisition and cross-servicing agreement	物品役務相互提供協定
ADB	Asian Development Bank	アジア開発銀行
ADIZ	air defense identification zone	防空識別圏
ADMMプラス	ASEAN Defense Ministers' Meeting Plus	拡大ASEAN国防相会議
AFRICOM	(US) Africa Command	（アメリカ）アフリカ軍
AI	artificial intelligence	人工知能
AIFFP	Australian Infrastructure Financing Facility for the Pacific	太平洋諸島地域のためのオーストラリア・インフラ融資ファシリティ
AIIB	Asian Infrastructure Investment Bank	アジアインフラ投資銀行
AJUS	Australia-Japan-US	オーストラリア・日本・アメリカ（の三国間協調）
AMTI	Asia Maritime Transparency Initiative	アジア海洋透明性イニシアティブ
ANZUS	Australia, New Zealand, and United States Security Treaty	オーストラリア・ニュージーランド・アメリカ合衆国安全保障条約
AOIP	ASEAN Outlook on the Indo-Pacific	インド太平洋に関するASEANアウトルック
APEC	Asia-Pacific Economic Cooperation	アジア太平洋経済協力
ARF	ASEAN Regional Forum	ASEAN地域フォーラム
ARF-ISG	ASEAN Regional Forums Inter-Sessional Group	ASEAN地域フォーラム（海洋安全保障に関する）会期間支援グループ
ARIA	Asia Reassurance Initiative Act	アジア再保証推進法
ASEAN	Association of Southeast Asian Nations	東南アジア諸国連合
Asia EDGE	Asia Enhancing Development and Growth through Energy	エネルギーを通じたアジアの開発と成長の促進
AU	African Union	アフリカ連合
AUKUS	Australia-UK-US	オーストラリア・イギリス・アメリカ（の三国間協調）
BDN	Blue Dot Network	ブルー・ドット・ネットワーク
BIG-B	Bay of Bengal Industrial Growth Belt	ベンガル湾産業成長地帯
BIMSTEC	Bay of Bengal Initiative for Multi-Sectoral Technical and Economic Cooperation	ベンガル湾多分野技術経済協力イニシアティブ
BIS	(US) Bureau of Industry and Security	（アメリカ商務省）産業安全保障局

や　行

ら　行

ま　行

な　行

は　行

た　行

さ　行

か　行

や・ら行

事項索引

注：「インド太平洋」や「日本」「アメリカ」「戦略」「影響力」など、本書で頻出する一部の地理名や国名、用語は、索引から除外した。

あ　行

た・な行

は　行

ま　行

索　引

人名索引

あ　行

か　行

さ　行

方 天賜（Fang Tien-sze）（第7章）
台湾・国立清華大学総合教育センター准教授兼インド研究センター副所長。中国の外交、インドの対外関係および外交政策が近年の研究テーマ。

レナート・クルス・デ・カストロ（Renato Cruz De Castro）（第8章）
フィリピンのデ・ラ・サール大学国際研究学部教授、アウレリオ・カルデロン比米関係学チェア。これまでに執筆した記事や書籍の章は100を超え、フィリピンのほか12か国で出版。

モハン・マリック（Mohan Malik）（第9章）
アラブ首長国連邦（UAE）国立防衛学院の戦略研究学教授、NESA戦略研究センター客員研究員。専門は大国政治、海洋安全保障、インド太平洋地域の地政学。

エヴァ・ペイショヴァ（Eva Pejšová）（第10章）
ブリュッセル・スクール・オブ・ガバナンス（BSoG）安全保障外交戦略センター（CSDS）ジャパン・チェア。フランス戦略研究財団（FRS）アソシエートフェロー。専門は東アジア安全保障、ヨーロッパ・アジア関係、海洋安全保障とEUの外交・安全保障政策。

ジャン＝ルー・サマーン（Jean-Loup Samaan）（第11章）
シンガポール国立大学（NUS）中東研究所シニア・リサーチ・フェロー。フランス軍事省、NATO、UAE国立防衛学院などで研究職を歴任。専門は中東の防衛政策、イスラエルとペルシア／アラビア湾岸諸国の政治および外交。

［編著者紹介］（2022年5月時点）

《編著者》

ブレンドン・J・キャノン（Brendon J. Cannon）（第1章、第12章）
アラブ首長国連邦（UAE）のハリファ大学助教授。国際安全保障に関する科目を担当。専門は国際関係、安全保障、地政学。ラウトレッジから2020年に出版された *Conflict and Cooperation in the Indo-Pacific* の共編著者。

墓田 桂（Hakata Kei）（第1章、第3章、補章）
成蹊大学文学部教授。専門は国際政治と安全保障研究。人の移動についても幅広く執筆。外務省勤務中はアフリカ地域および政府開発援助を担当。アテネオ・デ・マニラ大学、オックスフォード大学、早稲田大学で客員研究員を歴任。

《著者》

アッシュ・ロシター（Ash Rossiter）（第2章）
アラブ首長国連邦（UAE）のハリファ大学助教授。国際安全保障に関する科目を担当。専門はテクノロジーと国際安全保障、戦略、戦争、インド太平洋での軍事バランス。Intelligence & National Security、Defence Studies など学術誌での掲載論文多数。

デイヴィッド・スコット（David Scott）（第4章）
イギリスのブルネル大学、NATO防衛大学を経て、現在は国際海洋安全保障センター（CIMSEC）会員およびコーベット海洋政策研究センター準会員。海洋安全保障、アメリカの戦略、インド太平洋、中国についての論文および著作多数。

デイヴィッド・ブルースター（David Brewster）（第5章）
オーストラリア国立大学（ANU）国家安全保障カレッジ上級研究員。インド太平洋の地域地政学、海洋安全保障、環境上の脅威について幅広く執筆。

ジャガンナート・P・パンダ（Jagannath P. Panda）（第6章）
スウェーデンにある安全保障開発政策研究所（ISDP）の南アジア・インド太平洋センター長。キャノングローバル戦略研究所国際リサーチフェロー。専門は印中関係、インド太平洋の安全保障、東アジア安全保障複合体、インドの外交政策。

翻訳
小林朋則（序文～第6章）
田口未和（第7章～第12章）

Indo-Pacific Strategies:
Navigating Geopolitics at the Dawn of a New Age
Edited by Brendon J. Cannon and Kei Hakata

Authorised translation from the English language edition publishd by Routledge, a member of the Taylor & Francis Group, through Japan UNI Agency, Inc., Tokyo

インド太平洋戦略《たいへいようせんりゃく》
——大国間競争《たいこくかんきょうそう》の地政学《ちせいがく》

2022年 9 月10日　初版発行

編　著　ブレンドン・J・キャノン
　　　　墓田《はかた》　桂《けい》

監　訳　墓田　桂

発行者　安 部 順 一

発行所　中央公論新社
〒100-8152　東京都千代田区大手町1-7-1
電話　販売　03-5299-1730　編集　03-5299-1740
URL https://www.chuko.co.jp/

DTP　今井明子
印　刷　図書印刷
製　本　大口製本印刷

Published by CHUOKORON-SHINSHA, INC.
Printed in Japan　ISBN978-4-12-005572-0 C0031

定価はカバーに表示してあります。
落丁本・乱丁本はお手数ですが小社販売部宛にお送りください。
送料小社負担にてお取り替えいたします。